湖州简史

1911—1949

湖州市民国史研究院 编著

人民出版社

编写说明

湖州是一座有着100万年人类活动史、2300多年建城史的国家历史文化名城，也是环太湖地区唯一因湖得名的江南城市。公元前248年，春申君黄歇徙封于此，在此筑城，始置菰城县，以泽多菰草故名。602年，置州治，以滨太湖而名湖州，湖州之名从此始。1774年，湖州府领乌程、归安、长兴、德清、武康、安吉、孝丰7县，奠定近代湖州地域的基本框架，直至民国初期。

1912年1月浙江省军政府撤杭嘉湖道，废湖州府，并乌程、归安2县称吴兴县，与长兴、安吉、孝丰、德清、武康5县同隶属于浙江省。1914年省政府设钱塘道，湖属6县改隶属于钱塘道。1927年废除道一级行政建制，实行省县两级制，吴兴等湖属6县复隶属于浙江省。1928年全省分为9个行政督察区，湖属6县均隶属于第一行政督察区。区辖吴兴、长兴、安吉、德清、武康、余杭、孝丰、临安、於潜、昌化10县，专员公署驻地吴兴县。1938年11月，浙江省第一、二、三区进行调整，重新划分。湖属6县分入两个区，长兴、安吉、孝丰3县仍隶属第一区，吴兴、德清、武康3县与杭县、嘉兴、嘉善、崇德、桐乡并入第二区。1940年全省分为10个行政督察区，湖属6县改隶属第二行政督察区，专署驻地安吉县。1944年全省分为11个行政督察区，湖属6县仍为第二行政督察区，专署驻地安吉县。1948年4月全省分为6个行政督察区，湖属6县又回到第一行政督察区，区辖吴兴、长兴、於潜、余杭、临安、昌化、安吉、孝丰、德清、武康、嘉兴、嘉善、平湖、海盐、崇德、桐乡16个县，专署驻地吴兴县。1948年7月全省分为 9 个行政督察区，湖属 6 县被分入两个区，吴兴、长兴、德清与崇德、桐乡、嘉兴、嘉善、平湖、海盐、海宁共 10 县属第一行政督察区管辖，专署驻地吴兴县；孝丰、安吉、武康、临安、於潜、昌化、余杭、富阳、新登 9 县列第九行政督察区管辖。

中华人民共和国成立后，先后设浙江第一专区、嘉兴专区和嘉兴地区，治所长期设在湖州。1983 年 10 月，实行撤地建市，撤嘉兴地区，建湖州、嘉兴两个省辖市。湖州市下辖德清、长兴、安吉三县和城区、郊区。1988 年撤销城、郊两区建制，实行市直接领导乡镇体制。1993 年调整区划，改变市直管乡镇体制，设立城区、南浔、菱湖三区。2003 年撤销城区、南浔、菱湖三区，设立吴兴、南浔两区，与德清、长兴、安吉三县列为今天湖州的行政管辖范围。

民国时期，湖州出现了陈英士、张静江、陈立夫、陈果夫、朱家骅等近百位风云人物，有关他们的历史构成了近代中国历史文化的重要篇章。本书的叙述时间，从 1911 年始，到 1949 年中华人民共和国成立止。为阐述历史背景，特意对辛亥革命前（1900—1910）有关史料进行梳理；叙述范围以现在湖州市行政区域为准，同时兼顾历史上曾经属于湖州的地区。

编写组

2018 年 5 月

目　录

序　言

湖州是一座具有4700年文明史和2300年建城史的江南古城和历史文化名城，素有“丝绸之府、鱼米之乡、文化之邦”之美誉，是湖笔文化的诞生地、丝绸文化的发源地、茶文化的重要发祥地之一。境内不仅山水清远、风光秀丽，而且人文荟萃、名士辈出。许多名流都与湖州有因缘：王羲之、陈霸先、颜真卿、沈约、张志和、皎然、陆羽、孟郊、苏东坡、赵孟頫、吴承恩等人，或成就霸业，或挥毫泼墨以书法传世，或写下千古诗文名篇，为后世湖州人留下了众多的文化遗产。

1911—1949年是中国历史长河中的一个特殊时段，是传统中国向现代化转型的一个重要阶段。在此期间，由于社会形态的急剧变革，思想、文化和教育领域呈现空前活跃的态势，并反作用于社会变革，使之得以迅速地向纵深发展。这一时期的湖州与湖州人，在中国的近代化过程中，扮演了非常重要的角色。直至今天，众人仍津津乐道湖州、湖州人的那段历史和那时“湖商”的财富。

清末民初社会大变革时期，湖州人倾力支持孙中山领导的辛亥革命，充分体现了以天下为己任的进步思想和家国情怀。在纪念孙中山诞辰150周年大会上，习近平总书记高度评价了孙中山的历史贡献，号召学习和继承他的宝贵精神，为振兴中华继续奋斗。在革命前期，孙中山主要依靠陈少白、黄兴等人，但在革命危难时刻，湖州人陈英士、张静江、戴季陶等人勇挑重担，成为他的左膀右臂。陈英士在“二次革命”以后，勇于负责，任职最重，任事最多，策划了一系列震动全国的重大革命事件，在得知袁世凯阴谋暗杀他时，坦然面对，最终为民主革命事业流尽最后一滴血。张静江作为南浔巨富，在与孙中山相遇后，成为他的终生挚友，一直为革命事业筹资助款，导致公司经营困难，几乎为革命散尽家财。孙中山的秘书戴季陶，除了照顾孙中山的饮食起居，孙中山许多重要的文件、宣言、关于三民主义的全部演讲录都由他审订出版，他是孙中山思想的坚定支持者和传播者。

湖州人敢为改革先锋、爱国志士。沈家本是中国近代最著名的法学家、“媒介东西方几大法系成为眷属的一个冰人”（杨鸿烈语）、中国“法制现代化之父”。2017 年 5 月 3 日，习近平总书记在中国政法大学考察时，拿起《沈家本全集》翻阅，他对沈家本很了解，说沈家本是湖州人，主要是做刑事法律的。陈立夫为抗战时期教育事业作出了巨大贡献，也是两岸和平统一的坚定支持者。周恩来评价说：陈立夫是一位值得被尊敬的敌人。

湖商的崛起，则可以说是见证了中国近代民族工商业的成长。1843 年上海开埠之初，湖商抢先踏足上海滩，发展丝绸、茶叶等大宗贸易，进而又率先引进西方先进技术和管理经验，开办了上海第一家民族资本缫丝厂、中国第一家民族资本造纸厂、中国第一家证券交易所、欧洲第一家中国公司，中国第一家保税工厂、中国第一家民营商业银行……只要有民族工商业涉足的领域，几乎都有湖商的身影，湖商也积累起了富可敌国的巨额财富。湖州人不仅主持或者参与建设了上海百乐门、远东第一高楼——上海国际饭店、中国第一条民营铁路等许多著名工程，还打造了“辑里湖丝”“善琏湖笔”“晟舍彩印图书”等品牌，创出了“梅恒裕”“老恒和”“丁莲芳”“震远同”“诸老大”等大批响当当的老字号，留给现代人一笔笔财富。同时，以杨信之、王一亭、沈联芳等湖州籍工商巨子为代表的整个湖州商帮，为沪军都督府的开支、江浙联军的军费乃至中华民国临时政府的运转提供了极为关键的财力支持。

早期同盟会会员中，有 35 位湖州人，占会员总数的 3.5%；在后来的国民政府中，不断有湖州人加入，他们中的很多人身兼要职，因此有“一部民国史，半部在湖州”的说法。

我虽长期生活在武汉，但祖籍是浙江吴兴。我的曾祖父维藩公就是晚清和民国时期的“湖商”（当时在外地统称为“浙商”）。尽管他创办的益新面粉公司与宝兴铁矿公司都在安徽，但户口簿上我们家族世世代代填的是祖籍吴兴菱湖荻港。维藩公常年浪迹于外，但晚年仍想归隐故乡，曾刻有“苕溪渔隐”的印章，陈列在美丽如画的荻港渔庄。

我非常感念祖辈的乡愁，总想为家乡多做一些事。

2003年，时任浙江省委书记的习近平同志就湖州陈英士墓改造事宜作出重要批示后，湖州市文史界不断加强对近代人物的研究，修缮了陈英士故居、张静江故居，新建了钱壮飞革命纪念馆，还出版了一些书籍。但这种研究大多数是碎片化的，散落在民间，与湖州应有的历史地位和作用还不匹配。得知家乡正在组织力量编写《湖州简史（1911—1949）》，我很高兴，也有些担心。高兴的是，我的夙愿实现了。记录这一时期的湖州历史，应是当地政府、学术界的责任，也是造福子孙后代的大事。适逢盛世，时不待人，机不可失。我们要抓紧完成这件大事，千万不要辜负这个时代。担心的是，写这个题目很难。其原因主要有二。首先，历史写作很难做到客观公正。历史是复杂的，人们往往“不识庐山真面目，只缘身在此山中”，视线往往受到许多局限。因此研究历史既需要进得去，又需要出得来，这也就是我一贯提倡的“尊重历史，超越历史”。其次是史料方面要广征博引，考订精详。民国时期，湖州学风颇盛，各个领域都有重要建树，遗留多方面的学术成果。但是，几十年来，我们对于这些没有足够的重视，没有认真地加以研究、整理、传播。人类文化是一个整体，是不可分割的，它的发展，有其自身的连续性。我们今天要搜集、整理、研究和总结历史遗产，如果撇开这一时期的成就，那必然会违反或破坏历史文化发展的连续性。

这本书总共有五个章节，40万字左右，时间跨度从1900年到1949年，纂写者都是湖州地方史研究有素的知名专家、学者，经过一年多时间写成。

可以说非常难得。总体来说，这本书有三个特点。一是内容全面。涵盖了这一时期湖州政治、经济、文化和社会发展的方方面面。如果在地方史编纂过程中，不从整体史的角度加以把握，仅简单放大某行政区域的所谓特性，则容易陷入一叶障目的困境，原本内容丰富的历史脉络更难以理清。二是体现了历史研究的严谨性。编写组成员多次赴湖州两区三县找寻史料，有些专家还通过各种渠道去获取原始档案，查证资料、史实，尽量做到准确。议稿会开了许多次，深入讨论，反复修改，体现了编纂工作的认真、谨严。三是具有强烈的责任意识和当代意识。本书不仅全面展现了 1911 年至 1949 年间湖州的全貌，对今天的湖州来说，也有值得借鉴的意义，可以说是为湖州的经济社会发展提供了很好的文化基石。

我粗略阅后，认为此书有两处亮点。一处是地方文献的搜集。做过历史研究的人都知道，这项工作存在许多难处，而本书作者确实尽了很大的努力。从卷末“主要参考书目”可以看出，资料的搜集面是很广的，举凡正史、方志、文集、笔记等等都在其中，并且包括馆藏善本和钞本，可称洋洋大观。搜集是著述工作的第一步，本书广泛全面的搜集工作，成为全书内容充实的重要基础。由于地方文献种类繁多，篇幅零散，除少数已经作过整理并出版以外，有很大部分都未经整理，也没有出版，而且往往流徙分散在各处甚至海外，其中有不少是稿本或钞本，常常使搜集工作面临不可逾越的困难。

民国书籍等资料的大量使用，也是一大亮点。研究这段历史，资料不怕多。讲明湖州近代化的发展，要有大量翔实的参考资料。民国时期出版的各类图书，是中华文化发展的组成部分。这一时期，中西文化交流，新旧思想冲突，产生了许多学术著作和历史资料。五四时期及其后的一段时间里，中国几乎变成了世界学术纷呈的缩影，出现了春秋战国以后的又一次百家争鸣的盛况，在学术思想界、文化教育界产生了许多前所未有的代表人物和代表著作，呈现出空前繁荣的景象，凡此都在这部简史中有所展现。

概括地说，《湖州简史（1911—1949）》基本上反映出了这一时期湖州的风貌、成就的客观实际。既着眼于当前现代化建设的需要，又达到保存史料、抢救文献的目的。既兼顾各科各类之齐备，又容纳各家各派之并存。既突出重点，又力求系统完整。既重学术性与资料性，又注意可读性与实用性。既重点选收具有代表性、权威性的事件和人物，又适当选入某些带有开创性的事迹。

这本书的价值，应该由历史来检验，但它至少已经为撰写湖州历史闯出一条新路。广大读者难免见仁见智，意见纷纭。我们应该从各种批评意见中发现自己的不足，继续不断修订改进，以期真正可以成为传世佳作。我希望，这本书的出版问世，对两岸同胞共同弘扬中华文化，加深情感交融，促进心灵契合有所裨益；对当今湖州坚定文化自信、促进文化发展亦有帮助。

华中师范大学原校长　章开沅

戊戌清明于桂子山实斋，时年九二

第一章 辛亥革命前后

（1900—1916）

20 世纪初的湖州，人口只有 170 多万，但涌现出众多叱咤风云的人物，为辛亥革命和中华民国的建立作出了巨大贡献，深刻地影响了中国近代历史发展进程。

第一节 中国近代化的湖州先驱

19 世纪下半叶到 20 世纪上半叶，鸦片战争后苦难深重的中国开始了救亡图存的历史进程。在血雨腥风、硝烟弥漫的惨烈背后，是一个民族危难关头守望相助的力量迸发，是一个国家从传统社会向近代社会的凤凰涅槃。辛亥革命之前，地处东南沿海的湖州，已仰仗“辑里湖丝”贸易带来的大好机遇，为社会大转型储备了一大批浸润了欧风美雨的变革精英。这些湖州人在经济、政治、思想文化方面为中国的近代化进程起到了助力作用。

一、湖商抓住发展良机迅速崛起

在中国的地域商帮中，明清时代的晋商、徽商前后相继、影响巨大。从 19 世纪下半叶开始，在徽商日渐衰微之际，湖商崛起了。

晋商的发迹是因为票号及盐业，经营范围主要在以京津为中心的华北平原。徽商的发迹靠的是盐业、典当和茶叶，经营范围主要在以宁杭为中心的长三角。湖商抓住的则是上海开埠的良机，把以湖州为中心产区出产的湖丝（也称生丝）出口海外赚取巨额财富，经营范围扩大到以欧美为主的世界众多地区。湖商的崛起对中国经济近代化作出了重要贡献。

（一）湖丝成为近代中国创汇大宗物资

古代中国，丝绸、瓷器与茶叶是对外贸易的三张“名片”。地处浙江北部、太湖南岸、长三角中心的湖州是这三大类产品的主要原产地之一，有“丝之源”“瓷之源”“茶之源”之美誉。单就丝绸而言，湖州钱山漾遗址考古发掘出了距今 4700 多年的人类最早丝绸残片，印证了丝绸源自东方、出自湖州。西方发达国家进入工业化时代以后，湖丝更是在中国对外贸易出口榜单上一枝独秀。

图 1—1　钱山漾遗址出土的绢片（1958）

湖州的手工缫丝产品最早供应国内的丝绸织造。“江浙地区是全国最大的丝织中心，明代江南八府，除常州外，都设有官营织造局。南京、苏州和杭州是丝织业最为兴盛地区，每年需生丝为数甚巨。但除苏杭部分地区外，其他地区都不产丝，故湖州生丝进入这些地区，特别是官营织造场所用的经

纬丝，全部取之于嘉、湖二府。……南浔以蚕茧加工和缫丝闻名，但丝织业并不见长，成为生丝原料的重要供应地。同治《南浔镇志》卷二四：‘每当新丝告成，商贾辐辏，而苏杭两织造皆至此收焉。’织造力量最为雄厚的南京，所需生丝在太平天国前全部购自嘉、湖两府，南京商人活跃于双林、菱湖、新市等生丝市镇，多半与购买生丝有关。”①

湖州生丝的典型代表是“辑里湖丝”，即湖州南浔镇辑里村（又名七里村）所产的生丝。乾隆时里人范颖通《研北居琐录》称：“雪荡、穿珠湾俱在（南浔）镇南，近辑里村，水甚清，取以缫丝，光泽可爱。”民谚：丝由水煮，治水为先，有一字诀，曰“清”。据说，这里的丝可以吊挂 8 枚铜钱而不断，其韧性可见一斑。“辑里湖丝”具有“细、圆、匀、坚”和“白、净、柔、韧”的特点。到了清代，更有“辑里湖丝甲天下”一说。作为湖丝中的翘楚，其实际含义远远超出了辑里村这个范围而成为优质国丝的代名词，不仅南浔周边乡镇及县城所产之丝冠以“辑里”之名，江南一带甚至广东等地也竞相冒用“辑里”名号，以图加价而售，正如康熙时温棐忱《七里村志》记述的：“有称其宜者曰七里丝，甲天下，辇毂输将，其名上达京师，大贾皆冒七里。”

鸦片战争以前，生丝的出口都要经过广州洋行。1759 年李侍尧《奏请将本年洋商已买丝货准其出口折》载：“外洋各国夷船到粤，贩运出口货物，均以丝货为重，每年贩卖湖丝并绸缎等货自二十余万斤至三十二三万斤不等。统计所买丝货，一岁之中，价值七八十万两，或百余万两。至少之年，亦买至三十余万两之多。其货均系江浙等省商民贩运来粤，卖与各行商转售外夷。”1801 年，英国从我国购买了 862 担蚕丝，到了 1833 年之后，这个数字增加到 9920 担。

中国出产的丝绸、茶叶、瓷器等在欧洲市场广受欢迎，而闭关锁国的中国对外国商品需求却很少，这就为清政府成就了巨大的贸易顺差，大量的真

① 周向阳：《湖州商业史》，浙江古籍出版社 2011 年版，第 172—173 页。

金白银从国外源源不断地流入中国。为了改变这种不利局面，英国开始向中国走私鸦片，并于1840年发动鸦片战争，用武力迫使清政府割地、赔款、五口通商。

鸦片战争之后，上海开埠，生丝依然是中国主要的大宗出口产品。湖州与上海相距130公里，历来地缘相近，习俗相同，语言相通，中间河流四通八达，占有地理上通商之便利，小船往来只需两三天时间，丝贩只需要花五六元就可雇一条小船运80—100包生丝到上海，和以往辗转广州外销相比，在运输路程上缩短了90%，成本大大降低，只占生丝售价的0.2%。经营成本下降，使湖丝的出口价格比鸦片战争前下降了35%，从而在国际市场上竞争力大增。同时，运输便捷也使中途散毁损失的概率大大减低。1851年，清政府出台了一系列减轻课税政策，沿途无税卡阻拦，外销量以极快的速度逐年递增。“道光以后湖丝出洋，其始运至广东，其继运至上海销售。南浔七里所产丝尤著名，出产既富，经商上海者乃日众……镇之人业此因而起家者亦不少。”[①]1878年，浙江产生丝270万公斤，1879年增至301万公斤，“其中将近70%为湖州一府所产”。以长兴县为例，“乾嘉之际，蚕利未兴”[②]，鸦片战争后，蚕业发展，同治《长兴县志》卷八载：“自夷人通商，长兴岁入百万计。”在鸦片战争以前，湖丝的出口量从未超过1万担，但在1845—1850年间则增至1.5万担左右，1875年更激增至7.9万担，1895年为11万担，[③]“辑里湖丝一度占当时上海口岸出口总量的一半”[④]。

1843年11月，刘记丝行老板刘镛首先走进上海，开始直接与外国买办交易，在短期内积累了大量财富。此后，湖州丝商们纷纷走进上海，创立自

① 周庆云：《南浔镇志》（第33卷），上海书店出版社1992年影印本，第367页。

② 朱珏：《试论近代“辑里湖丝”之兴衰》，《丝绸》2008年第3期。

③ 朱新予：《浙江丝绸史》，浙江人民出版社1985年版，第124页。

④ 刘明波：《从苕溪到黄埔江——话说湖州上海两地之缘》，经济日报出版社2007年版，第1页。

已的公司。至1876年，上海从事生丝贸易的公司大概75家，其中62家为湖州人所开。创刊于19世纪60年代的《上海新报》，记录了当时所有热门事物。该报每天都有关于“辑里湖丝”的报价，丝价像如今的股票一样，随着市场行情而不断变化。伦敦还开设了湖丝交易所。由于掌握着“辑里湖丝”的货源，又成功地进入国际市场，湖商瞬间积累了巨额财富，作为湖州商帮核心的南浔丝商形成“四象八牛七十二金狗”家族群。所谓“象”“牛”“狗”，是以这三种动物身躯之大小，象征丝商财产之巨细。资产达百万两白银以上者称为“象”，有刘、张、庞、顾四家；五十万至百万两者称为“牛”，有邢、周、邱、陈、金、张、梅、蒋八家；三十万至五十万两者称为“狗”，“七十二金狗”泛指南浔开设丝经行致富的富商。① 照此估算，这一丝商群体的资产总额当近6000万元，相当于1894年全国产业资本总额，与当时清政府一年的财政收入不相上下。尽管此言仅为口碑资料，无法核实查证，但也并非无稽之谈。20世纪初东南名士汤寿潜在刘镛家传中说：“南浔之富，与通奉（刘镛曾封通奉大夫）埒者，凡十数家。”张謇在《南浔刘公墓志铭》中也说：南浔丝商“累巨万之家以十数计，巨万百计，万者不可胜原”。

（二）湖商渐成近代工商业之骨干

在近代上海早期的民族资本家中，有一些湖州籍人士。

黄佐卿是近代民族工业开拓者和上海缫丝工业开拓者。早先为生丝出口经营商，先后在湖州、上海、苏州等地开设丝行。光绪七年（1881），为加工出口丝，向法国订购丝车100部及蒸汽机等设备，创办公和永丝厂，次年开工生产。这是上海第一家华商缫丝厂。1892年，扩充丝车至442部，并在上海另开设新祥记丝厂，也有丝车416部。缫丝厂以缫制为中心工序，对各产地的蚕茧进行试样和工艺设计，经过混茧、剥茧、选茧、煮茧、缫丝、复摇，再经过编丝、扎绞、秤丝、配光、打包、成件，并通过生丝检验，照

① 刘大钧:《吴兴农村经济》（1934年），第124页。

标准按质分等。[1] 机器缫出的丝（俗称厂丝）逐步取代农村土法缫出的丝（俗称土丝）。

许春荣，清末著名布商和钱庄主。1853 年与人合伙在上海开设大丰洋布号，并任经理。这是上海最早几家洋布店之一。后改为独资经营，成为大型洋布原件批发字号，营业额居同业首位。1877 年至 1905 年，许春荣任洋布业同业组织振华堂洋布公所总董，是洋布业公认的领袖。

杨信之，上海丝业界领袖人物。16 岁时为避太平军战火，到上海当学徒，刻苦攻读英语。经友人举荐，先后在外商意大利信义洋行和荷兰安达银行供职，并成为买办。之后，他在上海江西路 6 号开设康泰丝栈，收购湖

图 1—2　杨信之在上海创办的延昌恒丝厂（1889）

① 混茧：把不同的干茧照工艺设计按比例混合起来。剥茧：剥去毛茧表面松软的茧衣层，使成为光茧。选茧：照工艺要求，在准备上车蚕茧中，按茧型大小、蚕茧色泽、茧层厚薄等进行选别，同时剔除各类下脚茧。煮茧：将茧用水加热或添加助剂等，使适度膨化溶解丝胶。复摇：将缫制的小丝送到复摇车上加工复摇、烘干，成为大丝。编丝：将大丝片统一编理。配光：在灯光下配色。

丝外销，信誉卓著，获比利时政府颁发的勋章。1889 年，他投资 17.6 万银元于上海垃圾桥北创办延昌恒丝厂，丝车 220 部，工人 300 余名，年产丝 238 担，出口欧洲。1899 年又在苏州合资建延昌永丝厂，后改独资为延昌恒丝厂，年产丝 600 担。在上海还创办了勤昌丝厂，合股怡和丝厂。1910 年，他和同乡沈联芳发起成立了上海丝厂茧业总公所，1915 年扩大为江浙皖丝厂茧业总公所，他被推举为总董。还任上海总商会会董、上海丝业会馆会董、旅沪湖州会馆总董、旅沪湖州同乡会总董等职。他在上海创办了湖州旅沪公学，培养家乡子弟学习西方科技文化知识。

沈联芳，著名实业家。1893 年，由其舅父荐至瑞纶缫丝厂为职员，后升为高级职员。1900 年，集资 40 余万两白银，在上海与人合资创办振纶洽记缫丝厂，自任经理。1908 年，在闸北建造恒丰缫丝厂独自经营，自任经理。他以办丝厂起家，后致力房地产投资，先后建造恒丰里、恒通里、恒祥里、恒康里、恒乐里等里弄住房和恒丰大楼，出租营利，也投资工商企业和社会公益事业。1915 年，被推为江浙皖丝茧总公所总理，连任 10 余年。同年 11 月当选为上海总商会副会长，1916 年、1918 年两次连任上海总商会副会长，主持日常会务。

莫觞清，湖商第二代“丝业大王”。1900 年入苏州延昌永丝织厂，因办事精干，粗通英语，深得经理杨信之赏识，两年后到上海勤昌丝厂任总管。1903 年，与人合资在上海开设久成丝厂，生产“玫瑰”和“金刚钻”牌生丝。次年任上海宝康丝厂经理。1910 年，先后开设久成二厂、又成丝厂、恒丰丝厂、久成三厂、德成丝厂等。到 1913 年，投资开设或任经理的丝厂达 10 多家，成为上海缫丝业大资本家之一。他还兼任美商蓝乐璧洋行买办。

据江浙皖丝茧总公所统计，到 1909 年，上海共有丝厂 43 家，丝车 10085 部，其中湖州商人占绝对优势，有丝厂 14 家，丝车 3786 部，占上海丝厂总数的 32.6%，丝车总数的 37.5%。黄佐卿、许春荣、杨信之、沈联芳、莫觞清等人功不可没。

约 1911 年，湖州商人群体成为上海最主要的丝商集团。当时湖商最大的投资就是以上海为中心辐射杭州和湖州的房地产业。在中国近代经济史上，湖州商帮和湖州籍经济决策者创造了一个个辉煌的纪录，如：创办上海第一家民族资本缫丝厂——公和永丝厂；参与创办第一家民营商业银行——金城银行；参与创办中国第一条民营铁路——沪杭甬铁路；主持成立中国第一家跨地域行业公会——江浙皖丝业公会；决策建造远东第一高楼——上海国际饭店；发起举办中国最大的国货博览会——西湖国际博览会；建立中国第一家保税工厂——蔡声白“关栈制造厂”；建立上海最负盛名的娱乐场所——百乐门舞厅；创办全国规模最大的机器面粉厂——芜湖益新面粉厂……

（三）湖州人改写中国参加世博会的历史

中国参加世博会，经历了由商人自发参加、委托由赫德担任总税务司的中国海关全权组织参加、中国海关组织和华商自发组团共同参加、由中国官员组织民间广泛参加这几个阶段。伴随着这个历程的，是中国人文化和经济自主意识的觉醒。

1851 年，首届万国工业产品博览会（简称世博会）在工业革命的发源地英国伦敦举行。虽然世博会的组织者未邀清政府参加，但还是引起了在上海经商的广东人徐荣村的注意。他获悉世博会消息后，从上海“独寄湖丝十二包，载诸四万里而西达于斯会”。不承想，“辑里湖丝”在世博会上的第一次亮相，就载誉而归，获得金银奖牌各一枚。

“辑里湖丝”在首届世博会上获奖后，以它为代表的中国生丝在世博舞台上多次亮相，折射出不同时期的国运；而湖州人为民族复兴而作的努力，则直接体现在中国参展的历程之中。

从 1876 年至 1904 年，在长达 29 年的时间里，由赫德担任总税务司的中国海关把持了中国参与国际博览会的展览事务。由海关负责置办的中国展品常俗恶不堪，如 1904 年圣路易斯世博会的中国展品，竟然都是鸦片烟具、

图 1—3　“辑里湖丝”所获首届世博会奖状（1851）

小脚夫人泥塑、缠足弓鞋、杀人刑具之类，令有识之士扼腕慨叹：“我国赛品之丑，奚啻天壤”①，后来在华人和留学生的强烈要求下，才将这些物品撤出展览。在圣路易斯世博会上，清政府派出了由皇亲溥伦带队的政府代表团，而承担中国参加赛会前期准备工作的是一位湖州籍官员——代办出使美日秘古国大臣沈桐。

① 张继业:《记散鲁伊斯博览会中国入赛情形》,《东方杂志》1905 年第 9 期。

1905 年比利时列日世博会是中国参与世界博览会的转折点。这一年，清政府任命杨兆鋆为比利时列日世博会的赛会监督。祖籍湖州菱湖的杨兆鋆是丝业领袖杨信之的四弟，早年就读于上海广方言馆，同治十年（1871）由两江总督曾国藩荐送至京师同文馆学习。1879 年，杨兆鋆毕业出馆后，任苏松太道公署翻译。1884 年，担任出使法、德、意、荷、奥五国大臣许景澄的随员，参与“镇远”“定远”两铁甲舰的督造工作，并与刘步蟾等一同督运两舰回国。归国后，被以道员身份发江苏补用。1893 年任金陵同文馆教习，兼授算学。1897 年，任江南储材学堂督办。1900 年，与兄杨信之等组织协济善会，救助因庚子之变流落华北各地的江南人士。1902 年，以江苏候补道赏四品卿衔差任出使比利时钦差大臣。回国后，将其出使期间的奏议以《须圃出使奏议》为书名结集出版。

决定参加比利时列日世博会后，清政府按海关总税务司赫德的意图将前一年在美国圣路易斯销售剩余的参展货品转运到列日会场，由当时正在比利时休假、曾任厦门税务司的比籍洋员阿理嗣代办参展事务。海关洋员操办过程中排斥中国官员和商人参与，故意展示中国黑暗落后一面的行径激起了中国驻外使节、旅欧学生和与会华商的强烈反感和激烈反击。在杨兆鋆的支持下，参展华商和留学生与海关洋员进行坚决的斗争，取得了一定的自主权。杨兆鋆一改过去洋人凭其爱好征集展品的做法，而是采取由官方征集为主，民间自愿报名的办法。他在一份给清政府的奏章里这样写道：“赛会（指世博会）关系商务，向由总税务司领办，以西人置华货，所择已未必精，陈所不应陈，每贻笑柄。嗣后应由商部奏派熟悉商情丞参，充当监督；会同驻扎该国使臣办理，下外务部、商部议……”在他的积极动员下，全国有 18 个省 30 多个城市组织展品参展。而以张静江为首的旅欧华商与留学生联名上书外务部指出，世博会此前被视为炫奇赛珍的博览会，而实际上，世博会不仅是重要的交流机会，更是含有竞争意味的商战战场。为了使参与各类博览会成为促进国内工商业和外贸交流发展的动力，杨兆鋆、张静江等人四处游

图 1—4　比利时列日世博会中国馆竣工合影（1905）

说，终于促成清廷于 1905 年底颁布《出洋赛会通行简章》，收回了出洋赛会承办权。湖州籍法学家、修订法律大臣沈家本的女婿汪大燮也参与了其中的工作。

和溥伦相比，杨兆鋆这一任的赛会监督，才真正有了中国代表团团长的模样。

首先是督造展馆。杨兆鋆到任后，将中国馆的租赁和建造工作作为中国参展筹备工作的一项重点。他主张中国馆以中式建筑风格的屋宇为宜，兼顾建筑的观赏性与实用性，要求整个建造工程要“妥慎包工，毋稍糜费”。1905 年 2 月，中国馆竣工，馆内建筑包括国亭 1 座、公所 2 间、市房 14 间。

其次是主持招商。杨兆鋆上任伊始，即将赛会会章译成中文，分送外务部商部，转发给各省“出示招商”。参展华商总计 17 家，陈列商品“粲然可观”，所售商品有茶叶、瓷器、景泰蓝、绣货、绸缎、古玩、玉器、雕刻、木石等。又建设了中国村，内有博物院 2 间、市房 10 余间、宝塔 1 座。宝塔高达 25 米。博物院里放置中国生产的各种商品，包括在中国馆里陈列不下的商品。

再次是了解经济动态。在列日世博会上出现的“假丝”（人造丝）引起了出身于丝商家族的杨兆鋆的高度警觉，他收集样品，了解工艺，致函外务部和上海总商会，敦请“大部预防，晓示其害”。

最后是全力争取世博荣誉。在杨兆鋆、中国驻比外交人员和中国参展商民的共同努力下，中国在这次世博会上获得各类奖状、奖牌 100 项（其中张静江及其通运公司获得 8 个奖项），得奖数量与英、美、奥、意等国不相上下，取得很大成功。为褒奖杨兆鋆的出色工作，在世博会结束后，比利时国王特授予他头等“宝星”奖章。

1906 年的米兰世博会，成为中国第一次由官方和民间联合参加的世界博览会。

此后，在 1910 年的布鲁塞尔世博会上，湖州人卢焕文和褚民谊担任了评奖委员，而杨兆鋆的兄长杨信之作为上海华比赛会公会的会长，承担了参加该届世博会中国展品的选送组织工作。

1930 年比利时安特卫普 · 列日世博会是南京国民政府成立后中国参加的第一届世博会，中国政府和社会各界都极为重视，工商部长孔祥熙提议任命褚民谊为团长，前往参加并主持工作。在该届世博会上，中国展团共赢得 300 多个奖项，位居参赛国第三名。

二、沈家本律法改革

中国封建社会结构虽然在 1840 年后被外国侵略者打破，但依然保留封建土地制度和剥削方式，不过是增加了一些资本主义经济成分。“百日维新”昙花一现，并未从根本上动摇封建统治的根基。

1900 年以后，英、日、美、葡诸国在与中国续订商约时曾表示，如果

中国律例与东西列强改为一律，即放弃在华的领事裁判权。为此，清廷责成直隶总督袁世凯、两江总督刘坤一、湖广总督张之洞三位官员保举“熟悉中西律例者”修改《大清律例》。1902 年 4 月 6 日，朝廷颁布谕旨：“着派沈家本、伍廷芳，将一切现行律例，按照交涉情形，参酌各国法律，悉心考订。”[①] 从此，清末法律改革进入实际操作阶段。

沈家本（1840—1913），字子惇，别号寄簃，法学家、藏书家，新法家代表人物。历任天津、保定知府，刑部右侍郎，修订法律大臣，大理院正卿，法部右侍郎，资政院副总裁等。精于经学和文字学，继承了我国学术传统中宝贵的考据方法和求实精神。主持制定了《大清新刑律》《大清刑事诉讼律草案》《大清民事诉讼律草案》等一系列法典，重视研究法理学，建议废止凌迟、枭首、戮尸、刺字等酷刑。

沈家本视列强攫取治外法权为国家民族的奇耻大辱，对朝廷昏聩庸顽、不思变革忧心忡忡，念念不忘改善法制、收回利权。因此一经任命，他立即以满腔热忱着手筹划修订法律事宜。

本着“我法之不善者当去之，当去而不去，是之为悖；彼法之善者当取之，当取而不取，是之为愚”[②] 的思想，沈家本的律法改革虽然遭到顽固派和守旧势力的攻击谩骂和竭力阻挠，仍然义无反顾地向前推进。

沈家本对中国法治近代化的贡献主要表现在以下四个方面：

（一）立法上实现三大分离

首先是把刑法与民法、商法相分离。光绪三十二年（1906）春，在沈家本主持下，修订法律馆完成了《大清新刑律》草案预备案的起草工作。同年，沈家本等人奉命会同商部（原户部），拟议订《商律》中的《破产律》。这是我国历史上第一部破产法律。之后，还主持制定了《大清民律》《大清商律

① 上海商务印书馆编译所编纂：《大清新法令（1901—1911）》第一卷，商务印书馆 2010 年版，第 16 页。

② 沈家本：《裁判访问录》序，载《寄簃文存》，商务印书馆 2015 年版。

图 1—5　沈家本（1840—1913）

草案》《大清刑事诉讼律草案》《大清民事诉讼律草案》等一系列法典。虽然这些新法典远不曾得到完善，且大部分未曾施行，但其制定本身就已经是中国法律史上亘古未有的革命。

其次是将行政权与司法权相分离。官制改革后，清廷新设立大理院，它与原来的大理寺有本质区别，是近代意义上的最高法院。沈家本被任命为大理院第一任正卿，也就是中国近代第一任最高法院院长。在借鉴外国审判制度的基础上，沈家本提出全国审判实行四级三审之方案，并确定各级审判权限。他还明确提出“司法独立与立宪，关系至为密切”“司法独立为及今刻不容缓之要图”等主张。[①] 沈家本可谓是清末变法修律中“司法独立”的倡导者和急先锋。

---

① 江国华、王一茗:《沈家本的司法观》,《时代法学》2014 年第 2 期。

再次是把实体法与程序法相分离。程序是法律的生命，依法办事不但要内容合法，也需要程序合法。中国古代法律不但只有刑法没有民法，更没有宪法，而且只有实体法没有程序法。沈家本在主持修律过程中，注意到这个问题，并着手解决这个问题。他主持制定了《刑事诉讼律草案》《民事诉讼律草案》等一系列法典，由此中国产生了第一批程序法。

（二）司法上剔除严刑酷法

废除传统法律中惨无人道的条文。沈家本主持修订出台了《大清现行刑律》，删除了凌迟、枭首、戮尸、缘坐和刺字等残酷的刑罚，禁止刑讯和买卖人口，废弃奴婢律例，统一满汉刑律。

沈家本还是中国近代监狱文明的首倡者。1908年，沈家本向朝廷上奏《实行改良监狱宜注意四事折》，建议对监狱制度进行改良，使监狱成为管束惩戒与教育结合的场所。

（三）执法上开展法律服务

沈家本是中国律师、陪审员制度的首倡者。中国古代没有律师制度，这一制度在清末才走上国家的立法层面。1906年，沈家本等人在《进呈诉讼律拟请先行试办折》中提出中国应增设律师制度的立法建议：盖人因讼对簿公庭，惶悚之下，言词每多失措，故用律师代理一切质问、对诘、复问各事宜。他们还向朝廷提交了《刑事民事诉讼法（草案）》，其中第四章“刑事民事通用规则”第一节“律师”第199—207条，专门用了9个条款对律师参加诉讼作了具体规定。沈家本知道，律师制度在中国是自古未有的，所以在奏折上特意注明律师制度与陪审员制度“俱我法所未备，尤为挽回法权最重之端，是以一并纂入”。他打着收回法权（领事裁判权）的旗帜，将律师制度（包含了法律援助制度）和陪审员制度列入了清末法律改革议事日程，写入了法律草案，可见其用心良苦。

（四）守法上注重法律素质

沈家本是中国法律教育的首倡者。1904年5月15日，经过他与同僚近两年的筹备，修订法律馆终于开馆。该馆主要翻译和研究东西各国法律，并整理中国法律旧籍。经此介绍到中国的东西诸国法律和法律学论著，涉及之广、数量之大，前所未有，使得比较各国体例，去芜存菁，从而应用于改造中国旧律和创立新法成为可能。至于翻译过程中的调查考核、辨明文义和甄定名词，对于创建中国法律学更有重要意义。

沈家本主持修订法律伊始，就积极为将来法律的施行做准备。1906 年，经过一年的筹备，中国第一所中央官办法律专门学校——京师法律学堂正式开学，沈家本被任命为管理京师法律学堂事务大臣。他以“会通中外”为指导方针，聘请了冈田朝太郎博士等外国法学家为学员授课，并支持冈田博士出版《法学通论讲义》作为学堂的基础教本。京师法律学堂的开办堪称中国法律史上的一大创举。

在清末修律事业中，还有一位湖州人金城也参与并发挥了积极作用。

金城（1878—1926），留学英国伦敦国王学院（King’s College）习法律专业，毕业归国时曾途经美、法诸国考察法律和美术。1904 年（光绪三十年），由上海道袁树勋保荐，任上海中西会审公堂会审官。次年秋，有广东籍已故小官僚的遗孀黎黄氏携子女及婢女等十余人，由四川到上海乘招商局轮返原籍。巡捕下轮检查时，企图敲诈未遂，诬指为贩卖人口，押送中西会审公堂，英领专横独断，下令判罪。会审官金城以该案真相未明，不能判刑结案，一再辩论无效。后经中西双方会同调查，黎黄氏确非贩卖人口。金城以案情既已大白，要求英领释放黎黄氏，交涉再三，竟遭英副领事无理拒绝，并指使英捕头殴辱金城，引起旁听者公愤，大闹会审公堂。消息传出，轰动湖属 6 县，华人相继罢市响应，以示抗议。在强大压力下，英副领事不得不撤销前议，并由上海道袁树勋与著名工商界人士朱葆三、虞洽卿等出面调解，一面释放黎黄氏，一面劝令华商开市。可金城却因此而罢官。沈家本认为金城是从湖州出来的一位有用之才，应当予以关照，聘请他为修订法律馆协编，并奏补大理院推事。1911 年（宣统

三年），金城作为中国代表，参加美洲万国监狱改良会议，并赴欧美考察监狱。归国时中华民国已建立，出任内务部佥事、众议院议员、国务院秘书、蒙藏院参事等职。金城也是中国首位派驻海牙国际法庭的大法官。

三、西学东渐中的湖州力量

西学输入中国的历史，早在明末清初就开始了。但中国传统的士大夫尊崇“华夏中心”和“夷夏之辨”，在他们心目中，只能用优秀的中华文化去影响和变革的“蛮夷”文化，迫使其与中华文化融合，而绝不能“用夷变夏”。鸦片战争之后，当承载着西方文化的坚船利炮轰开中国大门时，传统的“夷夏”观逐步破产，新的中西文化观开始建构。这种建构充斥着中西文化之间的冲突与交锋。一批湖州人在这场冲突与交锋中走在了时代前列。

（一）傅云龙奉命出国游历考察

1887 年，湖州人傅云龙在北京总理各国事务衙门选拔出国游历官员考试中脱颖而出，名列第一。再经总理衙门大臣面试和光绪皇帝朱笔圈定后，傅云龙等 12 位佼佼者成为钦定游历者，分派考察亚洲、欧洲及南北美洲各国。11 月 11 日，傅云龙登上日本“东京丸”轮船，开始了对日本、美国、加拿大、古巴、格林纳达、委内瑞拉、厄瓜多尔、巴拿马、哥伦比亚、智利等国家和地区的游历和考察。他在游历期间撰写的调查研究报告和游历记录达 110 卷之巨。其中，86 卷为《游历图经》，相当于各国国情调研报告，以地图、表格为主体，配以简明文字叙述和实地察访踏勘所获心得，内容涵盖地理、历史、政治、经济、民俗等各个方面；其余为《游历图经余记》，具体记录了游历旅程、行踪、考察、游览活动、著述情况及感想议论。①

① 钱志远：《湖州廉政史话》，浙江古籍出版社 2017 年版，第 226 页。

（二）张增熙效仿西方教育制度创办学校

张增熙是湖州南浔富商张颂贤之孙，张静江之长兄。1901 年为治眼疾远赴美国。在美逗留期间，25 岁的张增熙以平民身份谒见了美国总统麦金莱（William Mckinley），就当时八国联军联合蹂躏并瓜分中国事奉请美国出面干预。后来又远赴欧洲，访问了以治眼疾出名的奥地利等近 10 个国家，每到一国，总是观察国势人情，咨询庶民教育之政。一年半的国外之行，张增熙治好了眼疾，也亲眼目睹了西方列强的强盛国力与教育的开放发达。他回国后就创办了正蒙私塾，采用国外五年学制，要求学生德智体美全面发展。1906 年又创办了浔溪女校，仿效上海蔡元培爱国女校，聘请桐乡女词人徐自华任校长，聘请从日本留学归国的绍兴女革命家秋瑾等有识之士任教师。[①] 浔溪女校虽然办学时间不长，但其办学思想新颖，师资力量很强，对开湖州风气之先、解放思想的作用是不容低估的。

（三）钱恂博学杂览走在时代前列

1884 年，湖州吴兴人钱恂投宁绍道台薛福成门下，成为其得意门生之一。钱恂是钱玄同同父异母的兄长，博学杂览，颇具才名，加以游历日本和西洋的见闻以及办理洋务的历练，使得其新学素养及观念开通的程度，远高于清朝一般官绅。作为晚清著名的外交官，他以出色的眼光将大量的西方知识介绍到中国，使自己的名字至今在金融学、政治学、地理学等很多学科史上均占有一席之地。

1889 年，薛福成以三品京堂候补充任出使英、法、意、比大臣。1890 年钱恂以直隶候补县丞随薛出使。1891 年，沙俄出兵侵占新疆帕米尔地区，清朝驻俄公使许景澄作为中方代表与俄国谈判，钱恂奉命赴帕米尔一带查勘边界地形，著有《帕米尔图说》《中俄界的疏注》等。许景澄在《致总理衙门总办函》中对钱恂评价颇高："该员素长考据，近于西人各图说，颇能尽

① 周淑舫:《湖州妇女运动史》，浙江古籍出版社 2017 年版，第 11 页。

心钩索，萧何得秦图，具知天下要塞，固不在身历其地也。”[①]

钱恂回国后，为张之洞帮办洋务，出任湖北自强学堂首任提调（1893—1898）、武备学堂提调。出任自强学堂提调期间，协助总办蔡锡勇为学堂聘请师资、制订章程、筹措经费、建筑校舍、管理师生、编订教材、组织教学，为自强学堂的发展奠定了基础。1898年蔡病逝后，学堂不再设总办，所有校务全由钱恂负责。

1898年底，湖北向日本派出首批官费留学生。1899年钱恂被湖广总督张之洞派至日本任湖北第二任留日学生监督。除操办留学生事务外，又受托在日延聘军官、技师、购买军火物资，事无巨细皆一手经营。义和团运动兴起后，朝廷向列强宣战，京师使馆被围，南方局势也趋紧急。钱恂偕同驻日公使李盛铎，代张之洞与日本方面沟通，为促成“东南互保”不遗余力。[②]1907—1909年，钱恂先后担任出使荷兰和意大利大臣，1909年冬回国。

在日本时，钱恂著有《财政四纲》《日本法规大全解字》，对日本的财政、法律详细考陈，特别强调其为中国所无的专门学问。驻意大利后，连上《义预算疏》《义财政困纾片》《义国国税疏》《加税免厘利弊片》《义税中国货进口疏》，对意大利的财政收支结构、预决算情况、国债发行利弊以及我国裁厘增税等问题详加介绍。[③]

甲午战争后，受清政府战败的刺激以及汪康年、夏曾佑等维新人士的影响，钱恂的思想不断发生变化，且日趋激进，经常参加革新活动，出力颇多。1896年《时务报》创刊后，钱恂积极参与撰稿。他对“百日维新”的失败痛心疾首，在给汪康年的信中说：“此百日中新政，中国将来必仍举行，

① 许景澄：《许文肃公遗稿》（函牍3），辽海书社1990年版，第41—42页。

② 戴海斌：《钱恂：晚清外交史上的“异才”——兼证“张之洞在庚子年的帝王梦”说难以成立》，《江海学刊》2013年第2期。

③ 钱志远：《湖州廉政史话》，浙江古籍出版社2017年版，第239页。

此时遏之愈甚，再举行之期愈速也。”[①]1911 年，作为湖州公学代理校长的钱恂走上了革命道路，成为湖州光复的领导者之一，并在革命胜利之后担任湖州军政分府民政长。

第二节　辛亥革命在湖州的酝酿

辛亥革命前夕，湖州地区的粮食及渔业生产每况愈下，蚕桑生产和工商经济如火如荼。社会矛盾蓄势待发，既有传统的满汉矛盾，也有新起的华洋矛盾，更有尖锐的阶级矛盾，各种矛盾交织在一起，湖州笼罩在“山雨欲来风满楼”的气氛之中。

一、粮食与淡水鱼养殖产业每况愈下

古代湖州的支柱产业是农业与手工业。农业以粮食生产、蚕桑种植和渔业为主；手工业有丝织业、湖笔制造业等几十个品种。

（一）“苏湖熟”成为明日黄花

从南宋开始，中国就流传着一句谚语：“苏湖熟，天下足”，意思是苏州、湖州如果粮食丰收，天下就不会饥馑了。

但近代以来，湖州的粮食生产呈每况愈下之趋势。一方面是因为大量的农田被用作种桑之地、人均粮食种植面积大幅减少；另一方面是外来人口大量增加，导致人均粮食占有量减少。在明至清前期，湖州人口保持宋元以来的增长势头，而且增长速度不断加快。1182 年，湖州共有 518352 人，到 1820 年，湖州府人口剧增至 2566137 人，人口密度 475 人 / 平方公里。[②]在

① 汪康年：《汪康年师友书札》（第 3 册），上海古籍出版社 1988 年版，第 3006 页。

② 陈国灿：《浙江城镇发展史》，杭州出版社 2008 年版，第 222 页。

人口快速增长的同时，湖州耕地面积基本保持稳定，人均耕地面积严重不足。1392 年，湖州府人均耕地面积为 6.44 亩，各县依次为：归安 3.98 亩、乌程 4.59 亩、武康 6.91 亩、长兴 7.43 亩、德清 10.42 亩、安吉 14.35 亩。嘉庆末年，湖州人均耕地面积下降到 2.67 亩。① 在人口压力下，湖州地区的人们只能扩大经济作物的种植，弃稻种桑。清朝雍正时，浙江总督程元章说："杭嘉湖三府属地方，地窄人稠，民间多以育蚕为业，田地大半植桑。"② 米谷在湖州只够自给，可是米业在湖州并不因此而衰退，吴兴城区米行、米店较多，米市主要依靠皖南的几个大米生产区。

（二）"渔都"地位受到挑战

湖州称得上中国古代的"渔都"。从自然资源来看，湖州是淡水鱼养殖的"风水宝地"。除太湖外，湖州水网密布，河湖港汊星罗棋布，还有种类繁多的江南湿地，为大规模的淡水鱼养殖提供了条件。当代著名历史学家章开沅说："湖州地域，得天地之气，山水之胜。从钱山漾到碧浪湖，从天目东西苕溪直至八百里太湖，自古以来为世人所艳称。这里山水交织如画，山峦连绵，水网密布，平原如绣。"从历史上看，湖州是中国淡水鱼养殖的发祥地之一。4700 多年前的钱山漾遗址出土的木桨，证明当时已有原始的独木舟或竹筏。中国的四大家鱼在这里最早完成了由野生到家养的转化。由于地处水乡泽国，从秦汉以来湖州就形成了"外荡捕鱼，池塘养鱼"的渔业模式。司马迁在《史记》里描述长江下游的特征为"地广人稀，饭稻羹鱼"。春秋时著名的政治家范蠡被湖州人尊称为湖地养鱼的鼻祖，传说他曾向越王献策："畜鱼三千亩，其利可致千万，越王当盈。"约在汉代，有人以范蠡的养鱼经验为基础，写出了《陶朱公养鱼经》一书，成为我国第一部养鱼专著。从三国至唐宋，太湖流域通过不断围垦，形成了塘浦圩田系统，由此形成了

① 潘锡恩等：《大清一统志》（第 289 卷），清道光二十二年（1842）本。

② 《程元章奏折》，载（清）鄂尔泰等编：《雍正朱批谕旨》（第 211 卷下册），北京图书馆出版社 2008 年版。

桑基鱼塘的雏形。所谓桑基鱼塘，指的是种桑养鱼共荣，生态良性循环的一种生产方式：蚕粪和蚕蛹喂鱼，塘泥为桑地农田提供肥料，桑叶又为蚕丝生产提供条件。这是中国最早的循环经济模式，既充分利用了本地丰富的自然资源与人力资源，又很好地保护着自然生态环境，实现了人与自然的和谐。据联合国粮农组织认定，湖州菱湖的桑基鱼塘是迄今全世界唯一保留完整的传统养鱼生态模式。

湖州的渔市曾经相当发达。清代厉鹗在《菱湖小咏》中描写道："到眼忽成市，知家奁镜开。鱼多论斗卖，菱好及时栽。"

曾经担任湖州知州的苏东坡，在诗集《人皆苦炎》中这样描述湖州："紫蟹鲈鱼贱如土，得钱相付何曾数"，形象地描绘出江南鱼米之乡湖州的富庶。

同样的土地面积，养鱼比种粮食获利可高一两倍。产品主要销往上海，约占 70%。到了辛亥革命前夕，帝国主义侵入上海的步伐加快，租界扩展，人口突增，吴兴县渔业乘机发展。因上海人嗜吃青鱼，高价来湖采购，故吴兴农民普遍养青鱼。同时，上海鱼行广放养鱼贷款，而农民不惜重本养鱼，

图 1—6　桑基鱼塘

达到生产发展的最高峰。

但是1912年前后，湖州“渔都”的地位受到挑战，一方面因为海鱼产量剧增，舟山成为中国第一“渔都”；另一方面，长江中游的湖南益阳、湖北荆州逐渐取代湖州，成为中国淡水鱼养殖的“渔都”。

二、丝织业迎来发展良机

（一）遍地蚕桑枝繁叶茂

作为中国的“蚕乡”，湖州是中国丝绸文化的发源地，4700多年前就已种桑养蚕了。至晚可追溯到宋代，其时田桑并举，蚕桑生产开始走向专业化。元代中后期起，棉花种植在中国较大范围推广，不断挤占蚕桑业的发展空间。到明清时期，棉花种植更广泛，不少蚕桑产地变成了棉花产区，在全国蚕桑业不同程度衰落之时，湖州蚕桑业却逆势而起，走向极盛。究其原因，有人认为是湖州地不宜棉，“独湖地卑湿，不宜于木棉。又田瘠税重，不得不资以营生，故仍其业不变耳。”[①]明清两代为湖州经济繁荣时期，虽然已不再有“国之仓廪”之称，但“桑柔四郊绿”，蚕桑种植园经济蓬勃发展，“蚕事吾湖独盛，尤以南浔为甲”，“无尺地之不桑，无匹妇之不蚕”。质地精良的湖丝发展成与漳缎、潞缎相匹敌的江南三织造的必备原料，进而成为国内蚕丝业的中心，并获得“丝绸之府”的美誉。蚕桑种植比水稻种植其利高出两三倍。《沈氏农书》记载，一亩桑林可采桑叶1600斤，在市场出售可得银4两，多者可采2000多斤，5两银可购米5—6石，而种稻亩产一般为2石，最高不过3石。[②]这还不包括农家利用自有蚕丝所织丝绸所赚取的丝织品的附加值，如果计入附加值，实际收益必定更高。武康、长兴、安吉等山区种桑也相当普遍。同治《长兴县志》卷八：长兴县“无一农不精于治桑者”[③]；

---

① 李堂：《湖州府志》（第41卷），清乾隆二十三年（1758）本。

② 陈国灿、奚建华：《浙江古代城镇史》，安徽大学出版社2003年版，第255页。

③ 赵定邦、周学浚：《长兴县志》（第8卷），清同治十二年（1873）本。

乾隆《安吉州志》卷八：安吉“西北乡饲蚕者多，东南惟近州二十里者皆育蚕”①。

（二）生丝商号遍布城乡

鸦片战争后，在“申江鬼国正通商”“番舶来银百万计”巨利的诱惑下，湖州地区呈现了“遂使家家置纺车，无复有心种菽粟”的景象。“五口通商后，丝行兴盛。长兴夹浦、后漾、水口、下箬、横山、洪塘、虹星桥等沿太湖一带丝行不下数百家，后随着丝市移集南浔、菱湖、双林等镇，减少为十余家。自道光至光绪年间（1821—1908）南浔、双林二镇丝行排列成埭，称作丝行埭……光绪年间(1875—1908）菱湖镇上大小丝行鳞次栉比……新市、练市等镇分别设有丝行十余家。府城湖州因绉丝业发达而用丝量大，设有大大小小供丝之丝行，光绪年间最鼎盛时有120余家。”②

（三）丝绸工业崭露头角

1870年至1920年是湖丝出口的鼎盛期。③20世纪初，尽管日本生丝已称强于世界市场，中国生丝在世界市场上的份额大大减少，但每年生丝出口仍有数十万担，其绝对数量仍然十分可观。

在巨大利润的吸引下，湖州人也在本地开办丝织厂，发展丝绸企业。20世纪初，湖州府城及四乡家庭丝织机遍布。湖绉盛产于湖州城北近郊的乡村，城北机纺港因此得名。1909年湖州商人王笙甫、范芹甫及同籍官僚吴匡、温蔗青合资10万元，于湖州城北门外大通桥堍创办湖州公益机器缫丝厂，这是湖州本地第一家缫丝厂和第一个近代企业，有意式丝车200部，职工400人。

① 刘蓟植:《安吉州志》(第8卷)，清乾隆十五年（1750）本。

② 董惠民等:《浙北历史与文化》，三秦出版社2003年版，第227—228页。

③ 刘大钧:《吴兴县农村经济》，上海文瑞印书馆1938年印，第218页。

三、社会矛盾蓄势待发

浙北民间流传着这样的民谣："宣统元年，怪事连篇，宣统二年，造反明年。"宣统年间，农村经济凋敝，大批农民和手工业者破产失业，社会矛盾加剧，到辛亥革命前夕，浙北嘉湖各县先后出现了抢粮抗漕抗租等斗争，给当地的绅富豪强以沉重打击，动摇了清政府在浙北的统治。①

（一）满汉矛盾根深蒂固

清朝是以金戈铁马式的武力取得统治地位的。江南地区，"嘉定三屠""扬州七日"是汉人挥之不去的梦魇。统治稳固后的康熙初年，在湖州南浔镇，发生了清朝历史上第一场"文字狱"——血雨腥风的"明史案"，使满汉矛盾再一次尖锐起来。

江南士人参加反清革命，带有很大的"恢复汉室"的色彩。辛亥革命后上海沪军都督府成立后所发通告，如男子剪长辫、留头发的《剪辫告示》中说：

> ……照得结发为辫，乃胡虏之殊俗，固地球之五大洲所无之怪状，亦历史数千年未有之先例。满清入关，强令"留发不留头，留头不留发"，一些汉人强烈抵制这种野蛮的风俗，便有"嘉定三屠"，"扬州七日"之悲剧的发生。……今幸福中国，汉土重光，凡有血气者，追念祖宗之余痛，固莫不恐后争先，剪去发辫，除此数寸之胡绳，还我大好之头颅。……本都督深不愿以强迫之命令，干涉个人身体之自由；但长此以循，殊非政体，且不足以表示万众一心渴望共和之至意。②

① 董惠民等：《浙北历史与文化》，三秦出版社2003年版，第221页。

② 《剪辫告示》，载《湖州文史》（第1辑），湖州市政协文史资料委员会1984年印，第35页。

（二）华洋矛盾此起彼伏

洋人侵略中国，欺侮中国人民，反抗的种子早已播下。1904 年 12 月，美国胁迫清政府签订的排斥和虐待华工的《中美会订限制来美华工保护寓美华人条款》期满，旅美华侨 10 余万人联合上书清政府，与美国当局交涉，要求改约。美国政府悍然拒绝，激起中国人民的反美爱国运动。1905 年 5 月，发端于上海的反美爱国运动，得到湖州士商的迅速响应。他们举行集会，印发传单，揭露美国虐待华工、迫害华侨的罪行，组织开展抵制美国货活动。7 月，菱湖各业停运美货，“戒用美货，抵制苛约，内处各埠如响斯应。湖州菱湖镇继起相约实行……各业均认不用美货为义务，一律签允。”[①]7 月 27 日，南浔述志医院女护士举行集会，一致主张不用美国货。妇女界举行集会，参加政治斗争，这在浙江也是首次。1905 年，“八牛”之一的周昌大的儿子周庆云继承丝业，投资兴建苏杭铁路，反对向英借款出卖路权。湖州人民还对美国传教士霸占“海岛”土地事件，进行了不屈不挠的斗争。

湖州海岛教案是清末发生的一场争地纠纷，当事双方为湖州地方士绅和美国南监理会。从 1902 年南监理会韩明德（T. A. Hearn）在湖州城内购买海岛地区土地始，至 1908 年 10 月美国驻华最高领事法庭发出审判结果止，历时近七年之久。通过谈判和起诉等诸多方式，湖州地方士绅最终收回了失去的大片土地，这是晚清教案交涉中少有的通过法律途径成功解决的案例之一。

1. 案情缘由

1902 年春，美国南监理会派遣传教士韩明德等来到湖州，向湖州归安县令朱懋清表示，希望购买土地为教会兴建教堂和医院。朱懋清向传教士推荐了位于湖州城北门内飞英铺的一片地：海岛。根据晚清教会购地之章程，有主之地的交易，必须取得土地所有者之同意，签订转卖契约后交由官府盖

① 杨伟民:《湖州民国史料类纂与研究》（报刊史料第 3 期），沈阳出版社 2016 年版，第 238 页。

印过税方为合法。为此朱懋清曾专门派人协助传教士与上述土地所有者交涉土地买卖事项。韩明德发现海岛地区有部分“荒地”，也希望购买。朱懋清在没有核实土地来源的情况下，把这十亩“荒地”（实为府学尊经阁的地基）估值四百元转卖给南监理会。韩明德还提出另买旁地以置换颜（鲁公）、曹（孝子）二祠之地，典史史悠斌和千总柳寿春为换地契约签押作保，经朱懋清同意并为之盖印、写入告示。1903 年丁燮继任知县后亦不到地履勘，即为教会其他投税各契盖印放行。韩明德依据史、柳所签押之换地契，将尚存之曹孝子庙拆除，另在左边空地照式重建一座，丁燮亦不阻拦，甚至派差役驱逐曹孝子庙之看庙人，以助拆迁。韩明德随后在土地上构筑围墙，并将府学旧有之敬一亭、绎志亭、射圃等地基，以及部分民地荒地皆圈占入内。直至此时，湖州士绅方才意识到问题的严重性。

2. 纠纷之起

湖州府学最早可追溯至唐代，历代屡毁屡修，至清末时，尊经阁、颜鲁公祠等已成废墟，唯曹孝子庙尚存。洋教士圈占文庙建筑之地基，拆除忠孝二祠遗址兴建洋房和教堂，这种行为不啻刨了儒家之祖坟，在晚清洋儒关系紧张、教案迭起之背景下，对于儒家知识分子的刺激无疑是巨大的。听闻此消息，湖州士绅群情激愤。他们向韩明德提出交涉，韩称上述土地早经县令通告转卖完毕，对士绅们的要求不予理睬。所以，海岛教案首先是中西文化之争，其次才是利益之争与法律之争。

3. 斗争经过

以湖州士绅为代表的当地群众，为争回被侵占的土地，与洋人进行了长达近七年的斗争。一是通过行政渠道争取权利。湖州籍官绅先后向归安县令、浙江巡抚以及都察院、外务部等多部门呈控，并托人入内廷奏报，其中即有时任修订法律大臣的湖州人沈家本。1904 年，朝廷连发两道上谕，要求浙江巡抚聂缉椝查办此事。浙抚不敢怠慢，速派官员赴海岛勘察界址，先后与湖州士绅、传教士和美国驻杭领事安得森（George E. Anderson）等会商。谈判虽有一定进展，无奈最终未能达成协议。二是通过法律途径解决问题。行政程序走不通，湖州士绅们决计将南监理会和韩明德告上领事法庭，走法律程序。案件的焦点在于韩明德购地是否合法和原合同是否有效。然而判决的结果仍然离湖绅之诉求相去甚远。三是借用群众反洋教的力量。韩明德胜诉之后，在土地上加紧施工，湖州民众益加不满。湖绅呼吁举行一场大型集会，抗议杭领之审判结果，舆情越发紧张。湖州绅民异常愤怒，遂号召湖州府七县商民举行集会，抗议韩明德之悔约行为。浙江巡抚增韫深恐集会酿出杀人、毁堂之举，因此极力劝慰民众，表示已派官员与美国领事进行交涉，希望湖州绅民切莫轻举妄动，以免贻人口舌。南浔“四象”之首刘家代表人物刘锦藻等人也对湖州民众再三劝慰，称将采取合法途径解决此案。经过仔细商议，湖绅决定将此案诉至新成立的美国驻华法院，时称“美国按察署”。

1907 年 4 月，基督教入华百年纪念大会在上海召开，南监理会会督韦理生（A. W. Wilson）也前往出席。湖绅抓住机会，请张增熙为代表赴上海向南监理会高层详细陈述此案。随后韦理生派蓝华德(基督教监理公会牧师)为全权代表，与柏乐文（William Hector Park，美国监理会传教医师）同赴湖州与士绅进行谈判。蓝、柏二人与湖绅代表亲赴海岛地界履勘、丈量。时值大雨，众人跋涉于泥泞之中，不辞辛苦，至此蓝华德方知韩明德占地之真相。随后双方磋商两日夜之久，终于达成协议。此次索回的土地比原合同的二十亩之数还要多。湖州士绅们认为该合同条款用语非常得体，显示了双方的平等和善意，蓝、柏二人对此结果也甚为满意。但韩明德不同意，官司继续打下去。

在法律交锋的背后，双方仍旧在积极寻求和解的契机。早在开庭前，南监理会董事会即表示，“不愿据律过于吹求，宁可舍弃地产权利，不欲惹起湖民之恶感”，奠定了日后和解的契机。在庭前聆讯中，原告方也表示愿意达成一个适当的协议，“以平息湖州人民日渐累积的怒火”。其实从许鼎霖(时任浙江省洋务局总办）与潘慎文（A. P. Parker，美国传教士，基督教南

监理会代表）议定合同起，到与蓝华德签订合同时，教会内一直有着和解的声音。休庭后，被告方即提出愿意和解结案。经过数日艰难的谈判，双方终于达成和解协议。

4. 争议结果

协议规定，在蓝华德合同划界基础上，湖州士绅们需将东面围墙附近的一块地划还给教会，此外教会基本依照蓝华德合同所定界限退还土地，但需将地契转交士绅而非官府；公地因无地契，可免还地契；教会应当在判决5个月之内将应归还土地上的建筑物拆除，由湖州士绅们再额外支付1500元，作为赎回土地和教会拆除医院、修整土地之费用；此外，士绅还承诺，愿意

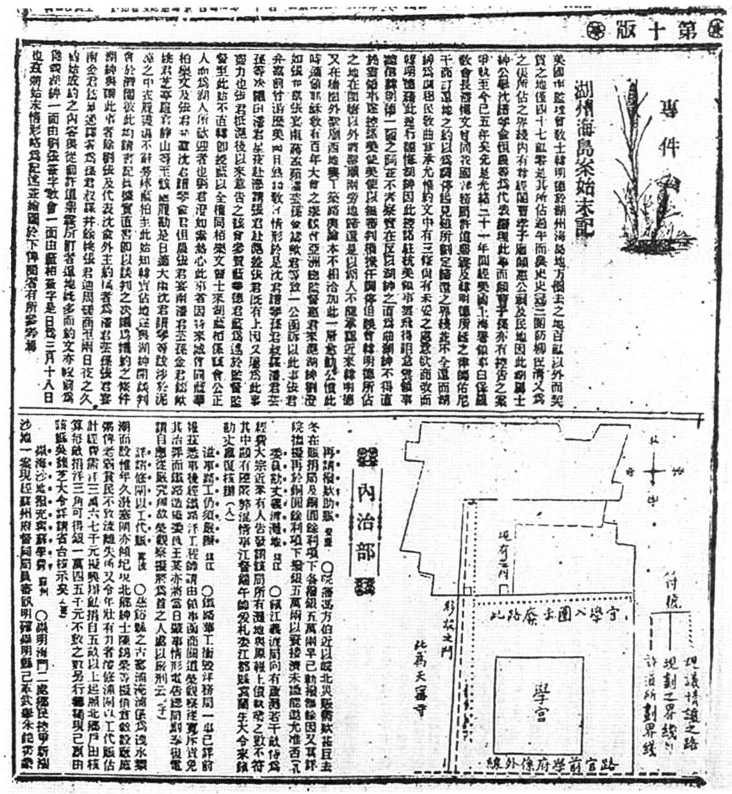

第十版

專件

湖州海島案始末記

內治部

图1—7 《申报》报道《湖州海岛案始末记》（1907）

在土地转换、盖印等事务上帮助教会。①

至此，海岛案终于以湖州士绅的胜利结束。据《申报》1909年2月23日报道："湖州海岛一案，前经在籍士绅刘锦藻等始终坚持，悉数争回，当奉增抚帅片表请旨奏奖在案。兹悉增中丞以此案纠葛至六七年之久，现由王道丰镐会同刘绅等延聘律师妥筹办结，划还公地，深费经营，不遗余力。"②

（三）阶级矛盾愈演愈烈

1. 抢米风潮

1906年，长江流域洪水成灾，粮食歉收，当局加税，引起米价腾贵。乡村饥民、城镇升斗小民无力承受，嗷嗷待哺。江苏、浙江、安徽、江西等省饥民相继发生"抢米风潮"。5月，杭州米店囤积居奇，抬高米价，群众激愤之下，将各米店捣毁。③湖州地区的饥民也加入抢米风潮之中。6月，长兴泗安镇奸商勾结外地商人将米外运牟利，附近乡民愤而截住米船，一抢而空。④1907年，抢米风潮继续扩大到上海、广东、福建、河南等地。

2. 抗漕斗争

漕运是我国历史上一项重要的经济制度。元朝以来，中国历代封建王朝将征自田赋的部分粮食经水路解往京师或其他指定地点。漕运保证了京师和北方军民所需粮食，有利于国家统一，并因运粮兼带商货，有利于沟通南北经济和商品流通；但它又是人民的一项沉重负担，运费代价过高，尤以漕运徭役，征发既众，服役又长，以致失误农时，故亦有众多弊端。

明代"征漕粮的有江、浙、赣、皖、湘、鄂等省，征额400万石，而湖州一府征额约40万石，占全国的十分之一。加上漕运费用，实际征额往往

① 张晓宇：《湖州海岛教案的历史还原与重新评价》，《浙江社会科学》2015年第3期。

② 杨伟民：《湖州民国史料类纂与研究》（报刊史料第3辑），沈阳出版社2016年版，第251页。

③ 《汇报》1906年5月29日。

④ 《时报》1906年6月27日。

在 80 万石以上”[①]。杭嘉湖一带，曾发生过多次“闹漕”案，即农民遇到水旱灾荒歉收时，集体向官府要求减免漕粮的运动。1909 年 12 月间，乌程、归安首先开征，两县乡民当即鸣锣集众，阻纳漕粮，并张贴传单。数千人约期分路进城，捣毁漕仓官署。县令在电省请兵弹压的同时，也不得不暂对群众让步，“令绅董编查被灾之户，准其免征，其余应征之户，许以七成交纳。”1910 年 1 月，德清县乡民继起抗漕，“营官率兵弹压，乡民聚集不散，并互相联络，合力抵抗官兵。”1 月 6 日，乌程、归安两县农民数百人鸣锣聚众，张贴传单，抗交漕粮，捣毁带头交漕之地主家，抢吃大户。11 日，农民张贴传单，千余人欲进城焚仓毁署，府城戒严。最终迫使县署出布告减漕三成。9 日，德清县东门外乡民抗完漕粮，聚众数千进城，要求重惩库书，免征荒田，减征熟田三四成。17 日，德清县西北乡抗漕农民 200 余人进城，捣毁店铺，商店罢市。[②]

3. 收回路权运动

浙江的收回路权运动不仅早于四川的保路运动，而且是一场取得胜利的捍卫民族权益的斗争。

1905 年，浙江绅商为了抵制英帝国主义掠夺苏杭甬铁路路权，集资创办了浙江铁路公司。浙江萧山人汤寿潜担任铁路公司总经理，湖州南浔人刘锦藻担任副总经理。湖州南浔富商周庆云、庞莱臣等纷纷投资，成为大股东。汤寿潜和刘锦藻主张自集资金，建造苏杭甬铁路。

商办铁路是民族资本的一个重要组成部分，对帝国主义经济侵略有一定的遏制作用。因此，帝国主义列强逼迫清政府宣布取消铁路商办，收归国办并向他们借款。清政府迫于压力，于 1907 年 8 月向英国政府借款 150 万英镑，以路作抵押，这实际上将苏杭甬铁路修筑权出卖给了英帝国主义。

---

① 余连祥：《乌程霜稻袭人香：湖州稻作文化研究》，杭州出版社 2008 年版，第 178 页。

② 杨伟民：《湖州民国史料类纂与研究》（报刊史料第 3 辑），沈阳出版社 2016 年版，第 261 页。

为了捍卫苏杭甬铁路路权，浙江人民开展了针锋相对的斗争。1907 年 10 月 22 日，浙江铁路公司在杭州召开股东大会，与会者一致表示，“款本足，无待借；路已成，岂肯押；浙人除遵旨自办外，不知其他。”并通电各省，请求支援，号召全省各地召开捐款会，以壮声势。湖州的资产阶级满怀豪情地投入保路运动之中。浙江铁路公司副总工程师、湖州人汤绪，闻悉清政府向英借款，气愤异常，回家乡绝食抗议。后闻知借款合同正式签约，大恸身亡。汤绪殉路的消息不胫而走，全省人民为之震惊，反帝爱国情绪空前高涨。湖州绅商当即成立捐款会，推俞恒农、沈谱琴为正副会长，向全国发出通电，表达“宁与浙俱去，不愿路独亡”的坚强决心。同时积极捐款认股，以抵制清政府向英借款。此时，湖州商绅杨信之首先向社会表态，他将代表湖州方面投资白银 500 万两。数额之巨，震惊朝野。各富商深知他言必信的为人，纷纷响应，加上巨大的社会舆论，终使清政府屈服，还路于民。当时，全省认股为 2300 万元，而湖州商民认股数达 500 万元，占全省 22%，足见湖州绅商贡献之大。清政府刑部侍郎沈家本参与筹集筑路股金，拟订路章。在保路运动中，公举汤寿潜和刘锦藻总理其事，以拒绝外国的要挟，自办全浙铁路，维护中国自主权利。经过多个回合的斗争，最终清政府批准全浙铁路由浙人自办的请求，不久又批准江苏省自办铁路。1909 年 8 月，沪杭线全线竣工通车，邮传部考核后赞许此路为全国商办铁路之冠。

第三节　成为辛亥革命中流砥柱的湖籍人士

在波澜壮阔的辛亥革命中，一大批湖州人领风气之先，纷纷走上革命道路，为民主共和国的建立作出了不可磨灭的贡献。他们大多是湖商或湖商的后代，有的还有海外留学的经历。他们在经济上获得巨大利益的同时，企求在政治上有一个属于自己的新政府，以维护自己的利益，因此思

想上追赶时代进步的潮流，行动上积极投身推翻清王朝的革命斗争中。

一、创办《国民报》等报刊

清代末期，一些先进知识分子不惜抛弃科举时代获得的一切荣誉，背井离乡，毁家求学，前往日本、欧美学习先进文化，跟随孙中山从事革命活动，宣传革命主张。

1901 年 6 月，中国留日学生组织励志会的代表人物湖州人沈翔云与秦力山、王宠惠、张继、雷奋等在东京创办《国民报》月刊，这是留日学生第一本宣传革命思想的反清刊物。该刊虽然只出版了 4 期就被迫停刊，但在中国革命史上的地位不容忽视。冯自由评论说："留日学界公然主张革命排满及反对康梁保皇邪说，是报实为滥觞。"①《国民报》得到过孙中山的支持，他曾派九列从横滨带去 500 元办报经费，并在《建国方略・行易知难（心理建设）第八章》中说："……《国民报》，以鼓吹革命。留东学生提倡于先，内地学生附和于后，各省风潮从此渐作。"

1906 年，张静江、吴稚晖、李石曾等人在巴黎市区达庐街 25 号创办世界社和中华印字局。首先印出革命丛书 7 种，继之又编辑出版《新世纪》周刊、《世界》画报和《近世界六十名人》，还翻译发行鼓吹革命的《夜未央》《鸣不平》等剧本。1907 年 6 月 22 日，张静江等人创办了《新世纪》周刊。1910 年 5 月，通运公司资金周转发生困难，《新世纪》周刊停办，《世界》画报也只出了两期。世界社同人编印的诸多刊物中，《世界》画报是流传最少的一种，但它与《新世纪》周刊一样，担当同盟会在欧洲的机关刊物之责，与同盟会在日本刊行的《民报》相辉映，态度鲜明地宣传革命。当时编印《世界》画报耗资巨大，全靠张静江支持。《世界》画报的编辑思路是以让国人

① 冯自由：《开国前海内外革命书报一览》，载杨光辉等：《中国近代报刊发展概况》，新华出版社 1986 年版。

图 1—8 陈英士（前排左四）与孙中山（前排左五）等人在东京中华革命党总部合影（1915）

放眼世界为基础，进而传播新知识、新思想。世界社办的这两种刊物，实际上都在为同盟会领导的资产阶级民主革命做舆论准备和民众动员。

湖州人陈英士 1906 年赴日本留学，1908 年受孙中山派遣回国，往来于浙沪京津各地联络革命党人。回国不久，陈英士就在武汉筹备创办《大陆新闻报》，正待出版发行，消息被两江总督端方侦知，电告湖广总督瑞瀓，受到查封。1909 年他与陈毓川、陈去病在上海创办《中国公报》，1910 年与姚勇忱、陈匡一起创办《民声丛报》，宣传革命。1910 年 10 月，陈英士联络张静江、庞青城、王一亭、周柏年募集资金，助于右任、宋教仁、沈缦云等人在上海创立《民立报》。这是一份颇有影响的革命报纸，为同盟会的“硬骨头”刊物之一，其前身为《民呼日报》和《民吁日报》。中国同盟会中部总会成立后，《民立报》以机关报的身份成为革命派的喉舌，为反清革命的理论宣传起了很好的作用，该报社也成为革命党人的通信联络机关。它报道

过广州起义的消息，还率先报道了武昌起义爆发这一震惊世界的新闻。由于它支持孙中山的“二次革命”，1913 年 10 月被袁世凯政府下令查封。1916 年 2 月，在讨伐袁世凯的斗争中，陈英士在上海法租界天主堂发起创办了著名的《民国日报》，由邵力子和叶楚伧具体主事。①

湖州人戴季陶生于四川广汉，早年留学日本。他于 1911 年任《天铎报》主笔，以攻击梁启超得名。1911 年春，戴季陶遭到清政府的通缉，因而远走马来半岛的槟榔屿，担任《光华日报》编辑，全力宣传革命。一篇篇措辞激烈、煽动性极强的文章在《光华日报》上发表，又由革命党人带回国内，在华侨、国人中影响极大。在槟榔屿，戴季陶正式加入了同盟会。辛亥革命后在上海创办《民权报》鼓吹革命。因为言论激进，戴季陶一度被捕入狱。

图 1—9　孙中山（前排左三）与戴季陶（后排左二）等人在日本横滨正金银行上海总部（今外滩中山东一路 32 号）合影（1913）

① 沈文泉:《湖州新闻史》，浙江古籍出版社 2017 年版，第 7 页。

出狱后，他在办公室墙上写下了更激进的话："报馆不封门，不是好报馆。主笔不入狱，不是好主笔。"①

1904 年 5 月，湖州人钱玄同、杨莘耜等在湖州创办《湖州白话报》，不久停刊。这是湖州历史上第一张具有现代意义的地方新闻报纸。报纸以反对清室、振兴中华，弘扬民族主义和爱国主义为宗旨，提出"扬大汉之天声，述亡国之惨史"。报纸不用光绪年号，改用甲子纪年，创刊号的封面上醒目地标着"甲辰四月初一日"字样。该报宣传资产阶级文化，主张以白话文取代文言文。

二、积极加入同盟会并成为中坚力量

（一）各地湖州人积极加入中国同盟会

1905 年，在孙中山的倡导下，中国同盟会宣告成立。初期同盟会会员名册统计的 979 名会员中，湖州籍会员有 35 人。参加同盟会的湖州人主要有三个来源：留日学生、在法商人、在沪同乡。

1. 留学日本的湖州人。被孙中山倚为柱石干城的陈英士，在这一时期接受同盟会主张，倾向革命。加入同盟会的湖州人还有任鸿隽、钱玄同、吴鼎昌、沈兼士、沈谱琴、沈翔云、陈嵘、周柏年、钱新之、梁希等。这些人在后来的革命大潮中都作出了自己的贡献。

2. 在法国的湖州商人。以张静江为代表的一批湖州人，一方面以敏锐的商业眼光开设通运公司，拓展国货海外市场；另一方面，接受欧美思潮熏陶，思想上开始转向反清革命。随张静江赴法的湖州人褚民谊、俞寰澄等也加入了同盟会。

3. 在上海的湖州同乡。周佩箴、庞青城、杨谱笙、王一亭等与上文提及

① 胡道静：《上海的日报》，载杨光辉等：《中国近代报刊发展概况》，新华出版社 1986 年版，第 351—352 页。

的一些人士是亲友，耳濡目染之中接受了革命思想。由于这些湖州人都是上海商界的头面人物，对革命的发展，其作用是多方面的，不容小视。

在辛亥革命前夕，湖州籍同盟会会员主要有：王一亭、钮永建、沈谱琴、张增熙、庞元澄、莫永贞、张静江、陈英士、杨谱笙、姚勇忱、周柏年、俞寰澄、梁希、褚民谊、吴鼎昌、周佩箴、任鸿隽、钱玄同、戴季陶、陈果夫、陈嵘、沈翔云、任鸿年、汪汝琪、李次九等。

（二）积极筹建中国同盟会中部总会

1911 年，会聚同盟会精英而发动的广州黄花岗起义失败后，宋教仁、谭人凤、陈英士等有感于同盟会领导的历次起义都在广东等边境地区，影响不能及于全国，而长江中下游地区则经济富庶，为清廷最为重要的财税来源之地，上海则华洋杂处，得风气之先，更容易造成全国影响，于是便决定在上海建立同盟会中部总会。1911 年 7 月，同盟会中部总会在湖州旅沪公学正式建立，成为“规划长江党务之中枢”。杨谱笙在《致湖州旅沪公学同学会商榷书》中说：“光复之上年，因陈君英士之关系，借旅学为同盟会中部主干之机关。时值暑假，常集议机要于其间，于教职员生徒勿相扰也。”①

公学由湖州富商沈联芳、杨信之、王一亭、汤济沧等人发起，于 1906 年创办于湖州会馆。在同盟会中部总会的七位主要领导中，有陈英士、杨谱笙两位湖州人。陈英士把活动重心放在了以上海为枢纽的江浙革命力量的联络整合上，做了许多革命准备工作，为光复上海打下了扎实的基础。参加同盟会中部总会的还有俞寰澄、庞青城、王一亭、陈果夫、沈翔云、姚勇忱、周佩箴、周柏年、许政等一批湖州人。

同盟会中部总会成立后，主要做了两项工作：一是其成员分别回本省发动革命，在江苏、安徽、湖北、湖南、四川、陕西设立分会，推动各地区革

① 《湖州月刊》1925 年第 2 卷第 6 期。

命形势的发展；二是加强与武汉地区革命力量的联络，促成武汉革命势力的联合，从而保证武昌首义的胜利。武昌起义后，同盟会中部总会又为光复上海、浙江、南京等地作出了积极贡献。上海光复后，同盟会本部自东京迁来上海，该会遂告结束。

同盟会中部总会的成立，适应了革命形势的要求，将革命的重心转移到长江流域一带，实际上担负起指导长江中下游革命斗争的重任，对辛亥革命的胜利作出了重大贡献。

三、张静江等湖商资助革命

孙中山在从事革命活动时，最大的困难在于经济。他主要依靠募捐解决财政困难，募捐对象主要集中在两个方面：一是海外华侨，二是上海江浙财团。湖州人在捐款资助方面作出了卓越贡献。

（一）张静江毁家纾难

张静江有“民国奇人”之称。张家与张静江外祖父庞家均被列为“四象八牛”之“象”。其祖父张颂贤与外祖父庞云鐕，“均为丝商巨贾，个性又都开朗豪爽、冒险进取、热心公益”，张静江自幼受到熏陶。

21岁时，其父以银十万两为他捐得二品候补道衔。1902年，张静江任一等参赞，随驻法公使孙宝琦出国。他在法国开办了专营古玩、茶叶、丝绸的通运公司，获利甚巨。1905年8月，张静江与孙中山在赴法的轮船上相遇，之后便成为终生挚友，一直为孙中山的革命事业筹资助款。

张静江与孙中山相识时，曾问孙中山：“君非实行革命之孙君乎？闻名久矣，余亦深信非革命不能救中国。近数年在法经商，获资数万，甚欲为君之助，君如有需，请随时电告，余当悉力以应。”① 他还与孙中山约定汇款的暗号：A、B、C、D、E，分别代表1、2、3、4、5（万元）。当时孙中山因

---

① 远静、张国擎、华京日：《垂虹熙南浔》，中国青年出版社2002年版，第148页。

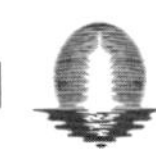

图 1—10　张静江（前排右二持帽者）陪同孙中山等人观钱塘江潮（1916）

与之萍水相逢，对其言语并不信以为真。分别之时，张静江留给孙中山一封信，让他到美国后去找纽约市第五街 566 号他所开办的通运公司，领取资助革命的活动经费 3 万元。孙中山将信将疑，至美国后把信交予黄兴，让其办理，以探真假。结果钱分文不少，如数领取。此举令孙中山大为惊奇，认为遇到了革命“奇人”。自此以后，每遇革命款项不济，孙中山便想到了张静江的汇款之约，而张每次均能按时如数将款寄到。有一次由于款项不支，反清起义无法举行，张静江甚至将他在巴黎通运公司所经营的一个茶店卖掉以资起义。周谷城在《中国通史》中引用孙中山的话说：“自同盟会成立之后，始有向外筹资之举，当时出资最勇而名者，张静江也，倾其巴黎之店所得六七万元，尽以助饷。”孙中山对于张静江资助革命的义举十分感激，曾让胡汉民回信以示谢意。张静江随即复信：“余深信君必能实行革命，故愿尽力助君成此大业。君我既成同志，彼此默契，实无报告事实之必要；若因报告事实而为敌人所知，殊于事实进行有所不利。君能努力猛进，即胜于作长信多多。”由此即可看出张静江满腔的爱国热情以及对于革命必胜的信心。1906 年 3 月，在胡汉民等人的主持下，张静江在新加坡加入同盟会，之后便积极介绍南浔的富豪们加入革命阵营，如将大哥张增熙（上海通运公司总经理）、舅父庞青城（上海中国银行董事）等人介绍给孙中山，并发展成为同盟会会员。民国成立之前，南浔加入革命队伍者大多数为“四象八牛”家族成员。这为孙中山的革命活动提供了一定的经费来源。

中华民国成立后，由于严峻的财政经济形势，南京临时政府举步维艰，难以维持，此时张静江等人带头以商人名义捐赠巨款，使临时政府财政紧张的局面得到一定程度的缓解，此举令孙中山大为感动。孙中山曾将张静江的故乡南浔镇宣布为“南浔市”，可见南浔对其影响之大。

为反对袁世凯复辟帝制，1914 年 7 月 8 日，孙中山在日本筹建中华革命党，并任命张静江为财政部长，为此孙中山曾言：“张原属富豪出身，党内财务，唯张所为”，可见张静江在孙中山心目中的地位非同一般。当时因张在巴黎筹款，无法执行公务，由财政部副部长廖仲恺代行其职。张静江始终把为革命筹款作为最紧要之事，如在 1915 年 1 月 26 日致杨寿彭的信中说：“因军事紧急，不可有一日之差，如各处有款源汇济，则急转输策应，无慢滞之患，一切进行当能如意也”，足见他为革命筹款的急切心情。

1920 年 2 月，张静江又到上海开办证券物品交易所，继续筹措经费，帮助革命事业一步步渡过难关。由于对革命的巨大贡献，张静江在 1924 年 1 月国民党一大上当选中央执行委员，被称为“国民党四大元老”之一。

（二）湖商群体慷慨捐赠

在走向民主共和的关键时刻，不仅有张静江的毁家纾难，而且还有以杨信之、王一亭、沈联芳等湖州籍工商巨子为代表的整个湖州商帮，为沪军都督府的开支、江浙联军的军费乃至中华民国临时政府的运转提供了极

为关键的财力支持。此外，汪汝琪、周凤岐、朱五楼、温选臣等湖州工商界人士也或多或少从资金上支持过辛亥革命。1906年，同盟会会员庞青城出资3000元资助杨笃生主办《神州报》。湖州浔溪女校校长徐自华变卖首饰再加上积蓄的私房钱千余元，全部用来资助秋瑾在上海创办《中国女报》，宣传民族民主革命。1909年，庞青城又出资千元资助于右任等创办《民吁日报》。当他得知于右任因办报而被捕入狱后，又出资4000元延请律师使其出狱。1910年，庞青城又捐资万元，资助于右任等创办《民立报》。张静江、王一亭也都资助过此报，其中王一亭出资50万元之巨。①1911年同盟会组织敢死队攻打上海江南制造局，所需军费一半都由庞青城资助。

四、领导和参与武装起义

（一）参加武汉保卫战

1911年10月10日，武昌起义爆发，标志着辛亥革命的开始。湖北新军在同盟会及其分支机构的领导下，很快控制武昌，接着光复汉口与汉阳。武汉三镇成为革命的首义之区。武昌起义的消息传遍中外，湖南、江西、陕西、山西、云南等省也陆续响应，宣布独立。奄奄一息的清政府被迫请袁世凯重新出山，命其率领北洋军镇压武昌起义。北洋军装备精良、训练有素，革命党人的武昌保卫战打得十分壮烈。各地革命党人，包括陈果夫、戴季陶、朱家骅、黄首民等湖州人从四面八方赶赴战场，为保卫武昌浴血战斗。陈果夫在武昌起义打响后离开学校，与学生军一起参加武昌保卫战。他与江南敢死队的同学一起，协助炮队官兵将大炮一一推上蛇山山顶。戴季陶在武昌起义后的第十天到达武汉，在革命军攻打武汉招商局时，编入连队，以普通士兵身份，手握一把“汉阳造”，直接参加战斗。他还抱起炸药包炸掉了招商局敌人的工事，为革命军顺利夺取招商局立下了功劳。上海同济德文医

① 沈文泉:《湖州新闻史》，浙江古籍出版社2017年版，第8页。

校学生朱家骅作为敢死团代表随中国红十字会到武汉，任驻汉代表。他将长兄朱祥生请他收取的交通银行股票的官息和红利360余两白银全部捐出，供20多名敢死团团员做路费，赴武汉投奔革命。朱家骅恳求从军未获准，就利用在医校学的知识为战地服务，在枪林弹雨中抢救伤员，或背或用担架将伤员抬到汉口德租界德国人开设的重伤兵医院。医院有德国医生六人，朱家骅与他们一起抢救伤员，脏活累活干在前，整整干了三个月，不仅抢救了伤员，德语水平也因此有了大的提高。[①] 黄首民（原名黄墨林）在武昌起义爆发后火速奔赴前线，投身革命，参加了保卫汉口的战斗，并被湖北革命军政府任命为前线督战员。清军溃退后，调任革命军总指挥黄兴的卫队长。武汉保卫战结束后，他与黄兴等人一起去南京参加了孙中山就任临时大总统的盛典。回沪途中，黄兴为其改名为“首民”，意即参加武昌起义首义之民。此外，湖州府中学堂学生沈源（善余）和孙景贤投笔从戎，去武昌参加了学生军与北洋军的战斗。

也有湖州籍清廷官员丁士源，参与指挥清军镇压起义。武昌起义爆发后，丁士源被任命为副官长兼总执法官，职务仅次于陆军大臣荫昌和参谋长易乃谦。他带兵直入武昌，指挥清军屠杀革命党人，焚烧城街民居，手段残忍。事后连同僚也上书对他进行弹劾。

（二）筹划上海武装起义

袁世凯东山再起后，命令北洋军进攻起义军，汉口、汉阳首当其冲，一些已独立的省份也遭到旧官僚的反扑，革命形势岌岌可危，急需其他地区的响应。但当时两湖地区双方力量的决战，天平已经倾斜，武昌旦夕不保。挽救革命，需要从别的方向予以清政府沉重打击。而上海的光复，就是决定历史走向的关键一步。

---

① 余方德:《武昌起义中的戴季陶及湖州人》，载《陈英士研究文集——纪念辛亥革命九十周年》，湖州市陈英士研究会2001年印，第223—229页。

地处东南前哨、南北枢纽、长江下游的上海成为革命派和立宪派应变的中心，其影响远远超出了在行政区划上的地位。同盟会主要领导人之一陈英士，在武昌起义后积极奔走，成功地领导了上海光复，实际上起到了总指挥的作用。

1.起义准备工作

陈英士（1878—1916），名其美，字英士，号无为，以字行，吴兴人，同盟会会员。曾任同盟会中部总会庶务部长、沪军都督。协助孙中山组建中华革命党，并担任总务部长。

陈英士出身于吴兴的望族，祖上几代经营，形成陈氏家族聚居区，命名为“五昌里”。陈英士祖父陈绚，字庚枚，热心公益，负责修建了湖州有名的“骆驼桥”，地方官曾赠“圣门狷者之流”匾额。父亲陈延佑，字春苍，在本地经商，勤俭谦和，为乡人器重。兄陈其业，字勤士，弟陈其采，字蔼士。陈英士7岁在家塾读书，1892年进善长典当铺学习经商之道，业余时间读书报，对时局不满，立志革命。1906年，在弟弟陈蔼士的资助下，东渡日本留学，入警监学校，学习警政、法律，加入同盟会，结识秋瑾、徐锡麟等人，并介绍黄郛、蒋介石加入同盟会。1907年转入东斌陆军学校，学习军事，结识孙中山。1908年春回国，在武汉筹备办《大陆新闻报》、上海办《中国公报》等，宣传革命思想。

陈英士1909年加入青帮后，掌握了上海帮会的领导权。他通过筹办精武学堂等活动，培养和训练了一批有胆有识的青年志士。与此同时，他还通过上海信成银行经理沈缦云，认识了上海商团领袖李平书，策动李平书的商团武装加入革命的行列。陈英士还做了大量对清军的策反工作。

王子骞在《攻克上海制造局亲历记》一文中介绍了陈英士等人在起义前与上海巡警总局局长的谈判：“移时，厅长（上海巡警总局局长姚捷勋）出来，身体魁梧，操北方口音，说话颇爽快。他说，‘武昌已起义，我是汉人，革满洲的命，我有什么不赞成？但是，上海华洋杂处的地方，动辄惹起外

图 1—11　陈英士（1878—1916）

交，你们革命党我相信得过，只是发动时，帮会匪类难免不乘机抢劫，杀人放火，维持治安一事，又是我的职责所在。'他的话是一放一收，神态是又赞成又为难。登时其美站起，以手按桌上，望着那个厅长说：'我们就是为着华洋杂处，动惹外交，希望彼此少流点血，才来和你开谈判。你纵有为难处，我们要干的总是要干。'他现出一种勇敢气概，威胁着对方。其美话音刚完，对面一处绅士状的人在发言，我暗问承点是谁，承点答是李平书。这人说：'厅长知道吗，已有好几千革命党到上海，他们的炸弹那样厉害，上海真会糜烂，还是和平想办法的好。'那厅长听完，即说：'就这样子吧，你们事前活动，我可以装着不管；发动时，我的警察决不参加战斗，只负责治安责任。'所谓双方谈判，就此结束。这一谈判当然是我方胜利，警察的力量，讲打是无力的，但在党人未集合前，还是有力可以阻碍党人的活动，甚

至逮捕党人；有了这次谈判，党人就可毫无顾虑地携带手枪，在华洋交界地大胆进出了，对进行革命，便利不小。”①

2. 制订上海起义计划

为了在上海组织起义响应武昌，陈英士把他主持的民声报馆马霍路德福里住宅变成了起义联络机关。一些上海的革命党人主张组织志愿军赴武昌增援，陈英士则主张在东南地区发动，与武汉相呼应。沈焕唐在《陈英士在上海光复前夕召开的一次重要会议》一文中说：“其初本拟南京先发难，嗣后汉口失守，汉阳危急，非上海响应，无以解武汉之危，遂决计先从上海入手。”②陈英士先到南京，南京的革命党人认为清朝两江总督张人俊、江宁将军铁良、江防营统带张勋在南京拥有重兵，双方力量悬殊，南京起义难以发动。他又到杭州，杭州革命党人说，沪杭之间交通太方便，如果上海还在清军掌握中，浙江先动就十分危险。陈英士返回上海，与有关人士商量后，决定先在上海发难。1911 年 11 月 2 日，陈英士与光复会领导人之一李燮和等秘密商议，认为清政府在上海加紧防范，警备甚严。在沪清军主要依靠新军，总兵力仅有一协（旅），驻守于高昌庙一带及江南制造局所在地的兵工厂内（附有炮厂）。其余为绿营兵，不堪一击。当时党人秘密集议，上海武装起义的主要障碍是高昌庙的江南制造局，制造局总办张士衍是个效忠于清廷的“负隅之虎”，制造局内储存了大量军火，为谁所有关系匪浅。且吴淞口外有清朝海军军舰 5 艘，将运制造局军火去武汉接济清军。因而，夺取制造局，光复上海，不但可以给革命提供武器与后方基地，还可以防止清军得到新装备，切断它的“粮草”，直接支援汉口汉阳。③

① 中国人民政治协商会议全国委员会文史资料研究委员会:《辛亥革命回忆录》(第 4 册)，中华书局 1963 年版。

② 中国人民政治协商会议全国委员会文史资料研究委员会:《辛亥革命回忆录》(第 4 册)，中华书局 1963 年版。

③ 参见中国人民政治协商会议全国委员会文史资料研究委员会:《辛亥革命回忆录》(第 4 册)，中华书局 1963 年版。

3. 率领敢死队进攻江南制造局

起义计划确定后的第二天即1911年11月3日上午10时，陈英士等在上海总商会正式公开宣告独立，同时发动武装起义。陈英士、李燮和、李英石、李平书等人组织了同盟会、光复会及帮会成员的敢死队。战事比较顺利，起义军很快占领了巡警总局、上海县知事衙门、道台衙门。下午2点多，各路敢死队和商团武装数千人至九亩地操场举行誓师大会后，在陈英士带领下，手执武器，从各条道路与小巷蜂拥而来，对制造局形成包围。制造局里的清军凭借其坚固防守和精良武器，拒不投降。陈英士率领敢死队进行了强攻和冲锋，但为清军火力所阻挡。进攻江南制造局的两次冲锋失利后，陈英士考虑到正面硬攻牺牲太大，而且未必能取胜，进攻的部队又缺乏硬火力，因而暂缓进攻，改为智取。他与制造局守卫部队交涉，要求入内与张士珩谈判。张士珩自恃制造局内兵精粮足，武器充裕，能攻能守，固若金汤，尽管陈英士晓之以理，动之以情，张士珩不为所动，反而捆绑了陈英士，把他扣下做人质。陈英士被扣押的消息传开后，广大军民纷纷前来搭救。李燮和利用沪军营、制造局、炮台营、巡防营的官兵多为湖南老乡的关系，策动炮兵部队参加了攻占制造局的战斗，连夜率闸北起义军前来助攻。上海京剧界人士潘月樵、夏月珊等人越墙进去，在制造局内放起火来。总办张士珩逃走，革命军终于攻克了制造局，救出了陈英士。起义后，陈英士任沪军都督。

在起义的关键时刻，湖州人杨谱笙、徐一冰、姚勇忱等率领敢死团、学生军，庞青城悬下大额赏金，王一亭做会攻的部署和动员。朱家骅的“上海革命敢死团”在攻打江南制造局的战斗中也发挥了作用，对上海的光复极有功劳。

（三）光复杭州，攻克南京

陈英士在筹划上海起义的同时，也在张罗光复杭州的计划。他派蒋介石、黄郛、陈泉卿等人驰赴杭州，担负起武装行动的领导任务。1911年11月5日拂晓，两路革命军在军械局附近会师，转而攻打旗营。由满人编组的

旗营抵抗激烈，革命军于下午 4 时在城隍山构筑炮兵阵地，开始发炮攻击，旗营才接受招降，解除武装。即推戴汤寿潜（萧山临浦人）为都督，成立军政府，宣告杭州光复。

此时，陈英士又分别致电江苏都督程德全和浙江都督汤寿潜，提议派出江浙联军会攻南京，并推举徐绍桢为南京攻城司令、江浙联军司令。程、汤两都督回电同意。陈英士除派出一支沪军参加江浙联军会攻南京外，又在上海设立总兵站，负责筹办军饷服装、补充军械、调拨车船等后勤工作。① 江浙联军经过 10 天的战斗，终于在 1911 年 12 月 2 日攻克南京。南京的光复，对于解救武汉危机，稳定革命全局起到了十分重要的作用。

孙中山对于陈英士在上海和南京光复中的贡献曾给予这样的评价："辛亥之秋，鄂师既举，各省尚多迟回观望，陈君冒诸多险难，卒创义于沪上。尔时大江震动，纷纷反正者，沪军控制咽喉有以促之也。其后金陵负固，各省义师，云集环攻，而饷械所资，率取给予沪军，陈君措应裕如，士无匮乏，此基于民国之功固已伟矣。"② 后来，孙中山又在《建国方略》中谈到，武昌起义后，"响应之最力而影响于全国最大者，厥为上海；陈英士在此积极进行，故汉口一失，英士则能取上海以抵之，由上海乃能窥取南京。后汉阳一失，吾党又得南京以抵之，革命之大局因以益振，则上海英士一木之支者，较他省尤多也。"③

五、推动成立南京临时政府

（一）组织以同盟会会员为骨干的上海都督府

革命的根本问题是政权问题。辛亥革命中，独立的各省情形各不相同，

① 房宇园、温永之：《陈英士与辛亥革命及讨袁之役》，《湖州文史》（第 1 辑），湖州市政协文史资料委员会 1984 年印，第 22 页。

② 何仲萧：《陈英士先生年谱》，中国文化服务社 1936 年版，第 102 页。

③ 《孙中山选集》（上卷），人民出版社 1956 年版，第 183 页。

有的省政权掌握在同盟会手中，有的省则被立宪派掌握，还有的省依然保持着旧官僚的统治。湖北军政府请出了清军协统黎元洪为都督、立宪派汤化龙为民政厅长。江苏都督程德全本来就是江苏巡抚，清朝的封疆大吏，在革命形势的压力下，他用竹竿掀掉了巡抚衙门的几片瓦以示“革命”，摇身一变成了革命后的都督。浙江光复后，参与过杀害秋瑾的立宪派首领、浙江咨议局议长汤寿潜就任都督，军政府所有部长中，只有褚辅成一人是革命党人。与此相反，光复后的沪军都督府则是一个以同盟会会员为核心的资产阶级民主政府。都督陈英士是著名的同盟会领袖，都督府人员中，黄郛为参谋部长，钮永建为军务部长，伍廷芳为外交总长，李平书为民政总长，沈缦云为财政总长，王一亭为交通部长，毛仲芳为海军部长。以上部长中，除了伍廷芳和李平书外，都是同盟会会员。伍廷芳是与沈家本一起参与修律的两大要员之一。还有许多同盟会会员担任副部长、科长或科员。因此，上海都督府是以同盟会为主的革命派、立宪派和上层商业资产阶级联合组成的，革命以后制定的政策大都有利于发展资本主义。

（二）积极推动南京临时政府成立

陈英士协助南京光复后，锐意推动南京临时政府的成立。为了不让辛亥革命的成果被湖北一带的立宪党人控制，陈英士分别致电独立后的各省派代表来上海筹建临时政府，并推举黄兴为大元帅，黎元洪为副元帅。他的建国主张与孙中山的理想颇相一致。南京的攻克和孙中山的回国，使难产中的临时政府终于有了生机，陈英士在这一过程中，作用很大。

六、开展反袁斗争

（一）积极参加“二次革命”

1913 年，孙中山等革命党人因宋教仁遇刺以及袁世凯非法签订“善后大借款合同”，发动了讨伐袁世凯的革命。这次革命是为了维护辛亥革命的成果民主共和制度，故称“二次革命”，又称“第一次讨袁战争”。

早在南北议和的时候，陈英士就一直以坚决强硬的态度对待袁世凯的种种手段。比如袁世凯曾以北京兵变为由，拒绝到南京就任总统，陈英士即通过孙中山、黄兴电告，愿意调遣南方部队进驻北京。又如袁世凯一直运用各种政治力量逼迫陈英士放弃沪军都督这一南方独立各省中唯一完全由同盟会骨干掌控的职务，并以工商总长的职位相诱。陈英士在孙中山和湖州商帮的鼎力支持下，与袁世凯周旋了 7 个月，在某种程度上为孙中山制定《中华民国临时约法》争取了时间。陈英士在 1912 年 9 月与黄兴联袂北上，并再度拒绝了担任工商总长的邀请。通过对袁世凯的近距离观察，陈英士在同盟会中第一个明确提出了"袁氏不可信"的结论。

袁世凯窃取辛亥革命的胜利成果，当上中华民国临时大总统后，任命自己的亲信唐绍仪为国务总理，组织责任内阁。陈英士辞去沪军都督后，就任唐绍仪内阁的工商总长。袁世凯为了搞专制统治，不愿受约法与内阁的约束限制，不经内阁总理附署擅自发布命令，任免人事，迫使唐绍仪内阁不到两个月就愤而辞职。当时全国静观，陈英士则在上海发出通电，质问袁世凯："唐总理因受逼而退矣，试问逼之者何心？继之者何人？果于大局无害而有益，即更举总统可也。如其不然，宁毋躁！"[①] 袁世凯接到这则通电，怒不可遏，以北京报界名义要求拿办陈英士。

宋教仁遇刺一案发生后，在上海国民党人的共同努力下，很快捕到了凶犯应夔丞、武士英等，并从应夔丞住所搜到凶手与袁世凯的心腹洪述祖、赵秉钧来往密电多件，证明国务总理赵秉钧、大总统袁世凯与宋案密不可分的关系。孙中山竭力主张武力讨袁，黄兴等则主张法律解决。袁世凯先发制人，调兵遣将。1913 年 7 月 12 日，江西都督李烈钧湖口誓师讨袁，揭开了第一次讨袁战争的序幕。7 月 15 日，黄兴赶到南京，迫使江苏都督程德全宣布江苏独立，又组织江苏讨袁军并就任总司令。7 月 18 日，陈英士宣告

① 《民立报》1912 年 6 月 22 日。

上海脱离袁世凯政府而独立，成立讨袁军，就任讨袁军总司令，并发表讨袁通电："……不得已共图讨贼，保障共和，振臂一呼，赣、苏、皖、鲁、湘、鄂、豫、奉等省同时响应。枭首太白，指顾间矣。"袁世凯气急败坏，一方面下令褫夺黄兴、陈英士、柏文蔚、荣典军职，另一方面又令国民党开除黄兴、陈英士党籍。

陈英士就任上海讨袁军总司令后，一方面亲自带领队伍进攻江南制造局，另一方面派居正、钮永建等率部攻占吴淞炮台。在进攻江南制造局时，因海军变故，久攻不下；居正、钮永建攻克吴淞炮台后，坚守20多天，也因寡不敌众、粮尽弹绝而放弃。上海讨袁军司令部也因受外国巡捕干涉而无处立足。8月，袁军海军攻占吴淞，上海讨袁军遂告解体。第一次讨袁战争以失败而告终。①

（二）加入中华革命党，继续武力讨袁

"二次革命"后，"始其美抵日本，诸党人以败丧太甚，意多颓沮，以为难可猝国，其美独是中山之言，力排众议，仍主急进。"② 孙中山重组中国国民党，于1914年7月成立中华革命党。陈英士作为中华革命党首批党员，带头立誓约、按指印，并担任了中华革命党的总务部长，成为孙中山的主要助手。此后，张静江、廖仲恺、董必武、居正、许崇智等相继加入，中华革命党党员发展到五六百人。

陈英士继续追随孙中山，从事反对袁世凯的第三次革命。1915年11月10日，陈英士派人刺杀袁之心腹郑汝成。1915年12月5日发动肇和兵舰起义，打响了全国反对袁世凯称帝的第一炮，虽然瞬时即逝，却点燃了云南护国战争的导火索。

肇和兵舰起义失败后，陈英士与云南护国军遥相呼应，继续在上海从事

---

① 项士元:《陈英士先生事略》,《湖州文史》(第1辑)，湖州市政协文史资料委员会1984年印，第17—18页。

② 项士元:《陈英士先生事略》,《浙江省通志馆馆刊》1946年第2卷第1期。

反袁斗争。在护国运动中，为配合云南护国军而积极奔走。正如日本大阪《每日新闻》评价的：“陈其美氏，乃第一次革命之成功者，第二次革命之失败者，今乃为第三次革命之急先锋。”①

不幸的是，1916 年 5 月 18 日，正当反袁斗争积极开展之际，陈英士被袁世凯收买的凶手杀害于自己的寓所，年仅 39 岁。18 天后，袁世凯也忧惧而亡。

图 1—12　陈英士灵柩归葬湖州，故宅五昌里设灵堂（1917）

① 《民国日报》1916 年 5 月 24 日。

蒋介石闻讯赶来，将陈英士遗体移到自己寓所，举哀成殓，厝柩打铁浜苏州集义公所。孙中山立即赶来，抚尸痛哭，当场手书“失我长城”四字，以志其哀。海内外各团体、各界人士纷纷发来唁电、祭文、挽联等5000多条。8月13日下午2时，“陈英士先生暨癸丑以后殉国诸烈士追悼大会”在法租界霞飞路尚贤堂举行，孙中山因病未参加，黄兴主持仪式并讲话，杨济沧宣读孙中山领衔的《祭陈英士及癸丑以后殉国诸烈士文》。1917年5月18日，陈英士灵柩归葬故里湖州碧浪湖畔的岘山麓，至今还受到人们的瞻仰。

七、辛亥革命中的其他湖州人

姚勇忱（1880—1915），名志强，原名永贞，亦号永成，别号弋仲，吴兴织里人，辛亥革命时期杰出的革命活动家。1904年，姚勇忱进入杭州蚕学馆学习并加入光复会，随后赴日本弘文书院求学，结识秋瑾、陈英士等人。1906年，与秋瑾一起筹办《中国女报》，接办大通学堂，积极宣传民主革命思想。1910年5月，与陈英士一起创办半月刊《民声丛报》。1911年参与组织上海、浙江等地的光复起义，成为同盟会中部总会的重要领导人。1912年10月，受孙中山指派，参与中国国民党筹建工作。12月，陪同孙中山巡行江浙一带。1915年，与王金发一起来到杭州，欲招集旧部，扩充力量武装暴动反对袁世凯，不幸事泄，7月1日被枪杀于浙江陆军监狱。

任鸿年（1889—1913），字季彭，别字百一，原籍浙江归安（今吴兴）。自小随父习古文诗词，后攻读英文科学，执教成都。1908年初，任鸿年前往日本求学，同年加入中国同盟会，筹谋四川革命。1911年10月，武昌起义爆发，任鸿年随兄任鸿隽一同回国参加革命。参与以陈英士为首的同盟会中部总会发动的起义，光复上海。12月8日，在上海发动旅沪川人组织蜀军，声援四川保路运动。中华民国临时政府成立后，被孙中山委为秘书，受孙中山之托撰写《建国方略》。1912年3月，随蜀军回四川，任中国国民党重庆评议部部长。4月，担任重庆《新中华报》主笔，继续宣传

共和。1913 年，袁世凯篡权，宋教仁遇刺，任鸿年对时局产生困惑，忧愤不已。6 月 30 日，任鸿年完成《建国方略》“最近之四川”一章后，在杭州从容投井，震惊全国。

沈翔云（1888—1913），字虬斋，吴兴人，中国近代民主革命家。1899 年赴日本留学，在日本结识了孙中山，深受信任。沈翔云创办了清末中国最早的留日学生团体——励志社，以“策励志节”为宗旨。1901 年与秦力山在东京创办《国民报》，是留日学界创办民族主义报刊的先声。由于革命经费困难，仅出至第四期而止。1911 年，沈翔云应陈英士之邀从湖州到上海，成为陈英士的得力助手。1911 年 11 月，上海光复后，任沪军参谋部外务科科长，南北和议告成后回乡。1913 年“二次革命”后迁居上海，因致电袁世凯劝其退位，招致袁世凯忌恨。袁世凯密令上海护军使杨善德大兴党狱，沈翔云被诱骗到上海，惨遭杀害。

钱病鹤（1879—1944），本名鑫，又名云鹤，字味辛，南浔人。光绪二十九年（1903）中举。善书法、诗词。光绪三十一年（1905）移居上海，后加入中国同盟会，试作漫画。历任上海诸报图画主笔，先后在上海《民权画报》《民生画报》《民国日报》及《申报》上发表漫画作品。其画作大多反映了当时的社会现实，为唤起民众反帝救国和促使清王朝覆灭起了推进作用。1913 年创作长达百幅的组画《老猿百态》，矛头直指独夫民贼袁世凯，为此险遭拘捕。此后，又发表了大量抨击军阀割据的作品，成为清末民初极富代表性的杰出漫画家之一。①

方秉性在《建设湖州教育之我观》一文中这样说：“今我湖州属，包括吴兴、长兴、德清、安吉、武康、孝丰六县，地当要冲，人口繁多，考诸史册，代有闻人，近如陈英士舍身殉国，张静江毁家革命，功在党国，光荣乡

① 张志良:《钱病鹤和〈老猿百态〉图》，载《陈英士研究文集——纪念辛亥革命九十周年》，湖州市陈英士研究会 2001 年印，第 238—243 页。

里，尤足为湖州‘人杰地灵’之证。”①

综上所述，湖州人对辛亥革命的贡献主要表现在以下三个方面。第一，经济上的资助。如果没有张静江等一批湖州人的财力支持，辛亥革命的进程可能会延缓。第二，在同盟会和武装起义中所起的重要作用。中国同盟会中部总会的成立和攻克上海江南制造局，对辛亥革命的全局起到了扭转乾坤的作用，而中部同盟会的中坚骨干有不少是湖州人。第三，陈英士、朱家骅、陈果夫等一批湖州籍骨干参加或组织了多个城市的起义与光复，这批人后来成为国民政府的精英，他们既加速了辛亥革命的进程，也维护了辛亥革命的成果。

第四节　湖州各地响应辛亥革命

在辛亥革命的暴风骤雨中，湖属各县都开展了革命行动。有些进行了武装斗争的精心准备，有些则在革命大潮中和平接管政权。革命的主体是留学归国的知识分子、新式学堂的青年学生和经过风雨见过世面的商人士绅。

一、湖州府城顺利光复

1840 年鸦片战争以后，帝国主义不断入侵，清王朝屈膝投降、割地赔款。1895 年甲午战争失败后，中国更面临着瓜分豆剖的危机。康有为、梁启超等维新派即倡导军国民教育，提出尚武救国。资产阶级民主革命派为推翻清朝，振兴中华，也主张实行军国民教育。1903 年留日学生组织了军国民教育会，以“养成尚武精神，实行民族主义”为宗旨。清廷迫于形势，1903 年颁布《奏定学堂章程》，仿照西方和日本设置各种课程，包括体操。其时体操以兵武体操为主。1906 年，清政府在《学部奏请宣示教育宗旨折》

① 《湖州月刊》1930 年第 3 卷第 7 期。

中，提出了“忠君、尊孔、尚武、尚实”的教育宗旨。辛亥革命前夕，民主革命派在提倡军国民教育的同时，还设立体育学校培养军事骨干，组织体育社团，借以锻炼身体和训练军事技能。湖州尚武公学，就是适应这一革命形势需要而建立的。

1911 年 6 月，陈英士在上海创立国民尚武总会，“为便于以合法名义进行革命活动，且御侮救国，必倡尚武，名正言顺”，“名义上以发扬武风，兴办团练，实行国民应尽之义务”为宗旨，实则扩大革命宣传，组织群众操练，秘密做武装起义的准备。[①] 同月，浙江仿效上海，成立浙江国民尚武会于杭州。7 月 3 日，浙江尚武会派吴玉至湖州筹建尚武分会。7 月 7 日，借湖州府城右文馆召开湖州尚武分会成立大会，大会决议，举钱恂、沈谱琴、沈正

图 1—13　沈谱琴（1873—1939）

① 韩锡曾:《浅论湖州尚武公学在湖州光复中的地位》，载湖州市社联等:《纪念辛亥革命八十周年文史资料集》，浙江出版社 1985 年版，第 38—43 页。

恩为正副会长，推行干事 24 人。湖州尚武分会成立后，沈谱琴为革命形势之需要，提议成立尚武公学，以“提倡武风，挽救文弱，鼓吹革命，网罗人才”为宗旨。钱恂深表同意，于是就在湖州府中学堂内专门设立尚武公学，招收学员，讲武习武，传播民主革命思想，开展反清革命活动。该校学生都系尚武分会青年会员和激进学生。聘请陈英士的弟弟陈蔼士为学科主任，王夺甫（天津人）和日籍体操教习大西胜人等任体操和军事教官，其他学科教师多半由湖州府中学堂的教师兼任。所授课程除普通学科外，体操科有单杠、平台、木马和拳术等，军训科包括步兵操典、陆军礼节、射击术、斥堠（侦察）、测绘地形和军事地理等。湖州尚武公学创办后，即对学生特施以严格的军事训练并灌输爱国革新思想。军训武器先是向府中学堂借用九响毛瑟，后在上海一专营外国各式枪械之商店名鸿发者购来 4—5 支新式步枪及许多弹械，代实弹打靶之用。①

湖州光复前夕，在湖清朝军队只有水军而无陆军。水军主要分两支，一支驻扎泗安，另一支驻扎南浔。城内只有少量警察维持社会治安。

湖州府中学堂校长沈谱琴，平时重视体育，有革命思想。他购买了湖北京口快五响枪数十支，先聘请日本人大西胜人教授枪操，后聘请浙江标营的陈振甫教野外操，暗中成立了一支学生军。

辛亥革命所依靠的对象并不是广大劳苦农工，而是商人士绅。在革命串联过程中，是以同盟会会员为骨干，会员之间又以同乡乡谊为联络纽带发展同志，从事既隐蔽又孤单的秘密活动。上海光复后，陈英士任沪军都督，供职于沪军都督府的湖籍同盟会会员如俞寰澄、吴玉、程森等，便为“乡谊”“同志”所青睐，成为从事浙北光复的干将。②

---

① 韩锡曾:《浅论湖州尚武公学在湖州光复中的地位》，载湖州市社联等:《纪念辛亥革命八十周年文史资料集》，浙江出版社 1985 年版，第 38—43 页。

② 陈景超:《辛亥革命在武、德两县》，载湖州市社联等:《纪念辛亥革命八十周年文史资料集》，浙江出版社 1985 年版，第 54 页。

1911 年 11 月 3 日，上海光复。陈英士即派程森潜入故乡湖州，组织湖州尚武分会和尚武公学的骨干以及倾向革命的知识分子在南门外岘山寺举行演说会，准备起义。11 月 5 日，省城杭州光复。次日，湖州府中学堂教员余子泉、陈振甫从杭州赶回湖州，向校长沈谱琴、代理校长钱恂通报杭城光复情况，决定晚上举义。湖州革命党人集中了尚武公学学生，争取了府城商界保卫团，组建了以学生军为主的起义武装。同时部署了对县知事以及驻城水师统领的策反工作。11 月 6 日晚，以尚武公学、湖州府中学堂学生数十人为主的起义武装，在沈谱琴等人的率领下，攻占湖州知府衙门、厘卡总局和警察局。一面说服了吴兴县知事吴继彪及驻城水军周统领，一面包围了警察局，缴了他们的械，又到厘卡总局缴了他们的款，同时在要道上布置了岗哨。湖州知府夏芦桐闻讯逃遁，警察署稍作抵抗便缴械投降。11 月 7 日，湖州宣告光复，成立临时军政分府，推举沈谱琴为军政分府首长，钱恂为民政长。实施的政治措施有豁免钱粮、整顿厘卡、释放囚犯、悬白旗、剪辫子等，面貌焕然一新。各县也相继举事。

图 1—14　辛亥革命湖州临时军政分府成立地：湖州弘文馆旧址

二、南浔一致响应

南浔是湖州的经济重镇。辛亥革命时因其经济地位的重要性，革命党人也分外重视。南浔头面人物主要有绅商刘锦藻、庞莱臣、庞赞臣、周庆云、梅履中、蒋汝藻等，刘锦藻考中进士，庞莱臣特赐举人，周庆云是县学教谕，蒋汝藻也是举人。他们都是既得利益者，与立宪派领袖汤寿潜、张謇又是世交，因此，辛亥革命前，他们的政治态度倾向于保皇立宪，直到清王朝崩溃，才转到反清革命方面来。但是南浔也有不少维新志士，看到了清政府的腐败和民族危机，戊戌变法后走上反清革命道路，如张静江、庞青城等。

“武昌起义的消息传来，各阶层反响不一。庞青城、周柏年等辛亥革命活动家积极响应，或输财相助，或积极参与上海等地的武装起义。‘四象八牛’等巨富人心惶惶，各谋应变之策，农历九月初，诸富室相继迁移，多数避居上海租界，留镇士绅都在观望打听，筹划应付之道。地方官吏尤觉惴惴不安，‘鸟兽飞散’，官署已空。一般绅商、居民饱经战乱之苦，担心时局动荡，殃及池鱼而忧心忡忡，当时南浔镇上谣言四起，处于‘风声所布，草木皆兵’的状态。”①

1911 年 11 月 5 日杭州光复，汤寿潜任浙江都督，为争取南浔富商支持，立即派浙江陆军五十团团附彭周鼎带着他的亲笔信，以宣慰镇绅的名义连夜赶到南浔。彭一到南浔就拜访了刘锦藻、蒋汝藻，出示汤寿潜的亲笔信，召集绅商共商对策。11 月 7 日，接到派至湖州观察动静的人来电，得知湖州府城已于 11 月 6 日宣布独立，当即在义仓穰福堂召开全镇士绅大会，一致通过立即响应，当天悬挂白旗于通津桥上，宣布独立。②

---

① 范希仁:《辛亥革命时期的南浔》，载湖州市社联等:《纪念辛亥革命八十周年文史资料集》，浙江出版社 1985 年版，第 68 页。

② 参见范希仁:《辛亥革命时期的南浔》，载湖州市社联等:《纪念辛亥革命八十周年文史资料集》，浙江出版社 1985 年版。

三、武康、德清易帜

杭州光复后，德清人程森当即派徐师善(竹虚）到武康，与城区张士瑞，三桥姚兰卿、席茂斋，筏头姚贵福等地方士绅密谋兴事。11月6日，众乡绅在县城留婴堂召开会议，与会者臂缠白纱，当即剪去发辫，卸下龙旗，竖起白旗，并在大街小巷张贴安民告示。对于事先早已被策反的清政府县令李登云，允其留印离任出走，对不加抵抗的警察局官员允其反正，投向新政府。各乡镇士绅商贾，推选人员，维持局面，以防骚扰。当晚，城区举行提灯会庆祝共和。武康便在文官交印、武官反正的和平交替中宣告光复，成为湖属府县中光复之首。

德清县城内士绅蔡焕文等早已在程森游说下联合尚武会，组织光复会。程森每次从沪浙同志间得到指示，便在光复会中商议。11月7日，湖州光复，德清光复会会员便在绅士蔡焕文家中集会，商议响应。11月9日，光复会会员召开邑民大会，公推蔡焕文为民事长，将预先印好的告示在城区张贴，并派光复会会员携带布告到乡镇演讲，劝导人们剪去辫子，毁掉龙旗，改挂白旗。所到乡镇，绅商界代表及乡镇自治会均表示欢迎。清政府县令见大势已去，留印出走，德清遂告光复。

德清重镇新市，程森早在武康光复时便派儿子凤鸣给镇绅沈汝楷、高振垣、钟选青、胡锡申、胡家骥、程源等人送密信。信云：奉令复邑，不日举事。城镇唇寒，谊切同舟，攻守联盟，诸祈见教，镇多君子，谅能慎密。诸绅接信后，与商界头面人物互通声气，允诺响应。20日（德清光复次日），由沈汝楷、高士钧、刘曾镛、钟光熺、刘衍庆、黄冕英、严元英、潘宝莹、钟守垣、胡若龙等人组织的全镇民商会议在钟家花园召开，德清所派代表程凤鸣在会上作形势演讲。会议公选沈汝楷主持新市镇政事，并宣读了反正决议和光复告示。至此，武康、德清两县便告易帜。

由此可见，武康、德清光复未动用武力，没有爆发战争。但是，革命胜利后，武康新生政权与农民军却发生了一场不大不小的战事。

在武康，农民对官僚、士绅掌握新政权的愤懑之情甚于德清，尤以上柏镇炭民王世昭为首的“台州帮”影响最大。1911年农历九月二十日，王世昭八兄弟在上柏街大庙（舞阳侯庙）里聚会，打出“义民军”旗号，制订“独立起兵，割富济贫，有福同享，有难同当”号令，举行起义。义民军以上柏为根据地，吸引着四邻八乡的农民一起发难，人数最多时有1000多人。这一起义本身是作为辛亥革命的积极响应出现的，有结束封建统治压迫的愿望和要求，然其结果却是被新政权扼杀。①

到1912年1月17日，湖属各县全部光复。湖州军政分府成立后，为加强对新生政权的防卫，扩充了学生军，成立了商界武装自卫团，派人去上海向沪军都督陈英士要求武器支援。陈英士即派湖州籍革命党人姚勇忱、沈翔云运来自制小炸弹两箱，充实军备。

湖州光复后发生过小规模的枪战：泗安水军刘统领奉省令调至拱宸桥改编时路过湖州，驻扎西门外，于离湖前夕放任其部下在街上商店和当铺强买硬当，城中秩序一度紊乱。军政府下令调学生军回城，与之发生了零星的枪战。

综观湖州辛亥革命的进程，可以发现以下几个特点。一是清王朝的封建统治根基并不牢固，除了政府衙门和警察局之外几乎没有自己的力量，所以只要占领政府衙门和警察局，革命就算成功了。这说明，在满汉矛盾、阶级矛盾已经尖锐化的地区，革命条件已经成熟。二是革命党人主要由青年学生和教官组成，他们并没有发动群众，往往是组织一支学生军队伍，就可以兵不血刃地占领一个地方。湖州城、德清的革命都是这样，南浔的革命则更简单。三是湖州地区的辛亥革命是在沪宁杭革命的大趋势下进行的，只要外面的大局一定，小城市的革命就顺势而为，一鼓荡定。

① 参见陈景超：《辛亥革命在武、德两县》，载湖州市社联等：《纪念辛亥革命八十周年文史资料集》，浙江出版社1985年版。

第二章 北洋政府与军阀割据混战时期

（1916—1927）

北洋军阀统治期间，国内经济稳步发展，湖州的重要产业均进入机器时代，丝织业等主要土特产品出口额达到顶峰。湖州士绅阶层日益强盛，他们大多数拥有较高的学识，革命意识强烈，主动参与政治活动，逐步走向国内政治权力的中心位置。湖州人在思想文化艺术等领域发挥越来越大的作用，涌现出一批名家大家。

第一节 政治与社会基本情况

一、省情纷乱与湖州的平稳过渡

辛亥革命之后，浙江军政府应运而生，浙江历史进入新时期。浙江军政府是以资产阶级革命党人为核心、依据三权分立原则建立起来的地方民主共和政权。继汤寿潜之后，蒋尊簋、朱瑞、屈映光、吕公望等人依次担任主官，内部各自为政，派系争斗与权力抢夺较为激烈。1917 年杨善德入浙，北洋系开始执掌浙江。全国南北分裂局面形成，浙军各派系便由省内政争，转到依附于南北政府而成为对立势力。[①]1927 年 3 月，国民革命军攻占浙江，推翻了北洋系在浙江十年的统治。同年 4 月，张静江任省政府主席，浙江省历史又翻开了新的一页。

湖州地理位置优越，物产丰富。明清以来，水路发达，商业往来频繁。进入近代，绅商群体势力日益壮大，对地方事务的参与越来越多，在他们的努力下，湖州保持了较长一段时间的稳定和繁荣。

（一）浙江政权更替对湖州的影响

浙江军政府建立后，内部纷争不断。为了平息内斗，1917 年元旦，北洋政府任命杨善德为浙江督军，齐耀珊为省长。从此，由“浙人治浙”转为北洋军阀统治。

杨善德带兵入浙，引起浙省人士的惊诧与恐慌。浙江士绅组织全省公民大会，湖州士绅也纷纷赴杭，吁请政府收回成命，但没有成功。杨善德在浙江任上病故，后继者为卢永祥。卢氏的基本政策是对外积极支持段祺瑞，打击直系；对内主张废督裁兵，联省自治。卢氏还利用省议会，推动浙江自治运动，全面对抗北京政府。卢氏督浙期间完成了“九九宪法”[②] 和“三色宪法草案”[③] 的起草与制定，推动了“联省自治”运动。作为浙江最早尝试自治的地方，湖州在这场运动中，将省宪和地方自治开展得如火如荼。可惜好景不长，1924 年 9 月，江浙战争（又称齐卢战争）爆发，孙传芳迅速占领浙江，

---

① 金普森:《浙江通史·民国卷（上）》（第 11 卷），浙江人民出版社 2005 年版，第 2 页。

② “九九宪法”是指《中华民国浙江省宪法》，简称浙江省宪法或浙江省宪，因其 1921 年 9 月 9 日上午 9 时正式公布，故称“九九宪法”。“九九宪法”是“联省自治”运动的产物，是中国第一部资产阶级性质的关于地方自治的根本大法，也是中国境内最早公布的一部地方性宪法。该法共 17 章。由于历史条件的限制，“九九宪法”并未付诸实施。

③ “三色宪法草案”是浙江省“联省自治”运动中颁布的第二部宪法草案。1921 年，浙江省启动宪法“公民复决”程序，由人民自由提出各种宪法草案。宪法会议最终议决草案三种，第一种采用行政委员制，第二种采用内阁制，第三种采用省长合议制，以红、黄、白三色纸分印，故称“三色宪法草案”。但受到各种因素影响，“三色宪法草案”与“九九宪法”同样只是一纸空文，未被实行。

卢永祥败退上海下野，孙传芳出任闽浙巡阅使兼浙江军务督理，开始统治浙江，湖州的自治运动基本偃旗息鼓。1925 年，孙传芳在浙奉战争中驱逐苏皖奉系势力。11 月底召开五省联军大会，宣布正式成立浙、闽、苏、皖、赣五省联军，孙传芳自任总司令。为了安抚人心，稳固统治，他在江苏、浙江两省采取了一系列措施，保境安民，改良社会秩序，发展地方经济，时人评论道："荦荦诸大，成绩俱在，成案可稽。"①1927 年 3 月，北伐军进入浙江，孙传芳败退，结束北洋军阀统治。

在浙江政局变动的时候，湖州总体保持了平稳，但齐卢战争还是给湖州带来了不小冲击。此后在湖州地方的共同努力下，地区经济社会秩序恢复较快，再次进入兴盛期。

省政变化对湖州的主要影响表现为三点：

一是提供宽松的政治环境，地方自主权加强。湖州光复后，通过革命党人和士绅的联合，建立了湖州军政分府，开展地方自治。湖州士绅阶层崛起较早，政治参与性较高，对地方发展投入关注较多，因之维持了湖州的基本稳定。另外，他们也积极参与省里的活动。1911 年 12 月省临时议会选举，湖州府莫永贞被推选为"假定议长"②，有效制衡了都督的权力。杨善德进入浙江时，湖州绅商积极参与公民大会，迫使杨善德推迟入浙。此后，湖州绅商还参与了省宪自治、罢免官员的一些活动。

二是促进绅商等进步人士群体的崛起。适应地方自治运动、"实业救国"等思潮，湖州大量昔日习儒之士绅改换门庭、另谋出路，进入政、教、军、警、报及工商界，有的成为议员，有的投资兴办新式学堂，有的进入报馆，从事编辑、翻译等文字工作，还有的成为律师、中西医师，等等。以新学之士为主的商绅群体不断扩大，使得传统社会结构发生变化，促进了湖州进步

① 章伯锋、李宗一：《北洋军阀》（第 5 册），武汉科技出版社 1989 年版，第 233 页。

② 《杭州新谈片》，《申报》1911 年 12 月 12 日。

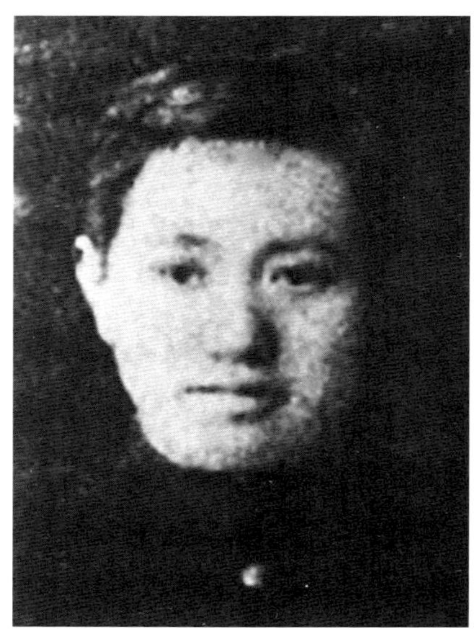

图 2—1 莫永贞（1877—1926）

人士阶层的迅速崛起。根据 1912 年民国政府农商部的统计，浙省绅商数量为 2384 人，占全国绅商总人数的 10.83%。① 湖州地区绅商主要集中在南浔，主要有刘锦藻、顾敬斋、庞元济、庞元浩、张静江、张均衡、周庆云、梅履中、金寿、蒋汝藻等人。②

三是盗匪猖獗现象更加严重。湖州地区自清代就有盗匪出没，这一时期由于省政纷乱，湖州各县全力维护县级平稳，发展经济，没有余力处理盗匪问题，导致太湖溇港等地盗匪横行，对太湖航运业影响不小。而山区对经济作物比较重视，全力保障。安吉、孝丰两县政府多次张贴布告，禁止盗挖冬笋、春笋；森林警察把护笋作为重要任务，并于笋期增加临时林警，③ 当地政

① 农商部统计科:《中华民国元年第一次农商统计表》(上卷)，北京法轮印字局 1914 年印，第 176—196 页。

② 陈水昊、陶水木主编:《中国近代最大的丝商群体》，浙江人民出版社 2001 年版，第 15、46—47、57—61、131、139、145 页。

③ 徐文彬:《安吉县志》，浙江人民出版社 1994 年版，第 157 页。

府也尽力加派人手，但匪患迟迟得不到根本解决。

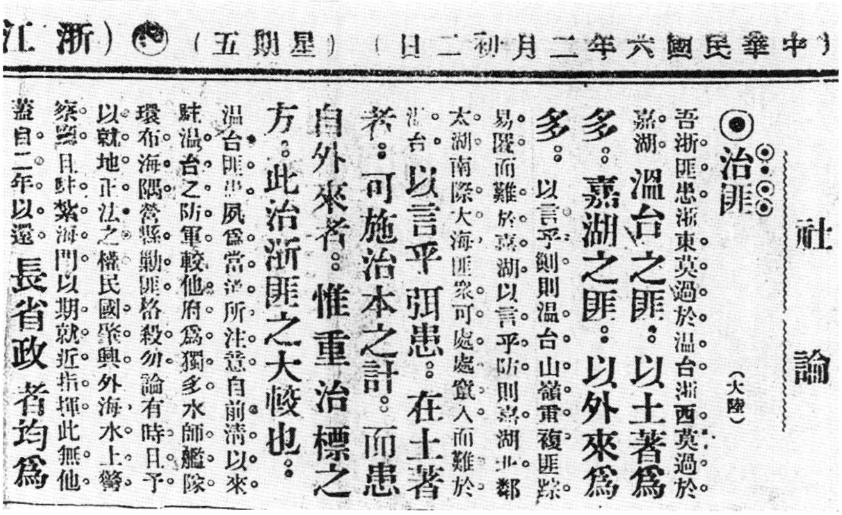

中華民國六年二月初二日（星期五）◎（浙江

◎治匪◎◎◎　社論　（大陸）

吾浙匪患浙東莫過於溫台浙西莫過於嘉湖。溫台之匪。以土著爲多。嘉湖之匪。以外來爲多。以言乎剿則溫台山嶺重複匪踪易匿而難於嘉湖以言乎防則嘉湖北鄰太湖南際大海匪衆可處處竄入而難於溫台。以言乎弭患。在土著者。可施治本之計。而患自外來者。惟重治標之方。此治浙匪之大較也。

溫台匪患夙爲當道所注意自前清以來駐溫台之防軍較他府爲獨多水師艦隊環布海隅營縣勦匪格殺勿論有時且予以就地正法之權民國紀興外海水上警察廳且駐紮海門以期就近指揮此無他蓋自二年以還長省政者均爲

图 2—2 《浙江民报》1917 年 2 月 2 日刊登关于湖州剿匪的社论《治匪》

（二）政权的设立与变化

辛亥革命后，浙江经历了军政分府林立到撤销的演变，省、府、县三级行政体系向省、县二级制变化。1912 年 1 月，浙江军政府公布《浙江省地方官制议决案》，规定“全省地方设县以原有之区域为准，旧府、厅、州一律称县”①。根据“凡二县同城者并为一县”的操作方式，1 月 22 日，省都督公布乌程、归安两县合并为吴兴县。月底，湖属各县成立县公署，设县知事。根据 3 月 10 日公布的《浙江省各县等别表》，一等共有 18 县，即杭县、海宁、嘉禾、嘉善、海盐、平湖、石门、桐乡、吴兴、长兴、德清、鄞县、绍兴、萧山、诸暨、余姚、金华、兰溪；二等有 31 县，即富阳、余杭、武康、安吉、慈溪、奉化、镇海、上虞、嵊县、临海、黄岩、太平、宁海、东阳、义乌、永康、武义、浦江、西安、龙游、江山、常山、建德、淳安、遂

① 《浙江军政府都督公布施行案第六号》，《浙江军政府公报》（第 2 册），1912 年 1 月 23 日。

安、永嘉、乐清、瑞安、平阳、玉环、定海；三等有26县，即临安、於潜、新城、昌化、孝丰、象山、新昌、天台、仙居、汤溪、开化、寿昌、桐庐、分水、泰顺、丽水、缙云、青田、松阳、遂昌、云和、龙泉、庆元、景宁、宣平、南田。[①] 这样，民国时期浙江75县的行政格局基本奠定，湖属6县分列于一二三等，废湖州府后，一度属于省直管。

1. 政权组织完备

浙江光复前，“设四道巡抚分府”[②]，湖州府属于杭州嘉兴湖州道，光复后取消。1914年6月浙江复设四道，吴兴、德清、武康、安吉、孝丰、长兴6县隶钱塘道管辖（原杭嘉湖道）。民国初年规定，道的行政长官为观察使，职权是在省行政长官监督下，依现行法规办理道务及省行政长官委任之事务。1914年袁世凯政府公布的《道官制》，改观察使名为道尹，并把道尹职权规定为当然权和委任权两种[③]。浙江在参加反袁斗争而宣布独立后，曾于1916年5月宣布裁撤各道，但至1917年1月重新恢复。[④]

除了道以外，1911年11月，浙江军政府还拟订《浙省府县暂行章程》及《浙江各府县暂定编制简章》，其中规定“十一府各设军政府分府”[⑤]，湖州军政分府随即成立；同时规定设置“军政分府长”，并规定了分府长的地位和职权，即“直接于军政府各部，承其指挥，处理本府直辖地方一切事务，兼有监督府属各县之权”，“关于本府匪盗等事，有调度本府兵队之权”。为了区分与府县民事长的关系，章程又规定“各府县自治、其他公共事业仍由府县民事长监

① 《浙江省各县等别表》，《浙江军政府公报》（第33册），1912年3月10日。

② 魏伯桢：《宁波光复会议》，载全国政协文史资料研究委员会编：《辛亥革命回忆录》（第八册），中国文史出版社2012年版，第40页。

③ “当然权”为颁布道单行法规、监督道内行政官吏及受省行政长官命令节制调遣驻扎本道的巡防警备各队。“委任权”主要是受省行政长官委任监督道内的财政、司法行政及其他特殊官署的事务。

④ 方新德：《北洋时期地方政治制度概况》，《浙江档案》1987年1月。

⑤ 褚辅成：《浙江辛亥革命纪实》，载中国史学会：《辛亥革命》（第七册），上海人民出版社1957年版，第157页。

督办理”[①]，“对于民事用府民事长名义，对于军事用军政分府长名义”[②]。各分府的民事长任命，军政府基本都是承认现状，不予干涉。湖州分府民事长沈谱琴“因舆论攻击，无奈辞职”[③]，军政府先后特派钱恂、李鹏，但在湖州“绅民”的反对下，钱恂“不得已而辞职”，李鹏也“未敢接任”。[④] 因统一军政的需要，各地军政分府存在时间不长，浙江军政府于1912年4月通令撤销。

在县政府组织机构方面，一般设总务、民事、警务、教育、财政、执法6课。[⑤]《浙省府县暂行章程》《浙江各府县暂定编制简章》规定县设县民事长，县民事长“直接于省各部，承其指挥，处理本县一切事务，受府民事长之监督”，“不得兼军政分府长，凡属于兵队之事，随时禀呈府民事长办理”。[⑥]《浙省地方官制议决案》将县民事长改称县知事。除知事外，还有参事、科长、科员、书记等职。知事下设民政、财政、教育3科，民政科主管公共行政、户籍、警察、选举、实业、卫生等事务，财政科主管会计出纳、税收、公债、预算等事务，教育科主管学校教育、宗教文化等事务。此外，“凡县有必要事情须特别设科时，得呈请民政司长设置之”。各科“科长承知事之命，管理本科事务，监督各员”，“各科员数因事务之繁简，呈报民政司核准”。[⑦]

湖属6县知事“管辖全县，为其代表”，主要负责人口统计、户口调查、社会治安、征兵役、赈灾等，基本包揽了全县大大小小事务。如1920年春夏之交，吴兴水灾严重。4月6日，因饥殍遍地，省政府令吴兴县知事将筹

---

① 《浙省地方官制之规定》,《申报》1911年12月6日。

② 《新杭州纪事》,《申报》1911年12月2日。

③ 《沈谱琴电争监督》,《申报》1912年2月12日。

④ 《浙江暗潮记》,《申报》1912年1月1日。

⑤ 六课，即：(1)总务课，文牍、印信、庶务、会计，其余不归各课事项；(2)民事课，自治、户籍、实业、禁烟、礼制，另选品优学粹者为文庙、执事、交通工程；(3)警务课，警察、消防、卫生；(4)教育课，普通、实业；(5)财政课，清理田赋、盐法、银行、捐税、募集、统计；(6)执法课，审判、司狱(审判与司狱宜分任二人)。

⑥ 《浙江各府县暂定编制简章》，正中书局1964年版，第167页。

⑦ 《浙省地方官制议决案》,《申报》1912年1月2日。

赈会募款及积粮悉数赈饥。[①]6月29日，因米价飞涨，孝丰县知事将积谷仓米平价发粜。协调各类纠纷也是日常工作。1929年，孝丰县长楼明远裁处山林纠纷4起。[②]

湖属各县知事还可以根据地方特殊情况，设立相应组织，兼任一些规定以外的职务，提出一些新的办法。一是创立警察组织。孝丰县知事创办山林警察所、制订周密的山林警章条文、保护山林工作成效显著，1915年受到浙江巡按使公署表彰。1919年，省警察厅令改山林警察所名为森林警察队，属县警察局管辖，编制42人，配有武器，设巡官1人（后改名队长），由邑绅推荐。森林警察轮流驻在竹林大年地区，巡山护林。另有驻梅溪护竹队11人（后改名安孝护竹队），沿河巡护，保护竹运。安吉县也设森林警察，分驻在云野公司及桃南、桃北、三港林业合作社，巡山护林。此外，山主还雇看山人员，分片管山。一旦发生挖笋、砍竹、伐木事件，看山人员即报告森林警察处理。[③]二是兼任警察局长。县知事对所属行政事务“直接受民政司长之指挥监督，关于各司主务受各司长之指挥监督，执行法律命令及管理所属行政事务”，“依其职权，得特别委任或对于管辖内发布县令”[④]，一般不兼职其他军警公职。但湖州有例外，1914年长兴县警察署改为长兴警察事务所，县知事兼任所长。三是提议设置县级的财税名目。1912—1929年，安吉、孝丰两县财政收入以田赋为大宗，此外还有屯粮租课、契税、不动产登记费、屠宰税、牙帖捐税、当帖捐税、茧捐、司法收入、官产款租息，收回公款、各项罚金和房警捐等收入。[⑤]

县知事虽然负责全县的行政事务，也受到议会和百姓监督，但议会和百

① 《浙江公报》1920年4月6日，载杨伟民：《湖州民国史料类纂与研究》（报刊史料第2辑），沈阳出版社2016年版，第170页。

② 徐文彬：《安吉县志》，浙江人民出版社1994年版，第141页。

③ 徐文彬：《安吉县志》，浙江人民出版社1994年版，第140页。

④ 《浙江省地方官制议决案》，《浙江军政府公报》（第2册），1912年1月23日。

⑤ 徐文彬：《安吉县志》，浙江人民出版社1994年版，第292页。

姓的监督效果大不相同。县知事如果对县议会决议不满，不能反对，只能选择辞职表达不满。县知事如果表现不得力，会被调离岗位，如1923年长兴县知事苏高鼎，因匪患办理不力，被调回省里任职。依据《浙江省职官等级表》，县知事属一等三级职官，地位在军政府各司司长之下。浙江省文官法官任用法规定，县知事“经都督及各司长会议议决，以都督命令任之”①。因此，百姓对县知事不满，只能向省级部门反映，不能通过其他途径来罢免县知事。如1922年1月，德清县公民李某等，因反对该县知事彭彝假造粮串，聚众200余人赴杭涌入省长公署，要求撤换县知事。

2. 军阀势力钳制很多

民国初期规定，军政长官负绥靖地方的责任。湖州光复后，一度设置了军政分府，与府县政府机构分开管理，但很快就撤销。在军事安排上，主要设有嘉湖镇守使署，维持地方的稳定。历任嘉湖镇守使有吕公望（1914年7月—1916年7月）、王桂林（1916年8月—1920年9月）、王宾（1920年9月—1926年）等。根据职权，镇守使一般由现役陆军师旅长兼任，只管辖所领部队，而不负责民政。但民国初期浙江政局混乱，派系林立，军政长官很大程度控制了地方，湖州也成为军阀发表政见、争夺权力的工具。在“二次革命”中，浙江督军朱瑞通电全国，宣布浙江自保，以示中立。并即以此电令告各县知事及各级军事长官，表示以维持秩序、顾全地方为第一义。“二次革命”失败，为讨得袁世凯信任，1913年7月，朱瑞下令顾乃斌为吴兴戒严司令。顾率军驻湖州镇压讨袁活动，并密令旅长叶颂清率部队到南浔，驻义仓，收缴地方全部枪支弹药。随后召集士绅，出示朱瑞手谕，通缉张静江、庞青城，还抄了家，封了庞青城的青城造纸厂。此时，吕公望出任嘉湖镇守使，因不满安排，与北京政府起争端、争夺省权。1916年4月13日，

① 《文官法官任用法施行细则修正草案》,《浙江军政府公报》(第35册)，1912年3月12日。

吕公望致电独立各省，宣布嘉兴、湖州独立，即日起脱离北京政府。4 月 19 日，他又亲拟皓电声讨袁世凯，并向全国宣告浙江独立。这被后人评价为在政治上打响了反袁第一枪，与蔡锷的云南独立遥相呼应。吕在嘉湖颁布戒严令，布置浙苏边界之防务。[①]5 月 5 日，他带兵到杭州“兵谏”，迫使浙江都督屈映光辞职，第二天浙江军民就公推吕公望担任都督。

湖州驻军密集，为军事必争之地，这也是江浙战争时湖州受冲击和破坏非常严重的原因之一。1914 年 8 月，嘉湖镇守使署所部 4 个营，驻防孝丰、长兴、平湖、武康 4 县。1916 年 5 月，浙江护国军第 2 师驻湖州，同年浙江督军第 6 师 11 旅 22 团，进驻吴兴、长兴。1921 年 1 月，浙江督军第 10 师 19 旅进驻吴兴、长兴。1924 年 8 月，浙江督军第 4 师进驻吴兴、长兴，有兵力 2 万余人。9 月，齐卢战争爆发，卢军战败，全部撤离。为防范卢军残余反扑，1924 年 10 月，孙传芳委任第 1 军第 4 纵队司令韩光裕任嘉湖戒严正司令官，并派从福建带来的第 4 旅第 7 团填补湖州军事力量。[②]1925 年 1 月，皖系段祺瑞重掌北京政权后，又任命卢永祥为苏皖宣抚使，卢永祥联合奉军与孙传芳再次争夺江浙地区，浙奉战争爆发。7 月，孙传芳令浙江督军第 3 师第 6 旅进驻湖州。10 月，又派第 4、5 路军进驻吴兴、长兴，进攻奉军，奉军战败。12 月，浙江督军第 3 师炮兵 3 团进驻湖州。1926 年 7 月，广东国民革命军开始旨在推翻北洋军阀统治的北伐，其东路军直指孙传芳。1927 年 3 月，孙传芳的“安国军”第 5 师、第 7 师 7000 余人，布防长兴泗安与广德一带，被北伐军击败后撤离。1927 年 2 月 18 日，北伐军进占杭州，2 月底，北伐军克复浙江全境，结束了北洋军阀在浙江的统治。

3. 地方自治开始尝试

辛亥革命后，各省光复响应，多自动推举都督，组织军政府，成立省议

① 金普森、陈剩勇主编:《浙江通史・民国卷（上）》（第 11 卷），浙江人民出版社 2005 年版，第 65 页。

② 《委任戒严司令，第七团调驻湖州》，《申报》1924 年 10 月 24 日、1924 年 10 月 28 日。

会。浙江在全国统一的省议员选举法颁布之前，抢先进行省议员选举，但遭到袁世凯的责备，撤销褚辅成民政司长之职。1913 年 2 月 18 日，浙省议会正式成立，选举湖州府莫永贞为议长，刘琨、朱益敷为副议长。1914 年，袁世凯下令解散省议会，浙江省议会也随之解散。1916 年 9 月，浙省议会正式恢复，莫永贞辞职，选举沈定一为议长。浙江省议会在推动、参与、组织浙江自治中发挥了重要作用。

湖州是浙江最早开始自治活动的地区之一，且在辛亥革命之前已经建立了初步的地方自治模式。清末，湖州一部分士绅已初步具有资产阶级民主政治思想，1906 年 5 月以前，士绅沈谱琴即邀集当地士绅会议，成立了地方会议公所，粗略拟定章程，选举产生了议员、议长等。① 同年，孝丰县士绅组织的自治公益社，章程就明确规定，自治范围包括："一，扩充全邑学务；二，推广全邑警察；三，议办全邑善政；四，创兴全邑实业"②。而一些地方的自治组织已较完备，如长兴县夹浦镇的保卫公益社，采用选举方法产生社董，由社董会主持自治，并于各村庄分立村董、村长等。③1909 年 1 月 18 日，清政府正式颁布由民政部拟定、宪政编查馆核议的《城镇乡地方自治章程》和《京师地方自治选举章程》，章程规定：城镇乡地方自治的宗旨是"以专办地方公益事宜，辅佐官治为主"，由地方公选所谓的"合格绅民"，担任自治团体负责人，在地方官监督下办理地方事宜。④1910 年 2 月 6 日，清政府又颁布《府厅州县地方自治章程》和《府厅州县议事会议员选举章程》。1911 年，湖州开始进行地方议事会、董事会的选举，而后设置自治公所，建立地方自治机构。武康城议事会在 1911 年 3 月率先成立，因董事会未曾

① 《东方杂志》第 3 年第 4 期，各省内务汇志。
② 《东方杂志》第 4 年第 10 期，各省内务汇志。
③ 《东方杂志》第 5 年第 3 期，地方自治汇志。
④ 故宫博物院明清档案部编：《宪政编查馆奏核议城镇乡地方自治章程并另拟选举章程折》，《清末筹备立宪档案史料》下册，中华书局 1979 年版，第 734 页。

成立，延不开会。[①]1911 年 6 月，德清成立了城镇议事会、董事会。截至 8 月，除归安县外，乌程、长兴、孝丰、安吉等县都设立了城镇乡议事会，但董事会或乡董未完全成立。因自治基础较好，归安县双林镇议事会于 1911 年 6 月成立，至 11 月 7 日湖州宣布独立之间的 4 个月中，议决事件已有十余起，“董事会执行者，已有清洁道路、路灯设置、禁烟等项”[②]。

辛亥革命后，1911 年 11 月，镇绅会议决定组建南浔市政府，并成立了议事会等组织，经过选举，选出了市长彭周鼎以及其他政府人员。当时的湖州士绅阶层在国家体制之外短暂地获得了近似于独立的生存状态，达到了自治运动的顶峰，但还来不及开展活动便归于失败。

浙江军政府建立后，对地方自治进行了重新界定，规定设置县议会与县参议会。1912 年 6 月上旬，蒋尊簋公布《浙江省县自治章程议决案》，各县设县议会和县参议会。县议会负责议决县自治经费岁出入预算和决算、县自治经费筹集与处理、“城镇乡议会应议决而不能议决之事件”及“其余依据法令属于议会权限内之事件”。县议会设议长、副议长各 1 人，由县议员无记名互选产生。县议员名额“以所属地方人口之总数为准，二十万以下者以二十名为定额，自此以上，每加人口二万得增设议员一名，至多以六十名为限”。享有选举权者，为除“现任本县官吏”“现充本县警察”之外的“县所属城镇乡选民”。“县所属城镇乡选民，有选举县议员之权者，除小学校教员外，得被选举为县议员”。县议会每年 4 月、9 月各开会一次，会期 1 个月。“如有临时应议事件，得开临时会议，其会期以十日为准”。县参议会与县议会不同，其职权为：“①议决议会议决事件之执行方法及其次第，②议决议会委托本会代议事件，③议决县知事交本会代议会议决之事件，④审查县知事提交会之议案，⑤公决和解城镇乡自治权限内之争议，⑥其余依据法令属

① 《全浙公报》1911 年 3 月 29 日。

② 冯向辉：《浙江清末地方自治运动研究》，浙江大学硕士学位论文，2009 年。

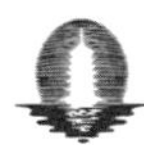

于参议会权限内之事件”，此外“得检查县自治经费收支账目”。县参议会“以县知事为会长”，县参议员以县议会议员“十分之二为额，由议会于议员互选任之”，“议会选举前项参议员时，应于参议员外另行选举候补参议员如参议员之数”。县参议会“每月会议一次，其有特别事由，经县知事召集或参议员半数以上之请求者，得随时开会，参议会期限，由县知事定之”。①

北洋政府时期浙江县议会总体经历了一个两起两落的过程，从 1911 年冬到 1914 年春是第一个起落；从 1920 年到 1927 年是第二个起落。② 两次起落的幅度不一样：最高峰出现在第一次，广度大，程度较高，湖属各县均成

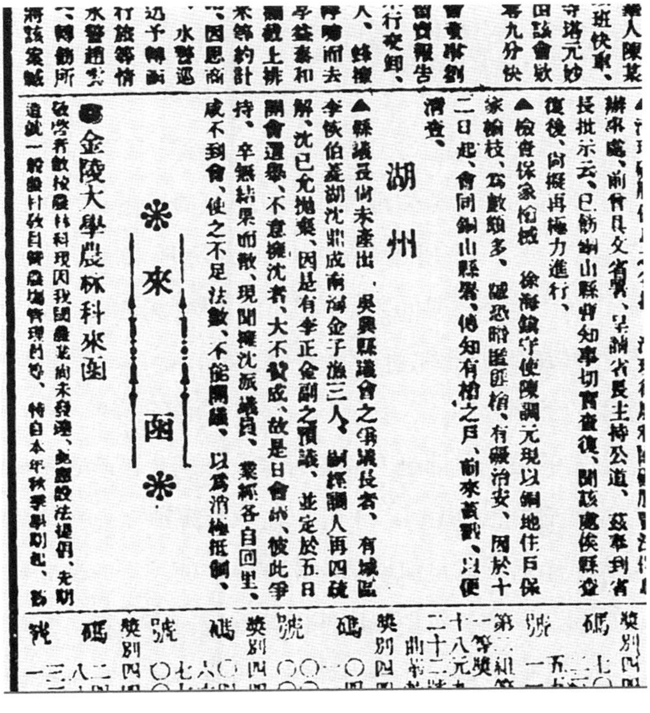
復後、尚擬再極力進行、

▲檢查保家槍械 徐海鎮守使陳調元現以銅地住戶保家槍枝、爲數頗多、誠恐暗匿匪槍、有礙治安、因於十二日起、會同銅山縣署、傳知有槍之戶、前來蓋戳、以便清查、

湖州

▲縣議長尚未產出 吳興縣議會之爭議長者、有城區李恢伯、菱湖沈[illegible]成、南潯金子漁三人、嗣經調人再四疏解、沈已允拋棄、因是有李正金副之預議、並定於五日開會選舉、不意擁沈者、大不贊成、故是日會場、彼此爭持、卒無結果而散、現聞擁沈派議員、業經各自回里、咸不到會、使之不足法數、不能開議、以爲消極抵制、

※來函※

金陵大學農林科來函

图 2—3 《申报》6 月 15 日报道“县议长尚未产出”（1922）

① 蒋尊簋：《浙江省县自治章程议决案》，载浙江省辛亥革命史研究会、浙江省图书馆编：《辛亥革命浙江史料选辑》，浙江人民出版社 1981 年版，第 555—556 页。

② 李青青：《民初浙江县级议会研究》，浙江大学硕士学位论文，2010 年。

立了议会和参议会；第二次不论广度和高度都较第一次低，湖属各县议会均恢复活动，而且在后期如同余音渐渐弱去，并在北伐军入浙后戛然而止。具体看，安吉、孝丰两县临时议会成立于1912年3月，1914年撤销，1916年恢复县议会，1924年终止。德清县议会、参议会成立于1912年，1914年3月解散，1920年续设县参两会，“从组织与前稍异，即谓其恢复无不可也”①。1924年至1925年国民革命兴起，全省县议会逐渐解散，到1927年北伐军入浙，德清县议会基本终止。1945年3月再次成立县临时参议会，次年成立县参议会，1949年前消亡。吴兴县1922年正式进行议会选举，竞争激烈，迟迟不能选出议长。议会产生后在市政、教育等方面发挥了积极作用。

二、齐卢战争之湖州战场

齐卢战争，又名江浙战争，是直系军阀、江苏督军齐燮元等与皖系军阀、浙江督军卢永祥为争夺势力范围在浙江、上海一带进行的战争。齐卢战争爆发于1924年9月3日，止于10月13日，历时40天。齐卢两军在湖州地区爆发了激烈战斗，持续时间久、范围广、影响深远。

（一）齐卢争端与湖州绅商的和平运动

1. 齐卢战争的肇因

齐卢战争爆发的根本原因是上海的管辖权和鸦片税收之争。上海本属江苏督军及省长直接管辖。1915年11月，在原上海镇守使郑汝成被以陈英士为首的革命党人刺杀后，袁世凯取消原松江镇守使及上海镇守使两职，新设淞沪护军使，此后，淞沪护军使一职便因杨善德、卢永祥、何丰林以部属关系先后占据，上海实际上被浙江势力控制。当时浙江以沪杭路为其咽喉，上海成为浙省的门户，加之上海为中国第一商埠，税源富裕，饷粮易筹，百货云屯，兵工厂能自制军火，鸦片尚有巨额利润，江浙两省军阀自然视上海为

① 《民国德清县志》1923年第5卷《法制》。

肥肉，最终必有一争。

齐卢冲突，事态不断恶化。1923 年 11 月 10 日，淞沪警察厅长徐国梁被刺身死，何丰林委陆荣篯接任，齐燮元、韩国钧则委申振刚接任，两方面争持许久，申终于失败。齐燮元又要求何丰林将刺徐之疑犯交予南京，何亦置之不理。齐对此二事如鲠在喉，很想借此以武力把淞沪问题一并解决。但鉴于直系内部统一意见还未达成，江浙商民又竭力呼吁克制，故暂隐忍不发。但危机已迫在眉睫。

臧杨问题是齐卢战争的直接导火线。臧致平、杨化昭所部本为福建驻军，属皖系。1923 年 3 月，孙传芳任福建军务督理，1924 年 3 月，助周荫人驱逐军务帮办王永泉。王逃入泉州，以所部交杨化昭代统，杨拟与臧致平联合反攻，失败后被逐出闽南。6 月 14 日，他们率领部属由赣边转入浙江，卢永祥予以收容。齐燮元遂以违反和平公约相诘，借此联络闽赣皖三省以武力威胁。吴佩孚亦认为卢永祥收容臧、杨，含有将来窥伺苏、赣、闽三省之意味，劝卢自动解散臧、杨军队，遭卢拒绝后，决定实施四省伐浙。卢永祥改编臧、杨军队后，知大战在即，以督办名义咨行省署，宣布边防军条例，此条例无异于对直系之最后通牒。

2. 湖州绅商的和平努力

为了保持湖州的稳定，广大绅商不遗余力。1920 年以后，齐卢间关系经常呈现危局，每当此时，商绅们便奔走呼吁，发起和平运动，战云常借此得以暂时消散。1923 年 6 月 13 日，直系军阀发动北京政变，赶走总统黎元洪，引起政潮，国内动荡，经济不稳。在苏浙商人的努力下，8 月 16 日，苏浙和平协会成立。和平协会先通过了《江浙和平公约》五条，再请南京、杭州的军事首脑签字，20 日公诸报端。绅商和平运动取得成效。

淞沪警察厅长人选风潮后，因年关将近，湖州商人深恐市面不稳，纷纷提议：市政购备处原有保安队及城北原有保卫团加添扩充，保护地方稳定。同时，吴兴县商会电请上海、苏州、杭州总商会召集苏淞常杭嘉湖各商会联席会议，共商维持办法。湖商沈田莘等人拜谒了卢永祥，卢永祥表示尊重签订的《江浙和平公约》，不会主动发起战争，并保证“说话向须实践”[①]。而后，以湖州陈蔼士为代表的苏浙代表团拜访齐燮元，呼吁停止军事准备。齐燮元很诚恳地回复“苏境内并未增加或者调动一兵”[②]。形势似有缓和的迹象，但是双方调兵行为依然继续。到臧杨事件发生后，齐卢之间剑拔弩张之势已无可挽回，湖州绅商的努力彻底失败，战争终于爆发。

（二）齐卢开战在湖州

1. 战前军事布署

8 月，齐军积极调兵遣将，卢军也积极备战。23 日，卢永祥部陆续从杭州、嘉兴移师长兴雉城、夹浦、鼎甲桥、水口、煤山、泗安等地，总兵力达 2 万余人。24 日，卢永祥决定陈乐山率第 4 师进驻长兴等地，王宾部防守泗安。27 日，第 4 师大部及臧致平、杨化昭各一部在湖城、长兴、宜兴间布防，兵力 2 万余人。至 8 月底，卢军在湖城西门外杨家庄建造的小型飞机场竣工。准备工作基本完成。9 月 3 日，双方在黄渡开始接触，齐卢战争正式启幕。齐卢双方部署情形如下：

（1）齐军分 4 路

第 1、2、3 路总司令为齐燮元。第 4 路司令为孙传芳。其攻守计划如下：

第 1 路——上海取攻势，由宫邦铎、马玉仁等部队负责。分三路：①中路由昆山安亭，直趋黄渡南翔，沿沪宁线而达沪。②左路由浏河太仓以拊吴淞之背，而以海军攻其腹。③右路由安亭分兵攻朱家角青浦，横趋松江，以断浙沪联络。

第 2 路——宜兴取守势，由陈调元等部队负责。亦分张渚、蜀山、乌溪

① 杨伟民:《湖州民国史料类纂与研究》(报刊史料第 1 辑)，沈阳出版社 2016 年版，第 12 页。

② 杨伟民:《湖州民国史料类纂与研究》(报刊史料第 1 辑)，沈阳出版社 2016 年版，第 14 页。

图 2—4　齐燮元（1879—1946）

三路防守，而以中路蜀山尤为重要。

第 3 路——广德取攻势，由安徽王普等部队负责，拟由泗安直趋吴兴，北断长兴归路，南达杭州。

第 4 路——仙霞关取攻势，由福建孙传芳军及赣军中的一个师负责，以拊浙省之背。

（2）卢军分 3 路

卢永祥自任总司令一职。其攻守计划如下：

第 1 路——上海取守势，司令为何丰林，朱广声、臧致平、杨化昭等军属之。防线甚长，凡黄渡、南翔、刘河、青浦嘉定等处，均在范围之内。

图 2—5　卢永祥（1867—1933）

第 2 路——长兴取攻势，司令为陈乐山，第 4 师、第 10 师各有一大部分加入，拟用全力攻宜兴、常州，以断苏省铁路，直趋南京。其驻守湖州王宾 1 旅，则命开赴泗安，以拒广德方面之皖军。

第 3 路——江山取守势，司令为潘国纲，浙江省军第 1 师及少数第 2 师军队属之。卢本人则率补充团、卫队等“居吴兴为接应”。[①]

（3）齐卢两方最初布防兵力

齐方：第一路上海（昆山青阳港一带）约 1 师 3 旅，第二路宜兴约 2 旅，第三路广德约 1 旅 2 营，第四路仙霞岭约 1 师 3 旅。

① 《北洋政府大总统府档案》，中国第二历史档案馆藏。

卢方：第一路上海（南翔浏河吴淞龙华一带）约1师1旅，第二路长兴（连吴兴）约2师，第三路江山约1师2营。

2. 湖州境内战事

齐卢两军在湖州，主要集中在长兴和吴兴两地作战。

1924年9月3日上午10时，齐卢战争在江苏宜兴打响了第一枪。齐军首先挑起战火，原想一鼓作气攻占浙江长兴，不料却遭到卢军的顽强抵抗，进攻受阻。卢军及其大炮埋伏在长兴附近的山里，距宜兴不过30里，炮火能直接轰击驻扎宜兴平原地区的齐军；而齐军的大炮轰击卢军时，因卢军驻于山里效果不大，双方处于胶着状态，卢军稍占优势。齐军在装备上占优势，只是放空炮，并不进攻。这种情况持续了多日。

9月4日，卢军何丰林奉命向宜兴方面攻击，双方战斗激烈。9月11日，谣言四起，宣扬何丰林阵亡，部队溃败，但谣言被拆穿，效果适得其反。冯玉祥批评此种做法时说道："苏军的短处为乱放与乱报，战术上最忌乱报敌情。"[①]9月20日，齐军预备队自兰山嘴附近施行猛烈反攻，卢军不支，向石店、水口、夹浦镇一带退却，齐军趁势力追，旋抵张家村丰咸山青山嘴之线，仍在追击中，齐军进逼长兴，死伤很多，第4师14团团长钟士秀阵亡。此时，皖系军阀王普部攻克界牌岭后，猛攻泗安之卢军，卢军渐渐败退。[②]孙传芳率领的军队从福建对浙江的进攻却异常顺利而迅速，从而很快打破了齐卢双方胶着状态。卢永祥后方受到威胁，又怀疑自己内部军队不稳，就于18日先行率部离杭，坚守浙沪。卢军拟绕道太湖以西占领宜兴，进取常州，以侧击齐军后背的计划，又告失败。卢军逐渐败退。

同时，双方在平湖和南浔之间也进行争夺。9月23日，南浔齐卢两军爆发冲突，齐军"进抵南浔，忽遇步兵千余、火炮八尊之敌，占领钱家村至

---

① 《冯玉祥日记》，1924年9月8日。

② 《江浙战争发生苏督齐燮元等宣言进攻浙督卢永祥及各处报告战况通电》（1924.09—1924.10），中国第二历史档案馆藏，档案号Q1001（2）—81。

执师庙南端高地一带之牌地，向苏军炮射，幸未命中”。后齐军“急向周家牌楼朱家沟一带展开攻击”，“鏖战多时，敌不稍却”。正午左右齐军且向卢军左翼逆袭，经卢军炮兵猛烈协攻始退回阵地。下午 2 时，钱家村内陡起大火，齐军右翼更延伸至该村西端包围逼进，“浙军不支，纷纷向南转东溃去”，卢军伤亡及被俘虏者很多。①

9 月 21 日，援齐之皖军王普部乘卢军陈乐山部转赴淞沪前线之机，进占泗安；次日占吴兴，并向嘉兴进攻。卢军被迫再次向嘉兴方向撤退，浙西战场局势对卢永祥极为不利。9 月 25 日，孙传芳部进入杭州。卢军军心不稳，齐军则趁势进攻，相继占领嘉兴、长兴等地。9 月 27 日，泗安卢军战败后也逃至吴兴，齐军各部陆续追至吴兴。卢军全线收缩，向上海方向靠拢。齐燮元在 10 月 5 日下达总攻命令。孙传芳部于 10 月 8 日占领松江，10 月 10 日占领青浦。与此同时，齐军在黄渡、浏河发起猛攻，卢军已然陷入绝境。卢永祥于10月13日在龙华司令部召开紧急会议，鉴于大势已去，了无胜算，于是通电宣布下野，历时 40 天的齐卢战争宣告结束。

三、齐卢战争对湖州的影响

齐卢战争虽然是为了争夺上海，但是战区却主要处于江苏南部、浙江北部以及沪城周边地带，湖州首当其冲。战争打破了湖州地区自太平天国运动后长达 60 年的社会稳定，对湖州及周边地区的政治格局、经济社会发展及民众生活等方面均有重大影响。

（一）难民如潮背井离乡

齐卢战争备战之时，便谣言四起，人心惊惶，居民避逃者已十之七八，难民潮于焉涌起。

---

① 中国第二历史档案馆:《齐燮元报告在宜兴嘉兴等地击败浙军情形电》（1924 年 9 月 21 日—25 日），《中华民国史档案资料汇编》（第 3 辑），江苏古籍出版社 1991 年版，第 260 页。

8月中旬开始，江浙一带的富裕人家，纷纷逃到上海避难，特别是租界。沪宁线和沪杭线上的列车，一时间人满为患，各种货物堆积。上海近郊居民，借地理之便，也急速迁往上海城内。当风声日紧，有钱人和无钱者，都想方设法逃难，或铁路，或公路，或水路，不少人不得不徒步而行。大多数人往上海方向逃难，因为上海无疑是附近最安全的城市。拉夫、强当、勒饷、兵劫等事情接连发生，湖城“居民迁徙殆尽，景象荒凉”。而待战火燃起，民众的损失更不可胜计。战后，房屋毁坏严重，百姓流离失所。吴兴慈善界竭力筹办救济会和海岛浸会收容所，报名者有4000余人，只能专收妇孺，男子方面无人顾及。[①]

湖州備戰中之恐慌

連日戰雲密佈，人心愈形惶恐，居民遷避者已十七八，左路總司令[illegible]樂山、二十七日起程來湖，指揮一切，先在楊家莊[illegible]十畝，拉夫興工，闢作飛機停留界線，聞有飛機三架，不日可到，陸部軍隊，悉已調齊，昨晚又有大批馬隊，[illegible]運兵，惟行動均在深夜，無從詳探，駐城內之七旅二營，亦於二十七日開拔赴長[illegible]界牌關一帶要隘，[illegible]兩路前方，確已部署妥洽，因之人民更為恐慌，銀根亦愈緊迫，現經商會籌定維持金融辦法，決由錢業發行紙幣以調劑之，名曰公單票，[illegible]上不印代價，隨時為戰場，[illegible]地一律通用，俟風潮平息，收回兌現，

豫軍塡防蘇境消息

图2—6　《申报》1924年8月30日刊登的《湖州备战中之恐慌》报道了江浙战争前夕民众惊慌逃避的情形

① 杨伟民:《湖州民国史料类纂与研究》(报刊史料第1辑)，沈阳出版社2016年版，第21页。

（二）抢劫勒索民众遭殃

战争导致社会秩序混乱，百姓经常遭受抢劫和其他暴行。劫掠案多发生在战区以内的乡镇。夹浦发生 3 户人家同日被抢的案子，连警察都被抢劫，附近村庄“不闻鸡犬声”[①]。银行、商会也常遭到抢劫和勒索。1924 年 9 月 20 日卢永祥第 10 师 38 团士兵抢劫了湖州的中国银行和交通银行，抢走 8 万余银元，走时又向商会勒诈开拔费 20 万银元。卢永祥得知此事，以军法处决了该团团长李廷梅。[②] 齐军旅长白宝山率部队进驻南浔，拉夫捉船，向南浔镇商会要开拔费，会长庞赞臣托人谈判，以 3 万银元了事。

（三）拉夫引起民众恐慌

“军队动辄拉夫”已成常事。1924 年 8 月，战争还未正式打响，各方军队为补充兵源，输送军用物资，即已开始四处拉夫，引起民众恐慌。浙军陈乐山在杨家庄买田 50 亩，拉夫垦田，划作飞机停留界限。[③] 农民、工人、警察、教师等都不能幸免，百姓怨声载道。寒冬，前方的夫卒没有棉衣，只能互相抱着取暖，惨状可见一斑。

（四）农工商业遭受重创

江浙本为棉、米出产之地，战事发生正值新棉成熟、稻禾长成之时，齐卢开战 40 日，农民四散逃难，新棉稻禾多烂在田间或遭兵士践踏，湖州地区棉花平均损失率在 60%以上，稻谷则在 40%左右。其他如蚕桑、豆麦等农作物损失亦颇巨。农产减收，商人既无从购销，农民收入亦告断绝。农村之衰败、农民购买力的下降，使商业难以独善。商店停止营业，新春休市后，大半依然停业。

---

① 杨伟民:《湖州民国史料类纂与研究》（报刊史料第 1 辑），沈阳出版社 2016 年版，第 21 页。

② 《杭州快信》,《申报》1924 年 9 月 23 日。

③ 杨伟民:《湖州民国史料类纂与研究》（报刊史料第 1 辑），沈阳出版社 2016 年版，第 16 页。

“蚕桑熟，一年足”，湖州许多家庭都靠丝茧为生，战后，丝的收购价格“每百两自六七十元跌至三十余元”[①]，基本跌去一半，几乎没有利润空间，蚕农损失惨重，生产生活受到极大冲击。

工矿业遭受重创，损失不赀。如号称“南方唯一之实业”的商办浙江长兴煤矿公司注册资本为220万元，规模浩大，每日出煤600余吨，筑有直通矿区之铁路。自战事开始，矿区正当冲要，职员逃散，材料遗失殆尽，矿内工程悉数损毁。10月5日，长兴煤矿股份有限公司因江浙战争破坏而停产，矿工无以为食，群至八都岕周家村乞食，被村民误认为是乱兵行劫。村民开枪自卫，当场打死打伤30余人。工人怒而将该矿设备捣毁，经此浩劫，该矿资本损失过半。公司事后统计，共损失银洋高达588万元。[②] 战后，停止经营。

（五）交通运输业几近瘫痪

战争本身就会导致交通断绝，更何况军阀们在战时恣意破坏交通设施，切断交通要道，阻碍运行。同时，他们还肆意霸占各种交通工具，为其所用，或运送官兵，或运载军械。交通不畅甚至瘫痪，无疑给民众生产生活和商业活动造成极大困难。齐卢战争期间，“两军开火，沪宁路、沪杭路交通先后被切断，内河航线多数停驶。交通梗阻使货物流通受阻，运输风险及费用激增，于江浙商业颇有影响”[③]。湖州也不例外，航船停运，商船、民船无不被封，不仅重要商埠受到牵连，即使像德清这类浙西内地市镇也因货源告罄，商民生计维艰。同时一些地方的邮路亦受阻，给民众带来很大不便。

战争还带来许多其他问题，如中小学校暑期后均未开学，太湖滨之大钱、小梅、义皋等口隘大帮匪盗横行，等等。

---

① 杨伟民：《湖州民国史料类纂与研究》（报刊史料第1辑），沈阳出版社2016年版，第21页。

② 中国第二历史档案馆：《长兴煤矿公司为该矿因江浙战争损失甚巨恳请政府借拨公款以维事业呈》，《中华民国史档案资料汇编》（第3辑），江苏古籍出版社1991年版，第845—847页。

③ 冯筱才：《江浙商人与1924年的“齐卢之战”》，《“中央研究院”近代史研究所集刊》2000年第33期。

第二节　经济发展的中兴时期

一、近代工业的快速发展

（一）近代工业发展的良机

浙江地处沿海，是近代西方资本主义侵略势力渗透较早的地区之一，由于资本主义入侵对中国现代工业客观上具有一定的催生作用，因此，浙江现代工业较之中国内地其他省份起步较早。浙江工业一般有一个从大城市到中等城市，再由中等城市到小城市的扩展过程。这种扩展过程又同兴办工业浪潮的起伏联系在一起。从 19 世纪 70 年代起，民族工业首先在上海创办，但 1883 年遭到金融风潮袭击，发展势头严重受挫。甲午战争以后到辛亥革命之间，兴办民族工业曾先后出现两次高潮，此时的湖州绅商纷纷前往上海，开展经营活动并获得巨大成功。1907 年，浙江第一家商办银行创立。1909 年，江浙两省自己建造的沪杭铁路全线通车。1911 年初，浙江省中等工业学堂开始专门培养工业技术人才。在这种情况下，民族工业再次复苏以后，势必向湖州扩展。

1. 政府的推动

辛亥革命推翻帝制，建立中华民国，大大促进了民族工业的复苏和进一步扩展。这首先是因为孙中山和南京临时政府大力提倡兴办实业，中国人民的爱国热情和民族精神得到了弘扬，兴办民族工业、使用国货成为社会时尚。其次是因为民国初年的中央政府和浙江省政府采取过一些有利于民族工商业发展的政策。例如，军政府废除封建徭役制度；废除各埠码头肩抬挑驳等劳工所出的税收制度；浙江省军政府还宣布自 1911 年 11 月 5 日即光复之日起，豁免钱粮、裁撤厘卡，取消部分厘金，建立合理的税制。虽然 1912 年 2 月 27 日又颁布了恢复厘金制度的命令，但还是把原来关卡林立的厘金

改为一次收足的统捐。1912 年 4 月，军政府通令各类丝捐 8 折核减。又如，1914 年北洋政府颁布的《矿业条例》规定，扩大矿区范围，大大减轻矿产税。浙江省政府还让浙江兴业银行向工矿业定期放款。这些措施使工商业负担大大减轻，民族工业受到的沉重压制有所松动，获得了发展时机。

2. 第一次世界大战的带动

第一次世界大战期间，主要资本主义国家忙于欧战，自顾不暇，经济实力受到削弱。英德法等国扩大军火生产，减少民用工业品的生产，对中国的经济侵略暂时得以放松，中国的进出口额立即发生变化，出口激增，进口减少，经济形势逐渐好转。1916 年以后，英、法、德等国输华的商品大减：英国货减少一半，法国货不及战前的三分之一，德国货几乎完全停顿。时人评价，“总体上，大战期间洋货入口的总值，较战前的一九一三年仍有所下降。”[①] 战争期间，进口商品竞争力降低，民族工业的国内外市场扩大，商品价格的上升幅度大于工资增长幅度，如 1915—1920 年，布价上升 76%，工资只增长 35%。[②] 制成品价格上升的速度快于原料品，特别是农产品原料的价格相对下跌，使这时期工业利润有较大幅度的提高。如棉纱，“每生产一包 16 支纱，1916 年获利 7.61 元，1917 年升至 36.93 元，1919 年达 70.65 元。”[③] 湖州的丝织、棉纺、碾米、造纸等行业得到了前所未有的发展。

（二）近代工业发展的主要领域

1. 传统工业的复兴

（1）兴办丝绸企业

丝绸业是湖州传统的大宗产业，1912 年到 20 世纪 20 年代末，是湖州

① 徐和雍等：《浙江近代史》，浙江人民出版社 1982 年版，第 293 页。

② 金普森、陈剩勇主编：《浙江通史·民国卷》（上），浙江人民出版社 2005 年版，第 85 页。

③ 金普森、陈剩勇主编：《浙江通史·民国卷》（上），浙江人民出版社 2005 年版，第 85 页。

丝绸业发展较快的阶段。绸业原为湖州主要手工业，历来由城乡零机户或机坊使用木机手工织造，清末洋绸倾销，湖绸销路受阻。民国初年，“浙省政府锐意提倡实业”，湖州丝厂立即响应，开始采用日本的提花织机，设立绸厂。经过十年努力，“城乡机架，几乎无处非笼头提花，出品一新，机数陡增，新出品名曰华丝葛”。湖州丝织业由手工业向半机械化和机械化生产过渡，仅吴兴一地“产绸额极多时增至60万匹，且门面加阔，匹头加长，份量加重，价值几及2000万元之谱”。① 所以，这一时期又被誉为“绸业革新时期，亦即绸业全盛时期”②。

湖州的绸厂一般都是从几台织机起家，由小到大发展起来。1914年，湖州集成公司招聘工校毕业生，采用日本提花织机10台，试织花色绸缎，但经营失败，第三年即告停业，归并杭州虎林丝织公司。1916年，成章永绸庄购置提花织机2台，试产新品种“华丝葛”，产品销路日增，次年增置提花织机12台。1919年创立丽生绸厂(湖丰绸厂前身)，资本1万元。1921年，资本增至16.5万元，织机216台，工人400余人，成为当时湖州最大的绸厂。同时发展起来的还有达昌绸厂。1916年，绸商钮介臣兄弟三人开始设置土法手工抛梭织绸机2台，进行家庭作坊生产。1918年，在西门小西街回龙桥堍，正式建立达昌绸厂。1920年，提花织机增至45台。1921年，又在志成路开办达昌第二织绸厂，全部使用电力织机。

除以上几家，还有1916年在前射桥建立的陈龙云绸厂，1917年设于天宁巷的义成绸厂和复星桥的又成绸厂，1918年建于眠佛寺街的裕盛绸厂，1919年创办的永昌绸厂和设于三官厂的祥华绸厂等。

（2）创设碾米厂

湖州作为鱼米之乡，碾米业“自古有之，惟旧时碾米，多由农家用石臼

① 朱新予主编:《浙江丝绸史》，浙江人民出版社1985年版，第149、197、171页。

② 《中国实业志·浙江省》(第7篇)，实业部国际贸易局1933年印，第50页。

或手舂”。1913 年，吴兴设立申湖碾米厂，开始使用机器碾米。起初群众不习惯，误以为机器碾米不合卫生，食者颇少，加上碾米机价格高，所以民国初年碾米厂未发展起来，直到 20 世纪 20 年代末才广泛设立。

（3）革新印刷业

湖州的雕版印刷始于北宋。清末民初，从上海购得铅字活版印刷机，逐渐代替木刻手工印刷，向近代印刷术过渡。当时印刷业采取前店后坊的形式，兼营纸张文具。1916 年，开设悦来纸张印刷店。1918 年，又开办益记纸张印刷店和小琉璃书局。小琉璃书局原为书药局，1918 年由纸业经营世家冯炳钰接办时进行了改组，停办药品业务，停做石印，扩大铅印业务，兼营销售教科书、纸张等。

2. 新兴产业的开创

（1）电力工业快速发展

早在 1897 年，杭州、宁波两地的一些工商业者就设法集资创办浙江省电灯公司和宁波电灯厂，但由于当时晚清政府的干预和商民筹办资金困难等因素最终夭折。直到 1911 年，杭州大有利电灯股份有限公司终于正式建成板儿巷电厂并向杭州城区供电，此后杭州、宁波、嘉兴、绍兴、温州、吴兴等地的一些富商士绅竞相兴办电力企业。1913 年，由湖州地方人士管趾卿、李忠超、王亦梅、蒋澜江、温蔗青和杨信之 6 人集资 5 万银元，旋即增至 6 万银元，发起创办吴兴电气股份有限公司，这是当时湖州地区建立最早、规模最大的发电厂。由王亦梅任总理，其子度伯为经理，管趾卿为协理，向上海西门子电机厂购得 60 千瓦蒸汽机和 130 千瓦蒸汽机各 1 台，连同锅炉和发电机等全套设备。1914 年竣工开始发电，每天发电 4 小时，年发电量约 10 万度，主要供照明用。湖州电力工业由此起步。电力工业的发展为其他工业发展提供了重要动力保障。

（2）矿产开采业开始兴盛

浙江自清末以来即有少量煤矿得以开采，但煤的储藏量较少，据国民政

图 2—7　长兴煤矿矿产材料场（1924）

府中央地质调查所统计，浙江的煤矿储量为 1 亿吨。1927 年南京国民政府建立时，长兴煤矿是浙江较大煤矿之一。长兴煤矿由钟仰贻等人于 1913 年开办，当年底让与刘长荫。1913 年 7 月《申报》第一版登有《浙江长兴煤矿股份公司招股广告》，称钟仰贻等人“在长兴县合溪乡西山界内共集资本购买山田，禀准立案，试勘煤矿，业已见煤，煤层甚厚，煤质极佳，现拟实行开采”①，先招股 4 万元。《长兴煤矿股份有限公司经历成绩计划汇编》的附录中有 1921 年 5 月 25 日《监察人胡君英初致本公司函》，信中说：“查本矿缘起，系由钟君学书等于民国二年筹集资本三千元，作为勘探之费，旋于是年冬间因资本不足，行将停办，遂让与刘长荫先生接办。”② 刘长荫接办

① 《申报》1913 年 7 月 5 日。

② 《长兴煤矿股份有限公司经历成绩计划汇编》，民国影印本，第 25 页。

后与同乡刘万青一起筹建长兴煤矿公司，拟筹资本200万元。1918年该公司正式运行。公司在矿井装设汽绞车吊卸笼子，开始采用机器，新法采煤。1922年，建成煤矿至码头铁路一条，使运费低廉，所产煤顺利运往江南各大中城市。1924年上半年，日产煤量已达600—700吨，达到了当时的最高产量。

除长兴煤矿外，湖州其他工矿业也逐步开始兴办。长兴石灰业在民国初年营业收益最佳，石灰窑共有30余座，从业人数5000多人，年产200多万担，销及省内外。杭州市场上所售之石灰，大多来自长兴。至20世纪20年代建筑业多用水泥后，石灰业日趋衰落。

（3）农林企业纷纷兴起

在工商业、交通业的带动下，在“实业救国”思想推动下，农业垦殖企业在各地纷纷出现。1907年，徐师善在德清创办农事试验场。1908年，上海商人在湖州创办务本公司，开垦荒地，为中国最早农业企业之一。1916年，林学家陈嵘等人在安吉、长兴交界处的浮云山（龙山）创办云野林业股份有限公司，30余人，经营荒山2万亩，始采集马尾松种子育苗，供公司人工造林。此后，安吉县于马家渡大东寺和云野繁殖场（面积约15亩），孝丰县于城郊太阳山（面积约20亩）创办苗圃，培育松、桐、白杨等苗木，年产苗木5万—10万株，供每年植树节植树。①1922年长兴县先后建有云野、森森、后漾、兴墅等林业公司7家，经营荒山4万余亩。湖州林业企业迅速成长，造纸厂也紧随其后，1916年，邑绅王立三在缫舍村创办大生造纸厂，进行竹浆造纸，年产白纸3000件。②

此外，电话也在湖州兴起。1915年10月，由王篪蘸、陆熙咸集资1万元创办吴兴电话公司。1918年，资本增至3万元。公司发展壮大后，业务

① 徐文彬:《安吉县志》，浙江人民出版社1994年版，第132页。

② 徐文彬:《安吉县志》，浙江人民出版社1994年版，第202页。

范围逐步扩展到湖属6县。

二、农村经济状况

鸦片战争之后，世界主要资本主义国家先后侵入我国。它们凭借坚船利炮，胁迫清政府签订一系列不平等条约，在中国攫取各种政治和经济特权，促使我国自然经济解体，农民备受剥削，再加上齐卢战争等的影响，湖州农业经济遭受严重破坏，日趋凋敝。1912年11月5日浙江军政府成立后，制定了一系列保护农工商业发展的政策措施。针对“军兴以来，四民失业，而以农民为最”，军政府通令各县知事，要求切实保护农民，重视农业生产。同时，随着西学东渐，欧美先进农艺、农机、农教相继传入湖州，出现了农、科、教结合的近代农业雏形。

（一）农业生产迅速恢复

种植业是民国时期湖州农业生产的主体部分，内容包括粮、棉、油、蔬、中药材等在耕地上种植的一年生或隔年生为主的作物。耕地种植主要是粮食种植，包括水稻生产及旱杂粮生产。也有少量的经济作物种植，主要是茶、桑、果、花卉等。

1. 粮食供需状况

民国初年，湖州虽然采取引进良种、使用化肥、防病治虫等一系列粮食增产措施，但缺粮问题一直存在。尤其是随着农业商品性生产的扩大，粮食种植面积逐年减少。湖州已成为一个“丰年略有余粮，歉年则大感不足”的地区。虽然也有少数的吴兴“八哥米”“冬春米”、安吉的“地铺籼”和长兴的“蒸谷米”销往杭州、宁波，但已产销倒挂，常需客米接济。不但从安徽、江西等地运粮来，而且从东北运大豆、小麦，还进口“暹罗米”（泰国米）。1917年《双林志》载：籼粳等米供本地食料者仅十之七，余三分必待他处接济。从无锡转进的小麦，岁值银3万—4万元，麦麸皮3万袋。由上海、无锡转进的大豆45万公斤，菜籽10万公斤。自上海转入的

大豆油、菜油各值银 9 万元。乡人自种大豆、菜籽寄油坊代榨油者约十之三。1920 年前后，因大量采购外来大米，补充本地之不足，吴兴、长兴、德清、武康、安吉等县，常年米量皆有剩余。民国《南浔镇志》载：杭（粳）稻、糯稻、灿稻；长兴有蒸谷米、吴兴有八哥米、地浦灿。民国时期当地推广了一批早籼、早中籼改良种，但产量都不大，且种植不多。吴兴为何麦作不兴，原因之一是“排水不畅，故只能栽种稻作一次，其他春花，如小麦、蚕豆、芸苔、绿肥等作物都不能种”。不良的环境可以通过一定的技术措施来加以改变，但由于“蚕桑事业极为发达，获利颇丰，因而人民习于懒惰，不勤劳作”。相对而言，“对于其他农作物，多不重视，地虽肥美，每年禾稻，仅一熟而已”。①

2. 蚕桑种植业

孙中山在《实业计划》中重视全国的丝绸生产，政府随即制定了具体的目标和计划。1912年到1924年，湖州蚕桑生产逐步上升，1925年开始大发展，1929 年达到历史最高峰。1919 年由省议会、教育会和绸业会联合有关实业机构共同成立“浙江蚕桑改良会”，草拟各种改良计划。1926 年在长兴、吴兴、德清等县创办“改良养蚕场”，由蚕校毕业生指导养蚕和推广改良蚕种。蚕桑生产在湖州地区向来占有很大的比重，以20世纪30年代的吴兴县为例，90%的人口从事蚕业，桑地占课税总面积的 30%—40%。吴兴东南部农村大都养蚕，西部养蚕的较少，在大钱、小梅等北部以及街市散户，也有较多人家以养蚕为主业。东南部蚕户 97%都自有桑地，约有 3%无土地户从事蚕业雇佣劳动。在拥有土地的规模方面，5 亩以下的占 14.11%，5—10 亩的占 46.09%，10—15 亩的占 25.91%，15—20 亩的占 8.60%，20 亩以上的为 5.29%。这一带水田与桑地的面积比为 7∶3，而经济收入比，蚕业超过农业，当时农村缫丝手工业已成为主要副业。

① 何庆云、熊同龢：《吴兴的稻麦事业》，《浙江省建设月刊》第 8 卷第 6 期，1934 年 12 月。

3. 茶业

湖州自古就是著名茶叶产区，茶市兴起较早。乾隆《安吉州志》卷八《物产》引《前溪逸志》关于茶农种茶、采茶、制茶之情景，所制茶“汰之以存其精也，乃盛于篓，乃鬻于市，千树茶比千户侯矣”，说明植茶是为出售，且利益颇丰。鸦片战争后，外销勃兴，浙江茶产业随之兴盛，广泛分布于产区的茶叶初级市场迎来了发展的黄金时期。湖州府各县“山中产茶处甚多，特长兴最著名耳”，所产茶主要运至“山货行发售”。① 菱湖所产茶成为商贩争购对象，他们于“立夏前后竞贩新茶转鬻，捆用布缚，故叙售论缚不论斤，每缚约二百两，比户购买藏贮，以备一岁之需”②，交易颇有特色。

民国初期，由于我国茶叶外销市场的打开，促进了茶叶生产的发展。据1923年《德清县新志》记载：“茶叶类：年来洋销极盛，价增数倍，吾邑西北多山，森林砍伐将尽，宜种茶树以补之。”据1915年《之江日报》发表的浙江省茶叶调报表：“湖属薛锦茶产量37423.15担，产值1217230元”。1930年《浙江省杭、湖两区茶业概况》载：“1929年孝丰、安吉两县茶园面积25850亩，年产绿茶9900担，产值357000元。武康县茶园5000亩，产茶2000担，产值60000元；武康茶区在县南、西、北三乡，以北乡为最多，南乡次之，西乡最少；武康所产茶叶，多至上柏茶行出售，或由小贩收买运至埭溪、余杭、瓶窑、闲林埠等处销售。”民国时期茶叶产销前兴后衰，因战乱不断，茶叶生产遭受严重影响，产量时起时落徘徊不前。

4. 渔业

渔类资源种类与明清时期相仿，主要有：逆鱼（德清清溪特产）、白鱼（黄白鱼）、鲩鱼（草鱼）、鳙鱼（花鲢，俗名包头鱼）、鲢鱼（俗名白鲢鱼）、青鱼、银鱼等。

---

① 同治《湖州志·物产》。

② 同治《菱湖志·物产》。

湖州产鱼区一在太湖沿岸，也称外港渔业；另一在沿运河流域及菱湖一带，也称内河渔业。池塘皆为人工开挖，用于养鱼、种菱、植藕的小水体，多数集中分布在平原水网地带。湖州的外荡主要分布在平原水网地带的开放型内陆水面，外荡养鱼主要是指在湖泊荡漾和河道中，建筑拦鱼设备、投放鱼种进行养殖。湖州城内鱼行就有近30家、鱼商贩150余人，几乎垄断了湖州地区近80%的鱼货交易。1930年《工商半月刊》曾对当时鱼商经营活动作记述："沿太湖城镇，日常消费之鱼，以野鱼为多。鱼货之销售，均有各城镇之鱼行担任。在内地之鱼行，由有池户直接以所捕之鱼，售归鱼行或由鱼贩转卖鱼行者。普通均由鱼贩向池户购鱼，转托鱼行售卖，鱼行提取佣金者。"菱湖鱼池有数千口以上，鱼类销往全国各地，销售额每年约600万元，堪称我国淡水养殖业中心。

（二）水利设施得到修整

民国初，由北洋军政府内务部土木司和农商部农政司主持全国水政。1914年设全国水利局，协同内务、农商两部主管全国水利，同时各省设水利局。而太湖流域也在此先后设江南水利局、苏浙太湖水利局等机构。

这一时期，西方水利科技兴起，并迅速引入我国，因而在设计、施工、排灌和航运设施方面都使我国的传统水利发生了较大转折，同时开始为全面治理太湖在规划方面进行了必要的准备和尝试。虽然这一时期较短，未能取得明显成效，但为此后全流域性的综合治理积累了一定经验和原始资料。民国政府为"除农田之害，兴农田之利"，开展了对水系治理的勘测、规划工作。1915年，浙江省巡按公署行文责成各县知事、水利委员会对河流水道进行测量，并成立苕溪测量队。1928年，引进近代科技，首次用挖泥船机疏浚大钱港。

1916年至1928年，浙西水利评议会以丝捐、蚕捐、货物附加、地丁附捐等方式，从民间筹集水利经费，浚治长兴县夹浦、花桥、福缘、芦圻四港，吴兴县埭溪、云水桥至台山镇塘河，安吉梅溪，武康前溪港等14处；

还疏浚吴兴机坊港，长兴县自宜春桥至五星桥间的河道3700余米；整修武康、孝丰等县块石护岸工程261米。1923年至1928年，湖郡士绅李垲等筹款修筑荻塘北岸，砌石护塘长33公里，耗银83万元。

（三）农村生产关系发生变更

1. 土地占有状况

1912年，垦熟田开始交纳田赋，获得合法地位。而在吴兴、德清县，随着蚕桑业的发展，地主城居增多，遂由投资田地转向投资工商业，而农民有余资购置田产。地主在农村占地比较少，农民占有土地增加。湖州农民可分为自耕农、半自耕农、佃农和雇农四种。所谓自耕农，系农户完全耕种自有田地，大致有田地10—40亩；半自耕农系一方面耕种自有田地，另一方面又租种他人田地者，大致有田地1—20亩；佃农无田，即农户完全佃种他人田地；雇农无田，年收入10元至数十元不等，不过为他人所雇佣帮忙耕种。其他如浙江省占比较多的大地主、小地主、富农、农村游民等，在湖州也存在少量。湖州农田可分田、地、山、荡四种类型，田即水田，地即旱地，山为山坡，荡即湖沿水区。

2. 地租形式

湖州各县租佃形式有所不同，主要有定租、分成租、预租、押租、空头租、活租等。

（1）定租：定额租，俗称板租、死租、硬租，无论收成好坏，有无灾害，均按固定租额交租。清末民初，湖州“至上之田，每亩完租不过石一斗石二斗，中田则一石或九斗；以次而下，有四、五斗者”[①]。民国时，吴兴县每亩租高至1.2石，低则3斗。民国《南浔镇志》也载：“凭佃以耕之户……予议折实米数，不论水旱者曰实租。”

（2）分成租：租额以田地收获分成，一般为对半分成。

① 《双林镇志》，方志出版社2015年版。

（3）预租：又称垫租，一般而论预交一年租额，亦有预交50%者。吴兴县荻港乡钞田村地主出租鱼塘，有90%收预租。

（4）押租：又称顶租，清后期盛行。租田于佃户先索取押金，一般为一年租额，地租照收，退田不种时，无息归还。

（5）空头租：出租土地不足亩数，佃户按足数交租。

（6）活租：又称分租、议租、花租，据年成好坏定租额。

此外，还有放青苗、高利贷、雇长工等多种形式剥削佃农。

（四）农民运动和抗租减租斗争

民国时期，湖州农民深受自然灾害的影响和苛捐杂税的压榨，生活困苦，农民运动和抗租减租斗争风起云涌。

湖州由于地处东南沿海，属于亚热带季风气候区，每年6、7月间是梅雨季节，6—9月间气候炎热，并往往伴有台风登陆，因此常有水、旱、风等自然灾害。20世纪上半叶更是一个自然灾害频发的时期，局部灾荒几乎没有间断过。每遇水、旱、风、虫等灾害导致的大幅度粮食减产，农业社会基础上的脆弱的社会保障体系就会立即崩溃，饥民四处逃荒、饿殍遍地的人间惨剧一再上演。《安吉县志》记载："7年（1918）：水灾。8年：水、风、虫灾。9年：水灾。10年：水灾。11年：8月末，强台风带来特大暴雨，山洪在西溪、南溪同时发生，造成特大洪水。据调查，梅溪水位高达10.12米（下列梅溪水位均按吴淞基面）。9月1日22时，安吉县城城门上闸板，大水涨至与城墙等高，个别地段漫过城墙。圩堤、堰坝大批冲毁，庐舍人畜漂没难计。13年：旱。15年：洪水为灾。16年：孝丰自8月起，干旱持续1个月，以东北乡为甚。歉收约4成。"①

浙江省政府采取了一些积极的赈灾措施，除急赈、工赈外，还增加了农赈。农赈部门的主要工作就是接济农事资金，并推行农村合作。农赈处通常

① 徐文彬：《安吉县志》，浙江人民出版社1994年版，第116页。

不是给灾民发放现金，而是赊给他们粮食、农具、牲畜、种子、肥料，力求从生产资料发放上解决根本性的问题，将传统的消极赈济引入近代积极赈济的轨道上来。但由于赈济体系在组织、技术、观念等方面进步缓慢，政府财力有限，行政效能低下等原因，赈济措施往往显得杯水车薪，所以从整体上看来成效并不显著。

湖州农民大多数被束缚在土地上，进行劳动耕作，渔业生产。大多数时候，还要受到桑叶采购叶行、米行、渔行的剥削。桑叶价格低，农民很吃亏；桑叶价较高，农民更吃亏。桑叶被叶行用高利贷形式贱价收买，第二年叶行用更高价钱再卖给蚕农。渔行的剥削方式和叶行差不多，由行里预先贱价收押所产之鱼，借钱给渔民买鱼苗、鱼粮，鱼苗长成之后，不卖给渔民，而是雇人运到沪杭各地销卖。米行的剥削方式又是另外一种，由行里先借米给贫农，定期加利还钱，到期不还定是复利重重，没收抵押品，或以后不再借米。因此，叶行、渔行、米行这三大行是剥削农民的中枢。

20世纪初至20年代，湖州各地相继成立农民组织。1913年，德清县农会成立。1926年7月，国民革命军大举北伐，全国农民运动爆发，湖州农民运动也掀起高潮。1927年初，吴兴县第一区农民协会成立，下设路村、长超、东汩三个分会。同年12月，国民党孝丰县党部建立6个村林农协会。

1927年，浙江省颁布“二五减租”条例①，规定浙江农田正产为稻谷，缴租原则定正产量50%为最高租额，佃农减半缴租。湖州各县相继成立佃

① 1927年11月，省党政联席会议通过了《浙江省本年佃农缴租实施条例》和《浙江省本年佃业纠纷仲裁委员会暂行仲裁条例》。其主要内容是：规定以正产全收50%为最高租额，佃农以最高租额减25%缴租；正产全收是指本年正业农产之全收获量，副产业之收入为佃农所有；正产全收的估定，由当地农民协会与党部并通知业主决议公布之。限制预租，禁止业主以“租鸡”“租力”“人事”“脚米”等名目榨取农人；禁止佃方以“和水”“搀秕（掺秕）”“过蒸”糟蹋米谷；业主撤佃，须先一年通知佃户。乡村农民协会与区分党部及地方行政人员，为处理佃业纠纷之初级仲裁者；县党部与县政府，省党部与省政府，分别为佃业纠纷之高级仲裁者和最后仲裁者。此外，还有量衡器具标准和米谷质地标准的规定。

业理事局或佃业仲裁委员会，支持“二五减租”，但由于缺乏科学论证和实际考察，主观成分很多，许多规定在当时很难办到，减租法规也有许多极不合理的地方，如以农产物总收获量为规定租额的标准，则使农民投入的劳动量越多，地主无偿分割的劳动所得也越多。推行之后，地主普遍反对、佃农得益无多、租佃纠纷不断，减租虎头蛇尾，成效有限，并未能起到缓解农村租佃关系、解放农村生产力的作用。

三、水上运输业的发展

（一）南北主要航道的畅通

浙江省内河航运以杭嘉湖平原最为发达，杭嘉湖内河水道密如蛛网，以苕溪和江南运河水系为骨干，以杭州、长兴、湖州为航运中心，把杭嘉湖平原和包括上海、苏南的整个江南地区联系在一起。乡镇间大多有水路相通，机动船可通达大部分乡村，木船更是能深入田间地头。内河轮船航运的基础是内河航道，以国际较为通行的标准进行分类，航道可以分为六级，一级可通行海轮，二级通行 2000 吨轮，三级通行 1000 吨轮，四级通行 600 吨轮，五级通行 300 吨轮，六级通行 60 吨轮。湖州基本上介于五至六等级。

苕溪是流经湖州境内的主要河流，属长江流域太湖水系，源于天目山。分东西苕溪两支，西苕溪源于西天目山北麓，主要流经孝丰；东苕溪源于东天目山南麓的水竹坞，流经临安、余杭。东、西苕溪在湖州汇合后流入太湖，经长江出海。苕溪干流全长 293 公里，流域面积 5005 平方公里。东苕溪在瓶窑以上属山溪性溪流，以下流入杭嘉湖平原，北沿莫干山东侧最低洼的湖荡地区至湖州，逐渐演变为内河型河流，长 150 公里，流域面积 2265 平方公里。西苕溪梅溪以上属山溪性溪流，曲折湍急。梅溪以下流入安吉河谷平原，逐渐演变为内河型河流。源头至湖州，长 139 公里，流域面积 2267 平方公里。

江南运河是近代浙江最重要的内河航运干线。江南运河分成东、中、西三线，东线走嘉兴，是古运河线，从平望经王江泾、嘉兴、石门、崇福、塘栖，到杭州；中线（杭申乙线）直接去杭州，由元末张士诚开凿，从平望，经浙江乌镇、练市、新市、塘栖，至杭州；西线去湖州，称为吴兴塘[①]，从江苏震泽入浙，途经南浔、湖州、菱湖、德清，至杭州。江南运河南北贯穿于杭嘉湖平原，“无锡而下，直抵苏州，与嘉、杭之运河，固皆清流顺轨，不烦人力”。它是杭嘉湖平原的主要航道，浙北水运大动脉。近代上海兴起后，水上运输线的走向发生变化，原来大运河的东线延伸成杭申甲线，从嘉兴直趋上海；中线则延伸成杭申乙线，从平望东向上海；西线，从西苕溪梅溪开始，经湖州、平望，东流上海，称梅湖申线，是浙江最繁忙的水道。

内河航运在浙江的出现首先是官、商、外等特权的产物。19 世纪 60 年代，浙北杭嘉湖水乡就出现外国的小轮船，一些清廷官员过往也以轮船拖带官船，湖州丝商也租用轮船运送银两丝货。1886 年 3 月，轮船招商局在上海虹口开始内河小轮业务，购“乘风”“破浪”轮，经营沪、苏、杭内河航运，办理“官场借用”业务，规定上海虹口到杭州每趟运费 40 两，停留每天另加 5 两。1891 年，镇海人戴源嗣在上海创办戴生昌苏杭各地官轮船局，供官绅出行租用。1894 年，湖州出现了一家泰昌义记申杭湖轮船公司，行驶于湖州、上海、杭州之间。浙江省商办内江、内河轮船航运业自 1895 年《马关条约》规定内河开禁开始真正起步，到清末有了较大发展。不完全统计，到 1911 年浙江省注册给照的内河航线有 21 条，其中浙北杭嘉湖地区 11 条，以宁波为中心的 6 条，以海门为中心的 4 条。20 世纪 20 年代，湖州商人李恢伯、沈田莘联合无锡商人熊乃胜等人以 10 万元资本创办了一家轮船公司，在浙江湖州与江苏无锡之间开辟太湖航线，开通了湖州、上海、杭州、苏州四地之间的航班。

---

① 元代开始，去往湖州的运河称吴兴塘。

（二）主要水上交通设施的设立

1. 港口及轮船公司

民国时期湖州港口主要分布在吴兴、长兴，主要港口为各主要乡镇。据浙江省政府公报统计，1914 年至 1929 年，杭嘉湖内河地区就有领照开业的轮船公司 95 家，轮船 165 艘。其中，跨省营运的轮船公司 84 家，轮船 107 艘；区内行驶的轮船公司 11 家，轮船 58 艘。这是当时湖州水上运输的鼎盛时期。航线途经湖州的轮船公司有招商局内河轮船公司、王清记轮船局、宁绍内河轮船公司、源通轮船局、通源轮船局、长杭轮船局和翔安轮船公司，而以宁绍内河轮船公司、长杭轮船局、翔安轮船公司最为有名。

（1）宁绍内河轮船公司

1911 年，宁绍内河轮船公司创办，由王廉任经理，公司设在嘉兴，并于杭州设立分公司，有小轮 7 艘，开行杭嘉湖一带航线。1930 年，轮船增至 11 艘，航线增至 8 条，成为浙西内河轮船最多的一家民营公司。1928 年，杭州一地的营业收入达 3.63 万元。1932 年，有 4 艘轮船开行杭湖线。抗日战争时停业。战后由原业主之一的周子麟筹措复业，改称“宁绍轮运行”，不久与翔安轮船公司组成“宁绍翔安联合轮运行”，船籍港定于杭州。

（2）长杭轮船局

创办于 1919 年 4 月，由湖州商人刘颜与长兴县商会会长钟学书等共同组建，总局设在湖州。在杭州拱埠设分局，有小轮 5 艘，开行湖杭间夜航轮船。1932 年，长杭轮局添置汽船 4 艘，其中 3 艘行驶杭湖线。抗日战争时停业，战后复业，仅 1 艘轮船跑杭湖线，并与胜利轮船公司联营。

（3）翔安轮船公司

1927 年，潘翔升、曹剑平设立翔安轮船公司，购置“翔安”号、“翔平”号，行驶杭州湖州线。到 20 世纪 30 年代初，杭州已形成以大运河为主干，连接嘉兴、湖州、苏州、上海等大中城市及周边小城镇的内河航运网络。

2. 码头与航线

民国时期，湖州内河码头建设甚少。1914 年杭州宁绍轮船公司在新市建造木结构栈桥式码头 1 座，供宁绍公司客轮停靠，抗战期间被毁。1931 年，省建设厅批准长兴县在东门外建木结构公共轮船码头 1 座，有候船室，当年 10 月竣工。[①] 客轮停靠公共码头，每月每船付停靠费 3 元法币。1946 年 4 月，德清县政府建成新市镇公共码头 1 座，停靠过往客轮，隔日一班每月付停靠费 5 万元法币；当日往返每月付 10 万元法币；每日往返两次的班轮付 15 万元法币。

吴兴县城区主要有馆驿河、大通桥、北门外、潘公桥等码头，城区外主要有双林、菱湖等主要乡镇码头。湖州、杭州段运河轮船公司的基本情况："长杭轮船局，轮船 4 艘，经营湖州—杭州、湖州—泗安航线，停泊湖州馆驿河，属商办性质。宁绍轮船公司，轮船 5 艘，经营湖州—杭州、湖州—德清、湖州—长兴航线，停泊吴兴县城馆驿河、德清县，属商办性质。振兴轮船局，轮船 1 艘，经营湖州—塘栖航线，停泊吴兴县城馆驿河，属商办性质。源通轮船局，轮船 4 艘，经营湖州—杭州航线。"杭嘉湖地区各市镇始发和途经的航线和每天航班，乌镇有 14 条，22 个班次；菱湖镇有 14 条，22 个班次；南浔镇有 20 个，33 个班次；濮院镇有 4 条，6 个班次；双林镇有 12 条，15 个班次；塘栖镇有 6 条，10 个班次；新市镇有 6 条，7 个班次；长安镇有 6 条，6 个班次；硖石镇和泗安各有 4 条，4 个班次；王江泾镇有 4 条，7 个班次。

3. 船舶

（1）客轮

一般内河客轮船艄呈尖形，船艉为半圆形，驾驶室在前，中间为客舱，后为机舱和船员休息室。民国时期客轮增多，均为木质船体，一般船长 20 米左右，宽 3—4 米，载客 50—100 人，以内燃机为动力。1924 年投入营运

① 胡学章：《湖州交通志》，黄山书社 1995 年版，第 75 页。

的湖州至无锡“太湖”号轮船为湖州境内规模较大的客轮，由上海瑞容船厂承造，船长 38.13 米，宽 6.1 米，吃水 1.2 米，时速 10 海里以上。

（2）货轮

可分为普通货轮与专用货轮。普通货轮又称座舱机动船，始见于 20 世纪 20 年代，时称“小汽船”，均为木质船体。船的艏艉分别为驾驶室和轮机舱，中部为货舱，大部分是以发动机为引擎，功率 20 马力左右，载重 10—20 吨，除经营城市集镇零星货物运输亦兼营旅客运输。[①]

（3）民船

当时杭嘉湖农村货运情况：“水上交通用具，除轮船外，尚有航船、客船、民船等，原为往来各地载运货客之利器。近则轮船纵横，帆船搭客因之减少，几全以运输货物为主，以运费较廉也。”民船以货运为主，大宗商品运输主要靠民船。

（三）水上客运和货运日益兴旺

1. 客运

清末，轮船客运渐兴。1874 年，招商局客轮从杭州开往上海途经德清新市镇。1895 年 8 月，日商所经营戴生昌、大东两家轮船公司首驶上海至湖州客轮。1897 年，招商局上海公司在湖州设轮运分公司，经营湖州至南浔、嘉兴、上海轮运业务。1906 年，杭州宁绍轮船局有轮船 3 艘，从杭州开往湖州。同年 8 月，泗安设轮船局，经营至湖州客运。1909 年，新市慎康钱庄经理程通林等人创办德新轮船公司，经营德清至新市两埠客运。1910—1911 年，湖州与邻区邻省航线互通，客轮从湖州直抵嘉兴、硖石、苏州、震泽、常熟、松江、上海、南汇和芜湖等地。

民国时期，轮船客运日益兴旺。1922 年，湖州杨荣璋创办长杭轮船公司，始开湖州至杭州夜航班。1923 年，由湖州、无锡两地绅商发起组建锡

① 胡学章：《湖州交通志》，黄山书社 1995 年版，第 76 页。

湖轮船公司集股10万元定购江轮，建候船室。次年8月，锡湖班客运开张营运。1925年，湖商组织公利轮船局，开行湖州至上海轮班，隔日至沪。次年，信义轮船局开行湖申轮班，当日达沪，隔日返湖。1930年，境内有轮船公司32家，轮船46艘，航（快）船175只，经营航线32条，每班载客少时8人，多至44人，一般25—28人。当时，湖州境内所设私营轮船公司(分行）共45家，大多单线、单轮，其中吴兴县城馆驿河头31家，菱湖、南浔、双林等埠7家，德清县境7家。

2. 货运

（1）筏运

湖州西部山区民间货运旧时以竹筏为工具。西苕溪上游及各支流丰水期流放竹筏，早期分段筑坝提高水位后顺水撑筏。安吉、孝丰县竹区农民撑竹筏顺溪流而下，辗转运至梅溪，由撑筏工从梅溪运至湖州、嘉兴、苏州、上海等地，经大运河将竹运送北方。明朝始，梅溪成为重要的竹子集散市场。武康县筏头以扎筏、放筏得名。

（2）帆船运

境内东部水乡民间货运，旧时依靠木帆船。明中叶，境内所盛产湖丝、绸绢靠木帆船运输出销海内外，以府城湖州、乌程南浔、归安菱湖、归安双林、德清新市等镇为盛。1841年五口通商前，境内丝绸输出由水路至广州、厦门或宁波出海；此后经内河运至上海销售。1844—1847年，湖丝出运至上海32365包（包重80—100斤）；1852年出运10万包。南浔、双林、菱湖等镇丝商初开漂洋船贩运湖丝；至1875—1908年，南浔丝商年出运湖丝五六千包。民国前期，湖丝及湖绸、葛类等绸缎运至上海、苏州等处，由洋行、申庄、苏庄等转出口、内销。长兴县泗安镇在秋冬粮食、竹木、柴炭运销旺季常有百余艘木帆船泊岸载货。李家巷、洪桥一带运载石灰船只多时170多艘。1914年始，石灰石成为李家巷镇大宗水运货物。1912—1927年，湖丝出口势旺，年均出运8400多包；1922—1933年，运至上海的绸缎年均

39万余匹。

（3）轮运

轮运始于民国，长途客轮一般带有拖船3—5艘，以装货为主，载货量每次10吨以上，自湖州达上海、苏州、无锡、嘉兴、杭州、长安、泗安、梅溪各埠。其他大多客货兼营。

四、丝织业良机再现

湖州农村手工业以丝绸业为最盛，进入民国时期，原系手工制品一部分改用电机，工厂工业因之出现。吴兴县丝绸业发展自太平天国到20世纪30年代，大约可分四期：太平天国至光绪初，为鼎盛时期；光绪甲申（1884）后至宣统末，为丝衰绸盛时期；1912年至1928年，为绸业革新时期；1929年到1933年，为丝绸衰落时期。

自光绪甲申以后，洋商在沪设立机器缫丝厂，湖丝外销渐渐衰落，主要因为内地丝条纹不匀，断头太多。而湖绸质地却渐见良好，南至广州商帮，北至京津商帮，制衣者皆欢迎湖绸，湖绸外销日盛。凡是国内制衣厂商莫不知湖绸之为衣料上选。清末每年产绸20余万匹，价值在200万元左右。民国初期，盛传改装易服，丝绸业大为恐慌，绸庄纷纷倒闭。当时日本进口的“野鸡葛”因其光泽较国产绸货亮，湖绸贸易受到很大影响。浙江省政府专设机织传习科于工校，下令杭嘉湖绍原有产绸区派员学习，吴兴本地也设习艺所，湖州绸业进入革新时期。吴兴出产绸最多时，一年达到60万匹。

1928年以后，人造丝织品及交织品充斥市场，湖绸以天然丝为原料，质地虽然坚韧但光泽度不够，不能迎合社会潮流，所以销路大为减少。

（一）丝织业发展又遇良机

民国以后，中国的资本主义发展进入持续的“黄金时期”。丝织业也迎来持续发展期。湖州丝业商人抓住机遇，乘势而上。1910年秋，湖州丝商

图 2—8　庞莱臣等人在南浔镇西方丈港开办的南浔汽机改良丝厂（1926）

杨信之、顾敬斋、沈联芳、黄缙绅发起组织上海丝茧总公所，开办费由杨信之捐助 1000 两，并由上海 30 余家丝厂分任资助，不足部分由发起人垫借，在北山西路建造“规模宏大”的所址，公所包括江苏丝厂茧业资本家。1913 年，产茧省份安徽加入总公所，遂改名为江浙皖丝厂茧业总公所。从 1911 年丝茧总公所第一届董事会成立到 1926 年，公所的总董、总理、协理始终被丝业巨头湖商杨信之、沈联芳、黄缙绅垄断。公所主要发起人杨信之任首届总理，自第二届始因年事已高改任名誉总董，直至去世。创办人之一沈联芳任首届坐办，自第二届起连任 3 届总理，1926 年改任总董，把总理一职传给缫丝工业开创者黄佐卿之子黄缙绅，此前黄已经连任 4 届协理。

（二）世博会上大放光彩

1915 年的巴拿马博览会是辛亥革命后中国参加的首届世博会。中国政府和民间的参与热情很高。以孙中山为临时大总统的中华民国临时政府在成

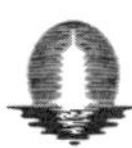

立之初就决定参加，并派财政总长陈锦涛等前往美国选定馆址。中国参加巴拿马博览会的筹备工作得到了中国工商界的广泛响应。江浙皖丝厂茧业总公所被巴拿马赛会、江苏出品协会和上海总商会寄予厚望，杨信之、沈联芳这两位丝业领袖为动员组织丝绸企业选送展品参展付出了大量心血。江浙皖丝厂茧业总公所所属企业获 37 个奖项，执中国代表团获奖之牛耳。

1926 年美国费城世博会，也是纪念美国建国 150 周年的庆典，引起当时中国舆论界的相当关注。1925 年 3 月 16 日，农商部通知上海总商会，援照巴拿马世博会成案，决定在上海设立驻沪赛品管理委员会，派江苏实业厅长徐兰墅为正会长，上海总商会会长虞洽卿（湖州人）为副会长，派实业厅职员及商会董事 24 人充任会员，积极筹备。江浙皖丝茧总公所积极选送产品，并在该届世博会上获得大奖及金银铜奖 84 项，居全国之首。

图 2—9　“辑里湖丝”在世博会上所获金奖奖牌（1915）

（三）行业巨擘加大投资

上海开埠后湖商获利颇丰，随后周庆云、梅履正、刘梯青等主要行业人物纷纷投资新式缫丝业。周庆云出生于南浔丝业世家，1905 年被举为盐业嘉业所甲商，成为浙盐实权人物。同年投资浙江铁路公司，后又投资浙江兴业银行。1912 年两浙盐业协会成立时任会长。进入民国后，周庆云把部分丝业、盐业利润转化为工业资本，大部分投向丝绸企业。《吴兴周湘龄先生墓表》说，周庆云一生“立工厂六，于湖州曰模范、曰改良，于嘉兴曰秀伦、曰厚生，皆攻丝；于杭州曰天章、曰虎林，攻缯”。1914 年，周庆云与杭州工业学校机织科蔡谅友、许炳堃投资 3 万元在杭州创办虎林公司，并任董事长，有新式手拉铁机 22 台，1916 年增资至 10 万元，扩建纹工场厂房，织机增至 80 台。1918 年增设缫丝部，丝车逐渐增至 200 余台，所产厂丝直接运销国外，1930 年产量达 2400 担，一度成为中国缫丝工业中发展对外贸易最具优势的一大丝厂。1925 年，周庆云接办湖州大通丝车，改名湖州模范丝厂，聘 1923 年纽约万国丝绸博览会“辑里湖丝”代表南浔李佑仁为经理，创制优质“模范”牌厂丝。同年 6 月，周庆云投资 10 万元，在嘉兴北门外创办厚生丝厂，有丝车 200 部。1926 年他又在嘉兴创办秀纶第一改良丝厂。同年，他还与南浔丝商庞元济等在南浔创办汽机改良丝厂，置丝车 208 部，生产“南浔”牌、“湖山”牌改良丝。周庆云一人在浙江创办 6 家缫丝、丝织工厂，并投资杭州纬成公司、上海美亚绸厂，成为浙江丝绸工业巨擘。[①]

梅履正也出生于南浔丝业世家，其祖父在鸦片战争前就往返广州贩运湖丝，上海开埠后在南浔和上海开设梅恒裕丝经行。19 世纪末，梅履正、梅履中经营“南梅恒裕”，致力于辑里丝经产品，先后推出“绣麟”“飞马”“蓝龙”“荷花”“梅月”“梅石”“金鹰钟”等多种牌号产品。1926 年，梅履正投资 9 万元在南浔创办梅恒裕缫丝厂。

刘梯青为南浔“四象”之首刘镛之子。1927 年，他与南浔丝商庞元济等在塘栖创办崇裕丝厂，占地 42 亩，有工人 1340 人，有意大利缫丝车 492

① 陈永昊、陶水木主编:《中国近代最大的丝商群体——湖州南浔的四象八牛》，浙江人民出版社 2001 年版，第 103 页。

台。1936年又从日本引进先进设备，年产丝达40余吨，成为当时浙江乃至全国的一流大型缫丝工业企业。[①]

（四）著名企业纷纷崛起

丝织业原是浙江最发达的手工业行业，明清时已有“丝绸之府”之称。但辛亥革命以前，浙江“尚无手织铁机，亦无所谓绸厂，绸缎均系机户用木机织造”。进入民国后，德清人许炳堃担任浙江甲种工业学校校长，首创机织传习所，向日本购买新式机器，聘请技师，招募杭、绍、湖等处青年织工入校培训学习，同年设立的纬成公司也引进法国式手拉织机，浙江丝织业开始由家庭手工业向机械化、工厂化发展。湖商不断推陈出新，加大投资，利用新技术发展生产，在江浙地区开创了新的局面。

1910年，湖州首家机器缫丝厂——公益丝厂建成投产，这是湖州机器缫丝业的开始。至1927年，吴兴、德清两县已建起10家机器缫丝厂，占全省（19家）的一半以上；年产丝2370担，占全省总丝量（5200担）的45.58%。

从1912年咸章永绉庄金丽生首置提花织机以及1914年湖州第一家绸厂集成公司挂牌到1922年2月，吴兴县有名可查的绸厂就达70余家。1925—1926年，湖州城乡大小绸厂有60余家，有铁木织机6000余台、电力织机4000余台。金丽生、沈联芳创办湖州丽生绸厂，钮介臣创办湖州达昌绸厂等。据《浙江省丝绸志》记载，1928年仍在经营的纬成、虎林、天章、袁震和、庆成、悦昌文、振新、丽生、震旦、都锦生、达昌、庆云13家丝织厂投资额为396.15万元，占该年全省67家丝织厂461.1万元资产的85.91%，这足以说明湖商在本省丝织工业发展中的地位和影响。

1. 丽生绸厂

丽生绸厂是湖州近代第一家丝织厂，主要创办者是湖州人金丽生。清末民初，日本商人在中国倾销“野鸡葛”绸缎，使湖绸销路大减。为与“野鸡葛”

① 陶水木：《浙商与中国近代工业化》，中国社会科学出版社2009年版，第129页。

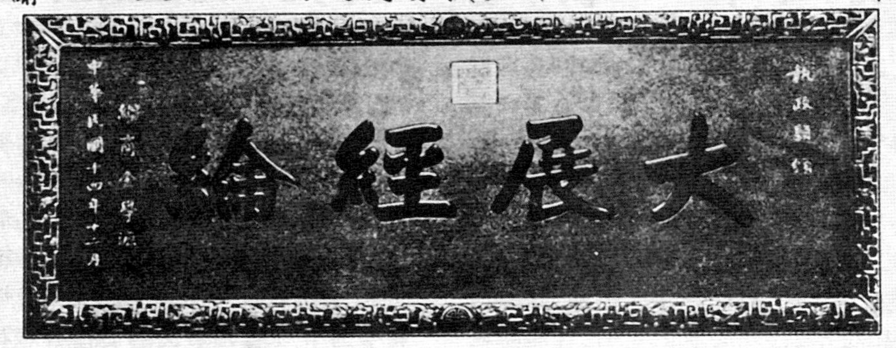

图 2—10　段祺瑞为嘉奖金丽生所颁发匾额（1925）

竞争，金丽生与开办“改良机织传习所”的李恢伯进行技术合作，金丽生购装手拉提花机 2 台，设计试织新品种“华丝葛”获得成功，销路甚好。1915 年金丽生及丝商沈联芳集资 5 万元，在湖州市区雀杆下 45 号建造新厂，织机增至 14 台，7 月挂牌，名“吴兴丽生丝织厂”，初置织机 14 台。1917 年增机 24 台，资本至 5 万元。1921 年，丽生丝织厂拥有资金 16 万元，织机 216台，职工 400 余人。其间，湖州商人纷纷学习金丽生建造绸厂，生产“华丝葛”。至 1922 年 2 月，吴兴县有绸厂 72 家，生产的“华丝葛”畅销国内外，将日本“野鸡葛”挤出了市场，使湖州绸业为之一振。为表彰金丽生的功绩，1925 年 12 月，北京临时政府执政段祺瑞给金丽生颁发匾额一方，书“大展经纶”4 个大字，并在跋文中说：“吴兴绉商金学源，于民国肇始，独出心裁，创造丝织国产华丝葛。创立丽生一厂，养活机工及摇丝女工数千人，风气大开，仿效者众。并与同业公建吴兴丝织公会，洵属热心公益……给予匾额一方，以资鼓励。”

2. 达昌绸厂

达昌绸厂是民国时期湖州地区最负盛名的丝织企业。1902 年，14 岁的钮介臣到丝业重镇双林吕恒兴衣庄当学徒，1909 年到湖州老悖泰绉纱庄当会计。约 1911 年，钮家三兄弟钮介臣、钮少卿、钮少琴在湖州城内开设泓生绸庄，经销湖产绸，运上海批发销售，不久又购置旧式织绸机，进行家庭作坊生产。1918 年正式创设达昌绸厂，资本 2 万元，创办时都为木机，1920 年扩张为 45 台拉机。1921 年又在湖州新马路建造新厂房，开办达昌第二绸厂，全部安装电力织机。不久，达昌一厂也全部改成电力织机，两厂有织机 86 台，并在上海设立总发行所和总管理处，在杭州、苏州设办事处。达昌生产的“飞马”牌真丝绸缎产品行销全国各地，并远销英、美、法、印度和东南亚诸国，产品销量常居湖州同业之冠，获利也丰，仅 1924—1926 年，净获利 30 万元。此后钮介臣向缫丝、炼染及面粉、机械等行业发展，创办苕溪丝厂、达昌丝厂、天昌丝绸炼染厂、达昌面粉厂、达昌肥皂厂等，并投资杭州华纶丝厂、杭州震旦丝厂、杭州九豫丝厂、全浙丝织公司、南浔信益丝厂等企业。

3. 纬成公司

纬成公司是民国时期全国最大规模的缫丝、丝织、炼染全能企业。纬成公司主要由湖州人许炳堃于 1912 年创办，资本仅 2 万元，但在短短 10 余年间，迅速发展为资本 300 万元的大公司。1914 年，浙江省立杭州工业学校校长许炳堃、机织科副主任蔡谅友及周庆云创办虎林丝织公司，创办资本 3 万元，许任董事长，蔡任经理兼厂长。专织各种改良纱缎，丝织原料尚用各种土丝。1915 年增资至 5 万元，添置织机 20 台。1916 年增资至 10 万元，又添置织机 30 台，并附设意匠室、纹工场。由于所雇织工都是工校丝织传习所的技工，技艺较一般厂家普通招就者为优，因而产品优良，“所出各种纱缎，颇有供不应求之势，其中以‘虎林三闪缎’‘虎林纱’二种为最著名，为浙省改良缎之冠”。[1]上海绸庄包销，北京、天津、武汉、香港的销量也不小，长江中上游、关东、川陕等地也纷纷求购，供不应求。1917 年增资至 20 万元，再添织机 20 台，并与周庆云独资的天章绸厂合办林章燃丝厂，兼设缫丝工场。1919 年增资至 30 万元，再添织机 60 台（至 160 台），并收回林章燃丝厂改设第一分厂，共设燃丝机 3000 锭，丝车 50 部。1920 年，又从盈余中拨出 10 万元，添购丝车 208 台，织机 50 台，至此已有丝车 208 台，织机 200 台，每年可产丝 300 担，各种绸缎 12000 匹，营业额 120 万元。1924 年江浙战争后，绸销趋滞，经营趋于困难。1927 年规模收缩。1928 年被迫进行改组，由银钱业及董事会共同筹资 10 万元维持，但随后经济危机波及中国，丝绸价格惨跌，于 1931 年歇业。

4. 天章绸厂

由南浔丝商周庆云独资创办，初创时仅有手拉机 8 台，至 1918 年拓展到手拉机 50 台，1919 年后陆续从日本、美国、瑞士引进电力织机。1920 年，该厂仿效纬成公司增设天章丝厂，并在嘉兴开设绢丝厂，至 1925—1927 年间，该厂发展到手拉机 80 台，电力织机 114 台，丝车 170 台，成为当地有影响力的缫丝、丝织企业之一。

第三节　文教卫生事业的初创

辛亥革命后，湖州文教卫生事业得到了较大发展。政府及社会各界高度重视教育工作，成效突出。1920 年，吴兴县公私学校 171 所，教职员 548 人，学生 8137 人[2]，非常偏远的安吉南乡栗山村也建立了安吉第四国民学校[3]。

① 《虎林纺织股份有限公司调查录》，《浙江实业丝报》1920 年第 5 期。
② 《申报》1925 年 8 月 6 日。
③ 《申报》1925 年 6 月 2 日。

一、新式学校应运而生

（一）官办学校初具规模

辛亥革命之后，南京临时政府颁布一系列教育规定，对各类学校的办学宗旨与任务，课程设置，入学条件，教职员任用，经费开支，设备添置及组织管理等，都作出具体明确的规定。

教育学制由癸丑学制变为壬戌学制。由于政权处于不稳定期，这两个学制无法完全摆脱封建教育制度的束缚。但在实际操作上，两者都一定程度地践行了学制的宗旨和课程设置的要求，取得的成效仍比较大，比如两者都与尊儒、读经决裂，更关注现实，使教育更好地为生产、政治及文化振兴服务。1922 年壬戌学制颁布之后，由于比较切合 20 世纪上半叶中国社会的实际情况，效果明显，成为近代教育发展的一个转折点。

为了适应教育改革需要，湖州的教育机构历经数次变更。辛亥革命后，湖属 6 县原设的劝学所一律撤销，由县公署设立教育科（股），行政上负责办理本县一切教育事宜。[①]1915 年，北京政府颁布《劝学所章程》，要求各县重设劝学所，辅助县知事办理教育行政工作。1916 年，湖属各县均设立了劝学所。这一时期，县教育会议是县教育行政管理的最高机构，由县知事主持。1923 年开始，湖属各县又根据《县教育局规程》，把劝学所改为教育局（武康、德清改为教育科），由教育局长主持全县教育行政事宜。1927 年后，教育局的职能有了变化，并设立了教育委员会。

湖州官办教育经历十几年的发展，学制完善，规模和质量都得到提升。

1. 初等教育逐渐起步

初等教育主要分为幼儿教育和小学教育。

幼儿教育逐渐起步。1918 年，吴兴县立女子师范学校附属小学创设幼

---

① 陈连根：《湖州教育史》，浙江古籍出版社 2011 年版，第 86 页。

稚园，开启湖州最早公办幼儿教育。1927 年，安吉县县立中山小学创办幼稚园，聘严剑虹为主任，教师 2 人，幼儿 40—50 人。[①] 而后，幼儿教育发展加快。至 1936 年，吴兴县就有幼稚园 17 所，18 个班。

小学教育发展迅速，规模大。1912 年，吴兴县女子公学设附属女子国民学校。1916 年，钱塘道第三联合县立讲习所成立，并附设国民学校。1917 年，湖州北郊白雀乡创办湖滨机织学校。1922 年，湖州城区在原来 6 所区立国民学校的基础上，又增设第七、第八国民学校。[②]1927 年，吴兴县教育局开办县立第二小学。随后，各县公立小学也纷纷开办，基本覆盖了湖属各县。

2. 中等教育得到发展

根据民初的规定，中等教育学校一般分为三类：普通中学校、中等师范学校和各类实业学校。

中学教育普及。辛亥革命之后，湖州府中学堂一分为二，成立浙江省立第三中学和吴兴中学。1923 年，吴兴县立女子师范学校改为县立女子初级中学，同年，浙江省立第三师范学校并入省立第三中学，分设中学部和师范部，并附设小学部。1929 年，又改为吴兴县立女子初级中学。

师范学校初创。湖州公办师范学校起步较晚。1916 年，钱塘道第三联合县立师范讲习所成立，1917 年改为浙江省立第三师范学校。1918 年，吴兴县接办吴兴女子公学，改为吴兴女子师范学校。

3. 职业教育成为趋势

1913 年，教育部规定实业学校以教授农工商必需之知识技能为目的。1913 年，在爱山书院的院址上开办吴兴甲种商业学校。1914 年，又在湖城横塘开办吴兴县立留韵乙种商业学校，这是高小程度的实业学校。1918 年，安吉县创办了女子蚕桑讲习所。1922 年，吴兴县又增设商业传授所等学校，

---

① 陈连根:《湖州教育史》，浙江古籍出版社 2011 年版，第 98 页。

② 《申报》1921 年 10 月 14 日。

实业教育改称职业教育，分高级中学职业科、初级中学职业科、职业学校、大学职业专修科、小学职业预备教育 5 种类型。① 湖州地区形成了商业、手工、家事、医护、体操、师范 6 大类的职业性学校，覆盖所有县区。

4. 高等教育开始出现

民国初年，在湖州教育发展的历史上还有一所值得一提的私立高等学校——中国体操学校。该校是南浔创办的中国近代第一所独立设置专门培养体育师资的学校，办学时间长，影响最大，主要创始人是徐一冰等湖州的开明人士。

1906 年，清政府学部通令全国各省，于各省城师范学堂附设 5 个月毕业的体操专修科，授以体操、游戏、教育、生理、教法等。在此前后，赴日专攻教育和体育的留学生陆续归国，他们纷纷仿效日本某些体育学校的办法，在中国创办体育学校和体操专修科。1907 年，徐一冰等 6 人在上海北浙江路华兴坊创办中国体操学校。第一期学生 1908 年春进校。该校在上海因经费不足以及校舍、场地等方面的限制，难以得到发展，加上徐傅森、王季鲁相继离开学校，徐一冰决定迁校到故乡南浔。他募捐借款，建新校舍。新校舍与场地的建设于 1920 年春完成，学校于 1921 年顺利迁入南浔。

中国体操学校的学制分本科和选修两科，本科每年冬、夏各招生一次。学校面向全国招收“品性纯良，身体健全，国文精通，年在 16 岁以上 24 岁以下”的学生，招收中学毕业和同等学力者。学校聘请在当时体育界知名度较高的教师任教。学校开设两类课程：学科和武术科。学科的课程有物理学、教育学、体育学、兵学、国文、生理解剖、急救法、音乐；武术科的课程有兵武教练、器械教练、瑞典式体操、徒手操、哑铃、球杆、棍棒、木环、拳术、武器、射击术、舞蹈、游技等。中国体操学校还制定了我国第一个体育专门学校的办学《章程》。1914 年初，因该校成绩卓著，获北洋政府

① 陈连根：《湖州教育史》，浙江古籍出版社 2011 年版，第 113 页。

颁发的一等文虎章和七等嘉禾章两枚勋章。当年，徐一冰还创办了中国第一个现代体育刊物《体育杂志》。1927 年学校因经费困难而停办。该校前后办学 16 年，共 36 届，毕业生达 1531 人，为各地培养了一批体育人才。

（二）教会在湖所办的重要教育机构和主要学校

基督教会利用近代以来取得的条约特权，在日益衰败的中国，按照西方教育理念，以传播“福音”为目的，创办诸多学校，开女学、扫文盲、教科学、讲民主。这一方面造成中国教育主权的沦陷，使中国自办教育呈现衰败化和半边缘化；另一方面强行将中国教育体制捆绑到西方现代化的轨道上，客观上激发了人们的思想解放和自由精神。张彬认为：“基督教与近代西方文化毕竟是紧密相关的，教会为了传教借助了学校教育，但也不可避免给中国带来了西方近代文明。”[①] 由于教会学校在教学内容、教学组织形式、教学方法和教学管理等方面都带有浓厚的资产阶级色彩，同时大多数教会学校的设立又早于浙江人自办的新式学堂，因此，“从一定意义上讲，在浙江教育近代化历程中起到了开路先锋的作用”[②]。

清末，浙江在全国兴办新学中能得风气之先，得益于浙江教会学校为引进西方新学之先导。基督教在湖州传播较早，因此在清末的兴学运动中，教会开办的学校也较多，据北洋政府教育部统计，吴兴县 1917 年有各类外国人所办学校 26 所，分别为中学 1 所、女中学附设高小国民 1 所、高小 1 所、女高小 1 所、高小国民合设 5 所、女高小国民合设 3 所、国民校 7 所、国民校 6 所、进德妇女学校 1 所。[③] 民国时期，湖州普通中学有东吴附中（1915）、湖郡女中（1906）、浸会中学（1921）、三一初中（1938）；职业学校有湖州

① 张彬：《从浙江看中国教育近代化》，广东教育出版社 1996 年版，第 56—57 页。

② “The Address Read at the First Public Meeting of the Society”, convened on the 28th of October, 1836, in *Chinese Repository*, Vol. V, December, 1836, No.8, pp.370-371.

③ 中国第二历史档案馆：《中华民国史档案资料汇编》（第 3 辑），江苏古籍出版社 1991 年版，第 911 页。

民德保婴师范学校（1932）、福音护士高级职业学校（1918）、三余商业初级职业学校（1929）；小学有民德（1925）、三一（1935）、通济（1935）。教会学校一般随着学校的开办，逐步改变自己的定位和招生范围。比如，1915年，美国基督教浸礼会荣美理在湖州华楼桥开办吴兴私立成德女子中学并附设高级小学和幼稚园，后改为家事职业学校。1927年后，国民政府教育部规定教会学校须交中国籍人自办，湖州的东吴大学附中、湖郡女中等开始由国人担任校长。

东吴大学附属第三中学是湖州最早的一所教会中学。1901年在马军巷租借蔡姓民房，开办一所男校，美国人雷金贞（女）为校长，不久迁到天宁巷民房。1908年改名为海岛中学，由美国人魏斯德任校长，并在海岛东北部兴建校舍及校长住宅。1915年该校改为“私立东吴大学附属第三中学”，一切学科编制和设施，都遵照东吴大学规定的制度，本校毕业就可直接进入东吴大学本科。[①] 教师大都为东吴大学毕业生。学生人数较多，除湖属各县外，上海、苏州一带学生来入学的也不少。

招生及收缴学费。学校主要依靠学生学费收入。开始时学生并不多，随着学生人数的增加，经费问题就变得非常突出。1916年，学生数达到110人，学费从24元涨到30元，学费收入达到1000元；1918年学费更是涨到每生80元，但是经费仍然捉襟见肘，校舍、宿舍等问题不断出现。学校制定了一项学费贷款政策，可让更多人上得起学，但是真正贷款的人太少，没有产生应有的效果。1922年4月8日，全校学生共200余人。

教学活动。学校讲授西学课程和圣经课程，定期教授汉语。特别重视英语，上英语课时一律用英语会话，其他如数学、地理等课本均用英文本。美国教师不少，如哈劳等，中国教师有潘风起、唐菊生、唐棣华等五六人。

① 《私立东吴大学第三中学校沿革（1930）》，载中国第二历史档案馆:《中华民国史档案资料汇编》（第3辑），江苏古籍出版社1991年版，第299页。

传播福音。学校成立了基督教青年会，由学生在主日学校承担教学工作。学校为普通店员和贫困学生举办夜校。牧师在学校内举办宗教集会、讲座，吸收青年教师和学生入教。1916 年教会学生达到了 49 人。1918 年，全校教师均为基督徒，师生 78%是基督徒。

体育运动。运动会是教会学校的主要活动之一，引入了足球、篮球、武术、跳高、网球等项目，还成立了中学联盟，体育成绩全湖州最佳。

毕业生工作。学生毕业后有些从事教育工作，有些到其他高等学府继续深造，还有些做了商人。东吴三中还创办了校刊。

与政府关系良好。1918 年，学校举办春季运动会，湖州城区的主要官员均到场参观，几乎所有官办学堂以及其他人也来观摩。防务大臣给参赛者送来了价值近 20 美元的银质奖章，而地方官员也送来了许多纸和扇子等物品作为礼物。毕业典礼时，湖州城区各级长官纷纷莅会致训勉词，嘉湖镇守使赠送了每位毕业生一把扇子，以资纪念。①

1927 年，该校开始由中国人任校长，先由凌卿云担任，不久改由慎斐文继任。慎为东吴大学毕业生，湖州人。当时有教务主任慎彬文，训育主任赵锡曾。教师也多为一时知名人士。从 1928 年春季起，除普通必修课外，再设选修科目，一切遵照国民政府颁布的教育新章办理。②

“一・二八”事变发生后，设在上海的东吴大学附属第二中学校舍被日军炮毁，该校并入湖州的东吴三中，校名改称“私立东吴大学吴兴附属中学”，成为湖州当时唯一一所高级中学。

湖郡女子中学也是一所教会学校。其前身为文洁学堂，由美国基督教监理公会创办。1901 年，美国基督教监理公会将上海南翔悦来书塾的部分师生迁来湖州马军巷，男塾名为华英学堂，女塾名为文洁学堂。1905 年，这

① 王国平:《东吴大学简史》，苏州大学出版社 2009 年版，第 153 页。

② 《私立东吴大学第三中学校沿革（1930）》，载中国第二历史档案馆:《中华民国史档案资料汇编》（第 3 辑），江苏古籍出版社 1991 年版，第 300 页。

图 2—11　**湖郡女中校门（1906）**

两所学校搬迁至海岛。1906 年，文洁学堂改称湖郡女塾。1912 年，又改为湖郡女学。文洁学堂时期，学校只举办小学教育。1907 年，湖郡女塾分别设立了蒙养园（后改为幼稚园）和中学部，开始进行幼儿教育和中学教育。这种教育格局一直延续到湖郡女学。由于湖郡女学有中学教育，所以，又将湖郡女学称为湖郡女子中学。

湖郡女中的创办有两大积极意义。一是由于最初实行免费办学政策，除向学生进行教学之外还供给衣、食、住和医药费，使得许多穷苦人家子女获得了学习机会，成为有用人才；二是给予女子受教育的机会，这无疑打破了几千年以来中国封建社会无女子进学校学习的传统陋习，为中国近代女子教育开了先河。

湖郡女中在学校治理方面采用美国现代学校的管理体制，设立学校董事会，选聘教会人士和湖州地方官吏、社会名流担任董事。董事会选聘校长，成立以校长为主席的校政委员会。校政委员会为学校的最高行政机构，执行董事会的决定，负责学校的具体工作。同时，作为教会学校，基督教文化必然渗透其中。在课程上设置了圣经课，要求所有学生包括蒙养园的幼儿学员参加唱诗、祈祷等宗教活动。在开设宗教教育的同时，也开设了一些入门的自然科学和社会科学课程，在客观上起到了传播新知识的作用。在中学课程设置上除了圣经课、中国文学以外，还有外国语、历史、地理、数学、物理、化学、经济、博物、法制等课程，这有助于中国学生初步了解西方近代文化，形成新的知识系统。

1929 年 1 月 10 日，湖郡女校校长邵秀林辞去教员李泽虞，引起全校职员和学生不满，师生经召集公议，决定另组改良湖郡女学团，反对邵继续担任校长。邵秀林因此离职。经校董江贵云、邱丽英担保不停办，并改良组织，风潮平息。而后学校继续经营，中华人民共和国成立后停办。

二、现代医疗卫生事业起步

（一）传统中医诊所遍布

近代以来，西方医学大规模传入，国内形成中医、西医两种异质医学体系并存的局面。民国建立以后，中西医之间出现正面论争。1912 年学制改新，北京政府屏中医于学制之外，由此引发了中医界首次抗争请愿活动。1927 年国民政府奠都南京后，废止中医论者得到当局的支持，废止中医活动愈演愈烈。而在湖州，传统中医却得到了很大发展。

湖州中医发展主要依靠中医组织。湖州医学会创立于 1910 年，辛亥革命后改名为吴兴中西医学会。1914 年，邑庙驻兵，会址被占，会务停顿。1920 年到 1922 年，医会重行整顿，改名吴兴医学会。1927 年，又改名吴兴

中医协会，会址设在明朝名医卢明铨设局施药的天医院内。[①]天医院清代曾为僧院，荒废已久，光绪中期旧址被倒卖，后由凌晓五控诉争回。吴兴中医协会分设执行、监察两部，设执行委员9人，监察委员3人，推戴琴治为主席。至第三届大会修改会章，增加执行委员2人，废主席制为常务委员制，张禹九、吴衍升、潘澜江3人为常务委员。[②]协会既是自由职业的公会，也是以研究和改进中医药为主的学术团体。刚开始就对中医学术问题开展研讨活动，每月定期举办2次学术研究会。协会还开设补习班，学员多是私人诊所学徒，白天跟随临诊，晚上到班听课，湖州中医界一改师徒传承，而采用临诊授课的形式培养人才。1927年，吴兴中医协会创办《湖州医刊》，最初由费普炎、张禹九等为编辑，发刊宗旨是“报道会务、研究学术为主，并采取新知，充实内容”，每年一期，作为内部资料使用。[③]

随着中医事业的发展，吴兴县城涌现大量有名望的中医。内科有傅稚云、朱子文；外科有潘春林、潘澜江；妇科有金鉴秋；儿科有周三成；喉科有张禹九；医教有宋鞠舫。当时仅吴兴一地，中医有206人，中医门诊73家。[④]其他各县中医和诊所零星分布。

（二）教会在湖设立的医疗卫生公益组织和机构

明崇祯年间(1628—1644）天主教传入湖州，信教人员不多，多为渔民。五口通商之前，一些传教士看到“统率心智的法则经久不变，因此，可以肯定的是，只要给予我们机会和足够的手段去教育整整一代中国人，那么，在改变他们的道德、社会和民族特性方面，这将比采取任何陆军或海军力量，

① 朱承汉:《湖州医林旧事》，载《湖州文史》(第5辑)，湖州市政协文史资料委员会1987年印，第145页。

② 丁国强、沈令行:《湖州医学史》，浙江古籍出版社2017年版，第166页。

③ 朱承汉:《湖州医林旧事》，载《湖州文史》(第5辑)，湖州市政协文史资料委员会1987年印，第147页。

④ 朱承汉:《湖州医林旧事》，载《湖州文史》(第5辑)，湖州市政协文史资料委员会1987年印，第151页。

抑或比最繁荣的商业刺激，抑或比任何其他手段，作用都要强大得多”[①]。基于此种考虑，传教士们纷纷来到中国，作为基督教普遍主义使命的执行者，建教堂、办学校、开医院，传播“福音”的足迹遍及湖州每一个角落。

湖州的基督教，主要有内地会、浸礼会、监理会3个派系，内地会主要在清末盛行，1912年后逐步退出湖州。浸礼会、监理会则是民国时期影响湖州的主要基督教派别，分布广，信众多，主要在教育、医疗、救济等方面发挥作用。

1887年浸礼会传入，传教士梅思恩至湖州传教，在吴兴县城东街建礼拜堂，以后又在织里、和孚、菱湖设堂传教。1903年在孝丰县设堂传教，并扩展到递铺等地。1908年在德清上柏设教堂。

1890年监理会由苏州连环在南浔设循环[②]，派牧师衡特立（美籍）、曹子实至湖州传教，1893年、1898年又在双林、西吴兴设循环，是年西吴兴循环到长兴泗安传教，1904年教士毕立文（美籍）到长兴县城设布道处。次年吴兴循环升为连环，湖州西部布道扩展到安吉梅溪，长兴县林城。1908年，在武康、三桥埠、筏头等地设堂传教。1912年布道扩展到莫干山。1918年，在湖各堂册籍信徒达2178人。1932年，教徒沈浪洗等以宗教“自养、自主、自传”的精神，敬献地基，劝募经费，扩建湖州衣裳街的三余教堂。1936年沈将地基1亩连同房屋献给教会，作为教会“自养、自立、自传”基金。监理会所办的福音医院，在“八一三”事变后，收治了几百名抗日伤员，并在湖州沦陷前夕作了安全转移。1938年，基督教监理会和美普会合并，名为基督教卫理公会。

教会在湖州主要从事传播教义、推广教会思想的活动，同时在农业科学、公共卫生、慈善救济、医疗服务等领域，为普及科学知识与技术、建

---

① “The Address Read at the First Public Meeting of the Society”, convened on the 28th of October, 1836, in *Chinese Repository*, Vol. V, December, 1836, No.8, pp.370-371.

② 《湖州文史》(第5辑)，湖州市政协文史资料委员会1987年印，第205页。

立和发展慈善事业，促进现代文明社会的进步，客观上也发挥了积极作用。1924 年 3 月 31 日，南京金陵大学农林部派推广股员陈燕山携带改良育蚕及种棉蚕标本到湖州，借三余社汇集陈列，举行农业展览会，指导改良方法。[①]1924 年 6 月 21 日，美国传教士宋熙伯在湖州放映卫生影片，宣传夏令公众卫生。1926 年 12 月，湖州城内衣裳街基督教三余社对外售票，放映中外影片，直至 1937 年止。三余社健身房也向社会开放。1927 年 1 月 4 日，吴兴县红十字会与妇孺救济会合作开办妇孺收容所，指定海岛中学、钱业会馆、开明戏院三处收容，并采办柴米，供给贫民膳食。

监理会在湖州还创办了福音医院，为湖州乃至浙江北部地区人民提供了较好的医疗条件，也为湖州近代医疗事业的开创奠定了基础。早在监理会在湖州开始传教期间，就已经派苏州博习医院毕业生陆舜道开办了一个诊所，韩明道医生被教会派往湖州主持医务。韩氏擅长手术，技艺精湛，“湖人目为神医”。1905 年韩明道调任苏州博习医院，诊所停办。而后，美国传教士孟杰来湖创办福音医院。

孟杰夫妇于 1909 年 11 月来到中国，进入监理会苏州宣教区学习汉语，并同时在苏州博习医院从事医药工作。1910 年，孟杰夫妇带着刚出生不久的女儿来到湖州，住在监理会“海岛堂”的教会大院，在自家开办诊所，开始行医。孟杰医术高超，服务较好，第一年就治疗 1500 名病人，做了 3 次大手术，20 多次小手术，以高超的医术得到当地社会的接纳。

1911 年，由美国教会出资，孟杰在湖州城北天宁巷租赁民房开办“湖郡医院”，可容纳 30 余人住院。除孟杰夫妇外，还聘请了几名中国实习生。1913 年，孟杰招聘两名中国医生沈阶平和张尚义，医院接诊病人的能力随即大为提高，一年可以收治万余名病员。1915 年秋，湖州浸礼会决定和监

---

① 杨伟民:《湖州民国史料类纂与研究》(报刊史料第 2 辑)，沈阳出版社 2016 年版，第 282 页。

理会合作办医院，浸礼会的励济生医生、孟丁护士以及监理会的倪尔生医生纷纷加入医院。由于医护人员增加，前来就诊病人络绎不绝，天宁巷的医院不敷使用。于是医院迁至马军巷，病床增加到60张，改称为“吴兴福音医院”。

在医院规模不断扩大的过程中，护士人才缺乏的情况日益严重。于是在1918年，吴兴福音医院创办附属护士学校。这所学校由孟杰的姐姐罗美春负责。罗美春专长护理，早前随其丈夫在湖南常德传教。1918年，丈夫因为在治疗冯玉祥军队士兵时发生意外，不幸被枪击身亡。罗美春在丈夫去世后，来到湖州帮助弟弟训练护士，并担任福音医院的护士长。

医院迁到马军巷之后，院务发展很快，无法满足需求，因“屋宇仄狭，不适应用”考虑另迁他址，修建新院。不过，时值第一次世界大战，孟杰向美国洛克菲勒基金会等筹款的计划未能实现，直到1922年才筹得款项。孟杰亲自在湖州城内勘测院址，选定湖州南街原乌程县属粮仓旧地。这块地当时恰好被浙江官产处拍卖，由当地泰安公司温选臣、许玉农、王安申、俞恒农等人购得。孟杰随即和购买人协商，最终泰安公司以“建筑医院，系属慈善性质，外人既如是热心，吾人焉能居后？”[①]无偿捐赠给教会，孟杰则邀请他们加入医院董事会。1922年12月4日，新医院举行了奠基礼。

1924年6月4日，新医院举行落成典礼。医院占地50余亩，主体是一座四层楼高的综合医疗大楼，另有附设的医护人员宿舍。设有门诊室、手术室、实验室、X光室、药房、办公室、图书室等。病房分为一、二、三等，拥有床位120余张。大楼顶部还设有当时颇为罕见的屋顶花园。当时医院即分科设诊，有医生5人，助产士2人。医院建设耗费20万元，虽然监理会作为吴兴福音医院的所有人必然承担了费用，但孟杰的筹款之功是显而易见的。因而当天出席典礼的吴兴商会会长称孟杰“单独募集，煞费苦心”，“因

① 《申报》1922年12月5日。

图 2—12　吴兴福音医院落成（1924）

我国公益事业，曾经数度返国筹划，其热心可谓达于极点！”

1928 年，浸礼会决定不再参与合办医院，所以原属浸礼会的医护人员如耳鼻喉科主任励济生、护士学校霍更生、妇女部甘女士都离开医院，福音医院由监理会独自办理。

孟杰因在湖州从医多年，受到当地民众广泛欢迎。1925 年，孟杰在美国休假返回湖州时，“各界人士至船埠欢迎，不下数百余人。一时道路为之拥塞，而放炮高唱诗歌之声，几乎震耳欲聋”①。这里固然不无教会人士夸张之语，但孟杰在当地的社会地位和知名度可见一斑。吴兴福音医院举行新院址奠基礼与新大楼落成典礼时，时任嘉湖镇守使和县知事出席讲话。孟杰在当时吴兴一些官方组织的医疗机构中也担任职务，如 1926 年 5 月，吴兴县政府组织的夏令卫生会，由县长牵头，吴兴行政长官和地方主要机构头面人物组成，孟杰则出任医药股长。

北伐战争期间，孟杰曾因时局不稳，偕同夫人与姐姐离开湖州，将医院交由中国人负责。在南京国民政府成立后返回湖州。1928 年，孟杰应监理

① 《湖州吴兴医院见闻录》，《兴华》1925 年第 22 卷第 41 期。

会之召，曾亲自赶赴山东救治国民政府军队伤兵。1936年，绥远抗战，全国人民同仇敌忾，纷纷捐款，吴兴福音医院的基督教救护将士募款会积极响应，捐赠403元。

三、文化事业与社会生活

（一）文学艺术和书画家

湖州历来是江南的文化艺术高地之一，进入民国之后，书画、藏书文化等方面达到一个高峰，艺术作品层出不穷，出现不少在国内外具有影响力的人物。

1.藏书文化兴盛

自六朝以来，沈约藏书称名于世，宋代周密藏书、清代陆心源皕宋楼藏书等，皆称羡海内外。民国时期湖州藏书文化发展到顶峰，仅南浔一地就涌现了如张钧衡适园藏书、蒋汝藻密韵楼藏书、刘承幹嘉业堂藏书等大藏书家和藏书楼，为湖州私人藏书施以浓墨重彩，光耀后世。湖州私人藏书业的发达，究其原因不外有三。一是前代藏书传统的影响，所谓“藏书之乡”。尤其是蒋汝藻的藏书，为数世藏书，而更由其发扬光大。二是民国时期湖州知名藏书家多为富商巨贾，优越的经济条件，使他们得以广事搜购庋藏，其中如刘承幹能一掷数十万金，建起有中国藏书博物馆之称的嘉业堂。三是湖州地处南京、上海、杭州之间，而以上三地是近代中国旧书业最发达之地，书肆林立，时有佳书可致，得以尽情购藏。①

“窃好斯文”的刘承幹鉴于前人藏书“聚而旋散”的教训，并受苏东坡所说李公择的书不藏在家中而藏在原来住过的寺庙僧舍的启发，决定在南浔刘氏家庙、义庄旁边建造了这座中外闻名的文化宝库——嘉业堂藏书楼。藏书楼1920年动工，1924年底竣工，累计藏书约60万卷，18万余册。他的

① 顾志兴:《民国时期湖州藏书文化》,《湖州民国史》2016年第2期。

图 2—13　嘉业堂藏书楼

收藏不仅典籍宏富，而且精椠秘籍，世间不经见之书插架森森。宋椠元刻、稿抄本及地方志的大量收藏，可以说是其最大特色。

张钧衡藏书事业约始于 18 岁后，在南浔时，从湖州书估处购书；赴试杭州，亦大量购书；寓居上海后复广事搜购。所藏极富。1907 年在南浔建豪宅，堂名懿德堂，在堂西处建园林，因取晋代张翰“季鹰适志”之意，称适园。适园占地 20 余亩，建筑面积经测算达 6100 余平方米，厅、堂、楼、厢、轩共 100 余间。张藏书处在适园（择是居、六宜阁）等。

蒋汝藻的藏书活动主要在清末民初，藏书处原名传书堂，1916 年蒋汝藻以 1500 元高价购得宋本周密《草窗韵语》，由于此书按周密手稿真迹摹刻，加之数百年来不为人知，故他以“周密”之“密”、“韵语”之“韵”，名其藏书处称“密韵楼”，以此书为镇库之宝。蒋汝藻的密韵楼藏书，有多达 88 部宋本及 105 部元本，宋本中有 77 部是宋刊宋印。其中如宋绍兴四年（1134）

所刊的《吴郡图经续记》三卷及周密《草窗韵语》等，皆为稀世之珍。[①]

2. 知名画家云集

民国时期湖州书画大师云集，其中王一亭、吴昌硕、金城等人尤为出名。

王一亭既是画家又是慈善家。他幼年就喜欢画画，绘画艺术造诣极高。后常与吴昌硕切磋画艺，亦师亦友，受吴影响，画风从工笔画趋向阔笔写意。他用笔酣畅雄健，构图讲究诗、书、画三位一体。王一亭的画在日本影响很大，每年都选送画作赴日本展出。作品销往日本的大笔收入，王大多用于慈善事业。1923 年 9 月日本大地震，王出任“日灾义赈会”副会长，代表上海工商界满载白米 950 包、面粉 2 万包以及衣物等救济物资抵达日本神户，赠送给当地灾民，是日本当时来自国外的第一批救援物资。[②]

吴昌硕是国内少数能集诗书画印于一身的人。从安吉走出的吴昌硕，一生走南闯北，手携巨印两方，文曰：“湖州安吉县”“此身只合住湖州”[③]，晚年仍然以读书作画为“日课”。后期弟子如沙孟海、诸乐三等人，名气都很大。民国时期的革命家和著名书法家于右任称颂这位大师精于金石和篆隶等各种书法，特别崇尚其绘画的原创性，并记录了他晚年享有的极大名声：“先生之画，浑噩淑诡，独辟隅奥，千够万变，无迹可蹑……七十而后，光名弥著，东国侨士，钦其才品，为治金船象龛，置西湖孤山之麓，过其下者，留连嗟慕……”[④]吴昌硕是中国美术史上一个重要转折时期的典型代表。在剧烈动荡和变化的社会中，他为保存和发展中国传统绘画所作的努力，激励了许多年轻人。1927 年他去世后，上海的画家，包括他的学生和追随者，

① 苏精：《近代藏书三十家》，中华书局 2009 年版，第 219 页。

② 汪仁泽、朱岩：《王一亭二三事》，载《湖州文史》（第 6 辑），湖州市政协文史资料委员会 1987 年印，第 35 页。

③ 施星火：《一代宗师吴昌硕》，载《湖州文史》（第 6 辑），湖州市政协文史资料委员会 1987 年印，第 6 页。

④ 于右任：《于右任书吴昌硕墓表》，上海大众书局出版。

图 2—14　王一亭（左）与吴昌硕

运用了现代的社团组织结构、展览会、宣传媒介、出版物和商业行为，来继承和发扬中国画的传统，提高中国艺术的国际地位。

金城是文化艺术成就颇高的画家，在文博、绘画等多个领域“偕同努力”。他在理论上为捍卫传统中国画鸣锣开道，采取一系列行动，坚守并扩大传统中国画的阵地。中国画学研究会由金城、周肇祥、陈师曾等人发起，在京的著名画家纷纷加入。画会的成立，为这些艺术家提供了活动交流的场所，又在精神上将他们凝聚在一起，由此形成一股“为传统守成”的势力。

画会定时聚会，举办展览，让画人相互切磋交流，同时广招生徒，培养年青一代以传中国画之薪。1921 年 11 月在北京欧美同学会上举办了第一次中日联合绘画展览会，次年又在日本东京开会。1924 年、1926 年又分别在北京、上海和东京、大阪举办联合展览会，促进中日文化交流。

（二）休闲生活

1. 电影

清末湖州就引进了电影，引起许多人的好奇。民国以后，看电影逐渐成为湖州人的一种娱乐方式，丰富了民众的娱乐生活。1910 年，湖州城内马军巷施稚吟家，用借来的放映机为家人亲友放映风景片。1919 年，湖州正式出现固定的放映场所和收费电影。当年 9 月，双林镇新市场内大观楼茶馆底层，放映外国短片，这是湖州最早放映的营业性电影。此后双林还有维德堂、林园剧场，售票放映电影。1926 年，吴兴城内基督教三余社售票放映黑白电影。1928 年起，湖州开明戏院、先新百货、国货商城游艺部、长乐娱园先后开始兼营售票电影放映。① 湖州流动放映队出现，农村、学校等地也可以观看电影。

2. 戏院

戏剧文化在湖州流传深远，民国以后，出现一些专业性的现代戏院，供人喝茶、看戏。湖州戏曲很多，以南浔为例，正月里，一般搭台演“财神戏”，连续月余。春戏中太湖边有“社戏”，镇上有“总管戏”，还有“小满戏”“药王戏”“关帝戏”等，南浔有戏台 11 座，上演各类戏剧。②1926 年，开明戏院落成，湖州有了兴舞台、开明戏院两处大戏院，除了排演京剧外，为了吸引太太小姐们之欢迎，还排演“滑稽精神团”的《珍珠塔》《三笑》

① 马家俊等:《湖州电影志》，黄山书社 1997 年版，第 22 页。

② 徐桂章:《南浔旧戏见闻》，载《湖州文史》(第 6 辑)，湖州市政协文史资料委员会 1987 年印，第 119 页。

新剧[①]，日夜满座，生意出奇地好。

3. 茶楼

湖州以产茶出名，长兴、武康、安吉、孝丰均产茶。世人赞美茶、水、壶为长兴“品茗三绝”。民间饮茶之风颇盛，长兴县城雉城镇的茶馆如雨后春笋，且代代相传。20世纪20年代到30年代，仅8000余人的雉城镇，有茶馆10家之多：“第一楼”“四面厅”“玉壶春”“访卢阁”“三箬居”“清香亭”和“月升楼”等，取名优雅清丽，不落俗套。[②]史料记载，四面厅茶馆，因坐进茶楼可一览全城景色而得名，该茶馆是文人读书、下棋及花鸟聚集之处，别有一番情趣。访卢阁茶馆因仰慕唐代诗人、品茶家卢仝而造，内有对联一副，上联为“李白摇头去”，下联为“卢仝拍手来”。三箬居茶馆因地处箬水中段得名，茶馆内设有书场，挂有山水中堂，为清代苏州著名书画家吴大所作；秋天还有“开棚”斗蟋蟀场面，观战者争先恐后，馆内喧闹非凡。[③]

四、湖社的成立和《湖州月刊》的发行

（一）湖社在上海成立

1872年湖州丝商黄佐卿、杨信之等在上海创立寿圣庵，雇请僧人主持，通过宗教朝觐活动，集合同乡，敦睦乡谊，密切亲情。寿圣庵可以说是湖州人在上海建立的第一个同乡性质的团体。为了推动同乡公益及家乡建设，周庆云、沈联芳、王一亭、杨谱笙等人于1906年发起成立湖州旅沪同乡会，成为上海最早的同乡会之一。1910年，王一亭、沈联芳、周庆云等在上海

---

① 《梨园公报》1929年6月2日，载杨伟民：《湖州民国史料类纂与研究》（报刊史料第1辑），沈阳出版社2016年版，第327页。

② 严济勋：《昔日长兴茶馆》，载《湖州文史》（第8辑），湖州市政协文史资料委员会1990年印，第177—179页。

③ 参见《湖州日报》（星期天）1997年9月28日。

闸北海家桥创建湖州会馆。湖州旅沪同乡团体在服务同乡、帮助桑梓方面做了不少工作，起到凝聚湖州同乡的作用。但至20年代，由于经办人员年龄的老化，组织松散，使同乡团体“遇事冷淡，总是涣散的气象”[①]。戴季陶就曾批评湖州旅沪的同乡组织“缺乏团体精神，只为死尸做事，不为活人做事”[②]。因此，改革必须进行。

1924年3月，由严浚宣、戴季陶、张静江、杨谱笙、沈田莘、潘公展、陈蔼士、陈果夫等37名在上海从事经济、政治和文化教育的湖州籍知名人士联合发起，6月1日由旧有湖州旅沪同乡团体改组成立湖社，“主要定位：一、主持正义；二、研究建设事业；三、促进地方自治；四、扶助民众教育；五、办理同乡公益”[③]。起初社员不过数百人，因财力有限，只于辣斐德路设通讯处，同年9月起迁至圣母院，改称湖社上海事务所。随着热心同乡公益活动者源源加入，社务日繁，为交通便利起见，1926年4月11日，提议建立独立社所，翌年5月16日成立建筑社所募捐委员会，正式筹划建造社所。1927年夏季，迁址北浙江路信昌里湖州旅沪公学内。同年4月由沈田莘在委员会常会上提议本社收管寿圣庵，1929年10月29日，议决通过位于公共租界北京路上的寿圣庵改建为湖社社所。1929年5月，陈蔼士以“上海为陈公英士生前开府之所，捐躯殉国之地，而纪念建筑，迄今尚付阙如，似不足以慰先烈而示来兹”[④]为由，呈请政府批准并资助在湖社社所内建立陈英士纪念堂，于1931年春兴工，至12月竣工，1932年7月19日举行纪念堂落成典礼。随着湖社事业日渐迈进，原本三层式建筑的社所不敷应用，拟在屋顶加筑一层，筹建第四层社所，至此湖社事业发展达到顶峰。然而随着抗战全面爆发，社员星散，留沪委员亦寥寥无几，主持事务委员如王一亭、

① 沈阶升:《十年来社务一瞥》，载《湖州月刊·湖社十周年纪念特刊》，1934年，第1页。
② 戴季陶:《我对湖州的感情和对湖社的希望》，《湖州月刊》第2卷第1号。
③ 《湖州月刊》第2卷第4号简章页。
④ 庄智娟:《湖社与陈英士纪念堂》，《档案春秋》2009年第2期。

赵赐琛等相继谢世，社务日益停顿，同乡事务俱由湖属六邑旅沪同乡会[①]办理，抗战胜利后复社，仅维持 4 年。1953 年公私合营之际，商帮不复存在，同乡团体也宣告解散。

湖社筹建社所经费来源于政府公债、中央拨款和社员募集。政府公债只占很小一部分，而湖社小分队各自募集到的款项约占 76%，家庭募捐所得约占 19%。[②]政府对社所的拨款充分显示了对湖社和陈英士的认同与肯定，然以 5 万元之数额却彰显了政府对社会领导能力的不足，提出对于“湖社一切性质，全由湖社自主，官厅不予顾问，亦不加指导”[③]。这在一定程度上限制了经费的来源，使得社所通过持续几年的募捐，才勉强完工。在之后维持社务活动等方面，也只能通过出借社所厅堂获得租金，解决部分经费问题。另一方面，政府不予顾问、不加指导的态度使得湖社成为自主性的社会团体，自主性和自由度有所提高的同时亦缺乏权威，实际操作多有阻碍，往往处于两难境地。

湖社相继在南京、汉口、杭州、嘉兴、九江设立事务所，在湖州也设立吴兴事务所。1928 年 10 月 27 日，湖社湖州地区会员共同发起组织湖州事务所，借丝织公会，邀集在湖社员开谈话会，商议筹备办法。1929 年 4 月，湖州事务所成立并迁入吴兴公园韵海楼内，25 日开常会一次。它在当时湖州地方处理重大事务和维系存亡安危等方面发挥了主动积极的组织与协调作用。

20 年代末，为加快市政建设，吴兴县政府加大对城区的改造力度，许多“僻静之区”都列在拆迁范围之内，又因为“期限紧迫”，造成许多市民“万分恐慌，咨嗟载道”，损害了市民的利益。为此，民众请求湖社代为“转

① 周虹:《精英与桑梓：湖社对湖州的公益活动（1927—1937）》，东华大学硕士学位论文，2012 年。

② 《筹建社所募捐委员会第二次报告》,《湖社社员大会特刊》1929 年第 5 期。

③ 《湖社沿革暨改组同乡会》，载《湖社社章案卷》，上海市档案馆藏，Q165—2—7。

达”意见，让吴兴县政府放缓工程进度，加大补偿力度，尽量让一些“僻静之区”免于拆迁。经过湖社的反复交涉，吴兴县政府接受了这些意见。①30年代，吴兴地方政府对荡鱼除田赋外征收渔业建设费，使民怨沸腾。湖社即上书实业部等政府部门，该费随之被取消。②面对吴兴丝业经济的衰微，湖社与地方社会共同筹划，极力提倡改良蚕事，让改良蚕种的使用比例提高。面对突发虫害，湖社社员督同自治职员，市乡农会，及时除螟，保证了农业的丰收。面对吴兴失业人口日益增多的情况，湖社与地方政府相协调，让地方政府发展农村小学，并广设平民学校，缓解了社会的就业压力。③

特别是在重大问题的处置上，湖社俨然以湖属民众的代言人自居，在许多人的眼里，其比政府更具有影响力。④1937年2月3日，永顺申湖班汽轮公司“永新”轮在平望运河段沉没，遇难人员达50余，绝大部分是湖州同乡。湖社闻讯后在第一时间驰赴失事地，进行“实地调查，并登报征集被难家属、被难事实、制表登记，并分函上海市航政局、吴兴县政府”⑤等机构要求严查事故原因，并帮助办理善后。由于是上海轮船公司，失事地点是在江苏，遇难人员大多为湖州人，权责不甚明确，各地政府都没有认真进行事故调查与善后处理。因经济实力有限，肇事的轮船公司无力对遇难人员进行有效赔偿。在这种情况下，湖州同乡“请求该社主持公道、赐予援助”。湖社责无旁贷地承担了与轮船公司的交涉责任，并聘请律师称要将轮船公司推上法庭。面对湖社的压力，最后“永新轮标卖，以售价所得办理善后……惟永顺公司尚有未了债务，另由公司方面设法归偿，不得动用永新轮标卖款项”⑥。

---

① 《重要文电汇录》,《湖州月刊》第3卷第9号。
② 《本社呼吁请撤消湖属渔业建设费之经过》,《湖州月刊》第5卷第5、6号合刊。
③ 孙美政:《吴兴县行政建设意见书》,《湖州月刊》第3卷第1期。
④ 《援助永新沉轮惨案》,《湖社第13届社员大会特刊》(1936年)，第72—74页。
⑤ 《永新轮倾覆惨案湖社定期开谈话会》,《申报》1937年3月1日。
⑥ 《永新轮惨案昨续开谈话会》,《申报》1937年3月14日。

（二）《湖州月刊》等出版发行

《湖州月刊》于1924年10月1日在上海创刊，作为湖社社刊对外公开发行。其宗旨是："对于湖属各种事业，持研究改进之方针，作精详审慎之讨论，迎合世界潮流，灌输新颖学识，以期我湖人感奋有为。"其任务为：研究湖属建设事业，灌输同乡新颖知识，以贯彻本社成立的旨趣；宣传社务，联络社员，为同乡各界及社员的喉舌。[①] 月刊在编辑和出版的实践中认真践行湖社的宗旨和任务。《湖州月刊》上所刊登的文字大部分是关于家乡民生与经济建设的内容，发表了大量经济调查的文章，如关于丝绸业的《丝茶直接运洋问题》《中国蚕丝业鸟瞰》《救济国产绸缎问题》《浙江改良土丝之发轫》《湖州丝棉业之调查》《湖绸衰落之原因及救济之方法》《辑里湖丝调查记》，关于金融业的《乙丑年湖州钱业调查》，关于农业经济的《湖属乡村经济调查》，关于教育和风俗的《湖州教育问题》《建设湖州教育之我见》《改良湖州风俗刍议》，等等。

在重大灾害面前，《湖州月刊》成为团结湖郡民众奋力抗灾、动员社会力量赈灾救难的媒介。如1934年江南地区发生历史罕见的大旱灾情，《湖州月刊》连续刊发了《救济湖州灾民的一条康庄大道》《长兴旱灾的写真》《为家乡的灾民请命》《呈请浙江省政府开放江闸灌溉各县以救旱灾（附浙江省政府复电）》等系列文章，以及"第六区双林农民向区长乞食由区长接见情形"的照片，详尽介绍了湖属各县的灾况以及农民乞食等情景。对于提高各界民众的抗灾信心、发动社会力量采取赈灾措施、提高救灾效力、减缓灾民困苦，营造了十分重要的舆论氛围。

《湖州月刊》刊行还体现了湖社自身管理的公开化、民主性和创造性。常规出版的《湖州月刊》一般涵盖社务报告、重要文电汇录、社务计划、社

---

① 参见邱培豪：《十年来的出版概况及今后的计划》，《湖州月刊·湖社十周年纪念特刊》1934年6月17日。

会调查、对桑梓建设意见等。在召开社员代表大会选举湖社领导班子时，出版《湖社社员大会特刊》，公布社员大会内容，包括社员提案、财务收支等。各届湖社委员会的选举、投票结果会在特刊上详尽发布。社务信息的公开不仅加强了湖社与社会、国家间的互动，取得了民众的信任，而且促进了团体的规范管理与民主机制建设。

湖社除了定期出版《湖州月刊》及各届社员大会特刊，不定期出版《碧浪》外，还出版了《湖社社基全案》《中华国货展览会湖州日》《建筑本社社所暨英士纪念堂报告书》《湖社十周年纪念刊》等书刊。湖社外地事务所如南京事务所也出版发行了《湖光月刊》。《湖州月刊》1937 年因抗战被迫停办。作为一个同乡会性质社会团体的出版物，其出版的持续性和完整性极为罕见，不仅扩大了湖社的影响，而且对家乡经济社会发展的推进作用也是不可忽视的。

第四节　新文化运动的兴起和马克思主义的传播

一、新文化运动在湖州

新文化运动是中国近代史上一场空前深刻的思想解放运动。湖州许多新式知识分子，从一开始就站在这场运动的前列。早在 20 世纪初，钱玄同、史庚身、杨莘耜等倾向文学革命的青年，创办了湖州第一张白话文报纸《湖州白话报》，开展反对封建主义旧文化的宣传。新文化运动兴起后，北大高擎民主、科学大旗，提倡思想自由、兼容并包的精神，是我国新文化运动的中心。受聘于北京大学的湖州籍教师钱玄同、沈尹默等，参加了《新青年》的编辑工作。在他们的影响下，沈士远等人也积极参与北京大学新文化运动。五四运动期间，他们写了许多战斗性极强的文章，如《斥顽固的国粹派》

《斥士大夫为封建统治帮凶》等。俞同奎作为北大化学系主任，与蔡元培校长一起，对北大的各系科的建立和基础建设，做了不小贡献。[①]

图 2—15 《湖州白话报》（1904）

钱玄同（1887—1939），吴兴人。著名核物理学家钱三强的父亲。钱玄同在日本留学期间，结识了鲁迅、秋瑾等大批追求新思想的爱国青年，接受了民主主义思想。他在五四时期担任《新青年》编辑期间，反对封建文化，大力倡导文字改革，与同人一起把新文化运动推向高潮。一、当胡适、陈独秀发难之后，钱玄同首先起来积极响应，在 1917 年 7 月 2 日寄胡适书中首先第一次明

① 余泽民：《俞同奎先生传略》，载《湖州文史》（第 21 辑），湖州市政协文史资料委员会 2002 年印，第 117 页。

确了“选学妖孽与桐城谬种”这两个旧文学中最主要的打击目标。二、他第一个把反对文言文同反对独夫民贼联系起来，指出：“那独夫民贼，最喜摆架子。无论什么事情，总要和平民两样，才可以使那野蛮的体制尊崇起来……若是没有那‘骄’‘谄’的文章，这些独夫民贼的架子便摆不起来了，所以他们是最反对那质朴的白话文章的。”三、当胡适、陈独秀等人还写文言文来提倡白话文时，他第一个用白话文给陈独秀写信，认为：“我们既绝对主张用白话体做文章，则自己在《新青年》里面做的，便应该渐渐的改用白话。我从这次通信起，以后或撰文、或通信，一概用白话。……若是大家都肯尝试，那么必定成功。”在钱玄同的大力倡导和身体力行之后，《新青年》从1918年第4卷第1号起，便完全用白话作文章。四、当其他人都着重文学作品、论说文章如何改革的时候，他第一个考虑到应用文的改革，提出许多主张，如用阿拉伯数字记数，用纪元记年，中文横排，“印刷之体，宜分数种”等。五、他化名王敬轩扮作卫道者和刘半农合伙演出“双簧信”，有力触痛了守旧派，扩大了新文化的影响。鲁迅赞誉这“双簧信”的表演是一场“大仗”。

沈尹默（1883—1971），吴兴人。1913年进入北大任教。随后在北大进行了一系列改革，大力延揽人才，引进许多新派人士。形成了钱玄同、刘半农、陈独秀、胡适、周作人、沈尹默、沈士远、沈兼士等坚持改革的强大势力，为北大的改革和向现代大学的转型提供了根本保证，为新文化新思想的传播打下了坚实基础。他不是五四运动的发起人和组织者，但他积极地参与了五四运动前后保卫北大、保护学生、力挽蔡元培留校等一系列重大事件，表现了坚持正义，追求进步，反抗卖国政府的爱国主义精神和刚正不阿的高尚品德。

沈士远（1880—1950），吴兴人。曾任北大国文系教授，兼校庶务部主任，与弟沈尹默、沈兼士并称“北大三沈”。他有“沈天下”的美称，足见其学问的广博。在北大预科讲授“国故概要”，编订讲义共六册，由先秦诸子讲到清代朴学，以《庄子・天下》篇为挈领，旁征博引、见微知著，教书

的同时，也为新文化运动呐喊。

五四运动后，新文化运动继续向深入发展。湖州各类学校掀起了一个学习新思想、新文化的热潮，通过发表文章、开展辩论和街头演讲等方式，对封建礼教进行无情的鞭挞。1919 年 11 月，《浙江新潮》第二期上发表了浙江省立第一师范学校学生施存统的《非孝》一文。这篇文章主张在家庭中用平等的“爱”来代替不平等的“孝”，强调“孝”是三纲五常的东西，非反不可，其矛头直指封建礼教。湖州的进步师生阅后深受启迪和鼓舞。省立三师学生黄裳、张寅仲、蒋锡恩等迅速响应，召开宣讲会、举行辩论会，猛烈抨击旧思想、旧文化。针对校内外守旧势力推崇的封建伦理道德，他们大声疾呼“打倒孔家店，反对旧礼教”，与之进行坚决斗争。之后，三师进步师生还组织剧团，排演《孔雀东南飞》《可怜闺里月》等反封建的剧目，公开演出，揭露和批判“吃人的礼教”。

女权意识的觉醒，也是湖州新文化运动的一大成果。1920 年，湖郡女中公开出版《吴兴女学界》月刊，宣传个性解放，批判封建思想、伦理道德和传统观念。该校学生毛彦文为摆脱封建婚姻束缚，从江山县来湖州读书。她和许多男学生一样走上街头，发表演说，以自己的亲身经历，抨击了封建伦理道德的罪恶。在反对封建伦理的斗争中，学生们向这些旧礼教和教会学校歧视华人的旧校规发起挑战，迫使校方取消大部分禁令。如湖郡女中和东吴附中两所教会学校，不仅禁止学生带进步书刊入校，而且不准男学生与女学生接触，不准中国人走外国人的专用道，甚至连通信等方面的自由也受到种种限制。斗争后，在校学生也被允许参与湖州学生联合会组织的反日游行、罢课等爱国活动。

二、声援五四反帝爱国运动的斗争

（一）学界率先声援

第一次世界大战完结后举行的巴黎和会中，列强肆意践踏中国主权，把战败的德国在中国山东获得的一切特权转交给日本。北洋政府未能捍卫国家利益，准备在和约上签字。消息传出，举国愤慨。1919 年 5 月 1 日，北京大学的一些学生获悉和会拒绝中国要求的消息。当天，学生代表就在北大西斋饭厅召开紧急会议，决定 1919 年 5 月 3 日在北大法科大礼堂举行全体学生临时大会。5 月 4 日，北京学生 3000 余人在天安门前集会，游行示威，掀起爱国斗争的风暴。各地学生、工人和市民纷纷起来响应，斗争很快扩展到了全国 20 多个省市。

五四运动爆发的消息传到浙江后，5 月 6 日晚，杭州的之江大学首先行动，召开全校学生大会，报告了北京学生运动的情况，并派出代表到杭州各所学校联络，采取一致行动，声援北京学生运动。湖州紧随其后，各校学生率先行动起来声援。5 月 9 日，湖州的省立第三师范学校(简称“省立三师”)、省立第三中学（简称“省立三中”）、县立女子师范学校、县立甲种商业学校、东吴大学附属第三中学（简称“东吴三中”）和湖郡女子中学等 7 所中等学校学生在湖州城隍庙集会，纪念“五九”国耻日，声援北京学生的爱国斗争，呼吁惩办卖国贼，释放被捕学生，尔后举行示威游行。德清县进步师生也举行抗议活动，在城关镇设立“五九”国耻纪念碑，张贴“勿忘国耻”“不买洋货”等标语。为协调一致地行动，湖州学生在各校组建学生会的基础上，成立“湖州学生联合会”（简称“学联”），推举省立三师的刘于武为会长，东吴三中的刘藻为副会长。在学联成立大会上，学生们群情激愤，有的发表慷慨激昂的演说，有的焚毁随身携带的日货，有的当众书写血书，抗议帝国主义的侵略和军阀政府的卖国行为，要求“外争国权，内惩国贼”，取消日本帝国主义企图灭亡中国的“二十一条”，严惩亲日派官僚曹汝霖、陆宗舆、章宗祥。5 月中旬，在学联的领导下，又相继成立抵制日货会、日货检查队等组织，动员民众“勿用日货、勿用日钞、勿坐日船、勿雇用日人”，开展推广国货、抵制日货活动。5 月下旬，杭州学联发表宣言，宣布杭州中等以上学校学生开始总罢课，并致函全省各中等以上学校采取一致行动。湖州学

联积极响应，立即组织各中等学校学生罢课。学生爱国运动的发展，使湖州地方当局极为恐慌。为了避免事态扩大，他们不断发布“通告”“训令”，威胁学生要“遵守校规，安心问学”“倘有逾法行动，妨碍秩序，遵令依法逮治，不稍宽贷”[1]，但仍然无济于事。最后，不得不以提前放暑假来阻挠学生运动的开展。因“鲁案”和“闽案”[2]，12月，杭州中等以上学校学生4000多人在公共运动场集会，会后举行示威游行，抗议日本暴行，提出抵制日货。湖州的学生联合会还派学生巡逻码头，检查日货。

（二）商界紧随其后

5月8日，吴兴商界集会，致电巴黎和会中国代表，反对签订对德和约。德清、安吉、长兴、吴兴等县商界于5月上旬统一举行集会，纪念“五九”国耻日，同时致电巴黎和会中国代表，反对签订对德和约。[3] 许多工厂的工人先后进行罢工，支持学生的反帝爱国斗争。5月27日，全省各县代表在台州召开国民大会。大会作出3项决议：（1）抵制日货；（2）召回留日学生；（3）南北宜速统一。吴兴各界随后也召开国民大会，提倡国货，抵制日货，并强烈要求罢免亲日派官僚。由于时任驻日本特命全权大使章宗祥（吴兴荻港人）在对日外交方面处置不力，造成民众怨声载道，吴兴县人士在城内集会，开除章的乡籍，其族人公决开除章的宗籍，驱逐出族，并查封其家产作为地方公益事业经费。为了开展抵制日货运动，吴兴县商、学两界联合组建

---

① 《申报》1919年5月29日。

② “鲁案”：1914年8月因日本出兵山东而酿成的“山东问题”，是近代中国的一大外交问题。巴黎和会不仅未能解决这一问题，反而作出了让日本继承德国在山东权益的决议，从而激起了中国人民的激烈反对，中国拒签对德和约，此问题遂成为未决悬案，称“鲁案”。“闽案”：1919年五四爱国运动爆发后，福建各界群众纷起抗议帝国主义的侵华行径。11月间，福州学生为提倡国货、抵制日货，常到各商店进行调查，有时焚毁日货。但驻福州的日本居留民团，竟于11月16日午后6时，集众数十人，持械寻衅，故意与学生发生冲突，结果日人殴伤学生7人，殴毙1人，并伤市民多人，一时全国震动，是为“福州惨案”，简称“闽案”。

③ 《湖州市志》，昆仑出版社1999年版，第23页。

了“国民自觉会”，共同制订了倡导国货、抵制日货公约及违反公约的处罚措施。在“国民自觉会”的指导下，中等学校学生、回乡大学生和商业界人士协调行动，广泛开展宣传教育活动，劝导商界不卖日货，民众不买日货。同时，加强对街市、河埠、码头等地的检查，查处违反规定的行为。

6 月 3 日至 4 日，因北洋政府在北京大肆逮捕上街演说的学生，镇压学生运动，激起全国人民的进一步反抗。从 6 月 5 日起，上海数万工人举行大罢工，支持学生的斗争。吴兴县城区工人也奋起响应，许多工厂的工人联合起来罢工。在学生罢课、工人罢工的影响下，德清、武康、长兴、安吉、孝丰、吴兴等地区的一些商店先后罢市。尽管政府采取在吴兴县城区“戒严”等措施进行压制，但广大群众并没有被压服。斗争的群体逐步扩大到社会各个阶层，斗争的范围由城区逐步扩大到附近乡镇，形成巨大的声势。

在全国人民的坚决抗争下，北洋政府最后被迫释放被捕的学生，罢免曹汝霖、陆宗舆、章宗祥的职务。最终，中国代表没有出席《巴黎和约》的签字仪式。

三、马克思主义的传播和中国共产党的早期活动

（一）工人运动的兴起

1. 早期罢工活动

浙江是我国近代民族工业产生较早的地区之一，从 19 世纪 80 年代开始出现民族工业企业，到五四运动前后，浙江民族工业已发展到一定规模。

湖州早期的产业工人主要来源于省内外破产的农民和小手工业劳动者。湖州的丝织厂大量招募诸暨、绍兴一带破产农家子女；长兴煤矿工人大都来自当地农民及流落江南的安徽、山东农民。中华人民共和国成立后，湖州达昌绸厂的老工人曾回忆起往事：“我们原来也是有一二台机子的手工业者，自织自卖。但从光复（指辛亥革命）后，上海外国货带到湖州，货色好，很受欢迎。从此我们慢慢被打倒。外国货是用新式机器制造的，一套机器都要

上千元，我们哪里买得起，只好进资本家的工厂做工。”① 这段话较典型地反映了湖州破产手工业者成为工人的历史过程。

早期工厂工人的劳动条件极差，官府也没有出台劳动保护规章，资本家为了获得更多的利润，节省开支，不愿意拿出钱来改善工人的劳动条件。绝大多数工厂技术落后，设备陈旧，工人往往在厂房狭窄、空气污浊、光线暗淡，毫无安全设施保障的危险条件下，从事长时间的紧张劳动。在湖州的许多缫丝厂车间里，整日车声震荡，噪声充耳，煮茧盆中热水沸腾，资本家为了避风减少蒸汽外泄，不论天气寒热，四季紧闭门窗，又不安装通风设备，以致车间内冬天水汽弥漫，夏天闷热难熬。由于空气不流通，时有工人在机器旁晕倒。缫丝女工和童工的双手毫无保护措施，每天从早到晚浸在滚烫的煮茧水中操作，经常引起溃疡或红肿的职业病，可以用“煎熬”来描述工作环境。除此之外，资本家想方设法克扣工人工资。因此，手工业工人的反抗斗争时有发生。他们的诉求主要是增加工资和改善待遇。1906 年，湖州爆发丝织业反对作坊削减工资的罢工，最后官府不得不派员调查，并进行调解。②

五四运动以后，湖州工人阶级为反抗剥削和压迫，罢工斗争不断，工人运动逐步兴起。1920 年春节前夕，湖州公益缫丝厂以筹集资金为由，强迫工人每人拿出 2 元钱作为存款，并要挟工人必须按规定及时上交，否则将予以辞退。对于资本家的这一无理要求，工人们十分不满，决定集体罢工，厂方不得不作了让步。同年 12 月，悦来绸厂工人因劳动报酬问题与厂方发生争执，举行罢工抗议。地方当局出面干预，拘留带头罢工的工人，引起工人的愤慨，不仅坚持罢工，而且斗争的规模不断扩大，迫使资本家答应了工人的要求。湖州衣业店等商店的职员，也为反抗剥削开展了不间断的斗争。

---

① 《浙江民族资本主义近代工业的产生和发展》，《浙江学刊》1964 年第 2 期。

② *North China Hearld*，Nov.16，1906，p.381，转引自彭泽益：《中国近代手工业史资料（1840—1949）》（第 2 卷），生活·读书·新知三联书店 1957 年版，第 599—600 页。

2. 工人阶级的崛起

在长期艰苦的生活和斗争中，浙江工人中出现了原始自发的组织，对抗雇主，维护自身利益。在传统的手工业工人中，有按行业集合的组织，如杭州、绍兴、湖州等地的瓦匠、木匠中的鲁班会，成衣工中的轩辕会，等等。最典型的还是受地域籍贯的影响，工人自然结成的帮派，亦称“帮口”。如杭州丝厂工人中有杭州帮、诸暨帮，湖州机织工人中有杭绍帮、南京帮、丹阳帮、湖州帮等。[1] 五四运动后，工人阶级觉醒。中国共产党成立后，又极大地推动全国的工人运动，工人组织逐步走向健全，斗争更有组织、更有策略。1922 年 1 月至 1923 年 2 月，形成了中国工人运动的第一次高潮。在全国工人运动浪潮的激荡下，湖州工人的斗争进一步发展。

1922 年 6 月湖州丝绸工人开展的大罢工，是当时湖州地区影响较大的罢工之一。这次罢工的起因是资本家无理克扣机织工人工资。6 月上旬，湖州丝织同业公会决定，丝织工人织每尺绸的工资减少 1 分。工人们得知后都表示反对。在与厂方多次交涉无效的情况下，工人们答应织每尺绸的工资减少半分，以示让步。但是，资本家仍然无视工人的要求。6 月 16 日，湖州丝织工人举行罢工，参加罢工的有数千人。资本家采取欺骗、分化等办法引诱工人复工，都被识破。工人们认为，这次如果不力争，“则我劳动界愈为资本家所轻视，将来遇事压迫，恐我劳动界更无立足之地也”。为此，他们坚持不达目的不罢休。6 月 26 日，湖州缫丝女工也因资方削减工资决定罢工。次日，她们又在海岛广场举行集会，表达了“一致力争，非达目的不止”的决心。湖州丝绸工人的这次罢工斗争，坚持了半个多月，最后遭到地方当局的镇压，一些罢工工人被逮捕，但工人维护自身利益的斗争一直没有停止。1922 年 11 月以后，由于“洋货”泛滥、丝绸产品销售不畅等原因，许多工厂的经营出现困难。资本家为摆脱困境，任意解雇工人、削减工资，致使劳

① 单建明:《浙江工人运动史》，浙江人民出版社 1988 年版，第 32 页。

资矛盾进一步激化，丝绸工人的罢工持续不断。此外，湖州的成衣业工人、烟业工人、木业工人等，也为增加工资相继进行了罢工。

湖州工人的早期斗争，锻炼了工人队伍，提高了工人觉悟，显示了工人阶级团结战斗的革命精神，为中国共产党在湖州地区的活动打下了基础。在这些斗争中，丝绸工人罢工的次数较多、规模较大、影响较广，处于主导地位。但是，这一时期湖州工人的斗争仍处于自发阶段，一般是为了提高工资、维护生存权利，大多数属于自发的经济斗争。斗争的力量比较薄弱，通常局限于单个行业和单个工厂的工人参与，没有形成各行各业统一行动的局面。

（二）马克思主义的早期传播

1. 戴季陶等人对马克思主义传播及第一次国共合作的推动

上海共产党早期组织成立后，积极开展各项工作，宣传马克思列宁主义，组织工人运动，创建社会主义青年团。还通过写信联系、派人指导或具体组织等方式，积极推动各地共产党早期组织的建立，实际上起到了中国共产党发起组的作用。至 1921 年 7 月，中国共产党第一次全国代表大会在上海召开，上海早期共产党组织完成了历史赋予的光荣使命。

这其中，湖州人扮演了一些重要角色。五四运动之后，马克思主义逐渐成为新文化运动的主流。在北京参与《新青年》编辑工作的钱玄同、沈尹默等湖州籍青年教师，较早接触到了马克思主义。此后，有不少湖州进步青年，通过阅读进步书刊、出国留学等各种途径，开始接受马列主义的教育。湖郡女中学生运动的积极分子王会悟，在读了《新青年》杂志上介绍马克思主义的文章后，思想受到深刻影响，于 1920 年加入了中共上海发起组领导的中国社会主义青年团。中国共产党成立时，她作为党的一大的会务工作者，为大会从上海转移到嘉兴南湖召开作出了贡献。吴兴青年吴诚、朱乃华，响应李大钊、毛泽东、周恩来、蔡和森等倡导的留法勤工俭学运动，于 1919 年 10 月 31 日赴法国勤工俭学，探求救国救民的真理，学习西欧工人运动的经验，后又转苏俄留学，学习马克思主义和十月革命经验。马克思主义在湖州的初步传播，促进了湖州先进分子思想觉悟的提高，一批具有初步共产主义思想的知识分子开始成长起来。

戴季陶是这一时期宣传马克思主义思想的典型人物之一。戴季陶（1891—1949），吴兴人，名传贤，字选堂，又名季陶，别号天仇。他早年追随孙中山，积极投身反清革命运动，后又积极反袁，深得孙中山的信任。五四运动爆发后，时任孙中山秘书的戴季陶，受“五四”大潮的鼓舞与推动，时常在中国国民党机关刊物《民国日报》和《建设》杂志上发表文章，后又奉孙中山之命主编《星期评论》周刊。自1919年6月至1920年底，戴季陶在《建设》、《星期评论》、《民国日报》副刊《觉悟》、《新青年》等传播马克思主义的重要刊物上，发表各类涉及马克思主义的文章150篇，还翻译了考茨基的《马克思资本论解说》《商品生产的性质》及李卜克内西的《马克思传》等名著名篇。他自称：1919年“在我自己是十年来最满意的一年”，因为这年发生了“一个大大的群众运动”。① 他热情欢呼俄国十月革命的胜利，认真研究并宣传马克思主义和劳工运动，对帝国主义进行猛烈抨击。周恩来在同美国友人谈起自己的革命经历时，称自己最早接受马克思主义的主要来源之一就是戴季陶在上海主编的《星期评论》。② 瞿秋白也称戴季陶、陈独秀等人“是中国第一批的马克思主义者”③。

戴季陶为第一次国共合作的创立及进一步巩固作出了重要贡献。他1923年成为国民党联俄联共的20位参议之一，并担任国民党改组委员会委员。国民党一大，他被选为中央执行委员。1924年1月31日，在孙中山主持召开的国民党中央执监两委第一次会议上，戴季陶与廖仲恺、谭平山三人被推定为中央执行委员会常务委员，同时担任宣传部长，孙中山又指定他为

---

① 唐文权、桑兵：《戴季陶集》，华中师范大学出版社1990年版，第1089页。

② 《周恩来同李勃曼谈个人经历》（1946年9月），《瞭望》1984年第2期。

③ 《瞿秋白选集》，人民出版社1985年版，第310页。

政治委员会委员。此后，他在国民党内拥有了较大的话语权，并坚决支持孙中山提出的合作主张。在讨论《中国国民党章程》案时，国民党右派主张加入“本党党员不得加入他党”条文，反对共产党的跨党主张。戴季陶立即反驳。[①] 戴季陶还被孙中山指派为《中国国民党第一次全国代表大会宣言》审查委员会9名委员之一，对于宣言中重新解释三民主义、联俄联共的主张，他两次在大会上作审查结果的报告，得到孙中山的认可。1924年5月，孙中山任命戴季陶为黄埔军校政治部主任，同时担任大本营法制委员会委员长。1924年6月，国民党中央监察委员邓泽如、张继、谢持向国民党中央执行委员会提出《弹劾共产党案》，提出“确于本党之生存发展，有重大妨害”，主张“绝对不宜党中有党”。[②] 当国民党第一届中央执行委员会召开第二次全会讨论此案时，戴季陶作为中央执行委员会常委，不支持此案，并受大会委托起草了会议决议《中国国民党中央执行委员会颁发有关容纳共产分子之训令》（以下简称《训令》），尽管《训令》也有批评共产党及中国社会主义青年团的言辞，但更重要的是它有力地反击了右派分子。《训令》中说，“谓本党因有共产党员之加入，而本党主义遂以变更者，匡谬极戾，无待于辩。所谓本党因有共产党员之加入，而本党团体将以分裂者，亦有类于杞忧”[③]。

2. 马克思主义在湖州的传播

中国共产党成立以后，各级组织陆续出版了《向导》《新青年》和《前锋》等刊物，中国社会主义青年团中央出版了机关刊物《先驱》和《中国青年》。这些革命刊物通过在北京、上海、杭州等地求学的湖州学生传到湖州，

① 《周恩来选集》（上卷），人民出版社1980年版，第113—114页。

② 荣孟源：《中国国民党历次代表大会及中央全会资料》，光明日报出版社1984年版，第73页。

③ 荣孟源：《中国国民党历次代表大会及中央全会资料》，光明日报出版社1984年版，第73页。

使当地人开始逐步了解、信仰马克思主义。这一时期，一批具有强烈爱国思想的青年，通过不同途径，走上革命道路，加入共产党和青年团组织。1924年夏，湖州省立三中师范部学生施建中参加学潮赴杭州请愿时，结识了中共党员宣中华、俞秀松，由他俩介绍加入中国社会主义青年团。此后，他考入中国共产党创办的上海大学，接受陈独秀、瞿秋白等共产党领导人的教育。1925年1月，毕业于省立三中师范部的杭州木业小学教师张寅仲，经中共党员华林介绍加入中国共产党。随后，他与宣中华一起，在杭州介绍省立三中师范部同学、湖州城西女校教师金鼎加入中国共产党。同年11月，吴兴千金青年谢庆斋在上海加入中国共产党。1926年，毕业于省立三中的钱壮飞在北京加入中国共产党。其间，德清的房宇园、长兴的沈秀英和费明灿等进步青年，先后在杭州、上海等地加入中国共产主义青年团。

1924年1月中国国民党第一次全国代表大会的召开，标志着国民党改组的完成和国共合作的正式开始。第一次国共合作开创了中国革命的新局面，革命得到全面迅速的发展。湖州的进步青年以更高的热情投入了反帝反封建的斗争。

1925年3月12日，中国民主革命的伟大先驱孙中山逝世。国共两党组织各界民众进行哀悼活动，广泛传播孙中山的遗嘱和革命精神。吴兴民众召开“中山先生追悼大会”，中共党员金鼎主持大会并作了发言，对孙中山的逝世表示深切悼念，号召工农群众起来“打倒列强，除军阀”，完成国民革命。会后，举行了示威游行。

同年5月30日，上海发生帝国主义巡捕枪杀示威群众的“五卅惨案”。当晚，中共中央召开紧急会议，决定组织行动委员会，领导各界人民举行罢工、罢市、罢课，把反帝斗争扩大到各阶层中去。6月1日，上海人民开始了声势浩大的总罢工。在中国共产党的领导和推动下，五卅运动迅速形成高潮并席卷全国。湖州各地学生、工人和市民纷纷行动起来，响应和支持上海人民的反帝斗争。许多学生上街散发传单，发表演说，揭露“五卅惨案”真

相。双林丝业小学编写了《毋忘国耻歌》，组织学生演唱，控诉帝国主义暴行。长兴、德清、武康和双林等地群众先后举行集会、游行，声援上海人民的反帝斗争。吴兴双林、南浔、菱湖等地的一些商店，店门口挂起白灯笼，表示对上海死难学生、工人的哀悼。6月5日起，湖州工人举行罢工，商人举行罢市，各界群众开展了抵制日货、英货活动，在湖州各处响起“打倒帝国主义”“为死难同胞报仇”的怒吼声。五卅运动对湖州人民的觉醒和革命斗争的发展，起了很大推动作用。瞿秋白这样写道：“五卅后民众运动的发展，一直波及于穷乡僻壤，山西太原等处都有工会的成立，江浙则甚至于小小村镇如双林、义乌等处，都起来响应。……这岂不是革命运动深入普遍的群众之明证！”[①]1926年4月5日，中共党员谢庆斋返乡后，于清明节约请菱湖、练市等地进步青年20余人，利用在菱湖灵山举行野餐之际，讲述了“五卅惨案”经过和商务印书馆罢工斗争情况，宣传革命思想。

（三）中共的早期活动

辛亥革命后，湖州的知识分子群体崛起，工人阶级也逐步发展壮大。五四运动之后，一部分学生接受了马克思主义和社会主义宣传，成长为初步具有共产主义思想的知识分子。党团组织积极吸收青年学生力量，为宣传马克思主义、声援五卅运动、支援国民革命军克复湖州作出了积极贡献。

1.筹建国民党（左派）组织

五卅运动后，中共党员与国民党左派合作，积极促进湖州的国民革命运动，并在一些地方建立了国民党组织。1925年秋，时任国民党浙江临时省党部执委的中共党员宣中华，代表国民党浙江临时省党部来湖州筹建组织。南浔青年温永之受革命形势感召，积极要求进步，宣中华通过谈话、了解后，发展他加入国民党。同年10月，国民党上海特别市党部执委、中共党员张廷灏抵故乡南浔，约集镇上的国民党员沈渭琛、归振雄及温永之等，讨

① 《瞿秋白选集》，人民出版社1985年版，第229页。

论筹组国民党（左派）南浔区党部问题。经过筹备，于1926年1月建立了国民党上海特别市党部直属南浔区党部，由沈渭琛任常务委员，归振雄任组织部长。这是湖州地区建立较早的国民党左派组织。10月，国民党浙江省党部执委、中共党员张寅仲，陪同国民党中组部特派员王宇椿到湖州地区指导党务工作，筹组国民党地方组织。1927年1月1日，王宇椿等在吴兴东门外二里桥召开了国民党吴兴县第一次党员代表大会，推举戚继棠为常务委员，叶小兀等7人为执行委员，正式成立了国民党（左派）吴兴县党部。31日，国民党长兴县第一次党员代表大会在合溪汤家山召开，选举产生了国民党（左派）长兴临时县党部，赵得三被选为常务委员，赵铁鸣等5人为执行委员。同月，共青团员房宇园奉上海团组织指示，以国民党员的身份回家乡德清开展工作，筹组国民党（左派）德清县党部。在中共党员和共青团员的帮助和指导下，加快了湖州国民党左派组织建立的进程，推动了国共合作局面在湖州的形成。

2. 支援国民革命军北伐

1926年7月，国民革命军出师北伐。北伐军接连在两湖战场、江西战场和福建战场取得胜利，革命势力由珠江流域迅速发展到长江流域。陈蔼士在江浙沪一带悄悄助力。他化名“陈安”，利用种种渠道，筹集一批批款饷，采购一批批物资，源源不断流向广东，有力支援了北伐战争。1927年初，北伐军东路军由赣东及闽北入浙，于2月下旬克复湖州全境。

北伐军在湖州逗留期间，通过召开座谈会、军民联欢会和张贴标语等形式，广泛开展国民革命宣传，动员工农群众支援北伐，投入大革命的洪流。北伐军中的中共党员，如王尔琢、曾干廷等，发挥了重要作用。2月下旬，北伐军东路军先遣军党代表王尔琢率部进驻吴兴县南浔镇，在西栅温家白场等地多次召开群众大会，宣传联俄、联共、扶助农工三大政策，号召全镇民众团结起来，参加和支援国民革命，打倒帝国主义，推翻封建军阀的反动统治。南浔各界民众，以至附近各乡的农民都赶来参加大会，听取宣讲。北伐

军第二军五师十四团进抵德清后，在城关镇南门外天坛召开军民联欢会。会上，团政治指导员、中共党员曾干廷等发表演讲，并与城关镇师生及旅沪、旅杭学生一起进行联欢活动。北伐军在德清还举办了多场报告会，宣传反帝、反封建的主张，号召民众组织工会、建立农会，团结起来打倒军阀、贪官污吏和土豪劣绅。北伐军第 14 军政治部在途经长兴时，通过印发《三民主义浅释》《建国方略》等小册子，书写、张贴标语等形式，广泛开展宣传、发动工作，对长兴民众产生了深刻影响。

为了促进湖州革命形势的发展，北伐军还积极推动建立国民党（左派）组织和工会、农协等群众团体。在南浔，国民党（左派）南浔区党部在王尔琢的帮助下，建立了工会、妇联、学联、商民协会、农民协会等群众团体，把社会各界力量汇合起来，向封建势力发起了猛烈的冲击。妇女联合会积极宣传男女平等思想，开展维护和保障妇女权益工作。学生联合会发动学校教唱革命歌曲，组织学生上街宣传北伐主张，动员民众起来斗争，支持国民革命。商民协会根据南浔民众的要求，采取一系列措施，对奸商的投机行为进行限制。农民协会成立后，惩办土豪劣绅，打击恶霸地主，反对封建迷信，矛头直指封建旧势力。为了维护地方治安，推动革命斗争，北伐军还撤销了镇警察所、保安团，组建公安分局、自卫军、工人纠察队等自卫组织。在德清，房宇园在曾干廷的大力支持下，发展了一批国民党员，建立国民党（左派）德清县党部筹备处及新市、洛舍等区党部。国民党（左派）德清县党部筹备处由 5 人组成，房宇园任主任。在长兴，国民党（左派）长兴县党部力量得到加强，活动全面开展。在李家巷杨家山大兴石矿工人与土豪的斗争中，北伐军也给予了有力的支持。

第三章　南京国民政府建立后至抗日战争前期

（1927—1937）

从 1927 年 4 月南京国民政府成立至 1937 年 7 月全面抗战爆发的十年多时间，是整个民国时期发展最快的阶段：GDP 年均增长 9.4%；工业除东北地区外“从 1931 年至 1936 年的年增长率为 6.7%”①；外交、文化、军事等方面也取得了较大发展。驻华美军司令魏德迈将军将这一时期称为“黄金十年”。对于这种说法，史学界与社会上争论很大，如费正清主编的《剑桥中华民国史》认为，整个国家在这十年间是有进步的，但“从南京政府的建立到全国卷入一场漫长和毁灭性的战争，国民党统治只经历了十年时间，十年的时间对于建立一个全新的全国政府，扭转长达一个半世纪以来冲击着中国的政治分裂和民族耻辱的浪潮，是嫌太短了”②。

这十年，湖州在政治上处于国民政府统治核心区，经济上经历了一个“L”形的发展阶段。特别是作为湖州经济发展支柱的丝织业，在“十年”的前期，受到日本、意大利等国丝绸及人造丝的竞争挤压，国内外市场占有率不断减少。自 1931 年起，又受到世界经济大萧条③、

---

① ［美］费正清：《剑桥中华民国史》（第 2 部），上海人民出版社 1991 年版，第 171 页。

② ［美］费正清：《剑桥中华民国史》（第 2 部），上海人民出版社 1991 年版，第 180 页。

③ 指 1929—1933 年西方资本主义发生的经济危机。首先爆发于美国，迅速蔓延到整个欧洲和除苏联以外的全世界，危机中银行倒闭、生产下降、工厂破产、工人失业，是迄今人类社会遭遇的规模最大、历时最长、影响最深刻的经济危机。

“九一八”事变[①]、“一·二八”淞沪抗战[②]等多方夹击，丝茧价格直线下降。1931年的全域性水灾、1934年的特大旱灾，又使丝织业赖于生产的原料——蚕桑业遭受灭顶之灾。之后，经民间资本及国民政府多年努力推动蚕丝改良，以及1935年起国际经济开始回升，再加上气候适宜，湖州的丝织业又有了新发展，经济逐步恢复。但1937年的“七七”事变[③]、“八一三”淞沪会战[④]及南京保卫战[⑤]的爆发，使整个中国包括湖州的现代化建设戛然而止。

农村和农民问题尤为严重。国民政府提倡“精英治国”，在20世纪二三十年代的中央、省级政府机构中，不乏“海归”、名流、专家等，其中也包括湖州籍人士戴季陶、吴鼎昌、朱家骅、陈果夫、陈立夫、褚民谊、陈蔼士及“湖州女婿”黄郛、陶孟和、钱昌照等。[⑥]“在身居高位的人中，不乏熟练的技术专家，但他们几乎无一例外地倾向于城市这一社会的现代化部分。他们因此而对构成这个国家的灵魂的农业地区的潜力和问题知之甚少。”[⑦]农村问题日益突出，农民生活普遍贫困，乡村处于不稳定的状态，这使民国时期的现代化建设显得

① 1931年9月18日夜，日本军国主义者按照预定计划，由据守中国东北境内的日本关东军炸毁沈阳附近柳条湖的南满铁路路轨，事后诬称是中国驻军破坏并袭击日军，从而以此为借口，发动对中国大规模武装侵略，即“九一八”事变。

② 1932年1月28日至3月3日，中国军队抗击侵华日军进犯上海的作战，又称“一·二八”事变。

③ 1937年7月7日晚，日军在北平（今北京）城西南15公里处的卢沟桥畔，以演习时突闻枪声，收队发现缺少一兵，怀疑是中国驻军所为为由，要求进入宛平县城搜查，中国守军拒绝并奋起反击，史称“七七”事变，标志着抗日战争全面爆发。

④ 1937年8月13日—11月12日，中国军队抗击侵华日军进攻上海的战役。又称“八一三”上海抗战。

⑤ 南京保卫战是1937年11月国民革命军在上海淞沪会战中失利后展开的一次保卫南京的作战。国军损失惨重，抵抗就此瓦解，南京沦陷。

⑥ 黄郛、陶孟和、钱昌照的妻子分别是沈性真、沈性仁、沈性元三姐妹，故3人为连襟。沈氏出身嘉兴，但据沈性真（字亦云）所著《亦云回忆》称：“吾家先世从湖州归安县迁居嘉兴”，也可算祖籍湖州。

⑦ ［美］费正清：《剑桥中华民国史》（第2部），上海人民出版社1991年版，第182页。

更为脆弱。湖州在20世纪30年代由于蚕丝业萎缩与水旱灾，农民生活水平大大降低，抢米风潮四起，盗匪猖獗不绝，就是一个明证。

在社会发展上，由于湖州地近上海、南京、杭州，许多湖州人因政治、经济或社会活动而活跃其中，又得西学东渐影响，在市政、通信、交通建设及教育、文化、服饰、饮食起居等文明生活方式方面，有明显的进步。

以历史发展的眼光来看，湖州这十年的现代化建设是比较肤浅与狭隘的，存在着大量的二元结构现象，如现代化与传统的物质和观念意识同存，公路与泥路交叉，汽车与轿子齐驱，轮船与航船并行，新式学校与私塾共存，释道与基督教同在，等等。

第一节　南京国民政府的建立对湖州的影响

1927年，经过北伐战争、宁汉合流，南京国民政府成立。这对湖州来说，不啻是个“超级利好”。

一、政府行政管理的基础工作

1928年底东北易帜，南京国民政府名义上统一了中国，但除了江苏、浙江、安徽、湖南、江西等省份外，其他许多地方割据势力并不真正听从中央号令。因此，南京国民政府除加紧与地方势力的斗争外，对核心势力范围的省份，特别是江浙两省（包括上海）加强了统治。因为“上海及其周围地区仍然是政府的基本税收来源”①。

（一）调整行政区划

1928年5月9日，浙江省政府出台《县政督察专员章程》，全省设12

① ［美］费正清:《剑桥中华民国史》(第2部)，上海人民出版社1991年版，第147页。

个区，每区各首县设县政督察专员1人。吴兴是12个区之一。1929年，“政府推行地方自治，吴兴一县划分10区，每区设区长一人，一庄改为一村……后来事务太繁，改村为乡，5户为邻，25家为闾……管理地方一切应兴应革事务。”[①] 吴兴县为10区59镇325乡，长兴县为7区22镇157乡，德清县为4区7镇95乡，武康县为5区6镇65乡，安吉县为5区4镇77乡，孝丰县为5区2镇69乡。

从1934年开始，又调整县以下组织，以区署代替区公所、以联保代替乡镇、以保甲代替闾邻。1934年11月，国民党中央政治会议通过了《地方自治法规原则》，通令各省市推行保甲制度。湖属6县1934年12月奉令裁撤各县区公所，扩并乡镇。次年夏开始编组保甲，10户为甲，10甲为保，10保为乡或镇，除有特别原因外，不得少于6多于15。吴兴县将扩并乡镇与编组保甲并办，于1935年7月完成。全县扩并为109个乡镇，1695个保，17114个甲。全县改划为5个督导区。

1936年5月，浙江省政府呈准行政院划9个行政督察区，吴兴、长兴、安吉、孝丰、德清、武康属第一行政督察区，专署驻吴兴县。

（二）开展户籍清查

湖州于1927年、1931年、1932年对所属各县进行户口调查、清乡户口调查与复查户口。

1932年，湖属6县共有304998户，其中，吴兴163793户、长兴57531户、德清42415户、武康15405户、安吉17905户、孝丰7949户。湖属6县，共有1349561人，其中男性783808人，女性565753人。[②] 吴兴县在户口与人口上都超其他5县之总和，占比分别达到了53%与51%。湖属6县的男女性别比例严重失衡，平均为138.5∶100，最严重的长兴县达

① 任三渊：《吴兴民杰乡概况》，《湖州月刊》1934年第5卷第9—10期。

② 陈蔼士：《湖属六县自治状况》《湖属现势一瞥》，《湖州月刊·湖社十周年纪念特刊》1934年6月。

到 150：100。

（三）进行土地陈报

南京国民政府时期，土地统计得到较快发展，并逐渐向现代化的统计方式转变。土地陈报就是政府向业主印发陈报单，由业主自行向政府呈报土地状况的行政措施。1929 年，浙江省开始进行全省土地陈报。由于 1928 年公布的《划分国家地方收入标准》《划分国家地方支出标准》明确规定田赋全部为地方收入，使地方政府对田亩统计的积极性大增。湖属 6 县于 1929 年、1930 年进行土地陈报，于 1932 年开始陆续编造坵地图册。通过陈报，剔除隐漏，增加田赋。当时，漏瞒报土地成风："各县的庙产、族产都无统计，我们知道庙产是没有多大的数，而族产实占一相当的地位。从粮柜上调查每户产业的亩数，极易错误，因为一家的产业，尽可分立几个户名，如某某堂、某某记、某某户，望之俨然数户，而不知其为一家。"① 还有一种"恶习"："每以不纳粮为荣，凡旧家新贵，类皆恃势不缴。闻城中数巨家，田连仟佰，积欠已数十年，县中也莫如之何。"② 而许多县政府，包括吴兴，对田亩面积、作物产量、物价指数，"一无标准，信口估计"。③

从结果看，大多数省、县陈报亩数都高于所征田亩。为了使土地统计更为确切，国民政府对包括湖州在内的一些经济发达地区进行土地测量，包括人工测量与航空测量（由陆军测量局负责）。1931 年，负责土地统计的主要是国民政府主计处，其主计长是陈蔼士；1934 年，国民政府成立土地委员会，由陈立夫为主任委员，在全国范围进行土地调查，向各个省派出调查员不下 3000 人。

① 行政院农村复兴委员会：《浙江省农村调查》，商务印书馆 1933 年印，第 175 页。
② 行政院农村复兴委员会：《浙江省农村调查》，商务印书馆 1933 年印，第 252 页。
③ 行政院农村复兴委员会：《浙江省农村调查》，商务印书馆 1933 年印，第 274 页。

表3—1　湖属6县田地亩数统计表（1932年前后）

调查结果 县　名	原来征赋 亩数	土地呈报 亩数	增加 亩数	陆军测量局 亩数	旧赋册统计 亩数
吴兴县	1562877.324	1715970.281	153092.957	2649194	2033739.734
长兴县	767772	967000	199228	2328979	
德清县	376653.378	501400	124746.622		
武康县	425628	465822.391	40194.391		
安吉县	316705.55				
孝丰县	628323.7158	797326.779	169003.0632		
总　计	4077959.9678	4764225.001	686265.0332		

表3—1所示为湖属6县田亩1932年前后统计数据。由于土地陈报清丈涉及各方，关系十分复杂，基础工作也不扎实，再者中央、省、县及田主又多重博弈，故土地数量出现很大差异。

二、湖州籍人士在政经界的作用及影响

自五口通商以来，仰仗“辑里湖丝”带来的巨量财富，湖州出现了多个富可敌国的富豪望族。清末民初，他们作为江浙财团的主要力量，对孙中山的革命活动给予巨大支持。陈英士、张静江还成为孙中山的得力助手，进入了孙中山的核心团队，这在以粤籍为主的团队中显得十分突出。后来成为国民党最高领导人的蒋介石正是依靠了陈、张的提携和推荐才得以进入孙中山的视野。由于孙中山长期“在野”，支持他的几位湖州人不仅“投资无报”，反而经常要到处躲逃。

南京国民政府的成立使情况发生了变化。在省籍观念很强的蒋介石眼中，张静江是其“导师”，戴季陶是其“军师”，已过世的“大哥”陈英士的两位侄子陈果夫、陈立夫成了分管国民党党务、情治系统的不二人选。这十年中，在湖州的城乡街衢，经常可以看到国民党高层人士的身影，或探亲、或借住、或养病、或拜访。湖州发生的一些事情及湖州乡绅反映的问题，往

往也能上达“天听”。

经过两次北伐、东北易帜、蒋冯阎中原大战、两次下野，蒋介石在与汪精卫、胡汉民、孙科等国民党元老争夺领导权的斗争中胜出，“最高领袖”的地位逐步得以确立，并形成了自己的“三大系”：“CC系”“黄埔系”“政学系”。在这“三大系”中，都有湖州籍人士在发挥作用。如“CC系”中的“二陈”、徐恩曾等；“黄埔系”中的胡宗南等。至于“政学系”，蒋介石在二次下野复出后，“开始重视干部队伍的建设，逐步将目光扩展到国民党以外的社会精英中”[①]，其中，湖州人朱家骅出力颇多。1933年，在杨杏佛遇刺身亡后，朱替任中央研究院总干事（1940年蔡元培逝世后又替任为院长），继任院长胡适曾评介朱家骅：“没有朱先生，就没有中央研究院。”[②]由于长期在研究院、教育界及中英庚款董事会、中国国际联盟同志会等部门任主要负责人，“在朱家骅身边围绕了一大群高层知识分子，大家对他很尊重……彼此之间还时相过从，结为深交，隐然成为一种势力。蒋介石之所以重用他，就是想通过他取得高层知识分子的好感。”[③]1931年，根据钱昌照的建议，在军事委员会下成立了国防设计委员会（1935年改称资源委员会）。这样，“政学系”黄郛、陶孟和、钱昌照的作用就凸显出来，对蒋介石的影响有时还超过“CC系”。黄郛是“政学系”的灵魂人物，是蒋介石在辛亥革命上海光复后“义结金兰”中的“二哥”（“大哥”为陈英士），其虽终身没有加入国民党，但深得蒋的信任，并为蒋推荐了金融、科学、教育界许多精英人士，这些正是蒋政权建设最需要的人才。[④]早在1927年3月，北伐军攻占上海后，在黄郛引荐下，蒋结识了中国金融资本的核心人

① 金以林：《国民党高层的派系政治》，社会科学文献出版社2016年版，第516页。

② 杨仲揆：《中国现代化先驱：朱家骅传》，近代中国出版社1984年版，第124页。

③ 严在宽：《朱家骅和教育事业》，载《湖州文史》（第5辑），湖州市政协文史资料委员会1987年印，第34页。

④ 金以林：《国民党高层的派系政治》，社会科学文献出版社2016年版，第527页。

物，“北四行”[①]中盐业银行、金城银行的总经理吴鼎昌与周作民；“南五行”[②]中中国银行、交通银行的总经理张嘉璈与钱永铭（新之）。其中，吴鼎昌与钱永铭是湖州人，这两家银行是当时中国最大的银行，占当时上海银行同业公会22家银行总财力的55%。由于有江浙财团的支持，蒋介石有了“清共反俄”、与武汉国民政府分庭抗礼的底气。而后，黄郛还向蒋推荐了自己的连襟陶孟和与钱昌照，这两位都毕业于英国伦敦政治经济学院。陶孟和是著名的经济学家和社会学家，中华人民共和国成立后曾任中国科学院副院长。钱昌照是经济学家，曾任国民政府秘书、教育部常务次长（蒋介石一度兼任部长），中华人民共和国成立后曾任民革中央副主席、政协全国委员会副主席。他俩又向蒋介石推荐了许多人才，并为蒋所重用，如翁文灏、王世杰、蒋廷黻、何廉等。

这一时期，除国民党中央高层外，还有许多有政治背景的湖州人占据了国民政府中的一些重要岗位。如陈英士的胞弟陈蔼士，任国民政府主计处主计长。南浔丝商的许多亲属，如邱培洵在张静江任浙江省政府主席时担任秘书长；周佩箴担任农民银行理事、浙江造币厂厂长；张廷桢长期担任蒋介石侍从室和总统府的机要处处长；张廷灏北伐后曾任国民党上海市党部负责人；俞桐轩的长子俞俊民为杭州土地局局长，次子俞则民是同盟会元老周柏年（南浔人）的妹夫，抗日战争前长期担任莫干山管理局局长。总之，湖州籍人士在国民党南京政府中的影响很大。

但身处高位的湖州人在外并非团结一致。他们之间尽管在公开场合客气

① “北四行”是盐业银行、金城银行、中南银行和大陆银行的合称，中国近代北方金融集团之一。“北四行”各总行后都迁往上海。1952年底，“北四行”与其他行庄合并，组成公私合营银行。

② “南五行”是中国银行上海分行、交通银行上海分行、浙江兴业银行、浙江实业银行和上海商业储蓄银行的合称，中国近代南方地区的金融资本集团之一。五家银行都由江浙籍银行家投资创办和主持管理。

规矩，如陈立夫赠予张静江的照片，就称张为“静叔”[①]，但涉及政治分歧或切身利益时往往针锋相对，绝不相让。如1929年《杭州民国日报》总编胡建中被抓一事，就是以陈果夫、陈立夫为代表的“CC系”，反对以张静江为省主席、朱家骅为省民政厅长的浙江省政府取消“二五减租”引发的。“二陈”还对前辈张静江举办西湖博览会不以为然，激化了蒋介石对张的不满。当“政学系”为蒋介石所信任，在政府组阁、建设中大出风头，“这在掌握‘党权’和‘军权’的CC系与黄埔系看来，无疑是分割了他们的权力”[②]。对于“政学系”起草的《临时约法》，陈立夫即以为：“临时约法的施行将会提高人民的地位而降低党的地位，政学系自然赞成利用人民的地位去直接减低国民党的权力。”[③]

三、湖州籍人士在其他领域的贡献

从客观规律来看，经济的发展与政治的强势，将带动一个区域的人才培养。一个地方某家族或某人士在政治、经济、文化上处于国家或阶层的顶层，然后通过联姻、过房、游学、结交、共事、推荐、提携等路径，对内实现“强强联合”，成为一荣俱荣、一损俱损的地方望族。他们通过与各地高层人士的交往，提升了自身的视野与名望；在他们的推荐提携下，家乡一批饱学之士或寒门之子得以脱颖而出，逐步步入社会的上层。这样循环往复，一个地方的精英名人就涌现得更多了。清末民初的湖州人，因各种原因去日本留学或流亡的较多（其后也留学欧美），这批人的走向，很大程度上，在政治上决定了湖州人在民国时期的地位；在文化学术上，左右了湖州人在民国时期的层次。

这十年中，已在社会舞台上大展拳脚的湖州人继续扩大其影响，又有新

① 据南浔张静江故居展出资料。

② 金以林：《国民党高层的派系政治》，社会科学文献出版社2016年版，第540页。

③ 金以林：《国民党高层的派系政治》，社会科学文献出版社2016年版，第540页。

一批的湖州人开始崭露头角。

(一) 工商界

企业家钮介臣，继创办达昌第一、第二绸厂后，于1927年在德清大麻镇（现属桐乡）起造现代化的苕溪丝厂，还创办了达昌丝厂、天昌丝绸炼染厂、达昌面粉厂等，并在上海、杭州、苏州、湖州等地投资了20多家企业，成为继“四象八牛”后湖州数一数二的民族资本家。

电气事业家李彦士，自德国学成回国，弃文从工，先后负责筹建无锡戚墅堰发电厂，担任西门子公司重庆分公司经理，松江、昆山电厂董事长，吴兴电气公司常务董事，芜湖明远电气公司经理，德国西门子公司、上海两路局、上海华生电扇厂、上海亚浦耳灯泡厂顾问等。其在电业方面建树较多，声誉日隆：1929年被推选为中华全国民营电气公司联合会副主席，浙江省分会主席。1930年被选为德国世界动力协会年会中国代表团团长。

企业家章荣初，于1930年在上海建起了中国民族资本经营的第一家印染厂——上海印染厂，几经沉浮后，他还先后于1933年、1936年在上海建成了中央印染厂、新生布厂。1935年在家乡菱湖开办了菱湖青树电气厂。

(二) 文化学术界

俞平伯，德清人，出生于江苏苏州。散文家、红学家，新文学运动初期的诗人，中国白话诗创作的先驱者之一。

沈雁冰(笔名茅盾)，乌镇人，该镇当时隶属吴兴县，在发表三部曲《蚀》《林家铺子》《春蚕》后，于1933年出版了鸿篇巨制《子夜》，从而奠定了在现代文学史上的地位。

俞同奎，德清人，出生于福建闽侯。英国利物浦大学化学硕士，化学教育家，为中国大学化学教育奠定了基础，并为中国古代建筑修整事业作出很大贡献。

张乃燕，张静江的侄子，留学欧洲获日内瓦大学化学博士，1927年任江苏省政府委员兼教育厅长、国立中央大学首任校长，1931 年任国家建设委员会副委员长，并有《罗马史》《欧洲大战史》《国际条约大全》《欧战中之军用化学》《有机染料学》等多部著作。

陆志韦，语言学家、心理学家、教育家。留学美国学习心理学，获哲学博士学位。后在南京高等师范学校、东南大学任教。1927 年任燕京大学心理学系教授，1934 年任燕京大学校长。中华人民共和国成立后任中国科学院语言研究所一级研究员、中国心理学会会长等。

梁希、陈嵘，中国林学“双璧”，也在这段时间开始了他们事业的巅峰历程：梁希留学日本、德国，自 1927 年回国后，先后担任北京农业大学教授兼森林系主任、浙江大学农学院森林系主任、中央大学森林系教授，1935 年当选为中华农学会理事长。陈嵘也是中国近代林业的开拓者之一，他在 1933 年出版的《造林学概要》《造林学各论》长期作为我国造林业的重要参考资料。1934 年他根据历年积累的资料，编写了《历代森林史略及民国林政史料》。1937 年 9 月，出版《中国树木分类学》，该书记载了中国树木 2550 种，成为中国林业的权威性著作，是 20 世纪 30 年代全国大学林业系的主要教材、林业科研生产中的重要参考文献，中华人民共和国成立后还不断再版。

（三）法律、外交界

在南京国民政府统治时期，杨光泩是法律、外交界湖州人杰出的代表，他留学美国，获得国际公法哲学博士学位。回国后，于 1930 年就任中国驻伦敦总领事及驻欧洲特派员。抗日战争中他临危受命，1938 年出任中国驻菲律宾马尼拉总领事，宣传抗日，向华侨募捐 1200 万菲币支援国内抗战。太平洋战争爆发后，他谢绝了麦克阿瑟要其一起撤退的劝说，坚持职守，后为日本侵略军残酷杀害，成为中国外交界抗日的民族英雄。

（四）体育与旅游界

湖州人潘德明徒步与自行车环球旅行的壮举在当时造成轰动效应。潘德

图 3—1　杨光泩（1900—1942）

图 3—2　潘德明（1908—1976）

明于 1930 年 6 月参加中国青年亚细亚步行团，从上海出发，后只身徒步和骑自行车周游世界，历时 7 载，行程 24000 多英里（合 38600 多公里），途经 40 多个国家和地区，受到了英美法等多国领导人的接见。在他的《名人留墨集》上，还留下了泰戈尔、张学良等的题词。

除了以上人物之外，许多后来将成为中国栋梁之材的湖州人也崭露头角。

如“中国原子弹之父”钱三强，祖籍吴兴，1936 年从清华大学物理系毕业，经导师吴有训介绍到北平研究院物理研究所工作，几个月后，又经所长严济慈引荐，于 1937 年 8 月考入法国巴黎大学镭学研究所居里实验室。1940 年获法国国家博士学位。1948 年回国出任清华大学教授。中华人民共和国成立后，任中国科学院近代物理研究所（后改名为原子能研究所）副所长，为我国原子能科学事业的创立和“两弹”研制等，作出了卓越贡献。

同为“两弹一星”元勋的“中国人造卫星之父”赵九章，祖籍吴兴，于 1933 年从清华大学物理系毕业，留学德国，获德国柏林大学气象学博士学位。1940 年任西南联合大学教授。中华人民共和国成立后任中国科学院地球物理研究所所长，1955 年当选为中科院院士，是我国开展海浪研究的第一人和现代气象学奠基人之一，并为我国人造卫星做了大量预研和基础工作，是我国宇航事业的开创者和奠基人之一。

“中国电机之父”钟兆琳，德清新市人，电机工程专家，电机工程教育家。1927 年获得美国康奈尔大学硕士学位后回国，执教于西安交通大学，指导并带领学生研制出我国第一台交流发电机和电动机，促成了我国第一家民族电机制造厂的建立。

童润夫，德清新市人，我国近代纺织工业先驱之一。1911—1915 年在苏州省立第二工业专科学校学习。1916—1918 年在日本早稻田大学学习日语。1922 年受聘于上海日商大康纱厂任工程师。他参与创办的棉纺织染实

验馆是中国最早的纺织科研机构。他受金融机构委托，以科技专家身份经营管理大型纺织企业，在发展民族纺织工业方面作出了业绩。译有《纺织标准工作法》。

丁舜年，原籍长兴，电机工程专家，中国科学院院士。于 1932 年从上海交大毕业并留校任教，同时受聘为上海华生电器厂工程师兼技术科主任。他设计研制的低噪声新型电扇“华生电扇”不仅畅销全国，还远销东南亚，成为民族工业产品的骄傲。

邱式邦，吴兴县人，我国治蝗科学的开创者，中国科学院院士。1935 年从上海沪江大学生物系毕业，进入当时国家最高农业科学研究机构——中央农业实验所，从此开始治虫研究生涯。

叶桔泉，吴兴双林人，我国著名中医学家、药物学家，中国科学院院士。他自学成才，因有许多救治病人传说，被家乡人称为“神仙郎中”。1934 年他编著的《近世内科国药处方集》，被日本著名医药学家大塚敬节称赞为“划时代”的好论著。1935 年，在章太炎（其夫人汤国黎是归安县乌镇人）的支持下，迁往苏州居住，在苏州国医研究院任教，并对外行医。

周子美，南浔人，是南浔富商周庆云的侄子，著名金石学家罗振玉的女婿。我国著名的版本目录学家。曾是嘉业堂藏书楼第一任编目部主任，从 1924 年到 1932 年的 8 年间，将藏书楼近 60 万卷古籍翻阅一遍，编成《嘉业堂藏书目录》等十几种书目，遂为大家。他也是中华图书馆协会第一届会员，南社社员。1932 年秋，应邀任教于上海圣约翰大学，荣毅仁、贝聿铭、丁光训、孔令侃、瞿希贤等人都曾是他的学生。

第二节 二元发展中湖州城乡社会的变革转型

随着南京国民政府政权的稳定，其在社会管理、城市建设、经济发展等方面都实施了一些不同于北洋政府时期的改革措施，许多来自民间的现代化建设模式、方案也自下而上产生，不同程度地影响着国家层面的政策与计划。作为国民政府统治核心区域的湖州，一方面听从来自中央及省的政令布置，另一方面又受到来自经济金融中心上海的辐射影响，在城市建设、社会发展等方面表现出较大的进步与发展。

一、城乡建设的发展

（一）城市改造及马路拓展

湖属6县的县城都是老城，人员往来，向来都靠步行与轿舆。特别是吴兴县城，处于水网地带，城内河流交错，桥梁相望，街道多狭窄弯曲，尽是石板路或泥路，桥梁都是石阶上下。城乡往来是无船路不通，全靠船只运送。因市政管理上无相应的正式机构，一般修桥铺路都靠乡绅募捐解决。1912年以后，随着经济发展，吴兴县城的近代建设也有了一定进展。

南京国民政府成立后，省、县都成立了建设委员会。吴兴县政府下设建设局，随着市政建设的展开，还成立了测量队，制订组织规则。吴兴县还成立了修整道路工程委员会。随着城外杭长（杭州至长兴）公路开始建设，城内呈请成立人力黄包车公司及人力车行者越来越多，人们要求改造街道环境的呼声日见迫切，于是，吴兴县城内自1928年开始，进入一个“大兴土木”的阶段。

吴兴县城内市政改造主要有：改路、修桥、拆城、填河、建园。

1. 改路

吴兴县城主要闹市区街道的改造，总体进行得比较顺利。一是力度大。吴兴地处宁杭汽车路线[①]要道，“城内街道亟待让宽。兹经县政府划定甲乙

① 指南京至杭州的国道。1929年10月通车，途经南京、镇江句容、常州溧阳、无锡宜兴，湖州长兴、吴兴、武康以及杭州。

丙三区，先从甲区入手，凡北街、彩凤坊、衣裳街、太和坊、府庙前、南街一带为甲区，规定街面宽度展至二丈，限于三月一日以前着手拆屋让宽”①，“乃目下各冲要所在如彩凤坊、太和坊、上下北街、衣裳街及南街等处，自数十年以至百数十年之老屋均纷纷拆去五尺，让为行人道”②。二是速度快。自1929年2月20日动工，不到二旬，以上工程“已拆建十成之八。……四月上旬，定可一律工竣”③。为了树立“样板工程”，还由县建设科主办，从吴兴县政府门前起到骆驼桥东堍止，“建筑一模范路，两旁店房之有参差不齐者，一律拆让，开历来未有之先例”④。经过五年的努力，到1933年底，“城区干路，阔度筑成20市尺以上者，如东街及南街通城马路，衣裳街、彩凤坊、北街、务前河、坛前街等，占全城道路十分之七。南自汽车站通城马路，北迄坛前街，绵长十余里，均为新式道路”⑤。

图 3—3　湖州南门汽车站（1934）

---

① 《申报》1929年3月19日。

② 少华:《大兴土木说湖州》,《上海新闻报》1929年3月22日。

③ 《申报》1929年3月15日。

④ 《申报》1928年11月14日。

⑤ 《湖属现势一瞥》,《湖州月刊·湖社十周年纪念特刊》1934年6月。

但在拆改过程中，也遇到一些矛盾与问题，如在拆建时，“满街瓦石，断绝交通，各商号或易地交易，或停止买卖，繁华市场顿成荒凉境界”，“其中有因拆让结果，只余一桌一凳之地者，如鱼巷口真陆稿荐与宋合顺酱鸭店二店，直可称之为斗室。又有原基不满六尺，一经拆让，完全化为乌有者，如彩凤坊口之春华斋香粉店店主不免大呼冤枉云。”①

更有拆牌楼之事，甚至惊动了时任南京国民政府考试院院长的戴季陶。1930年，吴兴县建设局为了扩建南街，将箔箕弄处呈丁字形的牌楼街拆毁了一截。这牌楼街原有40余座古代牌楼，精美异常，但由于年久失修，大多摇摇欲坠。此次拆除，除了两对狮子被移作他用外，其他都被打碎当成石料填充南街路基。此事引起市民哗然，有人上诉到戴季陶处，戴马上给浙江省建设厅去电，下令彻查，结果负责此事的吴兴县建设局局长周可宝被革职。

2. 修桥

吴兴城内的桥，上下基本都是石阶。随着杭长公路的开通，南门汽车站与城中心距离较远，与南门水城门的轮船码头也有一段路程，这样，车辆运输就因桥梁上下不便而效率全失。为了解决问题，有人提出在开办人力车公司中给予解决：“以投标招商办法，征收一次营业捐，作为改造城区桥梁之用，使适于车辆之通行。其主要桥梁，如骆驼桥、仪凤桥，即须首先改建，其他次要桥梁改造之费以及养路之资，均拟在车捐收入项下拨充。”②1928年底，“所有仪凤、骆驼二桥堍房屋……已照拆改造”。③从1931年开始，建设局逐步对骆驼桥、仪凤桥、仓桥、局前桥、县桥等进行改造，把石阶上下改为坡度上下，使车辆可以通行，到1933年已改筑完竣。对一时不能改为坡

① 少华:《大兴土木说湖州》,《上海新闻报》1929年3月22日。

② 周可宝:《吴兴县十九年度起三年之地方建设计划》,《湖州月刊》第3卷第10期，1930年5月20日。

③《申报》1928年12月15日。

度上下的桥梁，如潮音桥、大通桥等，在石阶上做成水泥轨道，以便车辆上下。由于城厢道路及主要桥梁的改造，吴兴的人力车于1933年3月开始通车。这是湖州城市交通史上一件大事。

3. 拆城

拆城的动议由来已久，自进入民国后，戴季陶就发表过“拆城”的意见，但当时条件不成熟，也就议论议论罢了。吴兴县议会也曾提议拆城：“城墙已等于废物，实无保存之必要，故主张拆掉，庶几水陆交通，两有裨益。”①但后来也没有下文。1928年，拆城与开路同时进行，由于之前已有统一舆论，又没有遇到开路时商家、交通等矛盾，因而行动更为迅捷：“12月初动议对北城门双池潭口先拆一段，进行招匠投标，1929年1月初已招工标定，2月20日已开工，到3月10日前，北城墙已拆去五十余丈”。②除去春节时间外，花费时间很短，可见拆城的速度十分快。

根据县政府的计划，北城墙拆完即拆南城墙。到1929年9月底杭长公路通车时，“其南门一面已拆去不少，现在继续拆除者又二千余尺，此不过障碍已除，而筑路则尚有待也。”而北门月城及城墙被拆去后，已“筑成40尺宽之沙泥碎石路，两边人行路各10尺”。③

在此形势下，吴兴县建设局于1930年春还提出了“颇为宏大”的《吴兴县十九年起三年之地方建设计划》，其中在“市政”部分提出“建筑环城马路”，即以城墙为基础，全面进行拆除，依照前面拆北门、南门城墙的办法，“并拟分期进行，于3年内全部完成”。计划共分五期进行：“第一期自北门外贵神坛至青铜门止，限6个月完成。……第二期自南门汽车站向东拆至东水城门为止，……此段限于第一期完竣后8个月内完成之。第三期自北城门起至东城门止，……此段工程亦以8个月为限期。第四期自南门汽车

① 《申报》1925年5月9日。

② 《申报》1929年3月15日。

③ 周可宝：《吴兴县十九年起三年之地方建设计划》，《湖州月刊》1930年第3卷第10期。

站起向西至西水城门以北为止，并将四水城门改建平桥，以 8 个月为限期。第五期自西水城门起至青铜门止，以 6 个月为限期。至此环城马路全部告成矣。”①

4. 填河

随着道路的拓展，拆除的房屋瓦砾、城墙砖土大量堆积，于是填埋已失去交通运输功能并淤积多年的小河道也被提上议事日程。主要是填塞骆驼桥西北隅的宝带河②，该河已淤塞，船只不通，由于两岸居民私搭棚屋，河中垃圾堆积，臭气冲天。于是从宝带桥开始至隆兴桥止进行填埋，既扩大了陆地，又改善了环境，一举两得。

另外，在北门，将城墙拆下的泥土倒入双池潭及苏庄台(梳妆台)支河。县政府还将“应废之宝带桥、斜桥、城隍桥、太平桥、隆兴桥之桥石，及由县政府连填塞双池潭所成之基地一亩六分，一并标价出卖”③。

5. 建园

历来湖州城中除了几个私家花园，一直没有一个可供市民游玩的公园，这对于一个进入近代社会的城市来说，是个缺憾。1923 年，趁旧府衙标卖，经协商划出北面十几亩地准备建吴兴公园。但 5 年过去，志成路与同岑路上的商业建筑已渐成气候，公园还是不见踪影。在湖城“大兴土木”开始之时，此事引起了热议。《湖州月刊》上刊出一篇《湖州城内中央公园何时落成》的文章，责问：“不过数年以来，商市这样发达了，而公园地址还是空中楼阁，公园的谋划绝无影响，真正使湖州人望眼欲穿！……所谓公园者，仍是满目荒凉，做一个倒垃圾、埋坑厕的场所罢了，……故吾促士绅快快兴起，快快把真面目现出来！”④ 与此同时，县建设委员会则提出，“公园不宜

① 周可宝:《吴兴县十九年起三年之地方建设计划》,《湖州月刊》1930 年第 3 卷第 10 期。

② 即“运粮河”，因元末张士诚抗拒朱元璋大军攻湖的故事而闻名。

③ 《申报》1929 年 4 月 8 日。

④ 瑛:《湖州城内中央公园何时落成》,《湖州月刊》1928 年第 3 卷第 5 期。

于市场中心，须以静僻而适合，……拟将城北海岛拨为园基，原有基地不如建筑市房，标价出卖，……已函原议士绅，征求同意。”① 而这一提议并未落实。直到1928年，公园建造终于提到议事日程，据邱寿铭1962年回忆：“吴兴公园由李念慈规划，发起动工。”②

图3—4　吴兴公园内一景（1933）

公园于1929年春节开放，成为湖州城内一大新闻：“游园：旧湖州府址地基，由志成公司购买，开辟马路，以兴市场。另划出空地数方，兴建公园，去腊告成。即于新年中开放，内设茶室二所，一时男女老少趋之若鹜。”③ 文中描写的公园形势布局，一直保留到20世纪90年代初。

湖属其他5县，在市政建设上虽然有所动作，但因经济社会发展程度

① 《申报》1928年5月10日。

② 《湖州旧府基变为商场的沿革》，载杨伟民：《湖州民国史料类纂与研究》（个人遗作——邱寿铭专辑），沈阳出版社2016年版，第39页。

③ 《旧历新年中之湖州》，《上海新闻报》1929年3月9日。

等原因，成就不多。至1934年，长兴县城内的道路，修筑了自大东门外至三里桥、火车站道路一段，大东门外至汽车站一段，建成中山公园1座，还把文庙改建为小菜场。德清县城内的南四铺街道，1931年大火后进行拓宽，用石板铺砌，为城内各街道之冠；1929年春通过劝募经费，将假山头地方辟为公园。武康县城区的横直两街，近40丈，于1931年改筑为水泥路面；县府前至汽车站道路，共长300多米，改筑煤屑路面；1928年上柏镇街道共长80多丈，改筑水泥路面。安吉县递铺镇于1930年建立小菜场一处。孝丰县城于1930年在县城东北和南后街建立小菜场，建造警钟楼，附设标准钟等。

（二）水陆交通建设

南京国民政府成立后，十分重视交通建设，1929年，成立全国道路设计委员会，1932年在全国经济委员会下设公路处，并在4年间为修筑公路向15个省提供了1200万元贷款。湖州作为浙北门户和拱卫南京的南部要地，又是众多中央要员的家乡，因此公路建设更受重视。

1928年，浙江省政府制订修建公路计划大纲，把原从杭州经湖州通往安徽广德作为浙赣副线的计划，调整为从杭州直通南京的“京杭国道”。

1929年6月，杭州至武康段，以及武康至莫干山庾村已通车，“民十八年六月六日，西湖博览会开幕，六月七日请来杭之中央委员及各界代表参观杭长新路杭武段，并游览莫干山。”①11月，杭长公路全线通车，从杭州至长兴父子岭共计245华里（122.5千米），路基7.5—9米，上柏至长兴铺路面为5米，其余为3米，投资150万，占用土地4821亩。省政府还举行了隆重的通车仪式，9月29日上午9时，由省政府主席张静江率领省属机关人员分乘20多辆汽车，从杭州出发开至湖州，在湖州汽车站召开会议，“张主

① 浙江省政府秘书处:《浙江省政府公报》1929年6月5日。

席亲至站行解结礼，鸣爆升旗。”①

1935 年 2 月，长兴至泗安的公路建成通车。1936 年 8 月，湖州至江苏平望的湖嘉线建成通车，全长 120 多华里（60 多千米）。11 月 15 日，在湖州举行有 500 余人参加的湖嘉苏长途汽车通车典礼。“自八月二十四日起，每日由湖州开往苏州、嘉兴以及由苏、嘉两地开湖，均改为直达车，以免旅客中途换车之劳（在这之前，旅客均须在平望换车）。”②

这几条建成通车的公路等级较低，如杭长公路通车时“除了杭州起约100里是碎石路面，其余还是土路”③，直到1930年8月才全部铺上路面。碎石路面极易受损，如 1933 年 7 月，当农村调查人员从吴兴经武康回杭州时，发现路面甚坏，颠顿不平，但“沿途上车者极多，以致挤无隙地”④。尽管如此，这些公路的出现，改变了湖州单一依靠水上交通，改善了湖州及长兴、武康等县的对外交往、物资交流的状况，也加快了城乡人民的生活节奏。特别是原本交通闭塞、地处偏僻的上柏、三桥埠、埭溪、泗安等山乡一跃成了便捷之地。如“浙江武康县商场以上柏镇为最盛，三桥埠、城湾次之，上柏商店约 120 余家，其原因莫过于三镇均为杭（州）长（兴）路汽车经过之处”⑤。如埭溪镇，“地处偏僻，交通向属不便，近自杭长公路通车，始臻便利。”⑥

湖州的水上交通一直堪称发达便利。与外埠的交往，城乡之间的联系，乡乡之间的来往几乎都靠船只。但 1926 年以前，轮船不多，各地客货往来都依赖航船。1927 年后，水上交通也有新发展。1931 年长兴有了直达杭州的轮船。1934 年，仅仅吴兴县就有 16 条主要航线，分为太湖班与内河班两

---

① 《申报》1929 年 10 月 1 日。
② 《申报》1936 年 8 月 26 日。
③ 浙江省政府秘书处:《浙江省政府公报》1930 年 7 月 22 日。
④ 行政院农村复兴委员会:《浙江省农村调查》，商务印书馆 1933 年印，第 256 页。
⑤ 戴鞍钢、黄苇:《中国地方志经济资料汇编》，汉语大词典出版社 1999 年版，第 639 页。
⑥ 《湖属现势一瞥》，《湖州月刊·湖社十周年纪念特刊》1934 年 6 月。

图 3—5　民众在湖州双林虹桥港码头乘船出行（1935）

种，与上海、杭州、苏州、无锡、嘉兴及湖属各地等地相通。有长杭、源通、招商船局等 22 家轮船公司的 44 只汽轮与 18 只拖轮每天定点开船，其中来往上海的航班有 6 家公司 9 只轮船 4 只拖船在经营（其中 3 只轮船是从菱湖发出的）；来往杭州的有 3 家公司 7 只轮船 4 只拖船；来往苏州的有 2 家公司 3 只轮船 2 只拖船；来往嘉兴的有 3 家公司 4 只轮船 1 只拖船；可见人流物流之兴旺。

主要航线虽已是汽轮纵横，但内河乡镇之间，仍依靠航船，主要市镇之间的货运也还是以航船为多，原因是运费相较于轮船低廉。农村中更多用自备小船往返于城乡之间。据 1931 年湖属 6 县各类船只调查统计，“共计有船 16872 只，其中轮船 39 艘，汽户拖船 47 艘，乐户船 8 艘，渔船 2966 艘，舢板及驳船 352 艘，农户自用船 286 艘，航船 1569 艘，快艇 19 艘，游艇

29 艘，搬运船 1945 艘。”[①] 湖州真是个船的世界。

（三）邮电及电气等公营事业发展

由于蚕丝业的发达和上海的影响，湖州的邮电业起步较早。“吴兴县邮政、民信、电报、电话等交通事业，颇称发达。浙江省除杭州外，以该县为消息传递最灵通之区。”[②]

1930 年左右，原“湖州邮局”改称为“吴兴邮局”。随着轮船运输的逐步发达，发往杭州的邮件每天 2 次，发往上海、嘉兴、苏州、无锡等城市的邮件每天 1 次，都是送交直达轮船运输。每天早上，就把发往城市、乡镇的邮包通过轮船、航船运出。大的乡镇都设有邮政代办所或村镇信柜，主要由航船每天托运。浙江公路建设的发展也带动了邮路快速拓展，在杭长、湖嘉、湖苏公路通车后，每天邮车增加到数班，邮件传递的速度大大加快。湖州城内则分东南西北门四个投递段，每天投送两次。到 1934 年，吴兴县有二等甲级邮局 2 所（城区、南浔），二等乙级邮局 3 所（菱湖、双林、乌镇），三等乙级邮局 1 所（善琏）。湖属各县也建有二等乙级或三等邮局，如长兴县有二等乙级邮局 1 所（县城），三等乙级邮局 1 所（泗安）。

在官方邮政日趋发达的同时，早在 1825 年就开设在湖州、南浔的民信局迅速衰败。民信局是一种民间的通信组织机构，各帮信商大都设总局于上海，并普设分局或代办所于内地各埠市镇，形成信局网络，自成体系，通过自备船押运、航船捎带以及信客徒步挑运来运送邮件。湖州信局在长兴、安吉、泗安、梅溪、埭溪等地设立分局。1928 年在省邮务管理局注册登记时，湖州有 10 家信局。在浙江省邮务管理局规定“凡挂号民局

① 《湖属各类船舶数量统计》，《湖州月刊》1931 年第 4 卷第 2 期。

② 建设委员会经济调查所统计课：《中国经济志 · 浙江省 · 吴兴县》，正则印书馆 1935 年印，第 534 页。

之信件，必须装成总包，交由邮局寄递，违者每包罚银 75 元”[①] 后，邮政局与民信局的竞争越来越激烈。据邮局老职工陆春生回忆：“在 1929 年到 1930 年间，邮局的有关人员曾奉局长之命，到轮船码头检查信局人员有无不交邮局收寄而私自带信的情况，有时还可搜查信局人员身上背的‘钞马子’（工作大褂），有否夹带信件，如经查出，邮局有权没收和罚款。”[②] 到 1934 年，湖州只剩下 3 家民信局，“营业以递寄货件者为多，信件除未通邮之乡村外，已鲜有交托者也。”[③]1934 年底，存在了 100 多年的湖州民信局全部关闭停业。

湖州的电报局开设也很早。1883 年南浔先于湖州设置了电报局。1891 年湖州创办电报局时，曾隶属于南浔电报局，两年后才升为局，把南浔局改为所。但自 1924 年湖州设立部办长途电话分局后，电报业务“一落千丈，实难维持。交通部有鉴于此，已于民国十八年起兼营长途电话矣”[④]。

湖州的市内电话公司共有 3 家。吴兴电话股份有限公司创办于 1915 年，仅比杭州晚两年。到 1930 年，已拥有 5 部总机，交换机从 200 门扩展到 500 门，用户也从 120 户达到 451 户。电话零售处遍及湖属各县，1934 年年收入 2 万多元。南浔、双林分别于 1920 年、1928 年由刘安仁、徐崑山建立市内电话公司，1934 年客户分别达到 100 多户与 50 多户，营业收入分别达到 5700 多元与 2000 多元。

---

① 《湖州市邮电志》编写组:《湖州民信局史考》，载《湖州文史》（第 9 辑），湖州市政协文史资料委员会 1991 年印，第 107 页。

② 《湖州市邮电志》编写组:《湖州民信局史考》，载《湖州文史》（第 9 辑），湖州市政协文史资料委员会 1991 年印，第 102 页。

③ 建设委员会经济调查所统计课:《中国经济志・浙江省・吴兴县》，正则印书馆 1935 年印，第 26 页。

④ 建设委员会经济调查所统计课:《中国经济志・浙江省・吴兴县》，正则印书馆 1935 年印，第 535 页。

长途电话则分部办与省办两个公司。部办分局成立于1924年，由电报局兼营。部办电话可与江苏等外省直接通话，不必接转，但收费较高；省办电话只能接通省内电话，但收费较低廉。直到1934年，两家电话局才开放互通，吴兴为接转局，可转接上海、南京、无锡、苏州、嘉兴、镇江等32处长途电话。架设电话线路至邻县德清、长兴等，并连接杭州、嘉兴。1934年吴兴全县各乡镇已架设15条线路，线路总长达216华里（108千米），在县内各个大镇设有电话支局或零售处。长兴县及各大镇有部办长途电话，省办只限县城与泗安，1934年合并，但城区电话还在兴办中。德清县及各大镇只有部办长途电话，省办电话尚在筹备之中。武康县有部办、省办长途电话各1处，乡村电话仅筏头1处。安吉仅有部办、省办电话局各1所。孝丰县有商办乡村电话，可与县内重要乡镇及安吉县城、梅溪通电话，省办电话局直到1934年7月才开通。

湖州的电气事业创办较早，从1915年底就开始发电，当时仅发半夜电，只供商店、居民照明之用。1926年后，在著名电气实业家李彦士与电气工程师沈嗣芳的努力下，吴兴电气股份有限公司先后添置200匹、350匹及1050匹柴油发电机，有蒸汽发电机和柴油发电机各3座，并把5250伏高压线从城北延伸到太湖边各乡镇，以满足零机户丝织用电。到1936年最高负荷达1100千瓦，年发电量313万千瓦时，满足了城乡800多台电力织机、13家碾米厂、5家铁工厂和全城居民的照明用电，用户达到4000多户，在当时已称“规模宏大”。

湖州的发电厂，大多从碾米的需要逐步发展过来，也兼顾部分居民、商店的照明需要。到1935年，吴兴城区、南浔、菱湖、双林4处发电厂是电力专营，练市、善琏、埭溪、袁家汇等镇的发电厂是由碾米厂兼营的，设备只有1台柴油发电机。当时的电价有两种：一种是表灯制，每度电收大洋2角4分至2角7分不等；另一种是包灯制，即每盏灯（以16支光计）每月收1元1角至1元7角不等。除了城区采用表灯制外，所有其他的发电厂都是两制并用。从当时的收入水平来看，这样的电费属于“高消费”。

湖属其他各县的发电厂还处于萌芽时期。至 1934 年，长兴在城区、泗安、虹星桥、和平镇有 4 家发电厂，都是白天供碾米，晚上供照明。另有煤山电厂，主要供煤井及煤矿自用，且“均非通夜放光”。[①] 德清县有城关、新市、洛舍 3 家发电厂，其后 2 家由于“范围极小，呈请注册尚未奉准”[②]。武康县城还没有发电厂，上柏、三桥埠各有发电厂 1 座，碾米照明兼营；莫干山有省建设厅办的发电厂 1 座。安吉县有递铺、桃城、梅溪、晓墅共 4 座电气厂，也是兼营。孝丰县有 1 座电灯公司。所有的发电厂，除了孝丰县是官商合办外，都是商办性质。

二、文教事业的进步

（一）国民教育

民国时期，由于湖州经济相对发达，生活富庶，湖州的教育事业在全省都堪称发达。1935 年国家建设委员会经济调查所在《中国经济志·浙江省·吴兴县》篇中就指出：“浙西各市县教育文化，除杭州市外，以吴兴县最为发达。每年地方教育经费达七万余元，合省立中学暨各私立学校之教育经费，年约在二十余万元以上。学校数合计有二百校，肄业学生数约二万余人。社会教育各种设备，尚称完善。”[③]1931 年，教育经费支出占到吴兴全县总支出的 50%。

湖州各县没有高等教育学校，中小学分为省立、县立和私立（包括教会学校），吴兴县有 7 所中学：省立第三中学、东吴附属中学、湖郡女子中学、湖属联立师范学校、县立女子中学、民德女子职业中学、南浔初级中学，其

---

① 《湖属现势一瞥》，《湖州月刊·湖社十周年纪念特刊》1934 年 6 月。

② 陈勤士：《湖属六县自治状况》，《湖州月刊·湖社十周年纪念特刊》1934 年 6 月。

③ 建设委员会经济调查所统计课：《中国经济志·浙江省·吴兴县》，正则印书馆 1935 年印。

中省立第三中学①、东吴附属中学②、湖郡女子中学③3所设有高中部。其余5县都没有中学。

1932年12月，教育部公布《小学法》，小学修业年限为6年，前4年为初级小学，后2年为高级小学。1934年吴兴县教育局对前3年重要工作进行统计，“改设完全小学3所；增设初级小学2所；设立乡镇立小学21所；改设中心小学9所；推设义务教育小学短期班11所；试行二部制小学3所；改进区私立小学121所；改进私塾56所。”④

表3—2　湖属6县各级学校数量统计表（1934年）⑤

学校数量 / 县别	初级中学	高级中学	初级小学	高级小学	合计	附：1931年小学学校数
吴　兴	5	2	188	25	220	169
长　兴			94	10	104	89
德　清			53	4	57	84
武　康			46	5	51	41
安　吉			45	5	50	23
孝　丰			47	1	48	45
总　计	5	2	473	50	530	451

① 1933年改称“浙江省立湖州中学”，1934年始设高中。

② 1932年“一·二八”淞沪抗战爆发后，设在上海的附属二中并入湖州的三中，设有初、高中部。

③ 1935年春，在40周年校庆时开设高中班。

④《湖属现势一瞥》，《湖州月刊·湖社十周年纪念特刊》1934年6月。

⑤ 根据建设委员会经济调查所统计课:《中国经济志·浙江省·吴兴县》(正则印书馆1935年印)、《湖属现势一瞥》《湖属六县自治状况》《湖州月刊·湖社十周年纪念特刊》1934年6月)、君谋《湖属各小学确数调查》(《湖州月刊》第4卷第1号)、《湖州文史》(第5辑)(湖州市政协文史资料委员会1987年印)等整理。

表 3—3　吴兴、长兴等县中小学生数量统计表（1932 年）[①]

<table>
<tr><th rowspan="2">类　别
县　别</th><th colspan="2">高级中学</th><th colspan="2">初级中学</th><th colspan="2">高级小学</th><th colspan="2">初级小学</th><th rowspan="2">合　计</th></tr>
<tr><th>男生</th><th>女生</th><th>男生</th><th>女生</th><th>男生</th><th>女生</th><th>男生</th><th>女生</th></tr>
<tr><td>吴　兴</td><td>79</td><td>10</td><td>230</td><td>249</td><td>776</td><td>456</td><td>10458</td><td>2758</td><td>15016</td></tr>
<tr><td>长　兴</td><td></td><td></td><td></td><td></td><td colspan="2">293</td><td colspan="2">5307</td><td>5600</td></tr>
<tr><td>德　清</td><td></td><td></td><td></td><td></td><td></td><td></td><td></td><td></td><td></td></tr>
<tr><td>武　康</td><td></td><td></td><td></td><td></td><td colspan="4">学龄儿童：男生 1495、女生 303</td><td>1798</td></tr>
<tr><td>安　吉</td><td></td><td></td><td></td><td></td><td></td><td></td><td></td><td></td><td></td></tr>
<tr><td>孝　丰</td><td></td><td></td><td></td><td></td><td></td><td></td><td></td><td></td><td></td></tr>
<tr><td>合　计</td><td></td><td></td><td></td><td></td><td></td><td></td><td></td><td></td><td></td></tr>
</table>

从以上两表中可以看到，湖州的中学生，特别是高中生数量稀少，女生更是凤毛麟角。但初级中学的女生数已开始超过男生，说明湖州的民风开化已成骎骎之势。当时的中学，开展西化教育是一种风气，特别是属于教会学校的东吴附中与湖郡女中，上课以英语为主。1927 年后，因教育部提出学校校长必须由中国人担任，外国校长才退出，外籍老师也慢慢减少。学生除了上文化课，还要学习音乐、体育、表演等，每学期还要远足（旅游）。学校里有各种组织社团供学生选择加入，如学生自治会、文学会、球队、校友会等。湖州民德妇女保婴师范学校尤其值得一提，其保婴师范班，招收初中毕业生，除了必要的高中课程外，主要教授婴儿家庭教育与家政学，培养幼儿前期教育的师资，还招妇女补习班，招收文盲或半文盲的已婚妇女。这所学校在当时是全国数一数二的专业学校，引起全国教育界的重视。

湖州的小学教育，已不同于传统的私塾教育，课程根据教育部的规定，有国语、算术、公民、历史、地理、自然、音乐、体育、图画、劳作等课，比较正规的小学还设有英语课。当时较为突出的有县立霅溪中心小学（县立

① 根据建设委员会经济调查所统计课:《中国经济志·浙江省·吴兴县·长兴县》(正则印书馆 1935 年印)、《湖属六县自治状况》《湖属现势一瞥》(《湖州月刊·湖社十周年纪念特刊》1934 年 6 月)整理。

一小)、县立苕溪中心小学（县立二小)、三师（湖师）附小等，校舍宽敞，老师都是师范毕业生，湖师附小还负有指导湖州地区小学教育的责任。德清县有县立第一中心小学，1928 年开始实行男女同校。

商会士绅办有私立绉业小学、菱湖的青树小学。绉业小学有学生五六百人，是当时湖州规模比较大的学校之一，由于经费宽裕，老师星期天值班有加班费，成为湖州地区的特例。最让人津津乐道的是其“捐献飞机”这一轰动全国的壮举。“九一八”事变后，救国运动勃兴。1934 年初春，该校学生节约糖果费捐献 200 多银元，本应上交县局转省教育厅，但校长刘鹤龄与校董事会研究后，购买了 10 张“航空奖券”，这遭到省厅严厉批评。不料 1934 年 4 月开奖时，竟中得二等奖，奖金 10 万银元。除留 2 万银元作校基金外，以 8 万银元独资捐献飞机 1 架，定名为“中国儿童号”（编号 808)。由校友陈立夫代办购机。1935 年秋，还邀历届校友齐集南京参加“献机典礼”。时任行政院长的汪精卫代表政府受机。该机起飞前，由陈立夫与其胞妹陈赞夫向机头掷香槟酒以示庆祝。由“空军英雄”高志航驾机绕湖州城三匝，绉业小学师生齐集海岛广场，湖城百姓万人空巷，对空欢呼。青树小学是菱湖实业家章荣初 1932 年在家乡创办的完全小学。教师待遇高，学生不收学费还赠校服。开学典礼上，上海、湖州实业界多人来参加，还请上海电影厂来校拍摄纪录片。这在湖州乃前所未有。

党政要员在家乡办的小学也很有名。曾任外交部长的黄郛于 1932 年在德清庾村创办莫干小学，开展乡村教育改造运动。黄郛一向重视教育，认为国家建设，民族复兴，舍教育、实业外无他途。但随山居生活渐长，黄对农村社会了解日深，其创办莫干小学的想法，遂又增添了更进一步的含义，从而把兴办教育作为中心环节，使之成为改造农村社会的一部分。

1928 年，黄郛和沈亦云在莫干山先购后修“白云山馆”，拟作为退隐之所。为使莫干小学早日成立，黄郛投入极大的热情与努力，白天亲自带人勘察校址，夜晚挑灯设计校舍草图，经过一番紧张的筹备，1932 年 6 月 1 日，

图 3—6　莫干小学校舍（1930）

莫干小学在暂借的民房里开学，收学童 40 名。学校为义务性质，不收学费，对品学兼优的学生提供升学奖学金。聘学农出身的郑性白为校长。黄郛亲临主持开学及新校舍的奠基礼，在演讲中，他讲述了自己幼年求学的困难与社会对他的资助，因此愿意以此报效社会，并表示将来即以校为家，从事农村改革事业，愿乡村父老予以合作，使莫干小学成为农村改进的先声，学生成为社会上有用的人才。1933 年元旦，莫干小学新校舍建成，黄郛与沈亦云在校和员工度岁，黄手书“勤俭忠慎”四字为校训，并“耕读”一匾和“自治自卫自教养”“相友相加相扶持”一联。另撰校歌，歌词为：“莫干之灵，钟我诸生，勤俭忠慎，我校之箴，耕不废读，读不废耕，生聚教训，利国福民。”

1933 年 3 月，为配合教育改造活动的深入，黄郛又设莫干山农村改进会，由莫干小学 2 人，地方干练人士 9 人组成，按以学校为中心，自教、

自养、自治、自卫的原则，推行农村改进工作。自教即耕读并重，养成生产知识、国民常识及勤俭忠慎原则。自养即以生产技术之改良，生活享受之缩减为主。自治即改善乡村之组织，以发展公共事业，改正恶劣习惯。自卫即务求生活之军事化与卫生化，养成捍卫乡土之观念与责任。改进会的工作经过几年努力，颇见成效。如自教方面，儿童教育以莫干小学为中心，增置农场、工场、运动场、游泳池、图书馆等。成人教育由学校辅助改进会办理，设有农民夜校、农民教育馆及健身场，所教为公民、国语、珠算和常识。每周有特约时事演讲与时事报告各一次，农民教育馆常举行卫生展览会，儿童健康比赛，以及关于改良风俗之化装演讲与通俗演讲，还有农作物上肥料、选种、新式养蚕方法的传授。自养方面，主要是生产技术的改进与金融流通，推行改良蚕种、麦种、植树造林，建立信用合作社，提倡副业，兴修水利，改善交通等。自治方面，鉴于当地原有保甲制度效率不高，遂由莫干小学及改进会训练其使用民权，辅助其进行而督察其成效，并另组调解委员会以处理村民纠纷，以免讼累。立山林公约以尊重产权而保护林业，另外还改良婚丧俗礼。自卫包含警卫、卫生及消防等事项。卫生方面，由莫干小学设医诊室，聘请医师。平日就诊只收挂号费，不收药物手续费，并按时检查家庭及公共卫生，接种疫苗等。警卫方面，于农闲时选集壮丁，制备械弹服装，轮番进行军事训练，完毕后以地段分班，以莫干小学教师为班长，无事定期操练，有事可以人自为战，会操时，黄郛有时亲任指挥，以示激励。又设有消防队，备有水龙、铜帽、灭火机等。待本区各种改进工作步入正轨后，又先后辅助邻村组织阜新、何村、剑池三所小学。

在黄郛夫妇精心培育下，历经多年努力，莫干乡村改进工作获得稳步发展，并初显成效。例如，当地乡民的村规风俗和生产生活方式均得到不同程度的改进提升；在 1934 年江南大旱时，相较于周遭饿殍遍野情形，庾村无灾民饿死；再如，庾村无失学儿童，村中青壮年劳动力基本都是莫干小学毕业生，乃至有父子叔侄同校同呼先生的佳话。

1936 年 12 月黄郛去世后，莫干小学在其夫人沈亦云主持下继续发展。1937 年 4 月，蒋介石与宋美龄来学校视察并为逝世不久的黄郛扫墓。而沈亦云将蒋介石此前托孔祥熙转来的治丧费赠给莫干小学，作为学校的奖励金。抗战全面爆发后，学校几经战火洗劫，时断时续。这期间莫干小学毕业生中，既有从军抗战捐躯者，也有其他以不同专业知识服务地方和社会者，为当地作出了许多贡献。

时任考试院院长戴季陶 1930 年在家乡戴山乡后林村创办私立戴氏二礼小学，将田产一二百亩捐充校产。戴还将私人藏书及政府刊物、各种会议照片存放校内。当时南京市市长刘纪文赠送大铜钟，省教育厅厅长陈布雷亲撰四六式骈文体批复，一时传为佳话。

时任交通部长、后任浙江省主席的朱家骅于 1934 年在家乡白雀乡瑶阶坝创办鹤和小学。该校有优良的师资与设备，其中不少图书、仪器、标本是省、县教育厅局送来的。1937 年夏，他又以大哥朱祥生的名义创办了吴兴县立祥生简易师范学校，中小学生达到 600 多人，其中许多是慕名而来的外地学生。

时任国民政府教育部总务司司长雷震于 1936 年在家乡长兴小溪口东端建起长安小学，自助水田 72 亩，请热心教育的士绅捐赠 260 多亩作为办学基金。学校建成后，他还特地花 400 银元从南京、苏州等地购来大批苗木花卉，精心布置校园。

湖州的教育经费虽在全省乃至全国都名列前茅，也已用了“洪荒之力”，但还是捉襟见肘。主要原因一是进入 30 年代后，湖州丝业接连遭到内外变故，无论出口数量还是价格都呈“断崖式”下滑，造成政府税赋减少，人民生活穷困；二是在丝业严重萎缩的情况下，湖州没有其他成规模的工业可替代，教育经费只能主要靠农业与商业的捐税来解决，这使教育经费不可能持续高增长；三是省里教育费拨付不合理，如 1928 年，湖州的绸绉、丝、茧 3

种税额达121.7万元，占全省总额39.3%，田赋达186.86万元，占全省总数的15.7%，但每年省里只给湖州的省立三中（包括附小）5万余元的经费，占全省教育经费的2.8%，比其他10所中学的经费都要少；四是湖州的小学教育虽已算“发达”，但吴兴县适龄儿童中，只有21%的儿童可读书，其中有3.3%的儿童是在国家已明令限制甚至取缔的私塾中就读，而近80%的儿童失学。这使吴兴县30年代初提出的拟增近百所小学、增加5000多个教师，德清县提出的平均每5平方公里建1所小学的设想成了几乎不可能实现的“痴想”。

表3—4　吴兴县小学生、私塾儿童、失学儿童人数统计表（1932年）[①]

性别／县名	小学生		私塾儿童		失学儿童		合计
	男	女	男	女	男	女	
吴兴县	11234	3214	2159	507	36923	26561	
合　计	14448		2666		63484		80598
占　比	17.93%		3.31%		78.77%		100%

（二）社会教育

20世纪30年代初，湖州的社会教育也得到了较快发展。湖属6县的各种社会教育机构及设施达到593处。其中吴兴县参加各种社会学校及国术馆的有3234人；长兴县有1450人；德清县有657人（其余3县人数缺失）。成年补习教育在各县已蔚然成风，规模与质量都有了长足的进步。

当时在全省有一定知名度的有章荣初创办的菱湖乡村建设试验区。除了在工、农、蚕、渔、教、医业外，还兴办社会教育。1935年建立民众实验学校，招收成人班与妇女班各1个，计130人。从1936年6月开始，利用

① 根据《湖属六县自治状况》《湖属现势一瞥》(《湖州月刊·湖社十周年纪念特刊》1934年6月）整理。

农闲时间，开设蚕农训练班，先后办了 3 期，每期受训人员达到 700 多人。另外还配备电化教育设施，有声电影机 1 台，在各乡镇巡回放映，向农民宣传各种知识。

湖州抗日部队“郎部”负责人郎玉麟因仰慕陶行知，决心走“以学校为中心，改造社会”之路，于 1931 年在其任教的弁南乡潘店村组织农民夜校与农民剧场，并制订了“新村计划”，要把潘店改造成为“一个文明、进步、科学、富裕的新农村”①，此计划发表在《湖报》上，引起了与晏阳初、梁漱溟、陶行知等人有深交、属于“乡村教育派”的吴兴县长李光宇的注意。南浔则在 1928 年办起了游民习艺所，教与纺织技术。1932 年，已组织 50 名游民，织布机 60 台，年产 12000 匹布，对南浔不仅在经济上，也在社会治安上“有莫大的帮助”。②

习武之风在当时也非常盛行。1929 年，吴兴县国术馆经中央国术馆批准，由县长任馆长，开设太极门、少林门的各路拳术，常年举办各种培训班、研究班，到一些大企业去举办太极拳学习班，还在全县农村成立了 16 个国术分馆，每两年举办一次国术考试，前 60 名可报考省国术馆，每年还出版《年刊》学术杂志。

表 3—5　湖属 6 县社会教育概况（1932 年）③

县别 / 名称	吴兴	长兴	德清	武康	安吉	孝丰	合计
民众问字及代笔处	104	35	50		58		247
民众学校	73	26	24	22	9	10	164
民众阅报处	36	31	23	8			98

① 郎玉麟:《我办农村教育的回忆》，载《湖州文史》（第 5 辑），湖州市政协文史资料委员会 1987 年印，第 23 页。

② 《南浔研究》（1932 年手抄本），湖州市档案馆藏，档案号 Q313—7—20，第 82 页。

③ 根据《湖属六县自治状况》《湖属现势一瞥》（《湖州月刊·湖社十周年纪念特刊》1934 年 6 月）整理。

续表

名称＼县别	吴兴	长兴	德清	武康	安吉	孝丰	合计
体育会	10	1					11
公共体育场	2			1			3
图书馆	2	1	1			1	5
国术馆	2			2			4
民众教育馆	2	1	2	1	2	1	9
工业补习学校	2						2
商业补习学校	1						1
妇女职业补习学校	1						1
孤儿贫儿教养院	1						1
公　园	3	1	1				5
剧　场	1			1			2
公共娱乐场	1						1
电影院	1						1
通俗讲演地点				25			25
其　他	2			2	6		10
总　计	243	101	101	61	75	12	593

（三）文化新闻业

湖州的新闻事业在20世纪30年代中期“尚称发达，城区计有《新湖声日报》《湖报》《湖州公报》等三种”[①]。《新湖声日报》创办于1927年，是湖州历史上的第一份日报，并先后出版过文艺副刊《小晨钟》《小学生》《沙漠》、文学周刊《民间》等。《湖报》则是湖州历史上第一份国民党党报，也是实际上的第一份“湖州报”，因其经费来自于湖属6县国民党党部经费，报名由著名书法家于右任题写。该报以宣传解释国民党及其地方政府的政治主张

① 建设委员会经济调查所统计课:《中国经济志·浙江省·吴兴县·长兴县》，正则印书馆1935年印，第613页。

和方针政策为主，也报道6县新闻时事。董事长是陈果夫，社长或主笔都由国民党官员担任，是当时湖州规模较大的一份日报。《湖州公报》创办最早，是五四运动的产物，但1年后就因故停刊，10年后才复刊。当时，乌镇还创办有《新青鸟》旬刊，专刊地方新闻及小品文章。而其他湖属5县，则无地方报纸，如长兴县，“当地无新闻事业，所有日报均由沪杭吴兴运入，隔日可到，尚称快捷。”①

上海、杭州的各大报纸，主要由成立于1901年的湖州振兴派报社经销，每天由轮船直接运来。上海的报纸都由嘉兴轮船转来，一般要晚上9点才到，邮局人员在码头直接分拆，交给各派报社的人，由他们连夜分送各个订阅户。

湖州的书店也有10多家，且生意较好，以至于当时的调查员看后表示：“吴兴文化事业，近年经当地士绅之提倡，有蒸蒸日上之势。书局有商务、中华、世界等计十余家，书报之流通，也称迅速。”②

三、医疗及社会救济事业的改善

20世纪二三十年代湖州（主要指吴兴县）的卫生、慈善及消防等公益救济事业得到逐步改善。

（一）西医

湖州城内有福音医院、吴兴病院、湖州医院、国良医院等，南浔镇有浔溪医院、同仁医院等。其中的吴兴病院（今湖州市第一人民医院）是绉业公会与丝织业公会共同创办的。几个医院中以美国医生孟杰开办的“规模宏大之福音医院，设县南门，设备完善，可容病人一百数十人，最令人印象

① 建设委员会经济调查所统计课:《中国经济志·浙江省·吴兴县·长兴县》，正则印书馆1935年印，第613、697页。

② 建设委员会经济调查所统计课:《中国经济志·浙江省·吴兴县·长兴县》，正则印书馆1935年印，第613页。

深刻”①。

南浔虽然是个镇，但西医发展远远超过当时湖属其他地区，1930 年已有 2 所医院与 1 所诊所。据《南浔研究》的调查统计，最大的浔溪医院是 1919 年开办，同仁医院与郁冠球诊所分别创办于 1928 年与 1930 年。而其时另 5 县还没有正规的西医院。浔溪医院有病床 80 张，同仁医院病房只有 2 大间。西医设内科、外科、花柳科、皮肤科、眼科、耳科、鼻喉科、妇产科等，就诊人数很多，3 家医院 1932 年上半年就达 12928 人次。浔溪医院的病房分三等，头等每天需 2 元（包括宿、膳及一般的药，并可陪伴 1 人），二等需 1 元，三等是 4 角（无陪伴）。出诊本地是 2.6 元，外埠视远近而定。浔溪医院不收门诊费，而同仁医院日诊要付铜元 25 枚，复诊 20 枚，夜间是 5 角，特别（急诊）1 元。在一般工资只有每月六七元的情况下，当时西医应算是“奢侈级”的。西药房在湖州城区有五洲、中英、中法、中西、大陆 5 家，在南浔则有南阳等。

（二）中医

中医在湖州一直较为发达。1932 年，“吴兴县从事中医的有 220 多人，其中城厢 110 人，南浔 37 人，埭溪 13 人，双林 10 多人，练市 9 人，荻港 5 人，袁家汇 13 人，南皋桥 7 人，乌镇 11 人，菁山 3 人。”② 除了吴兴县城，“其它市镇村庄，莫不有之，总在五百人以上，其势力之大可知。”③ 湖州是浙江省成立中医团体最早的城市。1930 年吴兴国医公会成立，创刊《国医旬刊》（后改为《吴兴医药》月刊），每期开设《医学论文》《药物研究》《专著》《杂俎》《释疑》等专栏。1933 年创办《吴兴医学杂志》。1931 年，成立

① 建设委员会经济调查所统计课:《中国经济志·浙江省·吴兴县·长兴县》，正则印书馆 1935 年印，第 621 页。

② 建设委员会经济调查所统计课:《中国经济志·浙江省·吴兴县》，正则印书馆 1935 年印;《南浔研究》(1932 年手抄本)，湖州市档案馆藏，档案号 Q313—7—20，第 91 页。

③ 建设委员会经济调查所统计课:《中国经济志·浙江省·吴兴县·长兴县》，正则印书馆 1935 年印，第 621 页。

吴兴国医检定委员会，由县长任主任，并于8月16日在吴兴县城天宁巷省立三中教室举行第一届考试，应试者近百人，后来成为湖州名医的方强嗣名列第一。吴兴中医协会既是自由职业公会，又是学术团体，每月都要定期举行2次学术研究会。各科名医众多，大多是世家出身。据1933年2月1日《新湖声报》载，在吴兴县城内挂牌行医的有34名中医，涉及内科、外科、女科、儿科、喉科、针灸科、伤科、推拿等。

这一时期发生了近代医史上影响最大的"废止中医案"事件，从提倡者、支持者到反对者、调解者都与湖州人或湖州有关。1929年2月，在汪精卫的支持下，卫生部召开第一届中央卫生委员会会议，余云岫（镇海人，1901年在南浔浔溪公学就读过）以上海医学分会会长的身份参加会议，会议通过并公布了由其起草的《废止旧医以扫除医事卫生障碍案》。议案内容包括：（1）执业中医限期办理一次性重新登记；（2）停办中医学校、禁止招收中医学徒；（3）新闻杂志等非科学媒体禁止刊登中医药广告等。一石激起千层浪，上海中医学界首先起来反对，得到了各界的支持，坚决要求卫生部收回成命。3月17日，来自全国15个省市132个团体的262位代表云集上海总商会大礼堂，召开全国医药团体代表大会，成立全国医药团体联合会，组成请愿团，举行医药行业的短时罢工罢市，要求政府立即取消议案。两天后请愿团奔赴南京，分别向行政院、卫生部、工商部呈文请愿。请愿团得到谭延闿、焦易堂、陈果夫、张静江、孔祥熙、叶楚伧、李石曾、薛笃弼等国民党要人的分别接见。蒋介石也接见了请愿代表，并作出"我对中医中药绝对拥护，你们放心好了"① 的表态。几天后，蒋介石下达"应交行政院分饬各部将前项布告与命令撤销"② 的正式批示。1930年，国民政府行政院又应全国医药团体联合会所请，宣布批准以3月17日为"国医节"。至此，"废止中

① 王增清：《民国废止中医案与胡定安》，《湖州民国史》2017年第3期。
② 王增清：《民国废止中医案与胡定安》，《湖州民国史》2017年第3期。

医案”在中医界的强烈抵制下无果而终。期间，湖州中医学界也积极参加请愿斗争，先后3次组成“救亡请愿团”，分别推举许佩斋、胡公朔、王戈真、张禹九、宋鞠舫等人为代表，赴南京、上海请愿。时任会长、湖州名医傅稚云还亲笔写下《请愿书》[①]，洋洋数百言，悲壮及期望之情溢于言表。《请愿书》全文如下：

南京国民政府钧鉴：窃谓中医学术，亦吾中华数千年相传国粹之一端，大之足以强民族，小亦可以裕民生。夫民族强，民生裕，则民权于是乎得发伸焉，此合之先总理三民主义当不背谬。乃自袁氏（袁世凯）窃据国柄，倒行逆施，仰承帝主信徒，不许中医学术列入学校系统。各有电争，罔惜民议，喧宾夺主，国粹沦亡。当民国十四年（1925）中华教育改进社及全国教联会先后举行年会于太原、长沙，均议决“中医教育应列入学校系统”一案，曾向北庭教部建议，未见施行。盖我中医界遭受摧残抑迫已历多年。今我国民政府成立，定都金陵，安内攘外，丕焕新猷，百端待举，巨细靡遗，凡我人民无不仰望，敝会同保，敢贡一得之愚，为中华医界前途请愿。查吾中医历来相传，不过私家传授，不足以言教育，学派分歧，毫无统系。中医亡无进化，实具于是。近年医界先觉，觅谋进展方策，创办中医专门学校，江浙晋鄂，凡五六所，只是各行其是，无统系之教课，无一定之方针，用心虽善，办理未当，此应请我政府提倡于上焉，予通令各有中医团体，明定课程，兴办公立学校，冶中西医于一炉。夷观日本医学家，根据中医药以发明者不可胜计，此固独立国应有创作之精，数千万利源，不致外溢，数千年国粹，不致沦亡，中医界幸甚，中国前途幸甚！

① 丁国强、沈令行：《湖州医学史》，浙江古籍出版社2017年版，第178—179页。

在这一事件中，湖州人又分成了两派。一是废止中医派。出身于湖州中医世家、时任南京市卫生局局长兼任中央卫生委员会委员的胡定安，是“废止案”的递交者之一，并在会议上作了坚决废止中医的发言，甚至在上海中医界抗议已到白热化时，还在3月17日《新闻报》发表《对中医药存废问题主张》，为“废止案”辩护。在国民党高层中，湖州人褚民谊参加了会议并支持废止中医药。另一是保留中医派。戴季陶、陈果夫、陈立夫、张静江等人，则明确表示反对废止中医药。

（三）社会救济业

湖州的社会救济事业也有了较快发展。湖属各县都已成立卫生委员会。吴兴县还有红十字会吴兴分会，专司种牛痘与办理夏令卫生、分送疫苗及时疫药水等事宜。

为缓解贫苦市民就医难的问题，吴兴县卫生委员会发送贫病施诊券，规定福音医院每年施诊1400号，吴兴病院、湖州医院、国良医院各400号，由民众教育馆统一分送，另由国医公会指定20名中医施诊，并由各药号施药。1928年，还创办了孤儿院，改组了育婴堂。南浔已有比较规范的贫儿教养院、育婴堂、承济堂、施药局、老人堂、师善堂、义仓等，除义仓外，经费都是由商会及士绅提供的。吴兴县慈善组织数量与规模都超过湖属其他5县。如长兴、德清、武康、安吉只有1—3所不等的育婴堂。吴兴县所属几个大镇，如双林、和孚、荻港、埭溪等也建了育婴堂。虽然吴兴县已有比较齐全的救济机构，但“救济院为法定之救济机关，下分设养老、育婴、孤儿、残废、施药、贷款六所，经费由县税项下支拨，以育婴所办理最有成绩，余均为点缀品耳”①。

消防也是社会救济一个非常重要的方面，当时的消防机构叫“救火会”，

① 建设委员会经济调查所统计课：《中国经济志·浙江省·吴兴县》，正则印书馆1935年印。

也叫“洋龙会”。当时城市的房子多为砖木结构，很多人家还是点油灯，极易酿成火灾，因此，湖州的主要街道都有“洋龙会”。其中“泰和浦”与“永安”两个已配备机龙（消防水带的一种，用来运送高压水或泡沫等阻燃液体的软管）。当时没有专业的消防队，主要靠地方热心人士自发组织。如诸老大粽子店的创始人诸坤荣（1865—1927，原名光潮，小名景川，湖州人）就是一位热心人士，每当发生火灾，他“总是冲锋在前，手执利斧，登高上屋斩断火苗蔓延。还手执水枪，奋力灭火。被大家推举为泰和浦救火会长”。[①]每到农历五月二十日，湖城各救火会齐集飞英塔（或潮音桥），身穿制服，头戴铜盔，对着飞英塔猛射，以水枪射得最远者为冠军。南浔镇有7个救火会，都是工商界的人士自愿参加尽义务的。“一有火警，近的吹号鸣锣，远的用电话传达，都能迅速的集中，竭力救火。”[②]

四、休闲旅游的逐渐兴旺

莫干山旅游的开发，是当时中国政治社会发展的缩影，也是“黄金十年”经济发展的产物。在莫干山上，可感受到当时中国政治走向的脉搏变化，可体验到现代化的物质生活，也可体会到中西文化的不同与融合，同时，也会更深刻地领会到中国经济社会的二元状况与无奈。

（一）收回主权

莫干山位于德清县的西北部，是中国的四大避暑胜地之一。自1896年美国传教士白鼐在山上建造第一座茅舍后，到1926年已有近150座别墅。外国人在山上多时有近千人，他们设有避暑会作为自治组织，自定章程，不受中国地方政府的管辖。

南京国民政府成立后，提出了废除治外法权等要求。在收回莫干山主权

① 诸承贤：《“粽子状元”诸老大艰苦创业史记》，载《湖州文史》（第21辑），湖州市政协文史资料委员会2002年印，第99页。

② 《南浔研究》（1932年手抄本），湖州市档案馆藏，档案号Q313—7—20，第93页。

的问题上，可谓打了一套漂亮而快速的“组合拳”。1928 年 4 月，“内政部第一次民政会议决议通过，同意浙江省民政厅长朱家骅提案，莫干山地方设立管理局，置局长一人，分设公安、工务、卫生课，办理该山各项事务，直辖于浙江省政府民政厅。”①5 月 15 日，管理局成立，由武康县长林彪兼任局长。5 月 25 日，朱家骅前往莫干山查勘，提出收回莫干山地权的具体办法，规定外国人今后不得在山置产，欲售房屋仅许售于华人，已购山地须丈量核实，按时征租纳税。并随之出台了一系列法规政策。管理局还于 1934 年对全山区域进行清丈测绘，公布总图，对业户发给产权书。

（二）交通联运

为了使上山避暑更为便捷，1928 年，上海、杭州、莫干山开设了车船联票，在避暑旺季时，“必加挂头二等客车专为避暑旅客乘坐。车抵杭艮山站，再由闸口开拱之区间车接拖之拱宸桥，换乘汽轮至三桥埠，登陆至莫干山旅馆，往返极为便利。”②1929年6月，浙江省政府在建造宁杭国道的同时，专修了从三桥埠到庾村的进山公路，并借西湖博览会开幕之机，先行通车，使杭州到山上原需七八个小时的旅程缩短到近 3 小时。上海的报纸宣传莫干山交通便捷、山上旅馆优惠服务的广告不绝于版。每日上午 7 点 50 分从上海北站出发，下午约 4 点便可抵莫干山。这使莫干山在当时几个避暑胜地中的地位凸显出来，“比之其他庐山等地要经过几天几夜旅途的劳顿跋涉，莫干山确是东南人士避暑的唯一胜地了。”③ 但其票价也是一般人不敢问津的：头等 23 元 2 角，二等 18 元 4 角 8 分，三等 12 元 9 角 4 分。山上铁路饭店的一个普通房间，还需花上 4 块多钱，加上每天 1 块钱的饭费。算下来，如在山上住一星期，各种费用应在五六十元左右，是一般人半年的收入。

---

① 浙江省民政厅:《浙江民政年刊》1928 年 4 月 18 日。

② 《申报》1928 年 7 月 20 日。

③ 琳:《东南避暑胜地——莫干山》,《晨报》1934 年 8 月 4 日。

(三) 进入鼎盛期

自收回主权后，莫干山进入了一个建筑高涨期与休闲业的发展期。外国人的别墅纷纷出手，上海、南京、杭州等地的富豪与党政要人则纷纷进场，或买或建。如浙江兴业银行行长蒋抑卮，上海青帮大佬张啸林、杜月笙，南浔富商周庆云，国民政府原外交部长黄郛，浙江省政府原主席张静江等。蒋介石、汪精卫、王克敏等都因拜访、养病等缘由先后上莫干山。1937 年初春，中共中央副主席周恩来及中共情报工作负责人潘汉年在杭州与蒋介石进行第二次国共合作谈判，由于谈判较为顺利，蒋命张冲陪同周、潘上莫干山游玩一天，下榻于黄郛的“白云山馆”，为莫干山，也为国共合作留下一划重要的历史屐痕。

图 3— 7　周恩来与蒋介石在莫干山谈判的旧址：白云山馆（1937）

为了满足越来越多的避暑游客的需要，莫干山上先后建起了 10 多家旅馆，其中以扩建后占地达到 70 多亩的铁路旅馆最为豪华，规模也最大。这些旅馆提供食宿、代购车票、代雇轿子等服务。上海的大商号源泰、慎大等在山上荫山街开设分号，商品多达数百种。疗养院、电报局、公益会逐步设立，小型电厂、冰厂、奶牛场、营造厂等纷纷建起。原有的大会堂、教堂、游泳池、网球场等更为完善。每到夏天，省保安队在莫干山山麓派兵驻扎，保障安全。公路开通后，莫干山管理局在庾村设立办事处，配有翻译与工作人员各 1 名，负责中转与旅游事宜，其中管理轿班与脚夫班是主要工作。由于旅游的客人增多，而上山还没有通公路，必须依靠轿子与挑夫，这就使轿子行业大大红火起来，旺季时，一天要上下三四趟，收入也可达 10 多块，一季干下来，可养家糊口一年。

在是否要在莫干山建造“电力上山机”问题上，张静江与黄郛发生过激烈冲突。张打算把莫干山建成一个繁荣的避暑区，想建造 4 座电力上山机，经过省建设厅设计测算，和德国西门子、美国慎昌洋行接洽，约需 70 万元，当时盛夏 3 个月，上山游客在万人以上，山上长住户有 3 万人左右，票价 3 角，估计暑期 3 个月即可收回 1/3 的成本，假如改为 4 角，也只有轿价的 1/10。但黄郛住在莫干山想静养，一向反对莫干山繁荣热闹，他说：“现在上海的‘印度阿三’每礼拜也来凑热闹了，还有什么意思！静江还要造电机，势非变成一个‘大世界’不可。我坚决反对！”① 但张不顾黄的反对，于 1929 年秋冬时节开始施工。黄郛即联系当地士绅，鼓动山下附近以抬轿为生的几千农民，还亲自带领，将施工人员全部驱逐，工程与机件全部捣毁。

五、城乡社会风俗的变迁

社会变动必然带来物质与精神的变化，进而带来风俗的变迁。南京国民政府建立后，改变社会风俗的努力取得了一定成效，但在复杂多变的形势影响下，在强大的传统习惯势力抵抗下，不是“水土不服”，就是“事倍功半”，

① 何祖培:《张静江事迹片断》，载中国人民政治协商会议全国委员会文史资料研究委员会:《文史资料》（第 24 辑），中华书局 1962 年版，第 289—290 页。

而宗教迷信则没有大的改变。

（一）逐渐开放与迷信封闭并存

1. 生活方式更趋西化

西化的生活方式从少数富豪家庭逐步向中产阶级蔓延。许多家境不错的青年购买留声机，举行家庭舞会、音乐会，组织篮球队、足球队、网球队，还经常举办运动会。双林丝商黄叔仁、汪仿荪于1932年建起第一座私人无线电广播电台，名曰“双林虹隐广播电台”，并加入上海广播协会。著名诗人、报告文学家徐迟是南浔人，从小喜欢音乐，他在80年代曾回忆，1936年，上海举办一场交响音乐会，他专程赶去欣赏，再搭车回南浔。

在社会活动中，西化的组织与活动也逐渐增多，如书报室、台球室、音乐队、电影放映等。在30年代，湖州城区已有5家兼放电影的戏院与游乐场。田径、球类运动开始普及，在一些教会学校，如东吴三中、湖郡女中、三一小学等还先后建起健身房。1930年9月，在浙江省第二届省运动会上，湖州运动员、东吴三中的曾子富夺得5项冠军（标枪、800米、1500米、5项全能、高中男子个人总分），刷新3项省纪录；沈涤尘夺得两项冠军并刷新省纪录（跳远、三级跳远）。之后，体育运动迅速在湖州城乡学校以至整个社会广泛开展。1931年9月，吴兴县举办了首届运动会。运动场地也逐步得到建设，1932年，湖州绅商沈谱琴等筹集资金，在吴兴公园韵海楼旁建造了网球场。1936年，将原海岛内隆兴寺瓦砾场一侧修筑成体育场，并于8月创立县立体育场，成立大会上还举办了篮球、排球、足球、网球“八一三杯”比赛。同年，浙江省第一区（杭、嘉、湖）第三届体育运动大会也在这个体育场举行。

2. 时间概念的刷新与生活节奏的加快

农耕时代，记时以日出日落、“吃一管烟”为标准，湖州的交通工具主要是航船，旅途中的时间计量以听到航船上的海螺声为标记。随着汽轮的逐

图 3—8　南浔白光篮球队和双林双华篮球队友谊比赛合影（1935）

渐增多，人们外出就有了“班次”的概念，如水运最为发达的南浔，虽只有水运，但由于外出到苏、嘉、沪、杭等地，还要与那里的汽车、火车班次对接，一旦迟到就会造成脱班，因此开船的时间一刻也不能耽误。在汽车开通后，生活节奏更为加快，如上海到莫干山，原需两天，后可朝发夕至。邮局邮件的寄送速度也大大加快，从每天一次成了每天数次。

3. 妇女从力争自食其力到争取男女平等

在农村，蚕丝业主要的劳动，如养蚕与缫土丝，是依靠妇女来完成的，其售后所得涉及农民家庭平日开销的“现钱”，因此，湖州农村妇女在家庭中的地位要比其他地方高。在城市，近代湖州的主要工业是丝厂与绸厂，1929 年，湖属各县（主要是吴兴与德清）的厂丝产量占到全省的 45.6%，吴兴县 5 个丝厂有工人 2600 多人，其中主要是女工。“工资男工每月自十五六元至三四十元，女工自五六元至二三十元，均视其工作快慢，出品

多少而定。”[①]1937年，吴兴县的工人共有6167人，其中织绸工人5240人，占比达85%；其中女工为3020人，占58%。女工参加工作，从依靠丈夫生活，到自食其力，还能帮助家庭增加收入，无疑提高了妇女的社会与家庭地位。

由于受到“五四”思潮的影响，除工人外，教师、公务员、律师、记者、医生、作家等职业中也出现了大量的女性，如南浔的公务员共有375人，其中女性有159人，占42.4%；从事自由职业共108人，其中女性有36人，占33.3%。

4.社会从重士轻商到重商倚商

中国自古就有重士轻商的思想。对政治及社会问题，商人根本无权置喙。在推翻清政府的斗争中，商人以自己的经济实力与政治影响赢得了一定的社会地位。湖州的许多商人经过几代的努力，通过买官或结交重要政治人物而成为当地重要的士绅。南京国民政府成立后，少数进入政界，成为政府要员，如张静江、吴鼎昌、钱新之；更多的是参加商会等组织，发挥对内公议监督、对外协调抗衡的作用，成为举足轻重的地方势力。

1932年，湖属各县及县里的大镇都成立了商会，其会员是各个同业公会。吴兴县有30家，南浔镇有14家，菱湖镇有11家，双林镇有7家；长兴县有16家（另有2处商会分事务处），泗安镇有10家；德清县有32家；武康及上柏已有5家加入（因先前该县都以商店直接加入商会，依法不合，需相机整理）；安吉尚无数据；孝丰有9家。这些同业公会基本涵盖了当时的各个工商行业。商会的成立，使工商士绅的影响力和对地方的制约控制力大大增强，过去的同业公会，只能限于本行业的内外事务，并不能统领工商全局，而商会则可统领各行各业，在地方发展方面有更大的发言权与影响

① 建设委员会经济调查所统计课:《中国经济志·浙江省·吴兴县》，正则印书馆1935年印，第51页。

力。“他与传统的士绅势力控制地方又不同，后者无法越过政府而独立行使权力，而商会具有相当的独立性，反映了商人自律性、团结性、民主意识的增强。”①

商会在很多方面承担了地方政府应承担的职责，如基础设施建设。湖州市政建设中河道疏浚、街区扩建、吴兴公园建设，甚至筹备设立自来水厂等无不是商会及商绅出面筹措资金并施工。在公路建设中也多有商绅投资参与，如湖州至南浔、平望的公路，湖嘉公司就借款给省政府16万元。在财力和政权建设更为薄弱的区级层面，商会几乎包揽全部的市政、治安与慈善建设，其发言权与影响力也相应扩大。如南浔，区公所只有3个人（包括区长），每月经费不足百元，“与南浔商会常年有五千左右的经费形成了天壤之别。”② 另外，在赈灾、协调企业与政府的矛盾等方面，商会也发挥了很大作用。

在对同行业的协调监督上，商会的会员单位——同业公会也发挥了较大作用，如德清新市镇是工商业大镇，每年农历九月十七日，在新市米业祖师“金龙四大王”生日这天，全行业普遍检校量器。凡镇上米行、酱园、油坊等店，要提前一天把所用量器送到公会，以县里发下的标准器具为准，以风干的油菜籽为校量物，如器具大于标准，就加垫木板，如小于标准，就在量器内刨掉一些，直至校准，然后打上“xx年校准”的烙印，对于新的量器，必须打上“新市米业公会”的烙印。新旧量器，如无烙印一律不得使用。

5. 依旧浓重的封建迷信氛围

湖州虽属于开化发达之地，但同时也存在迷信的现象，以至于20世纪30年代调查湖州经济社会的人员得出结论：“吴兴自民国以来，革命伟人前起后继，功在党国，为世人所公认。惟该县宗教迷信，仍无丝毫除革。寺庙

① 黄新华：《湖州城市近代化及其发展滞缓的原因探析（1840—1937）》，南京师范大学硕士学位论文，2002年。

② 潘中祥、周志永：《民国南浔商会研究（1921—1937年）》，《浙江档案》2016年第4期。

庵刹，到处可见，查全县共有寺庙庵堂八百余所，除十余基督教堂与天主教堂外，余均佛寺道院神庙淫祠，赖此以为生活者，男子占一千三百五十余人，女中占三百七十余人，其数量之大，不亚普陀三竺。”[①]

每年的迷信神会众多，如总管、土地、财神、太君等，每逢神诞，凑钱庆祝，或演戏或迎神赛会，空耗数十至数百元钱。还有玉皇签、三官签、梁王签等，集结众人，请来和尚、道士、尼姑、羽士做法事，终日膜拜。湖州旧时遇到旱灾，就把连家巷东岳庙里的木雕菩萨抬出来游行，前面鸣锣开道。为了表示虔诚能感动上苍，鸣锣人要用铁钩扎在手臂的肉里，再挂锣来敲，让人看了心悸。家庭中，祭祀也是大事，除祭祖外，还有天、地、灶神、财神等都要按时祭祀，“故香烛、锡箔及纸钱等费用，除信仰基督教者外，几为家庭开支所不可少。”[②] 还有多方多时的禁忌讲究。每年要拜蚕神，送蚕花；最普遍的是蚕汛期间农户几乎家家闭户不纳生客，坐月子的产妇、孕妇或来例假的妇女更不能去养蚕人家里。“当20世纪20年代日本观察家询问南浔农民，他们养蚕成功的原因何在时，回答是菩萨与好运。”[③]1934年，湖州遭遇百年未见之大旱，很多人认为这是杀牲过多激怒上苍造成的，因此要求停止屠宰，但还是不下雨，屠户为生活只能复市营业，引起农民的愤怒，与屠户发生了激烈冲突。更有甚者，几百农民集聚县政府，竟要求县长去祈雨。国民政府委派的县长拒绝迷信祈雨，未料农民们不肯罢休，人越聚越多，县长只好下令基干队[④] 前来弹压。冲突中，县长下令开枪，造成一死一伤。此事引起公愤，造成全县罢市。

① 建设委员会经济调查所统计课:《中国经济志·浙江省·吴兴县》，正则印书馆1935年印，第622页。三竺应指杭州上中下三天竺。

② 刘大钧:《吴兴农村经济》，上海文瑞印书局1939年印，第86页。

③ ［美］李明珠:《近代中国蚕丝业及外销》，上海社会科学院出版社1996年版，第21页。

④ 指脱产的县乡保安团。

（二）文明之风开始兴起

在北伐军底定浙江后，受西学东渐影响最早的南浔就掀起了一股妇女解放的风潮，成立了“南浔妇女解放协会”，“会中中坚，都系本镇女教育家，闻入会者，已有百余人。”[①] 入会的标志之一，就是剪头发，“而通津桥下某理发店，自诩新由海上归，善剪鸭屁股式，于是该店生意骤盛，大有应接不暇之势，其他各理发肆，莫不艳羡，该店可谓善于投机，故近日吾浔街上所见妇女，咸作黎家小妹妹装矣。”[②] 其后，包括南浔在内的湖属各县都流行男女同校，许多女子也可与男子一样，进入初中、师范、大学，并在商界、教育界或政界、法律界谋得一席之地。

在禁烟（鸦片）、禁赌及提倡节俭方面，也下了不少功夫。20 世纪二三十年代，湖州的吸鸦片现象是社会的一大祸害。由于东邻江苏，北濒太湖，烟土容易流入。为了禁毒，湖属各县都设立了多个毒品检查所与戒烟所。吴兴县还组织流动宣传队分赴各区举行化装演讲，分发传单，张贴标语，以期家喻户晓。单是 1933 年一年，吴兴县一县就查处烟贩 520 人，禁售烟土 52 起，禁吸 185 人，在戒毒所戒绝的烟民 234 人。这些数字一方面说明了禁烟的效果，另一方面也反映了禁烟的难度。

在市政改造的同时，对街道及环境的管理也逐步向现代文明的要求靠拢。1928 年 9 月，吴兴县政府考虑到城内的染印坊污染市河，影响水质，要求城内所有的染印作坊一律关闭，迁至城外潘公桥与大通桥一带。30 年代初，县卫生委员会还拟订了清洁城厢街河计划，主要分四项内容：(1) 指定江北船停泊地点；(2) 禁止浴池放水入河，并令杀猪作迁移城外市梢；(3) 指定堆积煤灰、瓦砾、泥片场；(4) 指定堆积垃圾地点。另外还拟订了城厢厕所、粪船、粪便管理的规则办法。对街道的清扫也规定了人员与

---

① 《申报》1927 年 6 月 20—21 日。

② 《申报》1927 年 6 月 20—21 日。

时间。湖属各县及各大镇都对街道环境卫生制订了管理办法，雇请了清洁人员。

1934 年 2 月，蒋介石在南昌发起新生活运动，涉及衣食住行及妇女解放，改革旧习俗，禁毒、赌、娼等。浙江省积极响应，湖州紧跟运动步伐。

湖州因丝业发达，生活富庶，社会奢侈之风较浓，在丝业大幅下滑，民间生活已十分窘迫之时，还要“打肿脸充胖子”。尤其是吴兴城区与南浔因染上沪杭都市的奢侈习气，显得更为突出。在新生活运动的推动下，各县政府准备拟订限制婚丧宴会办法意见书，并呈报省政府转内政部核准。如德清县就提出了十分详尽的限制办法：订婚以一日为限，宴会以双方直系亲属及媒证为限；结婚以三日为限，发帖以夫妻直系及三等亲以内之旁系与知友为限；丧事以 3 日为限；不满 60 岁以上者不得庆寿，以上四事，送礼一律不得过2元，酒席不得过6元。另外，凡遇佳节宴集，只能以本团体之职员为限，酒席不得过 6 元；小儿满月或未满 60 岁者做生日、做满七忌辰、年节、端午、中秋等，非血亲不得馈送及宴客。其他各县也拟订了类似的规定。至于执行情况和效果如何，由于没有相应的史料，故不得而知，但这样的文明节俭生活的倡议，在今天也还有积极现实的意义。

菱湖借举办“新生活运动提灯大会”的名义，于 1935 年 5 月初，把已停办 18 年的“菱湖灯会”恢复，虽对灯会能否“提倡新生活”的评价议论各有不同，然这皆大欢喜的三天里，灯会成了百里之内士女们的“狂欢节”。而在上海的湖社，也借新生活运动“移风易俗，提倡节俭”的口号，在 1936 年元旦至 1937 年 9 月间为湖州籍同乡举办了 6 届集团结婚。婚礼典雅而隆重，第一届虽只有 6 对新人，“而观礼的人数达千人以上，各报都一致为文赞扬，其盛况可称前所未有。”① 为了扩大影响，湖社把这种新的形式推广到湖属 6 县，“……将关于集团结婚办法及一切手续检齐，分函六县政府，

① 邱祖谋：《为举办同乡集团结婚告同乡》，《湖州月刊》1936 年第 7 卷第 1—3 期。

请予竭力推行，以符合简约婚嫁之旨。”①

（三）抵制日货拥护国货运动

自 1909 年后日本已大步超越中国，几乎独占了用丝量最大、本为中国丝业主要出口地的美国市场。这让以丝业出口为经济命脉的湖州感受到切肤之痛。

1927 年 5 月，日本以预防不祥事件与保护日侨为借口，向山东省派兵 2000 人，阻断北伐军北上。此事引起全国人民的强烈抗议，湖州的反应更为激烈。6 月 18 日，湖州城内商店一律停业，机关学校一律休假，共有 70 多个团体约 5 万人齐集公共体育场，举行反日出兵及庆祝北伐胜利大集会。会上“各界代表次第演说，语都愤慨，次议决通电全国，一致反日出兵。闭会后遂整队出发示威游行，沿途高呼口号，约历三小时，仍回原址散队”②。会后，有关团体还准备筹组对日经济绝交委员会，部分商店也开始自动抵制日货，表达了湖州人对日本军国主义侵略行径的痛恨之情。

1928 年 5 月发生的“济南惨案”③，再次激起湖州各界人民的愤怒。5 月 15 日，吴兴县各校一律停课三天，各校学生“以作大规模之反日宣传”。④

湖州的商绅也积极参与了抵制日货拥护国货的活动。在市政建设中，提出了将原为湖州城“娱乐中心”的府庙改为“吴兴国货商场”，认为“提倡国货又为当务之急，爰议以救国基金，废神庙而开商场”，由于救国基金存于反日会中，就推出国货商场筹备委员会的成员谭建丞“前往接洽”。

1928 年 11 月 1 日，工商部在上海举办“中华国货展览会”。12 月 2 日为湖州宣传日，由湖州旅沪同乡会湖社负责筹备。湖州商界铆足了劲，除了陈列湖州工商产品外，还组织湖州旅沪公学男女学生到会表演歌舞、国技

① 《申报》1936 年 3 月 6 日。
② 《申报》1927 年 6 月 23—24 日。
③ 张宪文等:《中华民国史》(第 2 卷)，南京大学出版社 2013 年版，第 22—24 页。
④ 《申报》1928 年 5 月 15 日。

(武术)、新剧、京剧等，还将闻名遐迩的菱湖彩灯运去会上陈列展览，并将宣传湖州丝绸的影片在会上放映。湖州籍党政要人除戴季陶外悉数到场，陈蔼士、陈果夫对湖州土产丝、茶进行演讲，褚民谊当场表演太极拳及剑。晚间还施放焰火。这天，来众“计达四五万人，大有万人空巷之势”①。宣传日当天还发票请观众对陈列展品进行投票评选。湖社的会刊《湖州月刊》配发了《中华国货展览会特刊》，并刊登“提倡国货歌”②：

> 同胞同胞中华同胞，若要富我中华，当先用我中华货。看呢毡绒布和那些绸缎绉纱绫罗，一样样中华都有。购用东洋西洋货，金钱损失一年中五万万，好比进贡。愿中华同胞，大家振兴工艺提倡国货，舶来品休当希（稀）奇。

1931年“九一八”事变后的冬天，湖州成立反日抵制日货委员会。下设宣传股、文书股、调查股、保管股等。宣传股由教育界人士、民教馆工作人员担任，分批出动在街头、公共场所演说；调查股对各商店的日货存底进行登记、鉴别，还经常到轮船码头与河埠头检查日货进口。1932年“一·二八”淞沪抗战后，湖城的抗日救亡运动日益高涨，学校师生纷纷上街宣传抗日救国，演出《放下你的鞭子》等街头剧，又向商店宣传不卖日本货。湖州商界抵制日货的活动更为激烈，湖州各棉布店将所存的日产“龙头细布”“东洋花布”全部送交公会，集中在吴兴公园当众烧毁。在临时搭起的木牌楼上，棉布业公会的会员纷纷张贴抵制日货的大幅标语，号召市民购买国货。1934年11月，湖社“鉴于年来国产丝绸被外货倾销日甚”，报告国民政府、军事委员会、行政院暨内政部，建议凡遇集会纪念周及婚丧喜庆

① 《申报》1928年12月3日。

② 《湖州月刊·中华国货展览会特刊》1928年12月1日。

酬酢等事，应一律穿着国产丝绸的蓝袍玄褂，“以彰国礼，振兴丝绸”。[1]

六、严峻的社会治安形势

湖州虽处于国民政府统治的核心区域，但无处不在的盗匪抢掠活动，一直无法消除。特别是在20世纪二三十年代，一方面是国民政府大力加强社会治理与城乡建设，在表面上出现了欣欣向荣的新气象；另一方面，盗匪猖獗，横行城乡各地不见丝毫减少，反而愈演愈烈，尤以吴兴、长兴为甚。盗匪既在穷乡僻壤杀人，也在大镇闹市抢掠；既在太湖沿岸骚扰，又在山乡码头袭击；既对农村富户绑票，也对政府官员下手，让广大城乡居民苦不堪言。这也可算是民国时期湖州的一大“奇观”。

湖州地处江浙两省交界，北濒太湖，境内水网密集，山高林密，适合盗匪流窜潜匿。据研究人员对1927年至1937年十年间的报刊、政府公报及档案上相关内容的搜集统计，长兴、吴兴两县案件就达到610件之多，其中长兴259件，吴兴323件，县别不详的28件。[2] 当时《申报》等报纸，关于湖州地区盗匪猖獗的报道可谓不绝于版。当北伐军占领湖州不久后的1927年9月，安吉就有大股盗匪突入县城，占领县衙，捣毁监狱，还将县长程镇西绑架而去，后以8000元的代价才将其赎释。[3]1928年6月，盗匪五六百人集合于苏浙皖交界的桃源岭，竟将两个保卫团同时缴械，翌日清晨又翻山到李家巷，又将李家巷保卫团缴械。长兴县政府束手无策，只有紧闭城门。“泗安、管埭、林城桥、李家巷一带农民皆将农事丢去，即夏蚕已经三眠者亦弃之河中，纷纷迁避云。”[4]

---

① 《申报》1934年12月4日。

② 胡勇军:《水乡、山地与明清以来江南地区盗匪的活动空间研究——以长兴、吴兴两县为例》，载《中国历史地理论丛》第32卷第2辑，第81页。

③ 《申报》1927年9月24日。

④ 《申报》1928年6月19日。

如果说政权甫定，局势动荡也情有可原，但进入了国民政府统治的稳定期，还是盗匪依旧："菱湖东南湾名医夏墨农被绑"[①]；"南浔圣塘港前晚忽发现湖匪大船三艘"[②]；"南浔彭家兜一家五人被匪绑去"[③]；"绑匪（轧村）撕票架人"[④]；"善琏镇遭匪洗劫"[⑤]。盗匪还盯上了逐步兴起的客轮："嘉湖轮在（双林）双福桥被劫"[⑥]；"湖州班永新轮船在洋桥遇匪洗劫"[⑦]；"钱山漾两轮被劫"[⑧]；"通安轮在（梅溪）午源渡被劫"[⑨]。

在此种情况下，无论是深受其害的老百姓、地方商会，还是维持一方治安的基层政府，都向浙江省政府发出强烈请求与呼吁，要求派兵围剿。国民政府与江浙两省政府对剿灭盗匪也是绞尽脑汁，费尽心思。从1927年起几乎每年都派出正规部队及保安水警进行围剿，1930年2月，国民政府甚至还派出飞机到太湖向土匪投弹，同时派出近2万的部队在太湖沿岸进行大规模剿匪，决心不可谓不大，但仍是收效甚微。同年5月《湖州月刊》刊登了《最近一月来湖属六邑的盗案统计》，比较三、四月份，盗案反而多了52起与25起，仅长兴、吴兴2县就发生了107起。

盗匪长期在湖州横行无忌，绝非偶然因素决定的，实际上反映了当时深刻的社会矛盾。一是湖州地处三省交界，互不统属，太湖与河网又十分便利外地土匪长途进袭，山区地形复杂，便于土匪藏匿。加上连年军阀混战，大批败兵游勇散落社会，拉竿集结，成为打家劫舍的主力。二是社会成员的分化与割裂。湖州自太平天国运动后，人口大减，河南、安徽等地贫民大量涌

① 《申报》1929年1月16日。
② 《湖报》1929年12月19日。
③ 《湖州月刊》1931年第2卷第4期。
④ 《申报》1932年10月5日。
⑤ 《申报》1936年6月10日。
⑥ 《申报》1930年4月25日。
⑦ 《申报》1932年7月4日。
⑧ 《申报》1934年7月8日。
⑨ 《申报》1934年7月13日。

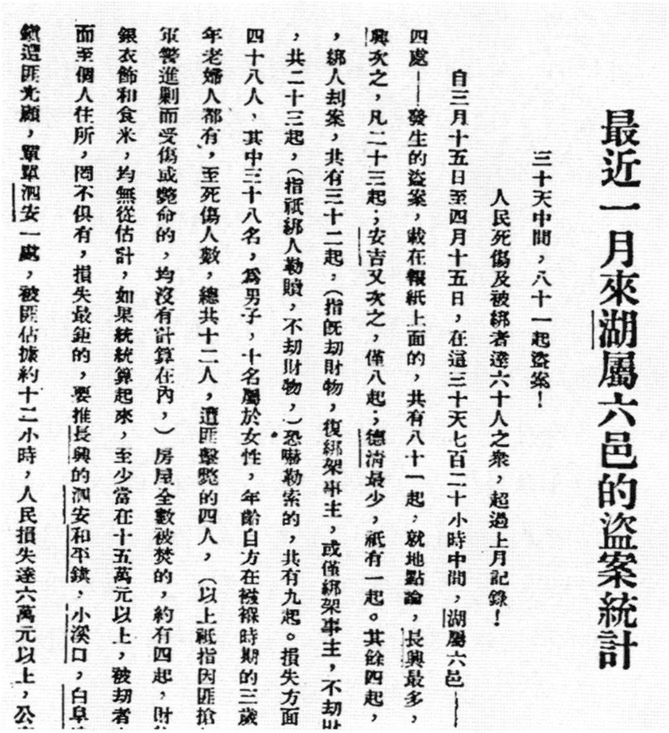

最近一月来湖屬六邑的盜案統計

三十天中間，八十一起盜案！

人民死傷及被綁者達六十人之衆，超過上月記錄！

自三月十五日至四月十五日，在這三十天七百二十小時中間，湖屬六邑——
四處——發生的盜案，載在報紙上面的，共有八十一起；就地點論，長興最多，
興次之，凡二十三起；安吉又次之，僅八起；德淸最少，祇有一起。其餘四起，
，綁人刦案，共有三十二起，（指旣刦財物，復綁架事主，或僅綁架事主，不刦財
，共二十三起，（指祇綁人勒贖，不刦財物，）恐嚇勒索的，共有九起。損失方面
四十八人，其中三十八名，爲男子，十名屬於女性，年齡自方在襁褓時期的三歲
年老婦人都有，至死傷人數，總共十二人，遭匪擊斃的四人，（以上祇指因匪搶
軍警進剿而受傷或斃命的，均沒有計算在內，）房屋全數被焚的，約有四起，財
銀衣飾和食米，均無從估計，如果統統算起來，至少當在十五萬元以上，被刦者
而至個人住所，罔不俱有，損失最鉅的，要推長興的泗安和平鎮，小溪口，白阜
鎮遭匪光顧，單單泗安一處，被匪佔據約十二小時，人民損失達六萬元以上，公

图 3—9 《湖州月刊》报道《最近一月来湖属六邑的盗案统计》（1930）

入，但并没有融入当地社会，而是自成圈子，其在经济及社会地位上与当地人又有相当差距，一旦社会动荡，极易由民变匪，如有关资料记载“被劫情形”中记录的抢劫土匪多“口操杂音”“口操豫音”“口操土音”等。三是农村经济凋敝，贫富差距扩大，铤而走险的人数增多。1931 年，据统计，湖属 6 县的游民达到了 11597 人，贫民达到了 196886 人，两者相加，占 6 县总人口的 15.5%，高比例的贫困人口的存在，成为破坏性力量的社会基础。第四点也是最关键的一点是，湖州农村一盘散沙，政权特别是基层政权尤其薄弱，如南浔区公所连区长只有 3 个成员，每月用于区公所的经费只有 80 元左右，根本无法办事。镇上的市政、社会管理尚可赖商会来支撑，但面广量大的农村，商会不可能也不会去管。基础组织是空白，单门独户对于盗匪

只能是刀俎之肉。政府在农村没有扎实的基础，对老百姓没有号召力，无法知道盗匪的行踪与活动规律。军队的围剿短时期看起来声势浩大，实际上是“炮弹打蚊蝇”，盗匪只要避其锋芒后，照样我行我素。国民党没有号召力的党群组织与没有根基的基层政权的存在，是湖州盗匪猖獗并长期存在的根本原因，也成了国民党政权最后在大陆失败的主要原因之一。

第三节　内外部挤压冲击下的湖州经济

这十年，在第一次世界性经济危机，日、意等国人造织物及日本侵华战争的夹击下，湖州经济历史性地开始走向“L”形路径的门口。虽曾有过奋斗与努力，但最终没有走向“U”形复兴，一切曾经的辉煌都成了“往日的情怀”。

一、从巅峰下滑的丝织业

近代，丝织业几乎代表了湖州的全部工业，它的兴衰关系到所有湖州人的生活水平，也关系到湖州在全国经济中的地位。

（一）短暂巅峰时期的规模及状况

南京国民政府成立后，湖州的丝织业进入短暂的兴旺时期。无论是蚕茧、生丝还是绸绉（包括零机户的湖绉与绸厂的湖绸）的产量都达到了历史的巅峰。生丝出口十分兴旺。1927 年生丝产量有 3 万担左右，每担价格在 1160 元左右，1929 年，茧行有 106 家，茧灶有 1914 个；1930 年吴兴县出产的蚕茧达到了 30 万担，价格每担 60 多元，总值达 2000 万元。1929 年，蚕丝重镇南浔连续创立了 2 家缫丝厂，即方丈港的合资 8 万元的南浔丝厂和丝商梅履正独资 27 万元的梅恒裕丝厂。当时湖属 6 县共有缫丝车 2254 台，年出产厂丝 2370 担，占全省厂丝产量的 45.6%，其中，吴兴、德清的厂丝产量分别居全省第一、二名。最兴旺时，湖州城厢内外有绸厂 60 多家，机户

6000 余家，各种织机达到 13000 多架。绸庄有 100 多家，集中在城内的新庄街、宁长巷、局前巷、下北街一带。大的绸庄都在上海设立绉庄，也称申庄，申庄广泛联系国内外客户，并与国内大小城市的细缎铺均有业务往来。当时，戴山后林一带织六九素，俗称“北路货”，远销新加坡和马来西亚；袁家汇、荻港一带都织轻绉，俗称“南路货”，远销印度尼西亚。1930 年前后，每天上市的零机绸有 5000 匹以上，成交金额达到 10 万元。北京、天津开设绸缎店，必须备足湖州恒忆昌的湖绸，否则不能称绸缎店。永昌生产的庐山纱、丽生的月华纱、大丰的兴华纱、达昌的华丝葛等在国内市场上都占首位。南浔汽机改良丝厂生产的“南浔”牌、“湖山”牌湖丝，在 1929 年的西湖博览会上获得特等奖。

图 3—10　西湖博览会（1929）

蚕丝业的兴旺，使湖州城乡人民生活呈现一派富裕的景象。“在昔全盛时期，吴兴民间生活颇为安适。一般乡镇中产阶级，本有田产房屋，无不家给户裕。子弟娇弱成性，游惰视为故常。衣必丝绸，食必鱼虾，生活安定，远近皆所不及。年节送礼宴饮，姑不具论，日常雀战，吸烟（鸦片），听书，看戏，优游闲散，尤为湖人生活常规。遇有婚嫁丧吊，类多崇尚奢靡，铺张扬厉，而以宴席之靡费为尤巨。”① 人民生活也因丝业兴旺而安逸。“每当新丝上市，乡民以丝易银，即往酒馆大嚼，尽兴而返。所有余银，均缠之腰际，一时皆囊橐磊磊，各向归途，无虞意外。”②

普通老百姓尚且如此，与丝业搭界的人员更是侈靡，有歌谣形容丝行的伙计：“丝行店伙真写意③！头发梳得光，咸蛋吃个黄，鱼虾喝点汤。”④ 直到现在，湖州还流传下来一段话讲当年“赤丝鬼”⑤ 的“奢侈生活”：“火腿以伬蒿，酥糖以伬苦，昂子剥皮白糖蘸。”⑥

（二）几路夹击下丝织业的极端困境

幸福的时光并不长。随着市场上日本生丝与人造丝大量侵入，再加上世界经济大萧条以及“九一八”事变和“一·二八”淞沪抗战的爆发，湖州经济的支柱——丝织业顷刻倒塌。

1. 日本丝倾销与战争的威胁

日本丝织业开始时完全学习中国，而到 1909 年，日本丝在出口数量上超过了中国，1927 年已是中国的 3 倍，1937 年已达 8 倍之多。在全球用丝量最大的美国市场，1928 年，日本丝占到 90%，中国丝只占 10%。

1929 年，美国经济大萧条，纽约市场生丝价格迅速下降，中国生丝市场

---

① 刘大钧：《吴兴农村经济》，上海文瑞印书局 1939 年印，第 130 页。

② 刘大钧：《吴兴农村经济》，上海文瑞印书局 1939 年印，第 130 页。

③ 写意：湖州方言，即舒适、幸福之意。

④ 刘大钧：《吴兴农村经济》，上海文瑞印书局 1939 年印，第 127—129 页。

⑤ 鬼（jī），即做生丝掮客生意的人。

⑥ 湖州方言。以伬：嫌；蒿：蒿味，北方谓之哈喇味；昂子：樱桃。

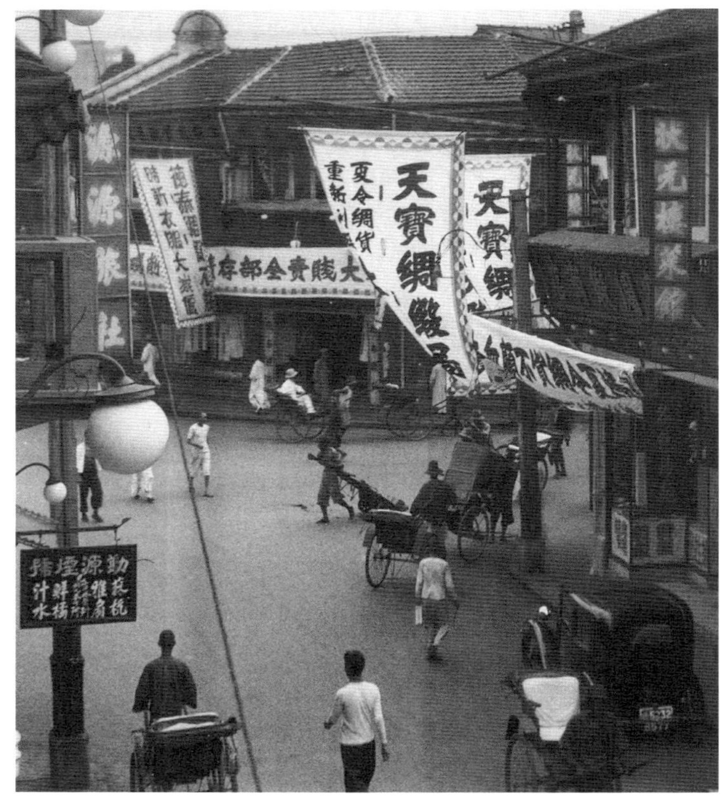

图 3—11　吴兴丝商在上海二马路开办的天宝绸缎局（1933）

占有率大为减缩。生丝价格 1929 年每磅 5.09 美元，1930 年降为 4.47 美元，1931 年再降为 2.74 美元，短短两年时间，下降了 46.2%。美国生丝进口原来是免关税的，1930 年开始征收 25%以上的关税，对中国丝绸进口税率提高到 60%以上。这就使中国的生丝出口在 1932 年遭到“腰斩”。① 而同样是生丝出口大国的日本，开始时也受到很大冲击，但日本政府立即采取措施，以国家财力为保证，1929 年拿出 3000 万日元作为丝价的“低落损失补助金”，并组建“帝

① 《各国提高进口税，绸缎业外销锐减》，《实业部月刊》第 1 卷第 5 期，实业部统计处 1936 年印。

蚕公司”，援助本国丝商。从 1932 年开始对丝厂实行许可证制度，进行强制检验，以保证出口丝的质量。因此，日本的出口生丝下降幅度远低于中国。在美国市场，中国的生丝占比在 1931 年只有 3%，而日本是 94%。从两国的生丝总产量来看，中国 1933 年的生丝总产量只有 1929 年的 66.46%，而日本是 99.56%，几乎没有减少。1930 年至 1937 年，日本年均出口生丝 30872 吨，比前 8 年平均增长 31%，而中国同期则下降了 67%。产丝最多的湖州，受到了直接而强烈的冲击。“辑里湖丝”虽然名气大，但匀度只有四五十分，根本不是日本丝的对手。美国丝织厂是标准的机器织造，需要丝的匀度在 80 分以上才能进口。尽管欧洲丝织厂注意丝牌，湖丝还有相当的市场占有率，但美国市场规模是欧洲的 10 倍。从单个订单来看，欧洲的一般是 30 包左右，而美国一般是 300 包左右。由于失去了美国市场的占有率，湖丝市场一片萧条。“丝物几至无人问询，梅氏（指梅恒裕）至今尚存陈丝一千余担（以作者调查时为止），连利息、栈费等等合计之，损失不赀。恒丰在上海亦有陈丝百余担，损失既大，于是纷纷歇业，伙友解雇。”①

在国外市场被日本丝不断占领的情况下，1931 年的“九一八”事变使东北的丝绸市场也被断绝，1932 年“一·二八”淞沪战争的爆发，上海有 31 家丝厂被炸毁，一时无法恢复生产，这使湖州的蚕茧越发滞销。“二十年（1931）中国内经九一八之变，外受世界一九二九年经济恐慌之影响，内销外销，俱形迟滞，价格每担跌至七百元以下。迨至二十三年，承历年衰败余势，论产量只有一百余担，论价格仅四五百元。销路日蹙，价格日跌，产地农民生计，乃不堪闻问矣。”②

2. 人造丝的冲击

人造丝的出现，是湖州丝绸业的最大克星。人造丝于 19 世纪初开始工

① 《湖属土产调查》，《湖州月刊·湖社十周年纪念特刊》1934 年 6 月。

② 刘大钧：《吴兴农村经济》，上海文瑞印书局 1939 年印，第 12 页。

业化生产，到1913年时产量已达到了天然丝的1/4，1924年超过了天然丝，1932年达到了天然丝产量的3.7倍。同时，人造丝价格也迅速下降，1920年是天然丝价格的43%，1924年为31%，1929年为24.7%，1932年，虽然华丝价格与1929年相比大幅下降了57%，但人造丝的价格仍然只有华丝价格的31%。

由于人造丝织物色泽鲜艳、容易洗涤保管，还可以与天然丝、棉纱交织，价格低廉，故越来越受欢迎，本来消费天然丝的美国与欧洲市场也转为应用人造丝。1929年，世界天然丝消费下降了1/4，而人造丝的消费则激增1.5倍。国内也大量进口人造丝及织物，从1922年的317担，激增到1929年的149208担。从浙江省杭州口岸进口的人造丝1924年只有24担，到了1930年，“由水陆两道输入者达二万一千四百余担，尚有人造丝织物四千七百担。”①

在湖州，许多本来只织天然丝织物的绸厂，为了降低成本，迎合市场，也开始生产丝、棉、毛与人造丝的交织物，其品种达到近10种。湖州人由于生活水准下降，开始改变穿衣习惯，纷纷改穿人造织物。中央统计局的农村调查员在吴兴调查时就发现，本来是丝绸重镇的吴兴县，无论是城区，还是南浔、双林、织里等各大镇及农村的人们都穿起了国外进口的人造丝织物，在吃惊之余，更感到万分无奈：“吴兴因产丝，故也产绸，且有绵绸，为妇女手制成缕，纺织而成者，质地柔软耐穿，然今皆摒弃而不用。男女身上，大概皆人造丝之物，而于女子为尤甚。国外既无市场，国内又不服用，长此以往，苟不将鄙视国货之心理取消，纵改良种子，增加生产，亦何益也。”② 于是，本是内销为主的绸厂纷纷倒闭，千家万户的零机织户纷纷停机。到1936年，在经济已有一定好转的情况下，湖州的绸厂只有20多家，

① 行政院农村复兴委员会：《浙江省农村调查》，商务印书馆1933年印，第27页。
② 行政院农村复兴委员会：《浙江省农村调查》，商务印书馆1933年印，第256页。

只及全盛时期的1/3，且不是全年开工，而是时开时停；零机户及织机则是“腰斩”，只剩3000余家与6000余架，同样是视需要开机。

3. 世界经济大萧条的影响

世界性经济大萧条始于美国。1929年10月28日开始，纽约证券交易市场股票价格猛跌，一直持续到1933年。这期间，美国工业生产下降46.3%，13万家企业倒闭，近一半的工人失业。经济的崩溃迅疾波及消费领域，由于消费能力减弱，所有商品价格大幅下降还是卖不出去，其中包括丝绸，1932年进口的华丝只有1.28万担，是1929年的25%。[①] 虽然当时华丝在美国的市场占有率已减退到10%左右，但毕竟还有5.09万担。对于湖州来说，美国还占着出口丝的“半壁江山”。“辑里湖丝”从1927年的每担1160元，跌到1931年的700元，再跌到1934年的四五百元，无论是蚕农，还是丝厂、丝户都亏本。丝业极度萧条，1932年，吴兴仅有1家茧行开门，真是百不余一。而原有的4家丝厂则全部“停闭未开”。[②] 经营辑里土丝的经行，1933年尚有16家，到1934年只余12家，“其资本实力仅及往岁四五家耳。”[③]

真正对中国经济也是对湖州经济“釜底抽薪”的是美国以邻为壑的“白银政策”[④]。

近代以来，世界银价基本处于下跌趋势，“金贵银贱”是普遍现象。如1921年的伦敦标准银市，每盎司银值36.886便士，1930年降到17.6875便士。基本上当时所有的资本主义国家都实行“金本位”，白银成为普通商品，只有中国还实行“银本位”，在银价大幅下降的情况下，白银大量

---

① 郭小虎:《1929—1933年大萧条对中国缫丝业的影响》，南开大学硕士学位论文，2010年。

② 建设委员会经济调查所统计课:《中国经济志·浙江省·吴兴县·长兴县》，正则印书馆1935年印，第544页。

③ 《湖属土产调查》，《湖州月刊·湖社十周年纪念特刊》1934年6月。

④ 指1934年美国政府宣布国家收购私人藏银并用法律提高白银价格的政策。

涌入中国，使中国的资金流非常充裕。由于银价一直处于下跌状态，使物价也长期处于通缩平稳状态。虽然以金本位计价的进口商品价格大幅上升，但对当时开放度很低的中国影响并不大，反而使国内商品的消费量增加并扩大了市场占有率。物价通缩有利于外国资本来华投资，同样也有利于国内资本的投资，这促成了上海银行业与房地产业的畸形快速发展。在1929年世界大萧条发生以后，湖州商人还在南浔建起2座规模较大的缫丝厂。1926年物价下跌也刺激了湖州茧丝与绸绉的生产与出口，使数量达到了历史的最高峰。

由于大萧条的持续发酵，从1931年9月至1933年3月，主要资本主义国家都放弃了“金本位”，使“金贵银贱”发生逆转，白银价格大幅上升，从1932年的每盎司0.27美分涨到1934年的0.54美分。更为雪上加霜的是美国迫使各国签订了《白银协定》并出台了《白银购买法案》，使中国的白银大量流向美国。1932年当年就净流出1040万元，到1934年竟净流出14400万元，连美国人都说：“我们收购白银达到了‘敲骨吸髓’的程度。”①中国短暂的“兴旺”瞬间完结。由于中国不是产银国，而掌握白银进出主动权的是上海的外国银行，中国政府无法阻止。

随着资金流的迅速枯竭，湖州靠近上海的天然优势发生逆转，虹吸效应②立即出现，大量的资金流向上海，使湖州城乡资金极度短缺，农产品及原料价格猛烈下跌，借贷利息大幅上扬，大量钱庄倒闭，大批工厂关门，湖州从富甲一方迅速沦落为生计不堪闻问的痛苦之地。

---

① 戴建兵:《白银与近代中国经济（1890—1935）》，复旦大学博士学位论文，2003年。

② “虹吸效应”最初指的是物理学意义上的连通器原理，虽然两边的大气压相等，但来水端水位高，压强大，推动来水不断流出出水口。在经济学上意味着区域经济的某一地区，由于特定的源于区位优势条件产生的强大吸引力，会将其他地区的投资、消费或资源吸引过来，从而减缓被吸引地区的发展，加速要素引入地区的发展。对“抽夺”地区是一种正效应，而对被“抽夺”地区是一种负效应。

4. 陈规陋习的影响

丝织业近于崩溃，除受外部冲击外，许多因子是早就种下的。

（1）蚕种落后

湖州的蚕种都是土种，有的是自己制种，有的是从外地买入。20 世纪 20 年代，市场上出卖的蚕种有 75%—95% 是病种，使养蚕具有很大的投资风险。“在日本和法国，1 盎司蚕种能收获 110—133 磅蚕茧，而在中国，1 盎司只能收 15—25 磅。不能控制这种疾病是 20 世纪中国蚕丝业衰落最关键的技术因素。”[①] 湖州很多蚕农并没有认识到问题的严重性，归因于菩萨没有保佑，仍固守陈规，“同乡中智识分子劝他们饲改良种，乡人总是轻蔑地回答：‘这个吗？就是一条蚕能做二个茧我也不愿意养’。”[②] 于是，湖州成了江南地区推广改良蚕种最慢的地区。

（2）养蚕方法的落后

在养蚕方法上，迷信老法，多有禁忌，如养蚕中蚕儿上蔟十分重要，提倡控制温度、适当通风、防止过早采茧等，但受到吴兴蚕业改良区农民的强烈抵制。“农民思想顽固，自信力坚强，任你说得天花乱坠，他们总是不信。你假使对他们说：新法育蚕应该怎样怎样，那答案一定是：‘我们娘脚踝里（指未出世前）就养蚕的，谁还待你来教吗？’”[③]“无如（农民）狃于旧习，听从者颇少，引为憾事。”[④] 在缫丝方法上，从明代以后就基本固化了。散落于数千家的零机织出的土丝，支撑着湖州的经济，但也成为湖州前进的最大包袱。后起的日本缫丝大踏步实行“标准化”后，最终把曾独占美国丝市的

---

① ［美］李明珠：《近代中国蚕丝业及外销》，上海社会科学院出版社 1996 年版，第 22 页。

② 《社会日报》“读者茶室”1936 年 6 月 23 日报道，载杨伟民：《湖州民国史料类纂与研究》（报刊史料第 1 辑），沈阳出版社 2016 年版，第 284 页。

③ 《社会日报》“读者茶室”1936 年 6 月 23 日报道，载杨伟民：《湖州民国史料类纂与研究》（报刊史料第 1 辑），沈阳出版社 2016 年版，第 283—284 页。

④ 浙江省建设厅管理改良蚕桑事业委员会：《浙江省建设厅二十三年改良蚕桑事业汇报》（春期报告），浙江省建设厅 1934 年印，第 70 页。

湖丝基本挤出。

（3）经营方式的落后

美国注重丝的匀度，湖丝做不到。欧洲注重丝牌，湖丝也随意为之。由于当时的交通与通信所限，外国丝厂发现某个湖丝品牌很热销，就会经常来订此品牌，并不知道还有更好、规模更大的湖丝。一旦生产此品牌的厂或丝行倒闭，此品牌在国外市场也就销声绝迹，多年建起的渠道与市场就毁于一旦。更有甚者，看到此品牌好销，就把品牌出租给其他丝贩，每包租费 5 元或 5 两不等，“苟远不如，则外国厂家固深受其累，而丝商固有之信用，亦为小而失大。”[①] 在湖州丝业已完全进入全球经济发展轨道的时代，丝的生产者并没有面对需求者，外国洋行（包括为之跑腿的“丝事通”）收购时面对的是中介商人，这些商人把主要的资本与精力集中于来钱快的流通领域，而很少关注生产领域。商业资本没有真正转化为工业资本，这也是湖州丝业最终被无锡赶上的根本原因。

（4）商人的弄虚作假

很多奸商看到对外生意兴旺，就动了歪心思，用白芨膏将已摇成的经放在胶中再摇一遍，胶质粘附于丝经之上，使本来只有 75 两的丝经变成了 100 两，外商购回国，打开丝包，里面已全粘在一起了，完全不能用了。“于是辑里丝经之名誉大坏。加以日丝之竞争，及人造丝之销行，辑里经丝销路从此大减矣。”[②]

5. 政府的无能与不作为

丝茧税是民国政府的重要税源。湖州作为最发达的产区，各级政府在其中获得巨大利益。据当时的《财政经济汇刊》统计，从 1914 年到 1929 年，浙江省政府单茧捐一项，就从嘉湖地区征得了 685.0858 万元巨款。但在很

① 《湖属土产调查》，《湖州月刊·湖社十周年纪念特刊》1934 年 6 月。

② 刘大钧：《吴兴农村经济》，上海文瑞印书局 1939 年印，第 12 页。

大程度上，政府没有把其看成国民经济发展的基石，而只当成一棵摇钱树，因此扶持引导蚕茧业的政策和措施很少。如在起步本就很晚的蚕种改良中，县政府本应是推行中心，改良蚕种应由区公所转乡镇公所负责推销，但许多行政机关不作为，把主要工作都推给民间组织的合作社，“在吴兴蚕业改良区，由于‘区公所既不顾问，乡公所也少协助’，因此推销蚕种，‘纯以各乡村合作社为重心’。”①

捐税上，湖州也比上海、江苏更多更重。如“辑里湖丝”，在镇里要纳地方捐款，丝经每包须缴纳 2.4 元，而其隔壁的江苏震泽，每包纳 2 元。湖州产的绸运往上海销售要交二道捐税，在湖州本地起运前每匹要负担捐税 1.6 元，到上海又要交苏捐 0.8 元，而江苏省的绸则只须交一道捐税，且比浙江省的税要轻，只占浙绸税的 1/3。与上海的绸相比更是离奇：所有沪产绸，不管是在租界还是华界，都无须纳税。而湖绸出货即先纳产税；运销上海，再纳销税；如再运往各埠，还要纳海关税、邮包税。单单前两道税，“每匹已须纳税二元有奇”②。对于蚕茧的出口，一度毫无保护措施，几乎都出口到了中国蚕丝的竞争对手日本。当世界性经济大萧条来临后，湖州蚕丝业受到空前打击，困境中的企业非常渴望政府给予各方面支持。当时日本政府为了保住美国市场的占有率，对本国丝出口实行免税，并划出专项资金给予扶持。反观当时的浙江省政府，在 1931 年受到经济危机影响后就紧缩经费，首先把养蚕业改革预算削减了 85%，从 33 万元减为 5 万元，导致许多改良蚕种指导所被撤销，蚕业改革发展受到重创。

总之，此时丝织业出现的问题，无论是蚕种疾病的控制，还是缫丝标准化，“都不需要非常复杂的技术，它们所需要的是集中的领导、权力和组织。这些关键性因素在中国的缺乏，意味着近代中国蚕丝业问题是经济性的，组

① 浙江省建设厅管理改良蚕桑事业委员会:《浙江省建设厅二十三年改良蚕桑事业汇报》（春期报告），浙江省建设厅 1934 年印，第 66 页。

② 潘润生:《湖绸衰落之原因及救济办法》,《湖州月刊》1930 年第 3 卷第 10 期。

织性的，而不是技术性的。”[①]

（三）面对冲击后的改进与努力

在丝织业受到冲击后，湖州感受到巨大压力，因此在如何改良蚕丝问题上，全社会形成了较为一致的看法。

1. 呼吁改良丝织业

自 1930 年起，上自湖州籍党政要员、社会名流，下至企业主、商绅社团，都对如何改进蚕丝业提出了自己的想法。如资耀华对华丝的现状、中日生丝的差距进行分析后指出：“华丝非谋亟改良，恐将一败涂地”[②]，并提出了 6 个重要点：（1）采取科学方法；（2）养成育蚕工人；（3）筹办蚕桑学校；（4）改良制种方法；（5）从事大量生产；（6）采用新式机器。潘润生在 1930 年与 1934 年分别撰文提出，湖绸衰落的一个原因就是浙税与外国进口关税太重。此类文章在当时的报刊上不绝于版。这些文章指出了改良丝织业的三个关键点：蚕种改良、机器缫丝、政府扶持。只有解决了这三点，湖州的蚕丝业才可能兴旺发展。

湖社作为湖州最大的旅沪商会，利用其特殊的社会地位与影响，呼吁省政府，请求对湖州丝织业减轻税率，加重对进口人造丝的税率。湖社还提出了拯救蚕丝业的几个途径：一是普及蚕丝科学常识，在中心小学五、六年级，乡村小学四年级，将蚕丝教材作为必修；二是从速设立蚕丝职业学校，专招女生，培养育蚕、缫丝人才；三是设立县立蚕种试验场。

湖州中小学也开展了改进湖丝的宣传活动，在中学以全体学生为主，在小学以全体教员为主。在东吴三中、省立初中、湖郡女中、民德女中、县立女中 5 个中学举行《丝业失败之主因，及补救措施》《讲妇女与复兴吴兴蚕丝运动中应负之责任》等多场演讲，反响良好。

① ［美］李明珠：《近代中国蚕丝及外销》，上海社会科学院出版社 1996 年版，第 34 页。

② 资耀华：《华丝之改良策》，《湖州月刊》1928 年第 4 期第 1 号。

2. 民族资本的努力

在土丝生意还十分兴隆之时，一些有见识的工商业者就认识到机器缫丝的重要性，进行了规模较大的投资：达昌绸厂的钮介臣，1927 年在德清大麻镇置地 30 多亩，建造了苕溪丝厂，购置意大利式坐缫车 264 部，1935 年又添置日式回转式立缫车 160 部。菱湖人章荣初 1928 年集资 25 万元，在上海华德路创办中国民办经营的第一家印染厂——上海印染厂；湖州双林人汤祖兴 1929 年在上海投资 10 万两白银，定制日式缫丝车 322 台，复摇车 142 台，建起了上海最早的改良丝厂——日新改良丝厂。

图 3—12　湖商参与投资的上海十六铺大达码头（1930）

在湖州本地，南浔丝商梅履正在 1929 年投资 27 万元建起了梅恒裕丝厂，还有合资 8 万元建起的南浔丝厂。刘梯青、庞赞臣等合资，在塘栖镇建立了崇裕丝厂，1928 年投产，有意大利式坐缫机 492 部，年产白厂丝 10 多吨，1936 年又引进日本先进设备，年产白厂丝达到 40 余吨，产品远销欧美东南亚。绅商陈勤士 1935 年还发起筹备建立大规模人造丝厂，上海的金融界允诺投资，准备将厂址设在杭州，并收容绸厂的失业工人前往工作。这些厂的建立，推动了近现代缫丝业的发展，提高了产品的竞争力。

部分企业主也开始有了一些现代经营理念。达昌绸厂的真丝被面，既注意质量，又注意品牌宣传，在人造丝织物大肆泛滥的市场中立于不败之地。人造丝原料大量充斥国内，政府对此课以 200%的重税以保护国内真丝市场，但对于外销的人造丝织物来说，却加大了成本，大大影响了中国人造丝产品的出口竞争力。在此情况下，上海美亚绸厂的正、副总经理，湖州商绅蔡声白、高事恒据理力争，建议设立“关栈厂”，即在海关监管下，人造丝进口免税进厂，织成成品后出口，按产品用料销号，大大降低了产品成本，增强了中国产品在南洋市场上与日本产品的竞争力，“关栈厂”也成了中国外贸历史上第一个“保税仓库”。

所有这些努力都为促进丝织业的改良，都为中国产品稳住市场阵脚，打破日本产品的垄断，作出了实实在在的贡献。

3. 政府开始扶持

面对压力，国民政府开始加强对蚕种改良的扶持与监督，虽然在日丝的倾销与世界市场占领方面来说为时已晚，整个产业的衰败已成不可逆转之势，但毕竟开始有所作为，并取得了一些成绩。

中央层面，改组了合众蚕桑改良会，增加了华人董事的名额。湖州丝界领袖沈联芳 1918 年 7 月被选为委员，1931 年被选为名誉会长。改组后的合众蚕桑改良会在江浙两省蚕丝改良方面发挥了很大作用，大量新建蚕种场，大大增加改良蚕种的供应。1928 年，中国合众蚕业改良会在南浔丝业公会的支持下，在南浔设立蚕业指导所，派出指导员姚淑孟，推广改良蚕种，指导育蚕，取得了显著成果。

1933 年，鉴于世界经济危机的巨大冲击，中国蚕丝业已到了崩溃边缘，国民政府在江浙两省实行“蚕种统制”，对蚕业的主要措施有：派出指导员

分赴各乡镇进行监督指导；限制各丝厂、商家收购蚕茧，由政府收购并定价；对茧行收购款由统制机关向银行商借。对丝业的措施有：改良出品，使出货成色整齐；注意出口，减轻成本。并在产丝县开办蚕业改良场，在蚕桑重点区县设立模范区与改良区。设置育蚕指导所，开办蚕业讲习所、培训班。陈立夫曾把农产统制与农村合作社称为国民政府“经济政策之两翼”。既突出了这项工作的重要性，也说明当局对此的重视程度。

1934 年 1 月，为指导全国改进蚕丝，全国经济委员会在杭州成立蚕丝改良委员会，经费 75 万元，用于建立模范桑园、建立新式制种场，购置新式烘茧机、奖励新丝厂、设立联合丝厂、指导育种办法、培训蚕丝人员等。“蚕种统制”在当时对中国蚕丝发展的确发挥了一定作用，其方法也为中华人民共和国成立后直至 20 世纪 90 年代所采用。

省、县级层面，与江苏主要靠教育机构及丝业资本不同，浙江省主要靠政府介入来组织指导，出台了关于蚕种制造的多个政策及实施细则，在蚕丝业继续恶化的形势下，暂停征收生丝出口税与特税，并发行“库券”、发放专项贷款等。

要控制蚕的疾病率，关键在于蚕种的培育。1931 年，浙江省已有大小蚕种场 79 个，湖属吴兴、南浔、乌镇、德清都建立了蚕种场，其中吴兴生产了 37297 张蚕种，占嘉湖地区 16 个场所全部改良蚕种的 27.7%。江苏大有蚕种场是当时中国最大的春蚕育种场，共建了 11 个分场，其中的第 10 分场就建在德清状元厅。1933 年经浙江省建设厅批准，曾因大量孵育改良蚕，特别是夏秋蚕而闻名江南的镇江蚕种制造场在吴兴县创办分场，并在南浔选定饲育原蚕农户，解决了浙江及湖州养蚕的需种之急。

1933 年，在全省蚕丝业陷入绝境之时，政府加强蚕业的统制强度，在已建立萧山、绍兴毗邻的南沙区和临安县两个改良蚕桑模范区的基础上，划定包括吴兴、长兴等在内的 7 个蚕业改良区。1934 年，全省共 29 个蚕业改良区，湖属 6 县都已划入。在吴兴县，由建设厅采办蚕种 10000 张贷放给农民，并派指导员30多人驻乡轮流指导。

政府及乡绅推动成立了养蚕合作社，通过合作，减少了中间环节的盘剥，维护了蚕农利益。1934年，全省共有207个春蚕合作社，其中吴兴有30个，仅次于萧山的90个，排全省第二，长兴9个，德清2个，武康6个。

虽然在拯救蚕丝业上颇为努力，也取得了较大成效，但由于基层政权的薄弱，加上民间守旧习惯势力的强大，浙江省的改良工作大大落后于江苏省，蚕种场的数量也只有江苏省的1/3。特别是吴兴县，在整个改良重点区排在倒数第一：1931年，饲养土种的蚕农占76.28%，饲养改良种的占4.91%，两者并用的占18.81%；经过3年多的推广改良，到1934年，饲育土种的仍占60.71%，改良种仅占8.20%，两者并用占31.09%。而太湖对面的无锡在1932年蚕农用改良种已达91%，这使湖州的蚕丝在数量与质量上都开始落后于无锡。

二、除丝织业外的工商经济

（一）薄弱的工业基础及政商矛盾

20世纪二三十年代的中国，除了纺织与食品业外，其他工业非常薄弱。1936年工业资本按全国人口计算，每人不到5元。而同期的美国是1600元。主要企业集中分布在上海，在其他城市少得可怜。湖州因丝织业发达，在当时中国工业中占有一定的地位。

据1932年《浙省十四县县势调查》统计，吴兴县有30家较有规模的企业，共有资本97.72万元，工人6072人，这应该是湖州在民国全盛时期的主要“家底”。其中除了1家吴兴电气公司（资本40万元）外，其他是丝厂（5家）、丝织绸厂（23家）、布厂（1家）。而在1937年抗战全面爆发前夕，吴兴县工业资本损失近半，经济实力大大降低。据1937年2月中国经济统计研究所《中国工业调查报告》载，吴兴县共有大小工厂318家，资本为47.82万元，有工人6167人。除与纺织有关的厂（包括纺织231家、染炼18家、布

厂 1 家）外，其他是碾米厂 46 家、翻砂铁工厂 12 家、印刷厂 9 家、碳酸钙厂 1 家。这 68 家工厂的资本只有 13.9 万元，工人数 730 人。吴兴县尚且如此，其他 5 县的工业基础更是惨淡不堪。

而其他工业，也是以丝织工业的存在作为其生存前提的。如碾米厂，其兼营的发电业务主要是向丝织业供电，一旦丝织业停机，发电的业务就大受影响，甚至关系到碾米厂的生存。翻砂铁厂，更是依靠丝织业才能存在。被列入《中国实业志》“五金机器工业·其他铁工业”栏目中的“吴兴钢扣业”共 2 家，分别成立于 1927 年、1932 年，资本一共只有 4000 元，工人 9 人，年出产 4000 支钢扣，产值 2.8 万元，“本业之发达，系附属于绸业，因钢扣之用途，均系绸厂机件之一部分。……两厂出品，前皆可完全售罄，现因绸厂生意清淡，故钢扣厂也因之衰败，营业不振。”[①] 规模较大的瑞昌、新成泰两个铁工厂，最初的设备就是风箱加榔头，到 20 世纪 20 年代末，才有了铸铁与打铁车间，各有三四台车床和二三台钻床。整个湖州城，只有 1 台小铣床。

除了丝织业及为其配套的铁工厂外，湖州工业在全国有些名气的还有长兴煤矿和吴兴发电厂。在企业发展上，这两家民营企业与政府发生过冲突，在全国造成了一定影响。

清末以来，政府参与市场经济的特点就十分突出，如洋务运动中的官商合办、官督商办等；南京国民政府成立后，政府干预市场的力度更大，加强了对国家经济命脉的控制，为了加快国营经济的建成，往往采取将民营企业收归国有的办法。

长兴煤矿，在当时列全国 20 大煤矿之一，1924 年齐卢战争使全矿遭到破坏，身为民营的矿企无力恢复，停产 4 年半。1928 年，国民政府建设委员会委员长兼浙江省主席张静江见该矿废置多年，就派人调查，在尚没有理清

① 《中国实业志》（第 7 编），中华民国实业部国际贸易局 1933 年印，第 338 页。

内部复杂的债权债务的情况下，就以“建设委员会”代办的名义，于9月设立浙江长兴煤矿局，收矿权为自办。这马上引爆了“政商之战”，原煤矿董事会向上海总商会发函呼吁：“奈敝公司之全部财产早已向银行押解，矿场内所有机器均向沪上洋行购办，价未清偿，牵制甚多，纠纷无已”[①]，要求总商会转呈中央建设委员会依据法令，赐予纠正，发还矿权，俾复营业。董事会代表刘万青、易楠桢又上呈中央农矿部，指出：“浙省政府不顾敝公司能否续办，仅依据其自设之开采长兴煤矿筹备委员会议案，将敝公司矿权取消，全国建设委员会不加详察，遽令收回自办，似非三民主义之国家所宜出此”[②]，还搬出上海商界的头面人物虞洽卿、王一亭、冯少山等及新闻记者在银行俱乐部举行情况说明会。但张静江不为所动。建设委员会复函总商会，认为押款纠纷，其责任当由该商等负之，“依法收归国有，于矿律商情均无不合”。[③] 最后，上海银行公会给国民政府、建设委员会、农矿部、浙江省政府发去函电，认为一旦被收归国有，该公司向银团所借款额170万两则无法偿还，并指出：“如政府对于民有实业任意予夺，法律失其保障，不特此后工商业无人敢于投资，即银行界谁肯以大宗资金掷诸虚牝”[④]，却仍然无效。收归国有后，建设委员会拨款对煤矿进行整修改造，使出煤量达到日产400吨至600吨。后经刘万青5年来不断的呼吁请求，终于在1932年获准发还，但要其偿还建委会代办期间投资的100万元，移交前先交一半，另一半分两年按月拨解。但矛盾并未解决，新的三角矛盾又出现了，直至抗战全面爆发。

电力产业是抗战前浙江省发展较快的产业之一，于是浙江省政府把收归国有的手伸向了发电厂。1929年，浙江省政府将官商合办的杭州大有利电灯公司收归官办，改名为杭州电厂，并发行建设公债来充实资金，扩大规

---

① 《申报》1928年9月7日。

② 《申报》1928年9月8日。

③ 《申报》1928年9月16日。

④ 《申报》1928年9月23日。

模。而后，浙江省建设厅又下令将海宁电气股份有限公司全部由电气局拨款收回，改名为海宁电厂。此后各地多次发生了民营收归官方或官商合营电厂的事。这引起了民营资本的恐慌与抵制。在省里颇有规模与名望的吴兴电气股份有限公司作为发起者，联合7个省的民营电力企业向国民政府请愿，并筹组了浙江省民营电气联合会和中国民营电气联合会，致书国民政府，就杭州大有利公司被官方收归一事表示强烈抗议。作为发起人的吴兴电气公司总经理李彦士等人还代表中国民营电气联合会组团参加了万国电力联合会，以期壮大声势。由于民营企业的反对，加之浙江省政府在经营电厂时也碰到了困难，就把杭州电厂又改为股份有限公司，使之再度成为民营企业。

（二）由盛而衰的钱庄典当业

“吴兴乃浙西财富之区，金融势力素称雄厚”①，由于蚕丝业的发达，其资金往来也巨大频繁。因此，钱庄业一直是湖州的一个重要行业。在最兴盛时，湖州城内就有钱庄27家，南浔有3家，双林有4家，菱湖有3家。有大同行小同行之分，大同行庄本三五万不等，小同行不过数千元。大多数钱庄都是合伙集资开设的。其营业方式基本一样，都是以利差来获得盈利。交易方法是“每日上午，各庄派职员集合于公会，集市交易，互相现拆，议定市价、票贴、汇率、套款等行情。跑街向用户放款，必须明扣和暗取佣金，明的每一千元扣一、二元，暗的不止此数。庄外人②介绍存款或放款，也有佣金”③。

湖州的钱庄还分“老庄”与“新庄”。1927年后，上海投机交易大兴，湖州钱庄中一些人为其所诱惑，脱离原庄，自行招股开设新庄，吸取存款，往返上海做起了买空卖空的投机勾当。当时的新庄数量达到15家，超过了

① 建设委员会经济调查所统计课:《中国经济志·浙江省·吴兴县·长兴县》，正则印书馆1935年印，第583页。

② 旧时称为“中人”，亦称“掮客”。

③ 谢仲芳、邱寿铭:《湖州的钱庄发展和衰退概况》,《湖州文史》(第4辑)，湖州市政协委员会文史资料研究委员会1986年印，第110页。

老庄。但好景不长，随着国内银行大举进入，在城乡设立网点加强经营，国民政府“废两改元”、抗日战争、连年的灾害以及美国白银风潮的影响，钱庄的业务越来越难做，1935 年，爆发了钱庄倒闭潮，浙江省的钱庄从 1931 年的 889 家减少到 224 家。①

处于风暴中心的湖州当然也是首当其冲，此时除中国银行湖州分行早已成立外，浙江兴业银行、中国实业银行、浙江地方银行、交通银行和农民银行先后在湖州设立分（支）行，钱庄业务被其大量分夺；由于战争、经济危机与连年灾年，丝织业断崖式崩溃，工商业急剧萎缩，原钱庄受抵的绸匹、生丝、干茧借款，因抵户不能如期脱售抵品清偿，造成呆账过多；再加上抗日战争中，孝丰、安吉的毛竹不能运销山东，竹行发出的竹行票不能兑现，成了废纸，湖州钱庄放在竹行的债款共有几十万，牵涉十几家钱庄。诸多坏事叠加，钱庄纷纷倒闭。由于设立不久的新庄大多做投机买卖，失败更快，造成新庄带倒老庄的也不在少数。1935 年，湖州城区只剩下钱庄 7 家，南浔、双林钱庄全部倒闭，菱湖只剩下 1 家。气派非凡的钱业会馆中的钱业公会，“亦远不如昔也”②。

典当与钱庄是中国传统金融业“一根藤”上的“两个瓜”，只不过钱庄的服务对象主要是生意人，而典当服务的主要是广大老百姓。

当湖州丝绸商富甲一方时，许多富商把贩丝赚下的钱投向了典当行业。南浔首富刘家的创始人刘贯经临终时告诫子孙：以后切不可做丝经生意，以丝业是“白老虎”，如经营不善，或年岁有变动，进出巨大，危险殊难逆料。故后辈绝无做丝经业者，“经营者均是稳妥事业，如典当、房产、盐务、田

① 浙江省金融志编纂委员会编：《浙江省金融志》，浙江人民出版社 2000 年版，第 65 页。

② 建设委员会经济调查所统计课：《中国经济志·浙江省·吴兴县·长兴县》，正则印书馆 1935 年印，第 584 页。

产之类。”① 许多南浔富商在上海、江浙两省开设典当，开设典当最多的是“八牛”之一邢家的邢赓星，共开了 30 多家。

典当的经营就是以物典款，限期取赎，其业务就是收当、赎当。以衣物首饰入当，称为“软当”；以农具家具入当，称为“硬当”。湖州的当物以衣物、首饰、丝绵为多。典当内部等级森严，分为“内缺”与“外缺”。“内缺”就是内部管理人员，必须与出资人有直接关系方可任用。其中司帐是当里总负责人；司包是企业业务负责人；钱房即会计，负责账务调度、资金编制等；饰房负责金银珠宝的保管。“外缺”即柜台接洽业务人员，分头柜、二柜、三柜或四柜等，俗称“朝奉”，须有较高的专业能力。规章制度也十分严密，什么货当多少比例，当息如何计算，当物的定时盘点等都有严格规定。

典当在民间的名声不佳，主要是其高利贷（一般是 2 分息）使人多有诟病。但实际上，典当与城乡千家万户关系相当密切。在现代金融没有建立完善前，典当在很大程度上起到了济急便民的作用。正如著名银行家陈光甫所说：“虽然墨守成规，博取高利，究是农民习用的简便金融机关。”② 如吴兴县农民在典当借款者占 18%，其中南浔农民更是达到 30%多。典当在帮助农民缓解销售困难上也发挥了一定作用。长兴县是产米大县，1932 年米价低贱，农民难于出售。为了缓解农民燃眉之急，政府与商绅协调，组织米栈，附属在广生、济丰两家典当内，每栈准备 3 万银元专收食米，每担以 4 元为限，从当年的 10 月份收到翌年 2 月。“救济农村，亦一良法也。”③

1932 年，湖州典当数量较多，吴兴县有 33 家（其中城区有 12 家），德清 9 家，长兴 6 家，安吉 1 家，但到 1935 年，吴兴县减为 28 家，其中城区

---

① 徐桂章：《南浔富户轶事》，《湖州文史》（第 9 辑），湖州市政协文史资料委员会 1991 年印，第 174 页。

② 《陈光甫先生言论集》，上海商业储蓄银行 1949 年印，第 122 页。

③ 建设委员会经济调查所统计课：《中国经济志 · 浙江省 · 吴兴县 · 长兴县》，正则印书馆 1935 年印，第 675 页。

减至5家。原因是典当多依赖钱庄调节资金，钱庄倒闭风潮后许多典当也随之关门。经济形势日渐紧迫，人民生活水平急剧下降，当多赎少，当物满架，资金无法正常周转，根本无法获利。1937年抗战全面爆发，典当业更遭到毁灭性打击，据湖州老人回忆：当时湖州的老百姓对典当还是比较相信的，认为放到当里的东西比放在家里保险，于是在日本军队打来准备逃难前，把家中不能带走的细软都当到典当去，未料湖州沦陷后所有的典当行都遭到抢劫，给百姓带来巨大的浩劫，也使典当业再也无法恢复元气了。

三、脆弱的农村经济

湖属6县是农业出产大县，大部分土地肥沃，在丰年或平常年，绝大部分农民可得温饱。但湖州各县并不是单纯的农业大县，特别是吴兴、德清及武康、长兴的一部分，有一个明显特点，即除了从事农事外，几乎全民从事副业，各县与区有不同副业。这也符合当时的中国国情：中国大部分地区依靠手工业制造的产品，而机器生产的产品只能满足沿海地区和少数大中城市的消费。但沉重的田赋负担和大量的债务，使广大农民生活艰难，甚至濒临破产。

（一）农村的主副业情况

1. 主业

湖属6县，其主产，在平原米为大宗，在山区毛竹为大宗。20世纪30年代以前，吴兴地区种早晚2季稻，一般每亩可产1.8石米。在30年代初的丰年，吴兴、长兴两县的大米每年各产300万担以上，德清可达80万担，安吉60万担，武康、孝丰各达40万担。由于养蚕的缘故，多数地区是在收茧后种1季晚稻。种春花的农户非常少，只有10%，而且大都是种蚕豆，其余一概种紫云英，以作绿肥，说明吴兴县及德清县产茧地区的农民对种稻主业的重视，在平常年份已让位于养蚕制丝。这是湖州富甲一方的根源，也是经济比较的结果，但也为30年代初湖州农村整体经济崩溃埋下了祸根和伏笔。另外，苎麻、茶叶、番薯主要产于西南山区，菱角产自荻港、袁家

汇，羊眼豆是菱湖特产，荷叶产自北门外的大钱、小梅口一带，南浔的大头菜十分有名。长兴每亩米产比吴兴稍低，1亩约1.5石或1.6石，也种1季，晚稻中的籼米大都加工成蒸谷米，这样每百石可增加五六石米。吴兴的米不够自给，经常要从长兴、安吉等地进口米。40%的农户种麦子，每家一般种三四亩，其余也是种紫云英或苜蓿为绿肥。南北山地多种番薯，东南一带则盛产桃李梅梨杏栗等。德清主产与吴兴平原地区差不多，以产米为主。武康多山，毛竹是其主要产品，笋是其又一大宗产品；安吉中部是平原，也盛产大米，每年有20万石运销湖州、杭州；孝丰县为山区，毛竹为其主产大宗，每年有15万帖（合90万担）的输出。

2. 副业

单纯的农业生产已不能维持正常生活，副业生产就成了农民养家糊口不可或缺的手段。吴兴县36%的土地成为桑地。正常年份，一亩桑地的产出是种稻产出的4.6倍。20世纪30年代初，吴兴、长兴、德清3个主产区，所产桑叶达到550万担以上（其中吴兴县达到430万—500万担），湖属6县蚕茧收获在1931年达到28万多担，产丝达21000多担，其中吴兴一县蚕茧达20.34万担，丝18327担。因此，养蚕等副业已成为绝大多数农户的主业。正因如此，一旦蚕茧价格大幅下跌或生丝滞销，抑或发生灾害，对湖州（吴兴）农村的打击程度要数倍于其他地方。“该县全年丝茧，值一千七百万，而今（1933年）则不足三百万元。农民多培植桑地，田则委之客民，自耕者约占百分之二十。今田既不耕，茧又大贱，平日习于安逸，不耐劳苦，故其困难情形，亦迥异他县。”①

吴兴县75%以上的农民从事养蚕与家庭缫丝，城区的北乡及太湖边的大钱等乡家庭机织业十分发达，南浔马腰、谢村、李塔等处妇女多织棉布，双林一带多织丝绢绫绢，善琏等乡制笔业发达，南浔镇之南乡妇女结网较

① 行政院农村复兴委员会:《浙江省农村调查》，商务印书馆1933年印，第231页。

多，菱湖镇千金乡捻烛芯。而德清除了茧丝外，其蜡烛芯产业独树一帜，另外还有新市的湖羊养殖及皮毛业、浇花绵绸等。长兴则以养蚕、丝绵、绵绸、羊毛绒线、苎线为主要副业。

1933年后，产茧丝最有名的南浔全年总收入下降，只有菱湖的89%，双林的66%，蚕丝的收入已由先前的占总收入70%，下降到21%，本来以此为生的农民不得不重拾起种田本业，使从事农业主业的收入上升到60%，从事商业小贩的收入达到4.14%，远高于其他乡镇。而双林由于还有绫绢副业生产在支撑，故蚕茧丝织还占至50%的收入，菱湖有渔业的支撑，蚕桑丝织也占有42.6%，总收入都好于南浔。

（二）天灾人祸使农民衣食难周

20世纪20年代末，湖州农村“运交华盖”。1928年、1929年连续两年虫灾、水灾，使吴兴、长兴两县农田损失最大，“今岁秋收，大都不过五成云。”①1931年水灾，“惟吴、长两县为最重。……（吴兴）皆以圩堤淹没，秋收无望，贫苦乡民生计断绝”，“……又西乡长兴县属自山洪暴发以来，圩堤为水冲倒者有十数处，田禾十数万亩均成一片汪洋。”②

1934年，百年不遇的旱灾来袭，湖属6县都成重灾区。原本田里受灾，茧丝收成可补贴家用，但米价大涨又逢丝价大跌，“米价十九元时，丝价每百两可售六十元。即百两丝可籴米三石，今丝价已跌至每百两十三四元，只可籴米一石稍强。可谓‘谷贱伤农’，‘丝贱杀民’”③。抢米风潮迭起，灾民靠施粥度日。在当时的农村抽样调查中，海宁的贫雇农占30%，杭县占50%，而吴兴县的恭一庄、辑里村贫雇农占了70%，“这是显明蚕桑区域所受的苦痛，在过去因茧价高昂享受着优美的生活，到现在因它的没落而受了极大的

---

① 《申报》1929年8月18日。

② 《申报》1931年8月2日。

③ 《从旱灾联想到其他问题》，《湖州月刊》1935年第6卷4—05（专号）。

图 3—13 湖州灾民排队等候施粥（1934）

影响。”[1] 说明在蚕丝发展兴旺之时，广大蚕农并没有真正积累起财富，只是生活稍滋润些而已。巨大的财富在压价收购、高价专卖中被极少数的丝商和外国资本所吞并。因此，一旦有所不测，贫穷立至。

表 3—6 湖属 6 县受旱灾面积及人口统计表（1934 年）[2]

县别 类别	吴兴	长兴	德清	武康	安吉	孝丰
受灾人口（万人）	30	9.5	15	2.57	5.46	2
灾民比例（%）	44.12	38.7	81.9	39.12	67	23.83
受灾面积（万亩）	62.7	87.3	54.9	23.4	35.8	22.2
灾田比例（%）	30	65	65	100	70	72

在这样的环境中，农民日常的吃穿住行已非常拮据。

① 行政院农村复兴委员会:《浙江省农村调查》，商务印书馆 1933 年印，第 157 页。

② 《湖属六县灾民数》，《湖州月刊》1935 年第 6 卷 4—05（专号）;《湖属灾况一览表》《湖社救济灾款事项案卷》，上海档案馆藏，档案号 Q165—4—22，转引自周虹:《精英与桑梓：湖社对湖州的公益活动 1927—1937》，东华大学硕士学位论文，2012 年。

（1）吃

根据1935年对吴兴县南浔、菱湖、双林、袁家汇4地的调查，当时1家农户的食品消费年均127.77元，占全年生活费用的68.2%，占年收入的85.33%，其中米的消费平均是102.53元，占食品消费的81.26%；蔬菜消费7.79元，占5.37%；肉3.78元，占2.78%；鱼2.04元，占1.39%；油4.88元，占3.85%；盐4.98元，占3.93%；其他1.77元，占1.42%(主要指面粉、麸皮、麦、糠、豆腐、酱油等)。其中，南浔的食品消费最高达到149.89元，几乎是收入的100%，袁家汇最低，为94.34元。

吴兴虽为产鱼之区，但农民养鱼只售不自食，“除近城镇者平时间有自食外，其四乡农民全数出卖，惟年节或农忙蚕忙时食之。蛋类皆售诸城镇，无论鸡鸭所产，均出售而不自食。”[①] 除了吃米外，菜肴十分有限，1名成年男子，菜全年约116斤，每月9.7斤，每日5两(16两老秤，合现在3.23两)；肉与鱼就更少了，肉全年只有5.4斤，每月约7两（合现在4.4两）；鱼类全年4.7斤，每月合6两余（合现在3.9两）。在号称“鱼米之乡”的吴兴县，农民终年连鱼都无法享用。在被调查的916家中，还有近8%即72家农民因食米不足，而不得不吃粥、糠或麸皮，主要集中在袁家汇地区。说明生活在贫困线以下的农民数量众多。

（2）穿

由于食品消费占全年消费的65%以上，农民在穿的方面已没有太多消费能力。平均每家农户全年花在衣着方面的费用，双林最高，为13.5元；袁家汇最低，为4.15元。南浔、菱湖、双林、袁家汇4地平均9.6元，占生活费的5.13%。全家每月仅为0.8元，“都市中上阶级人士，购一双丝袜之所费，尚且过之。产丝地乡民衣着之恶劣，可想而知。”[②] 据调查，全年衣着费

① 刘大钧:《吴兴农村经济》，上海文瑞印书局1939年印，第69页。

② 刘大钧:《吴兴农村经济》，上海文瑞印书局1939年印，第72页。

在 10 元以上的农家，只有 241 家，占 26%。区区之数，连御寒蔽体尚难办到，更谈不上美观尊严。

吴兴盛产丝绸，但这 4 个地方虽机织户甚多，但所制之绸绉都卖给行庄，自穿的大多是自织的土布或从乡镇小织布厂所购的厂布，很少有买“洋布”的。至于绸呢类的衣料，除极少数富裕家庭和普通人家因婚嫁偶然购置外，大多数家庭不敢染指。若考虑到菱湖农民因养鱼，不适合穿丝绸衣服还情有可原，但曾“富甲一方”的南浔，穿得起丝绸衣服的农家只占 15%，说明当地农村的经济已残破到何种程度。

（3）住

当时的吴兴平原农村，楼房极少，只占 2%—3%，绝大多数是平房，本地人一般住瓦房，客籍外地人多住草屋。砖瓦结构的房子占 84%，但多数已破旧，反映了当地曾经的好时光，也印证了时下农村经济的困难。房子建筑上，屋里大都是泥地，容易潮湿，对人体健康和幼蚕成长不利。人均拥有住房面积上，4 地农村平均每户有 3.56 间房屋，其中卧房有 1.23 间，即平均 4.09 个人住 1 间房。卧房每间不超过 2 人的只占 12%，88%的人家都过于拥挤。

居家所用的燃料，农家用稻草、桑柴、豆萁、野草等，无一家用煤。由于养蚕无利可图，许多农民就把桑树砍去，改种绿麻、百合、生姜等，虽然燃料增多，但对蚕桑业的发展影响很大。照明上，大多数农户使用无罩的煤油灯，也有少数的农户用菜油灯盏。

（4）行及社交

水乡农村往来多靠航船。4 地之间及大的村镇都有定期航船往来。船为木船，可乘 10 余人，都是早上由各乡村开往镇上，中午由镇上返回村里。开航船的多为乡村的“无赖子”①，因开船时间较长，船家多放有麻将桌，供

① 无赖子：刁顽耍奸、为非作歹的人。

乘客消遣，也可从中“抽头”[①]。如是在新米新丝上市时，船家总要借机索要佣金，或帮助指定行庄，可取得商家回扣。

茶馆是农村最主要的社交场所。较大的村镇都设有茶馆，茶资一般是70文。除了农忙与养蚕时间外，上茶馆是大多数农民每日的“必修课”。农民乘航船到镇上，除了一般性的办事买物，即上茶馆喝茶，与熟人一起高谈阔论，本地新闻、年成好坏、蚕丝价格等都是主要谈资。在新米蚕丝上市时，一些做掮客生意的人也经常出入茶馆，撮合生意，赚取佣金。在农闲时期，来茶馆的农民更多，从早晨到中午时分才带些油酒等回家吃午饭，冬天则从早餐后一直待到晚餐前才回家。有的在别人引诱下赌博，丧财败名，往往有之。但在蚕丝业破败后，许多农民生活陷于贫困，在新丝新米上市之时，还旧债还嫌不足，更无力购买商品，“故茶馆均不敢一坐，有时仅至往时曾来往之店家门前，席地略坐，或徘徊不忍即去。”[②]

（三）普遍的负债

在蚕丝业破产及连续灾年的打击下，入不敷出已成普遍现象，无论种田还是养蚕都面临亏本。1933年吴兴全县收入的大宗是丝茧与米，占89%，其他副产与杂收占11%。支出中生活费用占43%，租税占31%，耕种费与临时费各占13%，对比之下，收支是100∶108，吴兴全县农民欠债比率为60%，与全省的农民负债率持平，盈余者不及20%，其余是收支勉强拉平度日。长兴县农民的收支情况相对较好，是100∶102.4，租税负担相对较轻，为21.7%；但耕种费为24.2%，比吴兴县农村高，“较之他县情形尚佳”。[③]而吴兴县“自华丝淘汰，价格惨落，于是幸福之神，离开了养蚕

① 抽头：原指赌场主人从赢家所得中抽取一定数额的利钱，后泛指各种打秋风、拿回扣的行为。

② 刘大钧：《吴兴农村经济》，上海文瑞印书局1939年印，第132—135页。

③ 建设委员会经济调查所统计课：《中国经济志·浙江省·吴兴县·长兴县》，正则印书馆1935年印，第541、647页。

的农民，吴兴平时养蚕最多，获利最大，故今日之打击亦最大”①。湖州地区养蚕区的农民全年收支亏欠率则高达 85.77%。甚至有整个乡“现在已没有一家不欠债的”②。

欠亏只有靠赊欠、典当与借贷来弥补。日常用品向商店赊欠，到新米新丝上市集中结清，一旦遭遇灾年或市面萧条，商店则不敢大量赊欠，或抬高偿还时的条件。典当主要是衣物，但大部分农民没有太多的衣物典当，于是借贷度日几乎成了他们唯一出路，但高利贷往往使这些农民倾家荡产，彻底沦为赤贫。

1933 年江浙两省抽样调查显示，农民现金借贷占 55.1%，粮食借贷占 81.5%，主要来自地主、富农、商人、钱局等。吴兴县的调查显示，平均亏欠的 38.76 元中，赊账占 14 元（实际也是当借，或用预卖方式偿还），其余的 24.76 元靠当借解决，占农民平均年现金收入的 18.03%。其中南浔当借最多，平均每户 40.98 元，占比达 30.66%。在举债的农户中，72.57%的农户纯粹为了消费糊口，只有 12.24%的农户为了生产，还有 15.19%的农户是消费与生产兼用。

（四）沉重的田赋负担

田赋是民国时期各级政府的主要税赋来源。江南一带历来为富庶之地，税赋相较于其他地区为重。按一般规律，田赋征收应为田地价的 1% 左右，但在南京国民政府时期，田赋大大超过了此比例。田赋分正税与附加税，五花八门的附加税不断增加。附加税分两种，一种是按照正税的银额征收，如建设特捐、建设附捐、水利特捐、自治附捐、教育附捐、治虫经费、区公所经费、征收公费、公益捐、救济院经费、农民银行基金及特捐等；另一种是按田地山荡的亩数征收，如保卫团亩捐、村里捐、教育亩

① 行政院农村复兴委员会:《浙江省农村调查》，商务印书馆 1933 年印，第 231 页。

② 任三渊:《吴兴民杰乡概况》,《湖州月刊》1934 年第 5 卷第 9—10 期。

捐、自治经费亩捐等，可谓名目繁多，不一而足，各县所收科目都不相同，多的达 20 多种，最少的也有八九种，名目一多，税负自然重。吴兴、长兴等县田价最高，田赋达到 2.5%左右，安吉等县田价最低，田赋达到了 7%以上，武康则在 9%以上。“浙江农村在这样的田赋制度下，受到了极大的摧残。”①

吴兴的田赋名称有地方特色，田地山荡等级是按苕、雪、碑、砂来划分的，如田有苕田、雪田、碑田、砂田之分；地为苕地、雪地、砂地；山分苕山、雪山；荡分苕荡、雪荡。征收是按地丁、抵补金两种征用的，地丁以银 1 两为附加计算标准；抵补金按米 1 石为附加计算标准。在 1932 年前是按银两收取田赋的，从 1932 年开始正税与附加税一律按银元收取（1 两银折 1.8 块银元；1 石米按 3.3 块银元折算），并将地丁称为上期，抵补金称为下期。

赋税不仅名目繁多，各县也不尽相同，且项目每年都有变化，常常是有增无减，农民不堪重负。由于各地灾年不断，省、县政府的赋税无法完成。如吴兴县在 1932 年的田赋，上期实缴 84181 元零角 9 分 5 厘（银元）；下期实缴 108797 元 4 角 4 分 1 厘（银元），合计实缴 192978 元 5 角 3 分 6 厘（银元）。而按县财政局统计，全年全县造串应征 679318 元 6 角 1 分 7 厘(银元)，“其实征数相差甚巨”。②

实际上，应缴未缴问题自进入民国后就一直存在，如 1927 年的吴兴县地丁田赋当年所欠是 22578 两银，抵补金是 18508 两银，合计 41086 两银，折合银元 73954.8 元；1928 年合计欠缴 12842 两银两，折合银元 23115.6 元；1929 年合计欠缴 24871 两银两，折合银元 44767.8 元。3 年合计的地丁欠缴率是 20.06% ；抵补金的欠缴率是 22.84%。德清的地丁与抵补金这 3 年平均的欠缴率分别是 22.4%。丰收年景尚且如此，到了灾年与丝织业破产之时，

① 行政院农村复兴委员会:《浙江省农村调查》，商务印书馆 1933 年印，第 25—26 页。

② 建设委员会经济调查所统计课:《中国经济志·浙江省·吴兴县》，正则印书馆 1935 年印，第 590 页。

欠缴之情形可想而知。

由于种田亏本，尽管田价大幅下降，如1928年吴兴最高的田价是120元，最低30元，普通50元，1933年分别降到了80、20、30元，但“近来田地，极少买卖，非有田者不愿卖，实缘无人要买。这个原因，就是作物价格低落，田赋税率增加”[①]。

（五）乡村建设的兴起及效果

20世纪30年代初，江南农村频频受到天灾及经济大萧条的冲击，农村破产，工商业倒闭，金融枯竭，而上海却资本过剩，投资无路。在此形势下，为了上海的资金不至于过度投机而发生危险，银行界与社会上发起了“商资归农”的运动；同时为了避免农村经济进一步恶化，国民政府自上而下地加大了对农民银行、农民借贷所、农村合作社与农业仓库建设的力度。

湖州是浙江省农业生产的重要地区，也是20世纪30年代自然灾害与经济危机的“重灾区”。因此，农民借贷所、农村合作社与农业仓库的建立也走在全省前列。

1931年至1932年，吴兴、孝丰、德清与长兴先后成立了农民借贷所，资金分别是5000元、8948元、10000元与6000元。1934年，德清农贷所放款7810元，长兴农贷所放款4105元。吴兴县在1932年至1935年共放款20000余元，虽是杯水车薪，但也解决了部分农民的生产急用。浙江地方银行为了弥补农贷工作的不足，于1934年、1935年在湖州分行及长兴办事处试办典当式农村零星动产质押放款。

湖属6县都成立了农民合作社，有的还很红火，但各县之间不平衡。至1934年，各县共建各种合作社176个，其中长兴20个、德清65个、吴兴40个、武康20个，孝丰虽偏于山区，农民合作社却建了30个，许多还“办理颇善”“颇有成绩”，而安吉只有1个。与全省一样，信用合作社占比最多，

① 行政院农村复兴委员会:《浙江省农村调查》，商务印书馆1933年印，第176页。

其他性质的合作社较少，故吴兴、德清等县提出，今后要促使信用合作社向兼营生产事业发展，更要注重建立农业生产、灌溉、消费、养蚕、运输、储藏等合作社，以期复兴农村。而长兴县的农村合作社，则受到了建设委员会经济调查组与以陈勤士为首的赴旧湖属考察自治工作组不约而同的批评："各合作社社员知识幼稚，指导者也皆缺乏经验"，"多未了解合作真谛，且能力薄弱，不能处理社务，故组织上多不健全，社务亦未进行"，"故鲜有成绩可言"。[①] 这反映了农民合作社的不足。

1932 年后，中国银行在吴兴县建立物产仓库，上海银行在吴兴县弁南乡的潘店合作社设仓库，在新米上市米价低时，以每担 4 元左右的价格收进农民的米，来年青黄不接米价高时，农民赎回米卖到市场上，避免新米上市时"谷贱伤农"，以及青黄不接时急需用钱而受到高利贷者的剥削。其收米及放款的金额较大，吴兴一县办理米谷堆栈收米达到 175.29 石，放款金额 689.03 万元。

以潘店农民合作社为例，主要任务是三项：

（1）推广蚕种。先组织养蚕合作社，从县农民借贷所贷款 500 元，购买 500 张改良蚕种赊给农民试养，并向县建设科请来两名养蚕指导员，到乡下挨家挨户地指导，当年取得丰收，第 1 次提倡试养秋蚕获得成功，使农民收入倍增。1936 年改良蚕种增加到 2 万多张，养蚕合作社发展到附近 43 个农村，社员发展到 5000 多人，成立了合作社联合社，郎玉麟被推选为主任。

（2）从合作卖茧发展到合作烘茧。在潘店建造 8 座烘茧灶，收茧储茧库 50 多间房，对社员的鲜茧先预付茧价的 60%。由于鲜茧常被压价收购，而干茧可直接卖到上海售高价，增加农民收入。

（3）信用贷款。用粮食储押贷款，利息很低，可使农民免遭在青黄不接时受到"青稻米""5 还 6"等高利贷剥削。1936 年，潘店的贷款总额达到

① 陈勤士:《湖属六县自治状况》,《湖州月刊·湖社十周年纪念特刊》1934 年 6 月。

几万元。开始是向农民借贷所贷，后来上海商业银行通过报纸报道和吴兴县政府介绍了解情况，主动上门，因无殷实商铺担保，农贷专员严敬恒提出让潘店小学校长周翔签字做保证人。郎玉麟称，他组建的中共领导下第一支浙西抗日游击部队——吴兴县抗日游击大队的群众基础，就是在潘店办农村合作社时奠定的。①

1935 年底开始，随着法币推出，币制改革成功，国家获得了巨额外汇储备，国内经济开始回暖，市场通缩转变为通货适度膨胀，工商业复苏。粮食作物获得丰收，加上改良蚕种的推广运用，蚕丝价格回升，萧瑟的湖州农村逐步恢复生机，身经大难的广大农民看到了重新过上好生活的希望。但随着 1937 年全面抗战的爆发，更大的灾难从天而降，压碎了人们的一切梦想。

四、物价及收入概况

（一）物价

清末民初以来，物价指数处于平稳状态。1932 年以前，每担米价格为 3 至 4 元，其他基本生活用品也相对稳定。1933 年，每斤黄酒 0.15 元，白酒 0.14 元，菜油 0.16 元，豆油 0.20 元，食盐 0.12 元，红糖 0.18 元，白糖 0.22 元，肥皂每块 0.04 元，松柴每百斤 0.8 元，火油每听 3.2 元。因水灾影响，1933 年湖州米价曾上涨到每担 13 元。后略有好转。但由于 1934 年有百年未遇的大旱，米价又上涨到 11 元一担。

交通、医疗、通信的费用很昂贵。1934 年，一个月的电话租费，私宅 3.2 元，机关 3.5 元，商店 4 元，可抵普通人家一家人一个月的伙食费；打往上海的长途电话费需一二元，等同 5 斤猪肉价格；乘汽车到杭州，单趟需 2.35 元，是一个普通打工者半个月或 1/3 月的收入；西医的住院费用，一般人家

① 郎玉麟：《我办农村教育的回忆》，《湖州文史》（第 5 辑），湖州市政协文史资料委员会 1987 年印，第 24—27 页。

难以承受，如南浔医院的住院病房分3等，一等病房每天2元，二等病房每天1元，三等病房每天0.4元。

（二）收入

各行各业的收入差距十分明显。有一技之长的工种，如织机工、电报电话局职员、商店经理、管账、教师等工资收入高于一般工种，中学教师的工资与钱庄经理的收入相差无几。但体力劳动者和一般服务业人员，以及商业类学徒工平均收入很低，只能糊口。在同一工种中，收入差别可达二三倍甚至五六倍。收入的差别，拉大了社会的贫富差距，也突出了社会的阶层特征。

表3—7　收入情况（1932—1935）[①]

<table>
<tr><th colspan="2">类　别</th><th>平均收入</th><th>最高收入</th><th>最低收入</th><th>资料来源</th></tr>
<tr><td rowspan="8">工</td><td>绸机男工</td><td>每尺9分，每月30元</td><td>每月30—40元</td><td>每月15—16元</td><td rowspan="2">《中国经济志》</td></tr>
<tr><td>绸机女工</td><td></td><td>每月20—30元</td><td>每月5、6元—10余元</td></tr>
<tr><td>掉丝工</td><td>每两1角，每月11元</td><td></td><td></td><td rowspan="2">《浙江吴兴丝绸业概况》</td></tr>
<tr><td>丝厂女工</td><td>日薪0.5元，每月15元</td><td>每日0.55元，每月16.5元</td><td>每日0.45元，每月13.5元</td></tr>
<tr><td>码头扛工</td><td></td><td>每日1.5元</td><td>每日0.5元</td><td rowspan="4">《中国经济志》</td></tr>
<tr><td>人力车夫</td><td></td><td>每日2元</td><td>每日0.5元</td></tr>
<tr><td>轿夫</td><td></td><td>每日1.5元</td><td>每日0.5元</td></tr>
<tr><td>包车夫</td><td>每月15元</td><td></td><td></td></tr>
</table>

① 根据《南浔研究》（1932年手抄本，湖州档案馆藏，档案号Q313—7—20）、建设委员会经济调查所统计课《中国经济志·浙江省·吴兴县·长兴县》（正则印书馆1935年印）、冯子裁《浙江吴兴丝绸业概况》（载《实业统计》，实业部统计处1932年印）、冯和法《中国农村经济资料》（黎明书局1935年版）等整理。

续表

类　别		平均收入	最高收入	最低收入	资料来源
商	粮食业类	经理每年 448 元	每年 640 元	每年 200 元	《南浔研究》
		管账每年 340 元	每年 540 元	每年 140 元	
		伙计每年 200 元	每年 360 元	每年 40 元	
		学徒每年 32 元	每年 40 元	每年 10 元	
	闲食消遣业类	管账每年 290 元	每年 900 元	每年 112 元	
		伙计每年 87 元	每年 112 元	每年 72 元	
		堂倌每年 56 元	每年 100 元	每年 28 元	
		学徒每年 8 元	每年 12 元	每年 5 元	
	杂货业类	经理每年 220 元	每年 360 元	每年 92 元	
		管账每年 115 元	每年 170 元	每年 40 元	
		伙计每年 79 元	每年 120 元	每年 30 元	
		学徒每年 24 元	每年 40 元	每年 2 元	
	衣布绵绸庄、丝行业类	经理每年 360 元	每年 500 元	每年 120 元	
		管账每年 214 元	每年 300 元	每年 94 元	
		跑街每年 400 元	每年 400 元	每年 400 元	
		伙计每年 145 元	每年 260 元	每年 74 元	
		学徒每年 28 元	每年 72 元	每年 4 元	
	南货糖果水果业类	经理每年 313 元	每年 400 元	每年 200 元	
		管账每年 174 元	每年 240 元	每年 120 元	
		伙计每年 97 元	每年 150 元	每年 84 元	
		学徒每年 13 元	每年 24 元	每年 6 元	
	石灰竹树木柴业类	经理每年 261 元	每年 420 元	每年 98 元	
		管账每年 222 元	每年 222 元	每年 222 元	
		伙友每年 104 元	每年 200 元	每年 30 元	
		学徒每年 17 元	每年 72 元	每年 5 元	

续表

类 别		平均收入	最高收入	最低收入	资料来源
服务业	金融业类	经理每年 681 元	每年 1050 元	每年 480 元	《中国经济志》
		管账每年 450 元	每年 900 元	每年 240 元	
		伙计每年 196 元	每年 500 元	每年 72 元	
		劳务每年 207 元	每年 440 元	每年 40 元	
	电报局职员		每月 80 元	每月 76 元	
	电话局职员		每月 40 元	每月 10 元	
	伙夫	每月 6 元	每月 8 元	每月 4 元	
	花匠	每月 8 元	每月 10 元	每月 6 元	
	男仆	每月 8 元	每月 10 元	每月 6 元	
	女仆	每月 2 元	每月 3 元	每月 1 元	
	乳娘	每月 4 元	每月 6 元	每月 3 元	
农	长工		日工资 0.5 元，每年 80 元		《中国农村经济资料》
	短工		日工资 0.2 元，每年 40 元		
教学	中学老师		每月 90 元	每月 30 元	《南浔研究》
	小学老师		每月 40 元	每月 12 元	

第四节　土地革命战争时期国共两党斗争在湖州的反映

一、国共分裂及“清党”对湖州的影响

1927 年，蒋介石发动“四一二”反革命政变，第一次国共合作归于失败。湖州作为国民党势力的核心区，经历了从“阳光丽日”突然变为“寒风冷雨”的过程。

（一）高涨的革命浪潮

1927 年 2 月下旬，北伐军东路军克复湖州全境。湖州的革命形势高涨，后成为著名红军将领的王尔琢以东路军先遣军党代表、中共党员曾干廷以第 2 军 5 师 14 团政治指导员的身份在南浔、德清等地通过集会演讲、联欢等形式，号召民众团结起来，组织工会、农会，支持北伐革命，打倒帝国主义和军阀。北伐军第 14 军政治部途经长兴县城时印发宣传册、张贴标语进行革命宣传发动。在北伐军帮助下，各县纷纷建立国民党党部、总工会、农民协会、商民协会等组织。如吴兴县总工会于4月6日在众多行业工会如丝织、鞋业、药业、木业、泥水业、邮务等工会的基础上成立，由中共党员孙锡荣担任总工会主席，并组建有工人纠察队。药业工会、鞋业工会、丝织总工会等在国民党（左派）县党部工人部长蒋仁东（中共党员）的指导下通过罢工、集会、面对面谈判等斗争，迫使资方让步，增加了工资，提高了保障。

随着革命高潮不断兴起，农民运动也很快发展起来。菱湖潞村等地小学教师王慕舟、朱新民及小商人吴鹃影等，在国民党（左派）吴兴县党部的支持下，积极组建农民协会。经过半个月左右工作，先后在长超、重兆、新溪等地发展会员三四百人，成立了“吴兴县第一区农民协会”。此后，南浔、德清等地农民，也在北伐军的支持下陆续组建了农民协会，积极开展反封建斗争。当时大量共产党员在没有暴露身份的情况下，以国民党员的身份活动，而国民党中也有大量的有革命理想的左派存在，浙江省从省党部到县、区党部，大部分党部工作由这些人主持。在他们的努力下，各县都展开了一系列反奸商、斗土豪、争平等、保权益的斗争，并取得了胜利。“1927 年适值国民军初定浙江，革命空气正浓，党员尽力于农民运动，而党权高于政权之情形下，党部之意志，亦殊坚决而有锋芒。”[①] 吴兴县党部与才上任一星期的吴兴县长李伯勤举行谈话会，“提出种种问题，请李县长酌量办理，当经

① 万国鼎：《二五减租述评》，《中农月刊》1946 年第 7 卷第 2 期。

李氏一一答复”[1]，如：整顿全县教育，扶助妇女运动，组织党报，整顿旧有警察，整理路政，复活贫民习艺所，等等。从中可以看出，当时的革命氛围很强，国共合作下的县党部威信也很高。

（二）“四一二”反革命政变及“清党”

“四一二”反革命政变前，蒋介石将北伐军调往南京，派以周凤岐（湖州长兴人）为军长的26军接防上海。4月9日，宣布上海戒严，委任白崇禧、周凤岐为戒严正、副司令。4月12日派军队袭击工人纠察队并杀死145名被捕的左派领袖，4月13日下令向示威游行的工人、学生、市民开枪扫射的，正是周凤岐所属的第2师部队。

湖州是国民党右派核心人物张静江的家乡，4月10日，张静江已回到老家南浔开始行动。他下令把北伐军帮助组建的自卫军和公安分局撤销，重建南浔镇保卫团、警察所。4月13日，全副武装的保卫团对南浔工人纠察队发动突然袭击，占领纠察队队部，收缴了纠察队枪支。当晚，他们又包围国民党（左派）南浔区党部，逮捕了执委沈渭琛、曹幼民、虞绿萍等进步人士。4月14日，国民党右派在湖州全面实施“清党”。他们大肆搜捕中共党员、国民党左派进步人士和工农运动的积极分子。湖州全城戒严，通缉中共党员、国民党(左派）吴兴县党部工人部长蒋仁东，追捕执委叶小兀、施问苍、章庆善等人，并捣毁吴兴县总工会，解散工人纠察队。他们还贴出布告，令各业工会、农民协会停止一切活动，违反者“以共党论处”。4月18日起，长兴、德清、安吉等地也相继实施“清党”。各地的工会、农民协会被迫停止活动。4月中旬，曾为浙西党务负责人的国民党中央组织部特派员（左派）王宇椿，在报纸上揭露批判国民党右派摧残革命，在国民党浙江省政府的直接干预下，在避居地安吉被捕入狱，7月14日被杀害于杭州浙江陆军监狱。

4月15日，国民党右派在吴兴县城内张贴标语，发表打倒吴兴县总工

① 《申报》1927年3月30日。

会的宣言："湖州总工会为跨党分子所占据，一直闹事，历闹风潮，地方秩序时现不良之象。"[①] 下午，被右派控制的商民协会举行反对总工会的大游行，晚上9点，由县长派县保卫商团水陆巡警包围县总工会，将所有武器一齐缴收，并捉拿工人首领，"惟该首领等早已闻风而遁，会所即由县封闭"[②]。

反攻倒算也随即开始。对工会和农会进行了改组，各业工会负责人大多为地方当局的亲信或工头担任，各地农会也基本为地主豪绅控制。吴兴县城内的酱酒业、估衣业、鞋业、纸业、药业工会，长兴县的药业工会等，均先后被地方当局改组。为了求得资产阶级对其政权的支持，国民党当局把大革命时期工人争得的各种权益拱手交还给资产阶级，声称以前订立的条约不作数，尚需"仲裁"，颁布《劳资仲裁条例》。湖州地区各县普遍建立"劳资仲裁委员会"。在政府的干预下，各地企业主普遍提出了对大革命高潮时订立的劳资条约重新审理"仲裁"的要求，取消工人原已获得的政治、经济权利，强迫工人签订《劳资妥洽合约》，并解雇了大批工人运动的积极分子。国民党右派的这些措施，使大革命时期工人争得的各种权益全被剥夺。如长兴县杨家山石矿工人夺回的大兴石矿，由于国民党长兴县政府支持当地土豪反攻倒算，石矿重新被土豪夺走。又如，湖州丝织工人经过"清算"斗争获得的工钱，企业主要求全部返还，许多工人因无法返还而被解雇。农村方面，也有同样的趋势。大革命失败后，反动当局加重租赋捐税，地主豪绅则对农民进行反攻倒算。当时的浙江省党部与许多县、区党部中，国民党左派与中共党员占据着主要的位置，为了清除这些力量，国民党右派直接依靠军警暴力来抓捕杀害。张国焘与陈立夫的回忆录中记载，由于在"清党"中无法分清基层国民党员中哪些是秘密加入共产党的，哪些只是国民党党员，只能通过年龄、谈吐、服装来判断，甚至让青年党员通过打群架、自动站队来鉴定。

---

① 《申报》1927年4月21日。

② 《申报》1927年4月21日。

浙江省和湖州地区的“清党”也反映了这一情况。如杭州律师、国民党左派的韩宝华（安吉人），是浙江省党部执行委员兼工人部长，杭州市总工会主席，同时兼任浙江省政府政治会议委员、省高等法院首席检察官。由于反对改组浙江省政府，反对张静江任省主席，国民党省党部与杭州市总工会遭到国民党右派派遣的军警包围，杭州市警察局长亲自率队查抄韩宝华的住宅，要逮捕韩宝华。因其警觉，翻窗上屋顶，后化装逃到湖州，再转长兴、广德等地隐居，后逃往上海，终忧愤成疾，于1930年1月16日过世。病故前几天，他还吟诗志愤：“可怜报国成冤狱，多少青年枉断头。”① 国民党（左派）长兴县党部执委赵得三被县长郦庚九指控为“长兴县党部内共产党首要分子”而遭到逮捕，押赴杭州陆军监狱。长兴县党部成员乔仰三、赵铁鸣、郑仲庠和陈越民等也同时被逮捕关押。德清县党部筹备处主任房宇园等也被逮捕。

国民党于6月成立浙江省党部改组委员会，并委定各县的改组委员会。8月7日，吴兴县党部改组委员会接收临时县党部，“除农民部长胡耀楣外，余均引进”，“闻原有党部均须彻底改组”。②

二、白色恐怖下中共党组织的活动

（一）湖属各县共产党组织的建立

国民党右派在湖州各地开展的“清党”活动，不仅使中共党员觉醒奋起，也引起了国民党左派人士与进步青年的强烈愤慨。如国民党南浔区原党部常务温永之，在4月20日共产党在双林镇召开的秘密座谈会上就愤怒表示，对国民党已不抱任何幻想，他说，既然国民党把我们说成是共产党，我们也把希望寄托于共产党，那就干脆寻找门路加入共产党。会后，杭州地委

① 尚传道:《民主革命先驱韩宝华》,《湖州文史》(第9辑)，湖州市政协文史资料委员会1991年印，第45—46页。

② 《申报》1927年8月11—12日。

委员、特派员张寅仲与中共党员、城西女校教师金鼎就找温谈话，吸收他加入中国共产党。

4月下旬，经杭州地委批准，中共湖州支部在城区第一初级小学正式建立。金鼎任书记，屠仰慈、朱霞春、温永之为委员。湖州支部是湖州历史上第一个中共地方组织。1927年6月，中共浙江省委建立。根据省委的部署，中共湖州支部改建为湖州县委，金鼎任书记兼组织委员，温永之任宣传委员，朱霞春任工运委员，屠仰慈任青运委员。湖州县委隶属浙江省委领导。中共湖州县委成立后，党的领导得到加强，党组织一度有较快的发展。吴兴县的菱湖、长超、袁家汇、升山等地，都陆续建立了党组织，党员总数达到75人。为便于联络，湖州县委还在城区东街和杨树街的两所小学内设立了联络点。中共湖州县委建立后，孝丰老石坎支部、德清新市支部、安吉独立支部、德清独立支部和长兴独立支部也相继成立。

（二）白色恐怖与"左"倾盲动路线指导下的中共斗争

虽然湖州各县都迅速建立了中共县委或支部，但革命毕竟已处于低潮。因位于国民党的核心统治区，湖州白色恐怖弥漫。基层中共党员对于地下斗争还没有经验，再加上中共中央"左"倾盲动主义的工作指导、中共浙江省委屡遭破坏等因素，使湖州地下党处于非常危险的境地。由于党组织屡遭破坏，经常重组，持续积蓄革命力量变得非常困难，也很难组织工农群众进行斗争。

从1927年7月开始到1930年，湖州几乎所有中共县委、县支部都处于解体、重建、再遭破坏的过程中。如1927年6月建立的中共湖州县委，书记金鼎去杭州向省委汇报工作未果，托人在杭州找了份工作，与湖州党组织失去联系；9月，县委委员朱霞春、屠仰慈因搜集情报不慎被捕；11月，委员温永之去杭州与省委联系，恰逢浙江省委遭破坏而返湖，不久离开湖州去乌镇教书；12月14日，从11月开始负责县委工作的钱独军在杭州被捕，次年1月被害；1928年2月，湖州县委恢复，11月省委派省委候补委员邱福祥任湖州县委书记，1929年1月，邱在杭州参加省委扩大会议后被捕牺牲。1929年4月，中共中央在上海召开浙江工作会议，决定撤销省委，在全省建立6个中心县（市）委。6月，湖州中心县委在菱湖镇成立，中央调原萧山县委书记瞿孟邻任书记。8—10月，中心县委3次改组，陆思采任书记。12月初，国民党在杭州城站邮局检获了中共中央寄往湖州中心县委通讯处——菱湖镇大信青果行的中央通告，中心县委遭严重破坏，3名县委委员和21名区委以下党员被捕，绝大部分党员与党组织失去联系。1930年8月，吴兴中心县委在县立第一初级小学建立。9月7日，因人出卖，县委书记瞿乃臧被捕后叛变。县委委员杨思一根据中共杭州中心县委的指示，建立了中共湖州县委，1931年2月，杭州中心县委遭破坏，杨思一转移到上海，湖州县委活动终止，直至全面抗战爆发都没有恢复活动。

“左”倾盲动主义也给湖州党的地下斗争带来了许多损失。如湖州地区明明位于国民党统治的核心区，中央与省委却多次把湖州列为农民暴动、城市起义的重点区域。如1927年7月，省委要求张寅仲到湖州组织农民暴动。12月3日，省委根据11月召开的中央临时政治局扩大会议精神，又制定了《关于浙江目前工农武装暴动计划大纲》，把湖州定为暴动的中心地点之一，要求湖州党组织广泛发动工人，开展经济斗争，举行城市暴动，配合乡村暴动夺取城市。与此同时，省委还派遣省委候补委员、杭州县委常委马东林等干部来湖州，恢复和发展党的组织，加强对湖州地区工人运动的领导，为城市暴动做准备。为解决暴动经费问题，中共党员、原湖州丝织工会工人纠察队队长陈锦康等组建“赤色恐怖团”，携带武器向大丰绸厂资本家强行“借款”。事发后，参与“借款”的4名工人有3人被捕。不久，马东林也在杭州被捕。在当时中共组织力量单薄而敌人拥有强大武力的情况下，这类行动很快被镇压，结果使大革命失败后保存下来的有限力量再次蒙受损失。

1930年2月26日，中共中央向全党提出：党不是要继续执行在革命低潮时期积蓄力量的策略，而是要执行集中力量积极进攻的策略，各地要组织

工人政治罢工、地方暴动和兵变，并集中红军进攻大城市。为了贯彻中央精神，4月中旬，德清县委召开扩大会议，结合贯彻围攻杭州的计划，讨论了德清农民暴动问题，作出了举行武装暴动的决定。会后，各地党组织按照分工加紧了暴动准备。中共杭州市委派葛天民到士林、干村、下舍、新市等地检查暴动准备工作，协同德清县委组建了农民暴动队伍——“浙西红1军”。由于敌强我弱的客观形势，再加上暴动准备工作不够隐蔽，德清城内党组织于18日下午遭到破坏，接着军警又到士林等地农村进行大搜捕，德清农民暴动夭折。德清县委书记许斌等被迫撤离，各地党组织活动被迫停止。

吴兴中心县委为贯彻中共中央关于《新的革命高潮与一省或几省的首先胜利》的决议案，把建立赤色工会和工农武装摆到了重要位置。鉴于湖州城内尚无赤色工会和工人武装，县委成员作了明确分工，由县委委员杨思一在湖州城内开展工人运动，筹组“吴兴县赤色总工会”；县委书记瞿乃臧到农村筹集枪支，组建农民武装，以便城乡联合举行暴动。湖州党组织的上述活动引起国民党右派的注意。国民党吴兴县当局多次召开会议研究对策，对中共湖州党组织的活动进行跟踪、监视，还会同国民党浙江省保安第3团，在湖州城内展开全面搜查。1930年9月7日，吴兴中心县委书记瞿乃臧、委员温永之，因组织“吴兴县赤色总工会”一事，在志成路“天韵楼”茶馆被捕，县委遭到破坏。

9月，长兴夹浦独立支部以农民协会名义，在太湖边的白带湾召开暴动动员大会，鸿桥、新塘、李家巷、虹星桥、金村、水口等地农民，以及县城倾向革命的警察等千余人参加会议。会议发出了加强农民协会和农民武装建设、准备迎接革命斗争新高潮的号召，通过了随时准备举行暴动、攻打长兴县城的建议，很快引起了国民党长兴县政府的警觉。会后第二天，长兴县政府出动大批军警到夹浦等地搜捕，多人被捕。中共夹浦独立支部负责人被迫转移，夹浦独立支部活动停止，之后，长兴区委没能再开展有影响的活动。1931年9月，长兴区委负责人被捕，长兴党组织遭全面破坏。

在国民党的统治核心区，坚强的湖州共产党员在极端困难的环境里，前赴后继，坚持发出反抗的声音，这给国民党带来很大震动与恐惧。虽然在一次次严酷镇压下，在“左”倾路线错误指引下，反抗的声音还较微弱较短暂，但为革命保留了火种，为革命高潮的到来打下了基础。

（三）工人运动与农民斗争的开展

湖州丝织业发达，工人集中数量大，劳资矛盾也较为突出。工人运动与农民斗争经过北伐胜利的短暂高潮，在“四一二”反革命政变后，由于整个社会趋于右倾，也从“要求平等待遇”“打倒土豪劣绅”的政治斗争转到以要求增加工资、改善工作条件、抗租减息为主的经济斗争上来。这些斗争有的是在中共党组织的领导下进行的，有的是自发产生的。

1. 党组织领导的斗争

1928 年秋，德清利农丝厂工人在当地党组织的支持下举行罢工，向资方提出缩短工时、增加工资的要求。经过 1 个星期的斗争，资本家最后作了让步。为了维护自身利益，吴兴、长兴等地的工人也相继起来斗争。1929 年秋，德清新市公利丝厂 4 名女工因闷热难忍，出车间乘凉透气，遭资本家开除。全厂工人纷纷表示抗议，然而资本家置之不理。在中共党员的动员和支持下，公利丝厂工人联络利农丝厂工人一起罢工，斗争取得胜利。

与丝织工人的斗争相呼应，湖州其他各业工人斗争再度兴起。1929 年端午节前夕，吴兴菱湖的药行打算开除几名工人。菱湖党组织通过药业工会，以“无故不得开除工人”为口号，发动群众与资本家斗争，维护了工人的劳动权利。同年 7 月，长兴理发工人继起罢工。长兴理发店的收入分配，业主规定资方占六成，劳方为四成，工人因收入微薄难以养家糊口，要求与资方平分理发收入。这一罢工得到中共夹浦独立支部的支持和酱油业工人的声援，在社会上引起不小反响。

在湖州农村，党组织根据中央六大和浙江省委的精神，制订了《秋斗工作决议案》《秋斗工作大纲》《湖州农民运动决议草案》等文件。提出：各级

党组织在领导农民运动中，要提出符合农民心理和要求的口号，加强宣传工作，争取农民的拥护；要重视建立和健全农民协会，注意利用进香会、少林会、兄弟会等灰色性质的团体，打好农民运动的组织基础；要把握斗争时机，利用秋收、荒年等时机，领导农民开展斗争，进行土地革命；要讲究斗争策略，尽可能把群众武装起来，积聚斗争的实力，保存群众的力量，逐步由小的斗争发展到胜利的暴动；湖州农民运动的中心区域，应放在受地主剥削较重的吴兴南浔一带及荒区袁家汇、前村等地，同时注意湖州城郊的工作，以推动城市工作等。这些意见对促进湖州农民运动的发展起到了积极作用。

1927年七八月间，中共党员、小学教师陆启宝根据湖州县委的指示，与王慕舟等一起，在吴兴县前村、西山、小山、升山、计家湾等地开展农民运动。他们向农民宣传党的纲领，宣传打倒土豪劣绅、抗租减息等口号，并重新组织农民协会。在他们的努力下，前村一带党的组织、农民协会得到了较快发展。党的活动范围迅速扩大，革命逐步呈半公开状态。1928年11月，湖州县委在前村召开党员代表会议，到会代表有80余人。这次会议虽然引起国民党吴兴县当局注意，但因为惧怕农民群众反抗，不敢贸然前往镇压，直到事后才加以防范。

与日益高涨的前村农民运动相呼应，菱湖杨家圩等地农民运动也有所发展。1927年11月，中共党员姚醒吾通过揭露国民党“二五减租”的欺骗性，发动杨家圩农民开展了抗租、抗粮斗争。1928年1月，菱湖进步青年在党员的带领下，在菱湖镇上散发“俄国十月革命万岁”“打倒蒋介石”等传单，进行了一次大规模的宣传活动。同年12月，菱湖党组织还领导了有两三千渔民参加的反渔捐斗争，捣毁了渔捐局，斗争获得胜利。此后，鱼行老板对渔民的重利盘剥一度有所收敛。

德清党组织建立后，由于县城白色恐怖严重，一直把工作的重点放在农村。经过加强对农民的宣传工作，使党组织有了较快发展，同时建立了一批党影响下的群众组织，推动了各地农民运动的开展。1929年秋，德清农村因虫灾、旱灾收成锐减，大批农民还粮还租，无钱还债。中共德清县委根据这一情况，以“荒年不还租与债”为口号，发动农民进行了“抗租、抗债、抗税”斗争，得到广大农民的拥护和响应。在党员的启发教育下，士林一带青年组建了有500多人参加的“青年协会”，联合起来与地主、债主进行斗争。新市一带的农民也在中共新市区委的支持下起来斗争。新市含山（今属湖州市南浔区）支部组建的“农民协会”，范围达10多个村落，有会员70余人。杨墓渔业支部领导的“渔民工会”，范围涉及德清全县，有5000多人参加。由新市镇西南各村农民为主组建的“赖帐会”，成员200余人。此外，一些地方还成立了“虫灾委员会”等组织。这些组织密切了党和群众的联系，促进了农民运动的开展。

2. 自发的工人斗争

主要有1929年与1934年两次丝织业反对降低工资标准和要求增加工资的罢工斗争。1929年，湖州丝绸产品受到日本人造丝削价抛售和苛捐杂税的双重打击，产品销路渐窄。企业老板借此普遍削减工人工资。1929年1月，吴兴城区丝织工人为抗议资本家削减工资举行大罢工，参加罢工的手织工人和机织工人达1万多人。吴兴县政府派出军警出面镇压，但工人们没有被吓倒，坚持罢工，直到资方收回减少工资的决定。4月，湖州丽和、勤业、永昌等厂业主联合降低工人工资，各厂工人同时举行罢工。勤业工人还与企业主发生严重冲突。企业主感到众怒难犯，不得不恢复了原来的工资标准。

1934年，正是湖州丝织业最困难的时期，湖州织工工资从每织1尺绸1角减到了每尺5分，一位丝织女工说：“现在不像从前了，每天织绸的数目，仍是一丈五、六尺，但是工价已由一角一尺，跌至五分一尺，工人整天工作，只赚工资六、七角，一家老幼，常有冻馁的恐怖。”① 在这种情况下，

① 《国际劳工通讯》1937年3月第4卷第3期，第50页，载彭泽益:《中国近代手工业史资料（1840—1949）》（第3卷），中华书局1962年版，第574页。

企业主由于经营困难，还要减低工资，引起3000多名织工罢工。4月2日，“因反对减低工资，向县府请愿不遂，殴毁机户及县府器具，与保卫团冲突，死工人二名。”4月4日，“湖州机织工人阻止零机工人复工，经县府警队劝导无效，伤亡工人三名”，“湖州机织工潮经党政机关调解，工人允五日复工。”①

这两次罢工运动，是在面对政府军警镇压并引起工人伤亡的情况下坚持斗争而维护了工人的权益，显示了工人阶级的力量。

三、钱壮飞的特殊贡献

（一）深入虎穴临危不惧

钱壮飞1896年出生于湖州城内观凤巷鸡塞弄一个小丝商家庭。12岁进入省立第三中学读书，1914年秋，在本家族亲钱玄同的帮助下，考进国立北京医学专门学校（今北京大学医学部前身）。毕业后，先在北京长兴街挂牌行医，后到京绥铁路局附属医院工作，同时还兼任美术学校教员、报馆编辑等职。1926年加入中国共产党。1927年大革命失败后，中共北方区委领导下的党组织遭到严重破坏，钱壮飞于1928年初转移到上海。9月，他被国民政府建设委员会无线电管理处举办的训练班录取，后被分配到上海营业处工作。由于能力出众，被时任无线电管理处营业科长、上海营业处主任的湖州同乡徐恩曾看中，命他帮助管理业务，后被徐视为心腹。1929年12月，徐恩曾调任国民党中央组织部总务科主任，1931年兼任调查科科长，调查科即“中统”的前身。他推荐钱壮飞担任其机要秘书。周恩来根据钱壮飞的汇报，立即派李克农、胡底与钱壮飞组成特别党小组打入国民党内部。三人互相配合，获取大量重要情报，为反对国民党反动统治、保卫党的机关做了

① 《劳动季报》1934年7月第2期，第214—215页，载彭泽益:《中国近代手工业史资料（1840—1949）》（第3卷），中华书局1962年版，第605页。

图 3—14　钱壮飞（1896—1935）

大量工作。在第一次、第二次反“围剿”中，国民党“围剿”的绝密情报被及时报告给了党中央与红军。

“龙潭三杰”是党对钱壮飞、李克农、胡底在情报战线作出杰出贡献的赞誉，他们原本可以在这个特殊的岗位上创造出更多更大的奇迹，但顾顺章的叛变打乱了部署。顾顺章是中共中央政治局候补委员，中央特科的负责人。1931 年 4 月初，他护送张国焘、陈昌浩由上海经武汉去鄂豫皖苏区。送别张、陈后，他留在汉口以“化广奇”的化名在街头张贴广告，公开表演魔术。4 月 24 日，顾顺章在街头被叛徒认出，旋即被捕。当天，武汉行营侦缉处处长杨庆山、副处长蔡孟坚等对其审讯，顾随即叛变，供出了在武汉的中共交通机关、红 2 军团驻武汉办事处、中央特科 4 科秘密交通站等。顾

顺章掌握着中共中央领导机关及中央特科的全部秘密，当然也知道钱壮飞等已潜入国民党的情报核心层，但他为了“待价而沽”，向武汉审讯官员提出，一定要面见蒋介石才会和盘托出，并一再向他们表示，在到达南京之前，千万不要向南京发电报。但审讯官员为了邀功，分别给陈立夫、徐恩曾发去多封密电，报告顾顺章被捕及叛变的事。同时征用招商局专轮押送顾顺章去南京，蔡孟坚则于第二天早晨乘飞机先到南京报告事情经过。

4 月 25 日星期六，钱壮飞一人在值夜班，他对连续收到武汉方面发给陈立夫、徐恩曾 6 封特急电报产生了怀疑。在破译了电报内容后，他立即派女婿刘杞夫连夜乘火车去上海报警，安排有关同志转移并处理有关文件，为了预防意外，他马上离开南京，临走前还留给徐恩曾一封信，说明两人政见不同，不要殃及子女，否则要把其不可告人的丑事公开。

接到钱壮飞的情报后，周恩来指挥在上海的中共中央各机关立即采取行动，到 27 日傍晚，中共中央、江苏省委和共产国际的派驻机关全部转移。钱壮飞为保卫中共中央机关的安全做出了重大贡献。

随后，钱壮飞进入中央苏区，历任红一方面军保卫局长、中央革命军事委员会总参谋部第二局副局长等职。1934 年 10 月参加长征，1935 年遵义会议后被任命为红军总政治部副秘书长。同年 4 月牺牲于贵州息烽、金沙一带，时年 39 岁。

（二）多才多艺博学睿智

钱壮飞的多才多艺为党内所公认，也为其敌手所承认。钱是学医出身，精通医术，同时又擅长书法、绘画、摄影，还能写剧本，当演员。在北京行医时，曾加入徐光华创办的“光华影片公司”，参与了《燕山侠影》的拍摄和演出。后来到上海，通过报考学会了无线电与发报技术，并熟悉了无线电业务的管理。在杭州举办的西湖博览会上，他主持布展的“特种陈列所”博人眼球，得到陈立夫赞赏。这一切都为他深入潜伏国民党内部提供了有利条件。

在转移到中央苏区以后，一方面，钱壮飞仍继续情侦工作，1931年9月，党中央领导和中央特科进入苏区，钱壮飞被调到保卫局工作。1933年4月，中央军委机关组建，钱被任命为军委后方二局局长，9月前后方二局合并，他被任命为军委二局副局长。1933年福建事变①后，中共中央派张云逸去福建与蒋光鼐、蔡廷锴谈判时所用的密码本就是钱壮飞所编。

另一方面，他的其他才能也得到了更大发挥。据他一些战友的回忆，1931年6月下旬，他被分配在红一方面军总司令部卫生所当医生，看病认真仔细，对伤病员和气耐心，给大家留下了很好的印象。

1931年，中华苏维埃共和国临时中央政府成立，《红色中华》报创办，报头由钱壮飞题写。宁都起义②后，起义的26军被改编为红五军团，毛泽东主席要求组织演剧队、宣传队去部队做思想宣传工作，钱壮飞为此编写《为谁牺牲》这部戏，并在戏中扮演蒋介石。据李伯钊回忆，“这是最成功的一个戏”。钱壮飞还编写并出演了《最后的晚餐》，反映旧制度摧残迫害，把好人逼成了坏人，“这个戏教育意义很大”。③

钱壮飞还为红都瑞金设计了中华苏维埃共和国临时中央政府大礼堂、瑞金叶坪红军烈士纪念塔、博生堡、公略亭等著名建筑物。大会堂有“中央苏区五大建筑之首”的美称，占地1500平方米，其造型为8个角，像一顶红军的“八角帽”，四周有17道双合大门，可容纳2000人开会。红军检阅台，

---

① 上海“一·二八”事变后，蒋光鼐、蔡廷锴率领的19路军因在事变中坚持抗战而被蒋介石调至闽赣“剿共”，与红军连战失利后，19路军内部许多人逐渐认识到内战没有出路，决心走抗日反蒋的道路，并采取联合共产党的步骤。1933年10月26日，19路军代表与中共代表在瑞金签订了《反日反蒋的初步协定》。11月24日，以李济深为主席的“中华共和国人民革命政府”（通称福建人民政府）在福州成立，史称“福建事变”。

② 宁都起义，又名26路军起义，1931年12月，在第二次国内革命战争中，国民革命军第26路军在中国共产党苏区中央局的指导和在该路军秘密开展工作的中共特别支部组织发动下，于江西省宁都城举行的武装起义。

③ 李伯钊:《苏区的文化宣传工作》，载《李伯钊文集》，解放军出版社1989年版，第241—246页。

与红军纪念塔遥遥相望，是为庆祝中华苏维埃共和国临时中央政府成立，中央军委举行重大的红军阅兵仪式而建的，阅兵台由木头、土砖构成，顶覆黑瓦，见证了中国工农红军第一次大阅兵。红军烈士纪念塔，塔身形似一发高耸的炮弹。黄公略纪念亭是为纪念在第三次反“围剿”中牺牲的红五军军长黄公略而建，亭为三角形，亭中有一碑，也是三角形，整个建筑独具匠心。博生堡与公略亭遥遥相对，是为纪念在第四次反“围剿”中牺牲的宁都起义主要领导人之一、红五军团参谋长兼14军军长赵博生而建的，建筑用青砖砌成，呈四方形，显得厚重端庄。

（三）重蓝浓黑中的一抹亮丽红色

隐蔽战线是看不到硝烟的战场，钱壮飞的功劳不在于消灭了多少敌人，而在于保护了党的心脏，居功至伟，永不磨灭。正如周恩来所说：“要不是钱壮飞同志，我们这些人都会死在国民党反动派手里。钱壮飞在对敌斗争中立下的丰功伟绩，的确使党少走了弯路，全党将永远纪念他。”[①] 从社会发展和国共两党斗争历史的角度来看，钱壮飞的英雄事迹对湖州来说更具有别样的意义。湖州历来被认为是旧民主主义革命的发源地之一，为推翻清政府统治和反对袁世凯复辟，湖州人作出了很多牺牲，这是湖州对中国社会发展的贡献。而钱壮飞烈士的革命事迹，反映了在为建立新中国而进行的斗争中，湖州同样奉献了自己的优秀儿女，同样作出了历史的贡献。

① “双百”评选活动组委会编：《100位为新中国成立作出突出贡献的英雄模范人物 100位新中国成立以来感动中国人物》，人民出版社、学习出版社2009年版，第180页。

第四章　民族危机与湖州的抗日战争

（1937—1945）

1937 年 7 月 7 日，日本制造“七七事变”，全面发动了蓄谋已久的侵华战争，中华民族全面抗战从此开始。8 月 13 日，日军大举进攻上海，淞沪会战爆发。由于受到中国军队的顽强阻击，11 月 5 日，日军改变进攻策略，由陆军第 10 军与海军协同，在苏浙交界的全公亭、金山卫、曹泾镇一线沿海同时登陆。随后，兵分两路：一路迂回松江，包抄上海守军；一路西侵湖州，准备进犯南京。为避免后撤道路被截断，在淞沪战场右翼作战的国民政府军不得不放弃沪西与浦东阵地，向西进行战略撤退。为掩护大军西撤，保卫杭嘉湖地区和太湖南走廊的安全，进一步拱卫南京，国民政府军奋起组织了杭州湾北岸地区和太湖南走廊阻击战。此役始于 1937 年 11 月 5 日的杭州湾战役，终于 11 月 19—25 日湖州的浔吴掩护战。

第一节　湖州地区的沦陷和日军的暴行

一、日军入侵湖州的战略意图

湖州地处苏浙皖三省交界，自古以来为兵家必争之地。从战略上看，日军要向西进犯，经吴兴、长兴、广德、宜兴，截断淞沪会战中国军队后撤退

路，并从西南迂回，实现与北路日军合围南京，达到消灭中国军队主力，最终迫使国民政府投降的目的，就必须攻占湖州。基于湖州战略地位和战略价值的考量，南京国民政府建构了一系列的防御工事。

1934 年起，国民政府密令修筑上海周边工事，在吴县、常熟等地，利用阳澄湖、淀山湖构筑主阵地——吴福线，在江阴、无锡之间构筑后方阵地——锡澄线，同时在乍浦和嘉兴之间兴建乍嘉线，与吴福线相连，起到阻止日军进军南京的作用。这三道国防线均以铁路为轴，吴福线、锡澄线以京沪铁路为轴，乍嘉线以沪杭铁路为轴，呈南北走向，目的在于防御日军从海上侵入后陆海军协同西进。由于日军很可能沿太湖南北同时西进攻击南京，国民政府军事委员会于 1936 年将京沪杭地区划分为京沪、沪杭、南京三个防御区。此防御区以南京为核心，太湖南北的两条走廊从侧翼拱卫南京。

在沪杭地区，虽仅有乍嘉一条国防线，但该国防线配置了至少两条主阵地带，并以大量侧防阵地相沟通，形成更加完备的阵地网。其第一线阵地在乍浦至嘉善，第二线阵地在苏州至嘉兴，后方阵地则设置在杭州到湖州一线。并在全公亭、新仓镇、庙陈镇等要点构成据点式前进阵地。只要日军从上海附近向南京进攻，无论选择太湖南北的哪条路线，均会遭到国防阵地的阻击。

早在淞沪会战前，日本政府和军部对攻占上海、南京就做了长期谋划和准备。入侵湖州则是计划实施过程中的一个重要步骤。1936 年 8 月日本参谋本部制订的《1937 年度对华作战计划》中提出：“以第 9 军占领上海附近……新编第 10 军从杭州湾登陆，从太湖南面前进，两军策应向南京作战，以实现占领和确保上海、杭州、南京三角地带。”可见，日本政府和军部对取道湖州、合围南京的战略重点和战略任务非常明确。1937 年 7 月 16 日，日本第 3 舰队司令官长谷川清在《对华作战用兵意见书》中写道：“欲置中国于死命，以控制上海和南京为最重要。”淞沪会战爆发后，日本先后投入 20 万兵力进攻上海，更叫嚣“三个月内灭亡中国”，以实现“速战速决”之目的，妄图通过局部战争迫使中国政府屈服。然而，日军的进攻遭到中国军民的强有力抗击，战事的胶着超出日本政府和军部的预想。日本军部对此十分焦虑，如果“上海方面就那样让它下去，无法取得结束战局的结果。紧急任务是在这方面积极地行动，获得所期的战果”①。在这样的形势下，日本军部决定从华北调用兵力，把主战场转移到上海方面。采取大规模增兵行动，在金山卫一带进行登陆作战，直接威胁上海中国守军侧翼。

1937 年 11 月 5 日，日军第 10 军在第 4 舰队的协同下在杭州湾北岸江浙交界的全公亭、金山卫、曹泾镇一线沿海三个登陆点登陆。该军的任务是打通太湖南走廊，从湖州、长兴、宜兴一带西进，兵分两路：一路出溧阳、溧水、江宁，从南侧进攻南京；一路西进泗安、广德、郎溪、芜湖、当涂，从西南方面实行迂回，在南京以西切断长江，并以一部进占浦口。上述两路日军，与沿沪宁线西进的上海派遣军共同合围南京。而此时，蒋介石还寄希望于九国公约签字国的干涉，以争取国际道义支持，迟迟未下达后撤命令，贻误最佳撤退时机。11 月 8 日前后，日军攻占了金山、松江，前锋直指嘉善、嘉兴和青浦、昆山。北路上海派遣军则从苏州河一线南下，直指莘庄、七宝、安亭，上海中国守军处于腹背受敌的境地。鉴于日本第 10 军主力渡过黄埔江，占领松江城，淞沪守军有被日军分割包围的危险，第三战区司令长官部决定各集团军“先期向平嘉吴福线既设阵地转移，以节约并保持战力，拒止敌人，待后续兵团到达，再以广德为中心，于钱塘江左岸方面转移攻势”②。中国守军全线向既设国防线撤退，并摆出了死守国防工事的阵势。

但由于撤退命令下达太迟，各部队事先毫无准备，且对于撤退之路没有明示，中国军队争相夺路，各部均拥挤于公路，秩序极为混乱，加上日机的

---

① 日本防卫厅防卫研究所战史室：《中华民国史资料丛稿：中国事变陆军作战史》（齐福霖译稿），中华书局 1981 年版，第 84 页。

② 张秉均：《中国现代历次重要战役之研究——抗日战役述评》，台湾防务部门史政编译局 1978 年版，第 138 页。

轰炸、扫射与陆军的追击，致使原本在嘉兴一带组织大规模阻击战的战略设想未能实现。11月12日，上海沦陷。日军第10军第6师团由松江西进，突破了苏嘉国防线，14日占领平望镇，并向南浔镇进逼，威胁吴福线侧翼阵地。鉴于日军的新攻势，第三战区决定放弃吴福线。中国军队的撤退进一步刺激了日本军国主义野心的膨胀，加快了日军攻占南京的脚步。11月15日，日军第10军召开幕僚会议，认为中国军队已经处于溃散状态，如果把握时机，断然实施追击，20天即可占领南京。11月20日，南北两路日军几乎同时突破吴福线、乍嘉线，威胁南京。中国守军沿太湖北走廊和南走廊向无锡、常州、镇江和苏浙皖边境的吴兴、长兴、宜兴、泗安、广德等地后撤。同日，侵华日军华中方面军司令官松井石根下达了新的命令："方面军在保住苏州、嘉兴一带的基础上，计划占领无锡和湖州一带。"①

二、湖州保卫战

随着日军在金山卫登陆，淞沪战场局势急转直下，中国军队防线渐次被突破。形势危殆之际，1937年11月上旬南京统帅部下令第7军170师、172师立即搭火车南下，集结武进再赴吴兴，阻击沿太湖南走廊西进的日军，掩护从淞沪前线向苏浙皖边境转移的部队撤退。11月15日，第7军日夜兼程抵达吴兴。军长周祖晃召集参谋会议，根据地形勘察，决定将军事力量沿沪湖、京杭公路横向展开，在南浔、升山、湖州城以及李家巷分别设置4道防线阻击日军。第170师担负驻守公路和右翼之水田湖沼泽区域的任务；第172师负责公路左翼（太湖南岸）、丘陵地带的防御。周祖晃率主力在杨家埠、李家巷一带布防；副军长徐启明率170师驻扎湖州城，在南浔及湖浔公路沿线设点布防，并派副师长兼522旅旅长夏国璋到湖州城东郊八里店、

① 张宪文、吕晶：《南京大屠杀真相·日方史料》（中册），江苏人民出版社2007年版，第35页。

升山、大钱一带占领阵地；172 师师长陈树芬率官兵在三里桥、道场山及湖州城南、城西一带布防。同时，南京统帅部又调集刘湘所部防守广德、泗安一线，保卫南京的外围。刘湘遂令全部共 5 个师 2 个旅约 5 万人限期集中广德、泗安一线：144 师师长郭勋祺担任左翼，由泗安向长兴推进。145 师师长饶国华、146 师师长刘兆藜担任右翼，独立旅旅长田冠五、独立第 14 旅旅长周绍轩固守广德。147 师师长杨国桢、148 师师长陈鸣谦守泗安。部署甫定，各部队开始挖掘工事。11 月 18、19 日，义皋、大钱各乡镇民众，成群分段担泥填河构筑阵地，形成了全民动员、全面抗战的生动局面。

1937 年 11 月 14 日，嘉善失守，这是浙江第一个沦陷的县城。不久，平湖城关、乍浦、嘉兴也相继沦陷。嘉兴沦陷后，湖州的战略地位更显重要。19 日，蒋介石特地向周祖晃发来专文手令，勉励守军称："吴兴为今抗战全局之重心，即为第三战区之枢纽，特以此重任，赋予我忠勇之第七军。深惟我第七军方能负此重任，务希我全军将士，深体此意，努力奋勉，坚忍果决，不惜任何牺牲，死守阵地，杀敌致果，完成抗战之使命，奠定复兴之基础，是为至要。蒋中正手令"①。20 日，日军国崎支队向刚到达南浔附近的第 7 军 170 师 1044 团发起突然猛攻，该团力战不支，伤亡过大，当晚撤至升山附近与日军对峙。此时第 7 军只有一部分到达湖州附近，其余尚在行军途中。蒋介石对湖州的得失非常重视，为了确保南京东南的门户，当天 0 时电令第 10 集团军总司令刘建绪："兹着右翼作战军总司令张发奎，亲临前方担任指挥，在张总司令未到前，第七军暂归刘总司令指挥。右翼军必须死守马牧港（海宁以西约七公里）、崇德、青镇、南浔镇之线。"② 根据蒋的电令，张发奎赶到湖州后，命令第 7 军军长周祖晃放弃其原本在湖州城外围高地布防的部署，改为向前推进阵地。周祖晃不得不于当晚 11 时急令 522 旅旅长

---

① 秦孝仪：《中华民国重要史料初编——对日抗战时期》，裕台公司中华印刷厂 1981 年印，第 214 页。

② 《抗日战史》（第 4 册），台湾防务部门史政编译局 1985 年版，第 159 页。

图 4—1　**夏国璋**（1896—1937）

夏国璋指挥 1044 团坚守升山附近，第 172 师 1028 团在其右翼，占领菱湖、长超一线，第 170 师 1027 团则在左翼占领戴山镇、大钱镇一线。好在日军主力推进缓慢，给了守军调整部署的时间。当天日军第 18 师团和 114 师团在从嘉兴向南浔前进途中互相混杂，极其混乱。经过两部协商，改以 114 师团为先头师团，率先向平望镇前进，当晚到达平望镇宿营。第 18 师团当晚进至平望以南的盛泽镇。

11 月 21 日，日军国崎支队为等待第 10 军主力到达，仍与 170 师在升山附近对峙，双方仅有小规模战斗。当天傍晚，日军 114 师团 128 旅团到达南浔镇，第 18 师团进至平望、南浔之间的震泽镇。大战一触即发。

11 月 22 日晨，日军国崎支队在山炮、野炮和航空兵猛炸守军阵地后，向升山南北一线发起总攻。522 旅旅长夏国璋率部奋起抵抗，激战至下午 2 时，守军在日军立体火力下伤亡惨重，170 师的指挥所也被日军飞机炸毁。国崎部又派其第 1 大队秘密从水田中涉水前进，向守军侧后迂回，第 2 大队从正面架桥强攻。守军第一线稍后撤往八里店，第1大队企图切断守军退路，遂以一部抢先袭占八里店高地，高地上的国民政府军一个连在日军围攻下全部阵亡。夏国璋见状亲率预备队向八里店高地反攻，双方反复争夺，战斗异常惨烈，夏国璋遭到炮击壮烈殉国，时年41岁。1938年2月1日，国民政府发布褒扬令，并追赠夏国璋为陆军中将。

高地上的日军也被歼灭殆尽，待其后续部队赶到时仅剩数人。第7军军长周祖晃又令刚刚到达湖州城附近的172师1056团向八里店攻击，与日军国崎支队迎头激战，日本海军航空队及炮兵全力支援八里店方向作战，向1056团狂轰滥炸，此时日军114师团第128旅团也已到达战场，加入战斗。战至傍晚，因日军后续兵力源源不断，1056团无力恢复八里店阵地，团长张权被迫率部退守五里桥附近。170师师长徐启明命令升山左右两翼的1027、1028团也撤至湖州城外围的二线阵地。日军第10军司令官柳川平助了解战场情况后，决定以114师团主力向湖州城以北迂回，第18师团则以水路先遣队（114联队主力）向湖州城以南迂回，其第1大队当晚在袁家汇附近与守军展开激烈巷战，双方死伤多人。湖州城附近虽然不存在一条线性的完整国防线，但国民政府在全国兴建国防工事时，也在湖州城及其周围修筑了不少永久性国防工事。因此第7军决心依托既设阵地，坚守湖州，消耗日军。此时第7军守备湖州的实际兵力仅为170、172两个师的五个团（1044团损失殆尽，1028团失去联系），周祖晃的防御部署为：以1056团坚守湖州城东正面外围的五里桥，1043团担任湖州城防，1053团守备湖州城南面的金盖山阵地，1027、1037团守卫湖州城以北的仁王山（仁皇山）、黄龙洞一线。日军投入的攻城兵力达两个师团又一个旅团，其部署为以114师团128旅团和18师团124联队一部从正面攻击，其中128旅团又以150联队主力向湖州城北门附近迂回，第114师团主力则从升山向湖州城西北高地作深远包围，以切断守军退路，日军第18师团主力及国崎支队则向湖州城南面迂回，将守军包围在湖州城。

11 月 23 日晨，日军 128 旅团主力开始向湖州城以东 1056 团八里店、郭家埭一线阵地发起进攻。野战重炮兵第 6 旅团集中 24 门 150 毫米榴弹炮向守军阵地猛轰，双方反复争夺八里店附近阵地，张权指挥全团兵力与日军奋战至傍晚，终因伤亡过大，于 19 时左右撤入湖州城内，其余部由 1043 团团长韦健森一并指挥担任城防。日军 114 师团主力在向湖州城以北迂回时，受四处河流阻碍，又因守军顽强抵抗，进展甚缓。但日军第 18 师团和国崎支队通过水上机动，向湖州城南面的 1053 团阵地猛攻，企图强渡碧浪湖。1053 团坚守阵地，从早至晚，多次打退日军进攻，但自身伤亡颇大，第 2 营营长龙斌在战斗中牺牲。傍晚 19 时许，该团奉命转移占领金盖山附近高地，又与日军激战彻夜。当天午夜，日军 66 联队以 1 个中队和 1 个重机枪小队编成 1 支突击队，利用夜色掩护，偷袭湖州城西南高地，企图打乱守军防御体系，并切断守军退路。结果在通过湖州城西面的一座桥梁时被警戒部队发觉，遭到猛烈射击，于 24 日凌晨 2 时向湖州城东北方向撤退，就地配合 102 联队作战。凌晨 3 时，负责攻击湖州城北门的日军第 114 师团 150 联

图 4—2　抗战初期湖州战场形势图（1937）

图 4—3　日军侵占并轰炸湖州（1937）

队在工兵帮助下实施渡河，凌晨 5 时 30 分进入朱吴村以西的进攻出发位置。上午 8 时，日军数十门 150 毫米榴弹炮和 75 毫米野炮，猛轰湖州城北面城墙，20 分钟后，联队长山本重不等炮火延伸射击，即命令部队发起冲锋，但攻至守军阵地时，立刻遭到城墙上和北门外无名村落方向的猛烈射击，攻击顿时陷于停顿。150 联队又以 8 挺重机枪向前方发电站所在村庄实施猛烈的火力压制，9 时 30 分，其第 2 大队向北门外小学据点进攻，一个中队向发电站进攻。守军 1043 团的火力仍然十分猛烈，激战至 11 时 30 分，发电站守军主动撤退。第 2 大队在守军正射和侧射火力点的协同打击下，直到下午 2 点才突入小学据点，但依然很难靠近北门城墙，基本被守军压制在北门外的村庄内。日军第 115 联队对湖州城东门的进攻在守军拼死抵抗下受阻。在对湖州城北面、东面的进攻均遭失败的情况下，从南面迂回的日军国崎支队和 18 师团主力最终突破防守。当天凌晨 2 时，国崎支队向宝塔山高地发

起进攻。宝塔山高地因一座高达13层的宝塔而得名，1053团一部据守此地，将宝塔化为一座巨大的碉堡工事，在每层楼上均架设机枪，向日军猛烈扫射。日军从塔底向上发起强攻。塔内空间狭小，步枪基本发挥不了用场，守军就用大刀与日军展开惨烈白刃战，最终全部战死在塔内。最后一名伤员牺牲前还开枪打死日军一名中队长。日军占领宝塔后，1053团立刻发起反攻，激战至早上6时，经反复争夺，又将宝塔山高地夺回。

24日上午8时，日军对湖州城发起全线进攻，以数十架飞机和数十门重炮将湖州城炸成火海瓦砾，但第7军各部仍然坚守阵地，继续抵抗。日军国崎支队的战史记载称："我军遭受了自杭州湾登陆以来最大的一次伤亡。"①但守军也同样伤亡惨重，第1053团金盖山阵地在日军炮火下被完全摧毁，激战至下午2时，全团伤亡大半，被迫向湖州城南门撤退。国崎支队和18师团乘机向南门突进，并占领南门。由于城内兵力薄弱，军、师均无预备队，周祖晃无力向日军组织反攻，而各部又伤亡过大，1043团团长韦健森也在南门中炮阵亡。下午3时30分，周祖晃放弃湖州城，下令撤退，随即部署1027团立即在湖州城西北的楼山、仁王山之线与杨家埠山地之线，逐步占领收容阵地，掩护主力撤退。于是湖州战斗的重点就转向西北方向，国民政府军掩护部队能否阻止日军迂回，粉碎其切断湖州守军退路的企图，成为战役的关键。果然，日军在发觉国民政府军撤退意图后，立即以66联队向湖州城西北高地发起进攻。66联队以第1大队为先头，于下午3时10分开始渡河，守军射击十分猛烈，激战至4时30分，日军攻占以家坝高地。随后，联队长山田常太又继续率部向以家坝以北高地进攻，守军利用各个高地的机枪掩体和既设工事顽强抗击，战斗趋于白热化。为了增强突击力量，山田常太甚至命联队军旗护卫中队（第4中队）也投入战斗，从左翼包围攻

① 《福山联队史》（中国篇），载张宪文、王卫星：《南京大屠杀史料集·日军文献》（下册），江苏人民出版社2010年版，第735页。

击。守军1027团以迫击炮和侧射机枪火力向该中队集中射击，造成其连续死伤。由于迂回行动受阻，正面的进攻也陷于胶着，日军直到天黑仍不能突破守军掩护阵地，山田常太又决定利用夜色掩护，令官兵轻装潜至高地下方埋伏。守军发觉，展开机枪、手榴弹的集中打击。至此，1027团出色地完成了掩护任务，使第7军部队当晚得以顺利撤出战斗。

11月25日上午9时，日军第18师团在炮兵协同下完全占领吴兴。

吴兴战斗前后持续约6天时间，其作战进度基本与太湖以北的锡澄线保持一致。但是守军在太湖以南的兵力远远不能和太湖以北相比，如投入吴兴战斗的只有第7军2个师5个团，共计2.3万余人，而其对抗的日军兵力却达2个师团加1个旅团（日军一个师团兵力即达2万人以上）。在火力、兵力均处于明显劣势的情况下，第7军付出巨大牺牲，在吴兴附近坚守了6天时间，其作战能力已经发挥到了最大限度。由于湖州到南京外围均无像样的国防工事，国民政府军队作战能力又急剧下降，因此，日军的进攻步伐大大加快。

吴兴沦陷后，第170师、172师残部退至李家巷阵地，决心死守，以保证从上海撤出之大军安全通过至泗安。25日，日军飞机、大炮、坦克、步兵一齐出动，向阵地猛扑。第170师、172师残部以血肉之躯抵挡，坚持到晚上，终不敌日军，被迫向虹星桥、林城桥、泗安撤退。26日，到泗安收集残部，170师2个旅4个团只剩下一个半团，172师也只剩下1团2个营。两个师共阵亡1.8万余人。26日上午10时，长兴失陷。

日军占领长兴后，水、陆并进，向泗安进犯。此时的泗安、广德一线，蒋介石已调川军刘湘所部23集团军分防。刘湘时任第七战区司令长官，兼23集团军司令，指挥两个军：第21军，军长唐式遵；第23军，军长潘文华。唐式遵未能赴前方，刘湘命潘文华代理23集团军总司令，指挥泗、广军事。潘文华率5个师2个旅约5万人，由原防地溧水、溧阳、芜湖移师，限期集中在泗、广布防。分布如次：144师师长郭勋祺，担任左翼，由泗安向长兴

图 4—4　中国守军第 144 师在长兴夹浦、金村一带抗敌（1937 年 11 月底）

推进；145 师师长饶国华，担任右翼，固守广德；146 师师长刘兆藜属右翼，守广德；147 师师长杨国桢、148 师师长陈鸣谦守泗安；独立 13 旅旅长田冠五、独立 14 旅旅长周绍轩守广德。

第 23 集团军在泗、广布防甫定后，郭勋祺向潘文华汇报军情，潘即召开军事会议，命郭部为前锋，由泗安向长兴推进。郭部在向长兴推进途中，在夹浦镇即与日军先头部队遭遇，进行激战。日机、炮火猛烈轰击，郭勋祺亲临督战，士气振奋，抵抗一日，郭腿部负伤，根据日军怕夜战的弱处，命团长唐普照率部夜袭。唐组织所部，乘夜袭击敌营，日军大感惊慌，打击了日军的嚣张气焰。郭师伤亡甚大，奉潘文华的命令由泗安向广德、宁国方向退却。28 日，日军第 18 师团追击部队突破 145 师阵地，占领泗安。

泗安沦陷后，日军 4000 余人，仗其枪炮优势，沿长宣公路向广德进逼。并以 27 架飞机轮番轰炸，工事尽毁，城舍为墟。但潘文华同饶国华、田冠

图 4—5 饶国华（1894—1937）

五拼力抵抗，与日军激战两昼夜。饶命令预备队刘儒斋团投入战斗，但刘不听命令，擅自后撤，致使全线溃散，日军于 29 日侵占广德。广德失守，饶国华深感作为将领，愧对国家和百姓，愤而拔枪自戕，以死报国，时年 43 岁。国民政府军事委员会追赠饶国华为陆军上将。

日军 18 师团于 12 月 2 日从泗安出发，7 日占领宁国，10 日攻占芜湖；18 师团国崎支队也于 12 月 2 日从广德出发，经郎溪、石臼湖，于 11 日渡过长江，13 日攻占浦口，切断了津浦线。日军第 6 师团从广德出发，于 12 月 7 日追上第 114 师团，齐头并进到达南京南郊。至此，南路日军从侧后切断了中国军队在南京的退路，日军第 10 军配合松井石根指挥的主力部队，正式开始进攻南京。

12 月 13 日，日军攻占南京后，又折返南下，之后武康、德清、安吉、孝丰相继沦陷。

三、日军在湖州的暴行

湖州沦陷期间，日军烧杀抢掠，制造了一系列惨案，其手段之残暴、罪行之严重，罄竹难书。

（一）南浔街头尸横遍野

1937年11月19日，日军第6师团攻入南浔，并疯狂执行烧光、杀光、抢光的“三光”政策。一进南浔就纵火焚烧房屋，最先起火的是崔氏木作，延及新桥北堍，东大街中段和新桥南堍马家巷一带；接着，西大街、西木巷一带相继起火，大火延烧到次日中午。此后，又断断续续地连烧了10多天，全镇房屋损失十之八九。日军沿途所到之处见人就杀，来不及逃避的平民遇害甚多，沿街尸横遍地，电线杆上挂满血淋淋的人头。陈尸最多的为百间楼下和西栅市稍永安桥至汽车站西一带。为了击垮南浔人民的抗战意志，日军还在南浔镇上进行了两起集体屠杀：一起针对被俘国民政府军人，约有30人被杀害在南浔百间楼下；另一起针对平民，30多人被杀害在东栅外丝厂空地上。日军对于抗日志士的杀害更为残忍，有文字记载：陈家驹，抗日游击队员，曾以定时炸弹炸毁日警备队驻地丝业会馆，后被日军捕杀，传说是被剖腹挖心而死，惨不忍睹；张荷声，以破坏军事设施嫌疑被捕，活埋在商会后门空地。[①] 日军据守南浔期间，还经常四出奸淫妇女，抓住妇女往往先奸后杀，连老妇和幼女都不放过。镇上及四乡被奸淫和杀害的妇女数以百计。为了满足其兽欲，日伪军在南浔义仓桥西首设“慰问所”，内有中国妇女10多人供日军玩乐。

（二）吴兴城内惨不忍睹

日军占领南浔后，兵分水陆多路，沿途烧杀抢掠侵犯吴兴城。南浔至吴

① 中共湖州市委党史研究室：《湖州市抗战时期人口伤亡和财产损失资料汇编》，中共党史出版社2010年版，第181页。

兴的公路、水路沿线均为平原水网地带，面对日军的疯狂烧杀抢掠，民众无处藏身。仅仅11月20日一天，日军在沿途吴兴县马腰镇就杀害平民200多人，在东迁镇上东林、祜村杀害平民59人。[①] 据见证者回忆，祜村一位60多岁的老太太在逃跑时被日军抓住，捆绑着扔进一条小河里淹死。祜村村民陈发妻子的脸部被日军削起一大片，身上被刺六七刀而死。[②]21日，日军侵入吴兴县织里镇大港、云村、河西、朱湾等村，杀害村民137人，另有27人失踪；该镇郑降村郑长生等5人被抓捕后，日军强迫他们排成一队，用子弹从后背打进去，集体屠杀。在织里镇，一位十八九岁名叫温某某的姑娘被日军轮奸后刺死，另有一位名叫沙春生的男人被日军狼狗活活咬死。[③]21日侵入东林的日军杀害平民100多人，其中东林三合村有一位老太太被日军剥光衣服轮奸后用刺刀捅死，还有一位老太太被火烧成冬瓜状。[④]22日，日军侵入吴兴县八里店镇升山、紫金桥、移沿山、陆家坝等村，杀害318人，其中陆家坝沈凤山等9人被集体枪杀在防空洞内，致残6人，另有26人失踪。22日至24日，日军在吴兴县道场乡施家桥、菰城等村杀害平民90余人，施家桥村村民施财宝被日军割掉耳朵、砍断手脚，之后砍头杀死；一位名叫陈阿顺的中年男子，被日军用两头削尖的毛竹从肚子穿过，架在两棵松树间活活穿死。还有一位名叫佳德的和尚，被日军钉在一棵松树上折磨致死。[⑤] 村民俞发生、俞鲁寿和菰城村被抓来挑送抢掠财物的12位年轻人被日军砍头杀死。

11月24日拂晓，日军集中了30余架飞机支援地面部队向吴兴城狂轰滥炸。城中的主要街道，城东的东园、天后宫、潜园、吴兴县政府、地方法院和沈谱琴宅（湖州驻军司令部所在地），城南的四面厅、学宫兜、馆驿河、

① 中共湖州市委党史研究室：抗损资料第11-04-00-40卷，第1—39页。

② 中共湖州市委党史研究室：抗损资料第11-04-00-40卷，第18页。

③ 中共湖州市委党史研究室：抗损资料第11-04-00-40卷，第1—175页；中共湖州市委党史研究室：抗损资料第11-04-00-09卷，第1—131页。

④ 中共湖州市委党史研究室：抗损资料第11-04-00-25卷，第1—100页。

⑤ 中共湖州市委党史研究室：抗损资料第11-04-00-22卷，第1—187页。

国货公司，城北的坛前街玄坛庙、北门石子厂、塔下街，城西的省立湖州中学师范部、铁佛寺等处积尸甚多，所有街区无一幸免；城东二里桥一带，积尸遍野；城西横渚塘桥桥墩上摆满人头，桥面碧血横流，桥下浮尸染红了溪水，桥两侧积尸甚多。占领吴兴城后，日军把屠刀砍向手无寸铁的无辜居民，南门揭雪湾“湖州第一山”茶店主妇拒奸被杀，堂倌被日军当胸刺穿贴墙直立而死。承天寺巷口68岁张老三，被日军机枪扫射死，张老三的儿子阿毛被日军砍头杀死；浮星桥毛阿顺、杨金宝被日军砍头杀死；天宁巷戴梅卿妻费氏，72岁，戴梅卿儿子雁如，47岁，被日军打死；骆驼桥务前河头金复安，16岁，被日军砍头杀死。县下街陈吉生，被日军飞机掷炸弹炸死。日军奸淫妇女，更是为所欲为，无论老幼为日军所见则难幸免。法院街潘惠夫之妻沈氏及15岁女儿阿娥，遭日军污辱后砍头杀死。右营基前许致和，22岁，与家人避于屋内防空洞中，日军挨家挨户敲门，许致和从防空洞中窜出想逃跑，被日军抓住欲强奸，许致和反抗被日军开枪打死。日军还强迫湖州良家妇女充当“慰安妇”，日军在吴兴城内馆驿巷、钦古巷、爱山街等地，广开“慰安所”，威逼利诱，强征城乡贫苦良家妇女为娼，以充日军军妓。据史实见证者凌以安回忆：她们年龄一般在二三十岁到五十来岁，甚至还有少女、幼女。这些妇女被日本宪兵征调后，须先经指定医院严格检查身体，进所后，忍受着种种精神和肉体上非人的折磨，被严加看管，没有任何人身自由，过着奴隶般的生活。有的还要被迫抽调随部队行动，有的惨遭杀害。①

（三）长兴城乡尽成焦土

从1937年9月19日开始，日军对长兴机场、太湖沿岸及长兴县城进行了持续轰炸，每次轰炸扫射都有人员死伤。9月29日，日军飞机炸中机场油库，长兴机场被毁。长兴的许多名胜古迹，如长兴古城墙、城隍庙、箬溪书院（高等小学）、谢安墓、大云寺、法华寺、显圣寺等，毁坏殆尽。11月25日，日军

① 凌以安：《湖州的日军“慰安所”》，《古今谈》2001年第4期。

侵占长兴县城后，所到之处见屋就烧，见人就杀，无论老幼，均无幸免。城内城外连烧七天七夜，除县政府、中山公园、城隍庙和日军自己驻扎的少数民房外，其余悉数被焚，县城被焚毁房屋达90%。11月28日，日军侵入泗安镇，该镇全长两华里的街道被付之一炬，连同库存大量稻谷全部被烧，几乎片瓦无存。12月中下旬，日军第18师团、第101师团自南京、湖州分别向杭州侵犯。日军第18师团再次侵扰长兴县泗安镇，在仙山、长丰、白莲、新丰、皂山、长平等村烧毁民房4767间。其余如虹星桥、林城、夹浦、水口、和平、胥仓桥、李家巷、太平桥等大小集镇以及沿公路农村，无不焦土一片，尽成废墟。日军杀人手段之残酷，更是令人发指。初入长兴时，日军把从平湖、嘉兴抓来的数百民夫关进小东门广生当铺内，不给饮食，最后投入硫黄弹，将他们活活烧死。后据当时汉奸维持会某股长郑文焕说，当铺废墟清理时共清理出500多具尸骨。[①] 日军在小东门外见了裹小脚、穿花鞋的妇女认为新奇，在强奸之后，用刀断其足，把上百只小脚堆在金莲桥的大路旁。在杨家濠潭旁，日军把抓来的群众视同猪羊，按其身于条凳之上、缸盆之中斩杀，城区被杀群众尸体遍地都是。龙潭湾一带，浮尸水面，河水皆赤。在中山公园，大成殿西边廊屋，关押着许多无辜群众，白天被驱赶修防御工事，夜晚收入牢房，铁索锒铛，由于饥饿至极，被迫发出呼喊。日军即拉出两个青年，用刀杀死在牢房门口，割下肘股，扔到狱内，狂叫“你们吃人肉好了”。[②] 在城内大街小巷，日军还经常拦截群众，成批成批地集体枪杀。全城积尸纵横，阴风凄凄，顿成人间地狱。在泗安，许多无辜群众被刀砍斧劈、集体枪杀；在虹星桥曾有国民政府军残部十多人，正抢运一船物资开往泗安，仓促间被日军发现，当天夜里被全部处死。在后漾塘西村，有一个疯子胡说村上有“支那兵”，日军即进村滥杀群众达19人。日军还在林城大村制造血案，一下子杀死村民59人。此

① 浙江省长兴县政协文史委员会编:《长兴文史资料》第一辑，1986年4月印，第10—15页。

② 中共长兴县党史研究室:《长兴党史资料》第十九辑，第3页。

图 4—6 日军在长兴东门建立的军事哨所（1938）

后，日军以长兴城为据点，“扫荡”乡村。长兴城西梅家桥一片树林里，有12名妇女被先奸后杀，有一小男孩被用竹竿插入肛门致死。长兴太湖边一所药铺50余岁老妇及未及笄的少女，被日军轮奸致死。更有甚者，日军在长兴乡下拦住四五个妇女轮奸之后，把她们的两脚倒缚在两棵树上，头顶着地，又在每个妇女的下身插上一面小旗。此外，日军利用汉奸到处拐骗、胁迫、收买一些妇女，在长兴城内开设一家名叫“桃花园”的妓院，专供日军发泄兽欲，被胁迫来的妇女有的不从，就遭到毒打，总计被迫自杀和折磨致死的年轻妇女有50多人。①

（四）武康德清惨案累累

1937年12月21日，日军进犯武康县，三桥埠镇首当其冲。日军对全镇1800余间店屋和住房浇油放火，只剩下街头关帝庙屋角一侧，其余全部

① 《二十九年十月长兴县抗拒日寇流窜纪实》，《浙西抗战丛书》，1942年2月4日。

化为灰烬。当场被日军枪杀的平民，有卢干法、王孝联、许秀英、蔡寿成、王孝胎、雷孔林、兰子良7人。当日，日军攻占县城武康，全城4000余间房屋除9间幸免外，全被焚毁。日军实行“三光”政策，连村旁树木、桑园、竹林也烧光砍尽。八角井附近，有一姓丁的四五岁小孩，因父母遭惨杀而啼哭出声，被日军发觉后即投入井中活活淹死。日军侵占武康后又向上柏镇进逼，一路放火，上柏镇2500多间民房，被日军烧毁的就有2000多间。武康县沦陷后，各地筑有碉堡，上柏大庙山顶上的碉堡下层有一地牢，日军把抓来的老百姓关进地牢，并经常把活人拖出去屠杀取乐，大庙山西首有个“千人坑”，至今还有痕迹。

1937年12月23日，日军首次侵入德清县城余不镇（乾元镇），开始在东门外三里塘烧杀，纵火毁民房20余间和1家恒昌榨油坊。进东门后，焚

图4—7 日军占领上柏后修筑的碉堡（1938）

德清电灯公司，烧毁楼房7间、平房5间、厂房12间，20、30、50马力引擎各1台，西门子发电机2台。接着在小南门烧毁民房七八间，一位50多岁的妇女被烧死在屋内。在城中又杀死无辜平民2人。

1938年日军制造的“龙溪惨案”更是惨无人道。龙溪港是位于湖州与杭州之间的一条内河，北自湖州太湖，南至余杭，沿线经过吴兴县和孚、荻港、菱湖和德清县钟管、城关等乡镇。抗战时期，由于铁路、公路破坏严重，龙溪港水上交通运输线的地位更为凸显。3月26日，盘踞湖州、杭州的日军第18师团，为了扫清“障碍”，集结1000多人的兵力，南北对行对龙溪港沿线进行了“扫荡”。

北路日军从吴兴县城出发，分乘汽艇数十艘，经和孚、荻港一路南下，沿途上岸捉鸡、猪、羊，抓拉民夫，行至菱湖，稍作休息后，继续往南开进，将2名民夫打死。日军船行至上心田上岸，窜至卢家庄费家湾途中打伤2名难民，打死1人，烧毁1户楼房。从费家湾回船途中，日军将大小潘家湾17户人家的房屋全部烧毁。回到上心田后，又打死1人，烧毁20多户人家100多间房屋。后窜到韩家湾纵火烧房。一位姓钱的老太太在救自家房屋时被日军开枪打死。又烧毁对岸赵家田20多间房屋，后窜入南商林门头自然村，烧毁19间楼房、62间平房，打伤2名农民。之后，日军进入德清县钟管镇澉村沿溪“扫荡”，沿途纵火焚烧大小村落20余处，烧毁民房1200多间，90多人被杀死。

南路日军从杭州出发，经武林渡到德清县雷甸十字港，一路纵火。从平升高桥到白云桥方圆30华里的范围，火光冲天，几十里外都可以看见。日军沿途见人就杀，在经过嵇家角扯渡圩时，对渡船上13人进行了集体屠杀，一个5岁小孩因压在母亲肚皮底下得以幸免。一个十七八岁的少女被日军强奸后杀死。行至妙介埭、范介埭、双桥头、南北圩等地，日军就地放火焚毁房屋120间，枪杀无辜群众10余人。随后又在南钱港村的周家兜、中埭郎、埂河兜、朝西埭、吉元里、杨家角、莫家湾、染店湾、百丈圩、泮家兜、董

图 4—8　日军在德清沿龙溪两岸烧杀（1938）

家木桥和总管桥等村庄，烧毁房屋 300 多间，杀害 48 人。此外，金家湾村被日军烧毁房屋 100 余间。据调查统计，日军制造的“龙溪惨案”导致龙溪港两岸共有 1400 多个村庄被焚毁，8000 余间房屋被焚烧，共死伤 1300 余人。①

（五）安吉孝丰遍地狼烟

1937 年 12 月 22 日，日军第 18 师团侵入安吉县境内，纵火杀人，奸淫掳掠，无恶不作。梅溪是安吉第一大镇，街市有 3 华里长，商业繁荣，倍于县城。沦陷后，日军纵火焚房，原有民房 1373 间，全部焚毁的有 1215 间，部分焚毁的有 116 间。日军侵占安吉县城后，除一二座庙宇和厕所得以幸免，全部被焚毁。安吉全县纵横数十里，所有民房，几乎全部被焚毁，只有南湖区一带，因地多丘陵得以幸免。安吉首次沦陷期间，平民被杀害、打伤

① 中共湖州市委党史研究室：《湖州市抗战时期人口伤亡和财产损失调研成果汇编》，中共党史出版社 2010 年版，第 64 页。

的就达400多人，或枭首、或肢解、或活埋、或剖腹、或钉死，惨不忍睹。日军还在安吉县洛四房诸姓大厅中一次性集体屠杀平民20人。横塘村农民胡腊子，遭日军酷刑后被劈成八块而惨死。不论八十岁老妪还是十岁少女，都难逃日军淫魔之手，惨遭强暴和杀戮。

12月24日，日军侵入孝丰县境，杀人放火，全县被全毁房屋1000幢，部分毁5000幢，孝丰县城和鄣吴村大部被毁。平民被杀害、打伤的有300余人，其中孝源乡农民周安民被日军的狼犬活活咬死。

据湖州市抗战时期人口伤亡和财产损失调研统计，抗战时期，湖州人口伤亡为17654人（其中直接伤亡13778人，间接伤亡3876人），几乎遍及湖属6县所有乡镇，主要城镇和交通沿线乡村尤甚。城乡居民的粮食、牲畜等财产也是日军抢掠的重要资源。据调查，抗战期间，湖州地区被日军烧毁或者抢劫的粮食达2711559石，生活用品6183967件，服装10326725件，生

图4—9　日军在安吉梅溪镇强征当地农民耕牛运送军火（1938）

产工具4574285件，牲畜135125头，蚕茧1136担，家禽63927只，饰品434件，砍伐或烧毁树木13856664株，毛竹4002469支。① 巨大的人员财产损失严重阻滞了湖州的经济社会发展，素有“鱼米之乡”“丝绸之府”之称的湖州，满目疮痍，百业凋敝，出现了前所未有的衰落。

第二节　湖州军民的抗日游击战

一、国民政府军的游击战

1938年11月25日，国民政府在湖南衡山召开南岳军事会议，中共中央代表周恩来、叶剑英等也应邀参加。会上蒋介石提出，在新的时期，要把政治摆在高于军事的位置，游击战要重于正规战，把敌人的后方变成前方，动用三分之一的力量用于敌后地区作战。南岳军事会议的召开，被认为是国民党在抗战时期推行游击战策略的重要标志。会后，国民政府军事委员会制定了《抗战第二期作战指导方针》，要求国民政府军抽调部分力量深入敌后组织游击武装，扩大游击战，以达到牵制和消耗敌人的目的。而且，指导方针对各战区在敌后进行游击战的重点区域、兵力部署和作战目标作出了较为细致的规划。同时为了培养游击战的指挥人才，南岳军事会议还作出开办军官游击战训练班的决定。1939年2月19日，南岳游击干部训练班正式成立，这也是国共合作的成果，汤恩伯为主任，叶剑英为副主任，但不久蒋介石就亲自出面兼主任一职。这一系列举措，表明了国民党对游击战的重视达到了前所未有的程度，虽然蒋介石还没有真正把游击战摆在高于正规战的战略位

① 中共湖州市委党史研究室:《湖州市抗战时期人口伤亡和财产损失调研成果汇编》，中共党史出版社2010年版，第22—23页。

置，但至少已经将游击战作为对抗日本侵略的一种行之有效的手段了。

按照南岳军事会议的安排，国民党在每个战区都划出了较为固定的游击区域，并且开辟了不少敌后根据地，华东地区有浙西根据地、皖东和皖北根据地、大别山根据地。国民党军在抗战中以正规战为主，游击战为辅。但从浙西游击战的情况看，游击部队是以正规军为主，民间兴起的游击队为辅的。到 1938 年底，国民党各类游击武装加在一起已经有五六十万人的规模，其中正规军约有 30 万。全面抗战初期，在国民党军队的各个游击战场上，浙西地区的游击战表现较好。

杭嘉湖地区沦陷后，国民政府军委会作出了与日军隔钱塘江对峙的具体部署。1938—1939 年，中日两国军队隔钱塘江对峙。日军固守杭嘉湖平原绝大部分的大小城市及交通线。中国第三战区第 10 集团军刘建绪部凭借钱塘江天险，固守南岸；在萧山、绍兴地区配备 62 师、63 师、192 师及其他游击部队对杭嘉湖地区采取游击战；与此同时，撤退到苏浙皖交界处的部分部队，也从天目山一带东进至杭嘉湖平原，展开游击战。国民政府军在杭嘉湖地区的游击战，不但打击了日本侵略者，也鼓舞着沦陷区人民抗战必胜的信心。

从一定意义上说，杭嘉湖地区游击战的兴起，与日军的战略意图和部队转移有关。日军占领京沪杭三角地带后，阴谋北进与西侵，以图扩大战争成果。1938 年初，日军为打通津浦线，连接华北和华中，将包括驻杭嘉湖地区在内的江南的部队北调至蚌、淮地区，另派第 11 师团陆战队接防杭嘉湖地区，8 月更换为第 22 师团，即土桥师团。这一阶段，日军在杭嘉湖地区的兵力约有 1.5 万人。大致分布为：杭州 3000 人，嘉兴 2200 人，吴兴 800 人，余杭、武康、海盐、海宁、平湖、桐乡、德清等各县城区从 100 多人至 400 多人不等。在一些重要市镇和交通线附近的据点，也有几十至上百的日军驻防。徐州会战后，日军转用兵力于长江方面。1938 年 7 月，日军在九江登陆，准备展开武汉会战。这一时期，第三战区给蒋介石的汇报中提到，日军在杭嘉湖地区的兵力为2.3万人。这些日军以防守已占领地区为主，且并非精锐作战部队。在此有利形势下，国民政府军乘机出击，1938年2月6日，62师一度收复余杭；2月17日午夜，62师一部渡过钱塘江，袭击乔司日军据点，击毙日军40余人。3月中旬，日军对苏浙皖边一带进行“扫荡”，当日军波田旅团从杭州进至安吉、孝丰时，遭到国民政府军的围攻，被歼1000余人。据不完全统计，1938年上半年，第10集团军各部在海宁、桐乡、嘉兴、嘉善、平湖、海盐、崇德、富阳等地，共毙敌4500余人。1938年8月，苏浙皖三省的国民政府军发起“八一三”周年纪念日总反攻，钱塘江南岸的部队分3路挺进江北，一路攻克富阳、凌家桥，并在转塘、留下、闲林等杭州近郊与日军激战；一路克复上柏镇，挺进武康城；另一路一度收复海盐、乍浦，进袭嘉兴城郊。

1939年2月25日，国民政府军袭击乌镇，毙日军50余人；3月12日，袭击德清新市日军据点，毙日军近30人。7月31日，第62师368团一部在海宁平陵庙、荷叶地击毙日伪军100余人；10月7日，国民政府军某部在沪杭铁路临平以东数里炸毁日军军用列车一列，毙日伪军200余人；11月5日，国民政府军在余杭埋设地雷，炸毙日伪军多人，然后又主动出击，击毙日伪军200多人；11月25日，在沪杭铁路笕桥附近的洋桥东岸，国民政府军伏击日军军用列车，炸毁车头和数节车厢，炸死炸伤日军官兵100余人；12月，国民政府军30师在平湖新埭击毙日军30余人。1941年5月14日，国民政府军江南挺进第1纵队攻入余杭县城，打死打伤日伪军60余人。

参与杭嘉湖地区游击战的国民政府军，比较重要的是第三战区第10集团军第28军第62师、63师，总兵力经常保持在1万人以上，如第62师陶柳部官兵为6657人。抗战前，第62师曾驻扎在平湖、乍浦一带的海防线上，熟悉当地的地理形势与风土人情，这为其在杭嘉湖地区进行游击作战提供了便利。这支军队有较好的武器装备，战斗力强，因为官兵都背着箬帽，人们称之为“箬帽兵”。1939年3月，62师挺进吴兴县开展游击战争。该部到达

吴兴后，军部驻南路乡横岭，师部驻梅峰乡镇水村。稍事休整后，全军即向杭长公路（现 104 国道）以东深入，先由 62 师 368 团分两路进军，右翼由团长谢明强亲率一个加强营，从武康突破公路，左翼由该团 1 营营长罗志忠率一个半营，从埭溪突破公路。不料被驻在大王山、小王山的敌人发觉，探照灯、小钢炮齐发，罗营长身先士卒，不幸中弹牺牲。拂晓时两支部队会师于德清下舍，继续向东挺进。不久，军部、师部全部人马及国民党吴兴县政府大部工作人员和地方部队，向东部的敌后地区大举进军。到达吴兴东乡后，军部驻在善琏以北的叶家兜，师部驻在练市以南的仰家兜。为了切断杭州至南京的公路交通，这支部队发动和组织群众，集中破坏武康、三桥埠至吴兴埭溪全长 30 余华里的公路线。军民齐心协力，用铁镐、铁铲，并由工兵连用炸药将沿线所有大桥炸毁，使日军军运中断达三四月之久。日军报复，毁坏了公路两旁的大片房屋。

62 师创办《驱虏周刊》，报道前线消息，激励民众抗战。同时，抓住一切机会打击敌人。1939 年夏，62 师在水面上发现 6 艘日军汽艇，便埋伏在双林老虎桥桑林中，汽艇一到，即猛烈开火，100 多名日军当场被击毙一大半，小部分泅水逃跑，被农民捉住后装进麻袋抛入河中。双林西栅丝厂内驻有日军一个小队 50 余人，白天外出奸淫打劫，夜间龟缩岗楼内。1940 年春，62 师以一个加强连的兵力，携带 3 门迫击炮，轻装突击丝厂内日军，生擒日军队长 1 人，其余 50 多名日寇被当场歼灭。

1939 年 4 月 11 日，在武康县三桥埠，62 师 367 团与日军板桥师团约一个联队（团）的兵力及抢修桥梁的日兵展开激战，日军伤亡很多。1939 年 4 月中旬至下旬，62 师 367 团、368 团在埭溪镇和日军争夺大王山和小王山山头，战斗极为激烈，日军死伤数百人。1940 年 9 月，62 师 367 团 3 营营长田树樟率领 7 连从筏头出发夜袭武康县城成功，俘敌伪军 20 余人，缴获步枪 11 支，木壳枪 2 支，电话机 2 台，烟幕弹 20 余枚。1941 年 3 月，62 师 367 团、368 团在吴兴县埭溪镇至耀武关之间，击毁日军军用车 1 辆，击毙日军 5 名，缴获电台1台，军用鸽1笼，步枪3支。1941年3、4月，62师还多次攻击日军据点，打死打伤日伪军数百人。

1941年11月某日，62师186团1营营长余坚忍率领1个营外加1个步兵连的兵力对窜犯莫干山的日军村山勇大队发起进攻，从凌晨激战至上午9时许，毙敌十余人，缴获轻机枪1挺，步枪13支。在我军猛攻之下，敌人纷纷向武康逃窜，沿途又被我军第5连的密集炮火截击，狼狈败走。[①]

日军为了消除心腹之患，曾多次进行“大扫荡”，企图一举消灭这支军队。1940年3月，日军从各路调集近万兵力，占据菱湖、双林、新市各大小市镇，扼守菁山、埭溪、武康等据点，加强公路沿线的大王山、小王山、连山、木天山等碉堡，重重包围我军政所在地。又以小分队进行“打网式”搜索。凡民间藏“支那兵”者杀无赦。广大群众都深明大义，多方掩护，不肯说出实情，因而壮烈牺牲者不少。日军还要查验手指，发现有拿过枪的痕迹，就当场处死。有一次日军查问一个孩子，村上有没有“支那兵”，那孩子误听为“芝麻饼”，就指说“过桥就有”，日军扑了一空，竟把这孩子杀了。日军每次“扫荡”，我方都能做到军政、军民密切配合，用“捉迷藏”方式，机动应战，往往使敌劳师动众，损失巨大。在这些战斗中，涌现了不少可歌可泣的事迹，如张瑾守金鸡山，战至最后一人一弹，自杀殉国；李秀守南庄被围，无法脱险，抱机枪投水而死；杨翼鹏在塘栖捉住敌人，不幸受伤，与敌同归于尽；舒得卿等人在双林镇轰炸汽艇，登艇捉敌；等等。

第62师的爱国抗日行为，得到湖州人民的支持和称赞，许多人主动裹了粽子送到前线，有的把粽子挂在桑树上，以示慰劳。在62师的多次打击下，日军十分害怕，不得不承认说：“先生（日军对自己的称呼）十个，不及箬帽兵一个。”

① 参见《爱国主义的凯歌——湖州人民抗日斗争史料》，《湖州文史》第13辑，湖州市政协文史资料委员会1995年印，第23—24页。

第62师由于在持续的战斗中伤亡较大，第10集团军令其调后方钱塘江南进行休整集训，由192师接管防务。

除了第62师、63师等国民政府军外，浙江省政府主席黄绍竑组建了浙江国民抗敌自卫团，作为省属武力，配合正规军队游击作战。自卫团共有8个支队，第5支队郑器光率部于1938年9月首先渡过钱塘江，进入浙西地区展开敌后斗争。随后过江者还有第6支队徐志余、第3支队黄权的部队。中国军队一般采取破坏道路、遮断河道交通的方法，将日军孤立在据点，使之不能往复驰援。这也体现了蒋介石1939年1月颁布的《国军第二期作战指导方案》对第三战区的作战要求，即“应以一部加强游击兵力，指向京沪杭要线，袭击敌人后方，并保持沿江据点，邀击敌人舰船，继续妨害其运输。主力应尽可能保持现在态势，尽量吸收敌人多数兵力而消耗之”[①]。杭嘉湖地区游击战的开展，不仅是第三战区作战方针的一个表现，也是武汉会战后蒋介石在长沙、南岳、西安等军事会议上，研讨抗战第二期作战战略调整为游击战术与正规战术并重的反映。杭嘉湖地区游击战初兴，官兵士气高，作战勇敢，且能得到一般民众的支持。遇到日军“扫荡”或气焰嚣张时，部队便退回钱塘江南岸休整训练，以待时机。浙西天然的地理形势，使中国军队进可攻、退可守，作战较为灵活。

为了对付国民政府军的游击战，日军频频使用毒气武器。据不完全统计，日军在中国使用化学武器超过2000次，造成了近10万人的直接伤亡。[②]浙江省是日军实施毒气战的重点省份，也是遭受日军毒气武器袭击最早的省份之一。据现有的史料记载，日军在浙江最早使用毒气是1937年8月15日，这天日机轰炸了海宁，投掷毒气弹多枚。日军对浙江战场使用毒气最为密

① 中国第二历史档案馆:《中华民国史档案资料汇编》(第5辑)，江苏古籍出版社1999年版，第660页。

② 步平:《关于第二次世界大战期间日本在中国的化学战问题》,《黑龙江社会科学》1999年第4期。

集，投掷毒气弹最多，给予中国军队最大杀伤的是1942年5月开始的浙赣战役。[①] 在战斗中，日军要么以毒气开道，要么逢抵抗就用毒气，达到了在战场上使用毒气的一个高峰。

日军在浙江使用毒气主要集中在杭州、嘉兴、湖州的沦陷地区。这反过来也证明了国民政府军的游击战给了日军沉重的打击。湖州德清县的新市镇交通便捷，京杭大运河穿镇而过，商业繁荣，沦陷后是中国军队的重要游击区。1939年5月18日，盘踞新市的日军对国民政府军第62师367团某部施放了含辣味的毒气，官兵多数中毒。次日，日军在桐乡县城与国民政府军遭遇时，又发射了毒气弹。湖州南部的埭溪是国民政府军的重要游击活动区。6月19日，第63师188团在埭溪西北的王庙阵地被日军包围，由于日军无法攻克阵地，即施放毒气，致使我军阵地失守。1940年1月16日，日军进攻双林以北地区国民政府军第62师谢团，双方激战中，敌军施放催泪性毒气，国民政府军士兵30余人中毒。由于中国军队的顽强抵抗给日军以沉重打击，驻马腰镇的日军于次日增援双林日军，又施放催泪性毒气，我官兵中毒颇多。

1938—1939年杭嘉湖地区兴起游击战，游击战使日军无法深入，不能在杭嘉湖地区因点、线而成片、面，延迟了日军南渡钱塘江的计划，也在客观上策应了徐州会战与武汉会战。1938年8月，蒋介石致电第三战区司令长官顾祝同："杭嘉湖一带各游击部队不辞艰苦，奋勇杀敌，良堪奖慰，尚希转饬各部继续袭击，彻底破坏交通，相机收复失地，以牵制当面敌军为要。"[②] 可见，蒋介石对当时浙西地区的游击战较为满意。

二、共产党领导和影响的抗日游击武装

浙西沦陷后，中共各地党组织把开展敌后游击战放在重要地位。在湖

① 金延锋:《侵浙日军罪行研究》,《浙江档案》2017年第7期。

② 《蒋介石致顾祝同电》(战史会档案，1938年8月21日)，中国第二历史档案馆藏，档案号Q787—4197。

州地区，中国共产党先后组建和争取了多支地方抗日游击武装，这些抗日武装队伍，都受中共直接领导或影响，接受共产党的整编或建立共产党支部。

（一）郎玉麟部队

郎玉麟部队（简称“郎部”，也称吴兴县抗日游击大队）是当时一支影响较大的武装队伍。

1938 年元旦，中共吴兴县抗日青年训练班支部以训练班的 30 余名学员、10 余支枪为基础，在吴兴县南埠乡何家埠村的铜盆寺成立了吴兴县抗日游击大队，郎玉麟（1911—2006，吴兴弁南人，中共党员）任大队长，王文林（1913—1938，原姓郝，又名史为安，河北保定人，中共党员）任政训员，彭林（1914—2002，原名栋才，江西吉安人，中共党员）任参谋。2 月上旬，吴兴县抗日游击大队兵分 3 路，夜袭南埠村的日伪军驻地，初战告捷。接着，又多次主动出击吴兴县的妙西乡、龙溪乡等地，打击外出“扫荡”的小股日伪军。在吴兴县杨家埠至长兴县城间的公路上，连续 3 次伏击日军军车，毙伤日伪军多人。郎部声威大振，很快发展到近百人、数十支枪。

1938 年 3 月 26 日，郎部突遭帮会武装“红枪会”袭击。为了说服被蒙蔽的红枪会会员、掩护部队撤退，游击大队党支部书记王文林挺身而出，在斗争中牺牲。王文林殉难后，彭林接任党支部书记，组织大家总结血的教训，继续战斗，同时吸收更多热血青年参加了游击队。6 月，郎部配合国民政府军第 62 师、第 98 师所属部队，重创驻湖日军，缴获一批枪支弹药。7 月，郎部为纪念全面抗战一周年，广泛开展宣传活动，并处决了多名汉奸。与此同时，部队也有了新的发展，人员扩充到 200 多人，各类枪支增加到 100 余支，其中有轻机枪 2 挺。

1938 年夏，国民党浙江省政府开始整编地方抗日武装和自卫团队。出于保障给养等因素的考虑，吴兴县抗日游击大队在“坚持独立自主原则”的

图 4—10　郎玉麟（1911—2006）

前提下，接受国民党吴兴县行动委员会的改编，改称“吴兴县抗日自卫大队”，郎玉麟任大队长，彭林任副大队长。大队下面辖三个中队，彭林兼任一中队队长，刘芾亭任二中队队长，周少兰任三中队队长。此外，还组建了民运组、训练班、民先队和《抗敌报》社。同年秋，郎部被浙西行署改编为“浙江省一区抗日自卫总队三大队第十二中队”，重机枪排被上调，民运组、民先队被撤销。部队力量被削弱，行动开始受到限制。在这种情况下，彭林于 11 月赴皖南新四军军部，向上级党组织作了汇报。为了加强党对郎部的领导，东南局将郎部党组织的关系转至浙江省委，新四军军部也派出党员、军事干部孙秉夫和陈祖猛，随同彭林返回浙西，协助开展工作。1939 年 2 月，中共浙西特委成立后，郎部党组织的关系转至浙西特委，成为特委直属特支。此间，郎部在党的领导下，又取得了一系列斗争的胜利。是年夏，为

配合省政工队和国魂社[1]在菱湖一带的工作，郎部进抵菱湖开展活动，在安澜桥等地给日军以沉重打击，鼓舞了人民群众的斗志。

（二）李泉生部队

李泉生部队（简称“李部”，亦称长超“人民抗日义勇军”“长超部队”）1938 年 1 月下旬在吴兴长超成立。这是抗战初期湖州最有战斗力的一支抗日游击部队，领导人李泉生（1899—1949，又名哲人、泉松，吴兴长超人）是 1927 年入党的老党员。

图 4—11　李泉生（1899—1949）

① 1938 年 1 月 21 日，杨文虎等爱国青年出于民族义愤，在菱湖镇成立“国魂社”，开展抗日救亡活动。下设组训、宣传、救护等股，社员有来自菱湖、荻港、埭溪以及德清新市、洛舍等地的青年 50 余人，出版半公开的《国魂》快报。中共湖州地方组织派党员黄继武、陆鲁一、王若谷等去国魂社工作，发展国魂社成员 10 多人入党，建立了党支部，使国魂社成为中国共产党领导下的抗日救亡团体。

图 4—12　长超山顶的抗战英雄纪念碑

吴兴沦陷后，长超屡遭日军侵扰，百姓苦不堪言。小学教师李泉生发动长超的青年农民，成立了这支抗日武装，李泉生任主任，周枝枚任副主任，辖 3 个中队，共 100 余人。为加强政治宣传工作，该部出版了抗日刊物——《战生报》。

该部在筹建过程中就与日军展开斗争，在长超镇北的草田兜伏击日艇，毙日伪军 5 名。部队组建后连续作战，屡次胜利。2 月 6 日，在罗田漾伏击日军快船，歼灭日伪军 66 名。2 月 20 日，在塘南新兴港追袭日军，毙敌 10 人。3 月 6 日，在重兆张村伏击日军，俘日军士兵 2 人。3 月 21 日，与国民政府军第 59 师某连协同，奔袭湖州东门外升山日伪军据点，毙敌甚多。5 月 1 日，再次配合该连作战，在湖州八里店东段公路击毁日军军车 1 辆，毙

敌多名，俘日军骑兵少尉1名，缴获长短枪5支。长超部队取得的战绩，使日寇闻风丧胆，称它为“老虎部队”。1938年6月，李泉生部队因拒绝国民政府军的收编，遭到国民政府军“江南第一挺进队”及其纠集的13支游杂部队围攻，受到严重损失。不久，李部被挺进队强行改编为“直属独立大队”，随后又改编为“浙西第一游击纵队第五支队”，下设3个大队9个中队，共800多人。

中共浙西特委和新四军部队非常重视这支抗日部队的争取工作，1938年6月，新四军第1支队派民运干部吴林枫至该部了解情况，向李泉生讲述党的抗日民族统一战线主张，介绍新四军的政治工作和民运工作情况，得到李泉生的欢迎。期间，吴林枫在长超部队秘密发展了6名党员。为争取这支部队，浙西特委先后派遣贺千秋等多名党员干部到该部工作。1939年5月，长超部队建立了直属特委领导的党总支，总支书记吴林枫，委员毛仲清、邓湘。贺千秋则代表特委领导总支的工作。此后，党员发展到30余名，相继建立了7个党支部，长超部队逐渐成为浙西抗战的一支重要力量。

（三）朱希部队

朱希部队，简称“朱部”，是以国民政府军第13师77团2营官兵为基础组成的一支部队。该部全称为“孝（丰）武（康）安（吉）长（兴）吴（兴）军游击队”，领导人朱希（字又布，湖北麻城人）、汪鹤松，因此亦称“朱希、汪鹤松部队”。

淞沪会战后，从上海撤退至皖南宁国县的国民政府军第13师，任命第77团第2营营长朱希为司令，汪鹤松为副司令，率部分官兵组成了这支有200余人的游击队，前往沦陷区活动，牵制京杭国道两侧日伪军。1938年4月，朱希、汪鹤松率部进入吴兴县路东（现104国道以东区域）的练市等地发动民众，扩充武装，打击日伪。在群众的积极配合下，连克吴兴县的练市、乌镇以及吴江县严墓、嘉兴县新塍等乡镇，缴获迫击炮1门、汽艇2艘、机枪几十挺。经过连续作战，形成了以乌镇为中心，包括双林、练市、

图 4—13　朱希（1908—1966）

新塍、严墓在内的游击区域。部队扩大到4000余人，编为5个团、9个直属大队和1个迫击炮连，成为浙西地区力量较强的抗日游击武装之一。6月，朱部集中兵力，先后袭击了吴兴县南浔、吴江县震泽之敌，歼灭日军50多人。8月，朱部又奔袭德清县晖山、干山、龙山之日伪据点，一举收复"三山"。朱希部队发动的攻势，有力地打击了路东的日伪势力。

为了团结争取朱希部队，中共浙江临时省委于1938年夏派徐洁身前往乌镇，在该部中共党员赵筱屏、朱子亮的配合下，与朱希开诚布公地商谈了共同抗日问题。朱希当即表示愿意合作抗日，并诚恳邀请中共浙江临时省委派干部进入该部工作。根据朱希的要求，省委向朱部选派了徐洁身、贺千秋、徐由整等一批党员干部，协助开展军事工作和群众工作。同时，加强部队的思想政治工作。9月，温永之的"吴兴县第二抗日游击大队"加入朱部，温永之任政治部主任。10月，在该部建立了中共支部，徐洁身任书记，徐

由整、韩昌为委员。在中共中央东南局领导的关心和支持下，朱部抽调周蔚昌等 5 人去皖南受训，学习新四军部队的游击战术和群众工作经验。按照朱部需要，新四军副军长项英还从教导队抽调八队队长周达明担任该部参谋处主任。

朱部的发展壮大，引起日军的惊恐。1938 年 10 月中旬，日军纠集杭州、嘉兴、湖州等地日伪军 1 万余人，在飞机掩护下向朱部大举进攻。朱部撤出乌镇后，在练市钟家墩被围，死难 800 余人。中共党员徐由整、徐泉生以及第三团团长王玉麟等一批骨干，也在突围中阵亡，部队受到重大损失。朱希在群众掩护下脱险后，率余部 200 多人转移至孝丰县山区休整。

1939 年初，朱希部队重返路东，抵乌镇、严墓一带收编旧部，扩充武装。中共浙西特委成立后，根据省委关于“争取朱希部队”的指示，从安吉选调郑至平、李子良两名党员进入该部。同年 5 月，中共“朱希、汪鹤松部队”支部改为浙西特委直属的特别支部，特委委员徐洁身兼任书记，刘明任组织委员，韩昌任宣传委员，郑至平负责与特委的联系。特支建立后，相继发展了 30 多名党员，出版了《铁血》等抗日刊物，并向各连队派出政治指导员，加强政治教育，重新恢复部队士气，振作官兵精神。

1939 年 4 月 13 日，朱部在乌镇、南浔间的吴江县桃源取得“阳和桥大捷”，击沉日军汽艇 2 艘，歼灭日伪军 30 余人。此后，又在乌镇等地多次伏击敌人，给外出骚扰的日军以重创，部队也得到了恢复与扩充。八九月间，朱部的兵力已发展到两个营，成为插入浙西北敌后的一把利刃。

（四）抗日反汪军

抗日反汪军是在中共浙西特委直接领导下组建起来的一支抗日武装。

郎玉麟部队等几支抗日游击武装被国民党顽固派改编以后，中共武装工作迫切需要加强。1940 年 2 月，中共浙西特委决定派军事干部、原中共安吉县工委书记郑至平，到吴兴县塘北区秘密开展工作，筹建不脱离生产的小型游击武装。塘北区具有一定的工作基础，许多地方建立了党的基层组织，党员总数有30余人。另外，在这之前，中共塘北区委就根据特委书记顾玉良的指示，派副书记贺友溶开展游击武装的筹建工作。吴兴县委也派县委委员、妇女部长许斐文给予协助和指导。经过积极准备，挑选了多名党员，收集了一批武器弹药。因此，郑至平抵达塘北不久，即组建起一支有10余名队员的游击武装。中共浙西特委命名这支武装为“抗日反汪军第一支队第二大队”（简称“抗日反汪军”），队长郑至平，指导员贺友溶，部队受特委和吴兴县委双重领导。抗日反汪军组建后，白天助民劳动，晚上集中行动。由于他们生活艰苦，作战勇敢，纪律严明，深得当地群众的拥护和支持。

1940年4月至7月间，抗日反汪军在塘北的太湖沿岸和塘南的双林、练市等地，袭击日伪据点，破坏日伪通信，伏击资敌物资，惩办汉奸恶霸，取得一系列胜利。同时，在斗争中发展自己。在不到半年的时间里，部队扩大到两个班、20余人，拥有轻机枪1挺，其他枪支10余支。

游击武装的成长经历了严酷的考验。抗日反汪军不仅受到日军、伪军、顽军的夹击，还屡遭土匪武装威胁。1940年5月，部队在塘北大钱活动时，遭到土匪武装的突然袭击，队长郑至平为掩护部队撤退牺牲，部队受到较大的损失。此后，中共浙西特委先后调罗希明、熊飞担任队长，领导抗日反汪军继续开展武装斗争，打击日伪势力。

（五）各地的抗日土枪队

山区农村，群众素有打猎的习惯，民间暗藏的土枪甚多。抗战期间，土匪、反动会道门[①]以及一些杂牌部队，常常昼伏夜出，抢劫民财，骚扰地方，民愤很大，群众为了保护村坊和自身安全，利用平时狩猎武器，自发形成土枪队。各地的抗日土枪队，大多是在共产党的直接领导下组建起来的，参加人员主要为持有土枪的青壮年，范围遍及武康、德清、安吉、孝丰等县。

① 指反动的以宗教异端信仰为纽带的民间秘密社团。

1939 年春至 1940 年秋，武康、德清等地的党组织在两县交界处发动群众，组建起多支土枪队，开展抗日武装斗争。武康县莫干地区的土枪大队，辖石颐寺、康城、庾村、三桥等地 4 支土枪队，有队员 200 多人。德清县洛舍三支头、砂村一带农民组建的土枪队，有近百名队员。这些土枪队建立后，发起拦截资敌物资、打击资敌米船等战斗，参加传送情报、护送干部等工作，积极开展抗日宣传活动和反奸防匪斗争。1940 年 5 月，庾村土枪队员在后村拦截资敌米船，缴获大米 10 多石。7 月上旬，洛舍各界数百人举行“抗战三周年纪念大会”，砂村、三支头等地七八十名土枪队员，手持红旗、肩扛土枪参加大会。会后，土枪队员会同各界人士上街游行示威，高呼抗日口号，鼓舞群众斗志，推动了当地抗日救亡运动的开展。

安吉县晓墅镇三社村的抗日土枪队，工作相当活跃。三社村位于安吉、长兴两县交界处，日军未及侵扰。1939 年 4 月，当地群众在省政工三队党支部的指导和协助下，利用民间的土枪，组建了这支队伍，由谢炳贵任队长兼军事教练，何行之兼任政治指导员，下辖 3 个分队，共 70 余人。武器除土枪、土炮外，还有 10 支步枪。三社村抗日土枪队先后受省政工三队党支部、安吉县三社村党支部和东区（晓墅）区委领导，主要任务是开展抗日自卫工作。他们定期上课，集中进行政治学习和军事训练。同时，通过做好夜间巡逻、放哨等工作，防范日伪侵扰，保护群众安全；通过创办农民夜校、妇女识字班、儿童歌咏队等，广泛开展抗日救亡宣传。土枪队的建立，不仅在维护地方治安方面发挥了重要作用，而且在动员群众、组织群众、教育群众方面做了大量工作。当时有不少省、县政工队的干部到三社村参观学习。

余（杭）临（安）孝（丰）边区的山川抗日游击队，还以土枪重创了进犯山川之敌。山川抗日游击队是浙西地区创建较早的抗日武装之一。浙西沦陷后，前共青团孝丰县委书记沈子球，从杭州回到家乡山川宣传群众，通过团结爱国青年，搜集民间枪支，成立了 50 余人的山川抗日游击队，他自任队长。1938 年 3 月 18 日，日军进犯山川，游击队在泥山湾进行伏击，歼敌 9 名，缴获战马 10 匹及部分军用物资，有力地打击了窜扰之敌。这次战斗的胜利，激发了山川民众的抗日斗志，扩大了游击队的影响。不久，队伍从 50 余人发展到 200 多人，各种枪支百余支。同年 5 月，中共浙江临时省委根据沈子球的要求，派徐洁身、章松寿、俞慕耕等到游击队开展工作，在帮助山川游击队提高队员素质的基础上，扩编为“余（杭）临（安）孝（丰）边区抗日游击大队”。

在长兴县，中共浙西特委加强对县抗日自卫大队的工作。长兴县抗日自卫大队隶属国民党长兴县政府，下辖 4 个自卫中队。1939 年 8 月，中共党员倪柏年从国民党浙江省一区抗日自卫总队调往长兴，担任县抗日自卫大队政治指导员。根据中共浙西特委的指示，倪柏年在各中队秘密发展党员，开展党的工作。经过努力，在自卫大队建立了党总支，在其中的两个中队建立了党支部。党组织的建立和宣传教育工作的加强，推动了自卫大队的抗日活动。1940 年 5 月日伪军“扫荡”白阜等地时，长兴县抗日自卫大队积极抵抗，有效阻击了敌人。

三、“忠义救国军”

淞沪会战爆发后，面对日军的疯狂进攻，前线兵力不足，压力重重。9 月 4 日，蒋介石致电在上海的戴笠，命令戴与杜月笙等上海人士合作，加快步伐，“限一月内组成 1 万人的武装游击部队，任务是配合国民党军队作战，在上海近郊牵制阻击日军，并协同保安部队，严防和肃清敌谍、汉奸的骚乱活动等”[①]，并颁给“苏浙行动委员会”的名号。9 月 7 日，蒋介石又两次电令戴笠从速成立“苏浙行动委员会别动队”。戴笠找到当时正热心抗日活动的帮会大佬杜月笙出面帮忙，共同组织成立“苏浙行动委员会”，隶属于国

① 金延锋:《侵浙日军罪行研究》,《浙江档案》2017 年第 7 期。

民政府军事委员会，由戴笠负责具体指挥。其中一万余人的别动队，辅助正规军作战。“苏浙行动委员会”别动队自成立之后，便积极参与抗日战争，经过几次整训和扩编，在1938年5月获得蒋介石首肯，正式更名为“苏浙行动委员会忠义救国军”。“忠义救国军”按照作战地域，划归第三战区管辖。作为抗日战争中的一支特殊部队，在它身上我们可以看到抗日武装、敌后游击武装、军统武装和帮会武装的鲜明标签。复杂的成分使“忠义救国军”在抗日的同时，兼有一些反共、投敌以及扰乱地方的活动。“忠义救国军”的主要活动地区是在苏浙皖边，当时在北平、天津一带也曾有一支“忠义救国军”北方支队，也是戴笠组织的，1938年冬被日伪围困在河北宝坻附近的湖沼地区，全军覆没。

1939年春，戴笠派杨蔚为“忠义救国军”淞沪指挥官，靠阮清源（1909—?，字亚承，浙江嵊县人）在澄锡虞（阳澄湖、无锡、虞山）地区建立的游击武装和敌人周旋。“忠义救国军”在沦陷区发展到4个纵队，26个支队，总兵力2.9万余人，分布于浦东、太湖及京沪杭铁道、京杭国道一带。1940年1月，周伟龙（1901—1950，字道三，湖南湘乡人，黄埔四期学生）接任总指挥。1927年宁汉分流时周伟龙在唐生智部下任宪兵营长，驻扎汉口。戴笠在汉口搜集情报时被宪兵部队逮捕，戴以同学身份求见周伟龙，周不但亲自掩护戴笠脱险，还按照戴笠的提议，弃官逃到南京投奔了蒋介石，两人因此结拜并成至交，周伟龙更由此成为戴笠最早的发家班底“十人团”[①]成员之一。周伟龙接任“忠义救国军”总指挥后，将“忠义救国军”缩编成3个支队（又称教导团，均按步兵团的新编制编成）以及

① 十人团：1928年1月4日，在蒋介石的指示下，戴笠成立名为“联络组”的十人小组，其成员包括王天木、唐纵、张炎元、徐亮、胡天秋、周伟龙、黄雍、马策及郑锡麟等人。“十人团”的正式名称是调查通讯小组，服务监视和调查军队等机构。军统成立后，他们是最早的一批军统特务，又被称为“军统十人团”，戴笠为联络参谋，办公地点在南京鸡鹅巷53号，是一个正式的特务机构。

一个南京行动总队，一个淞沪行动总队（每个行动总队官兵不超过 700 人），1 个特务大队，1 个军官训练队。3 月，除了南京行动总队仍留驻江浦就地整训，并与敌伪周旋外，其余均集中孝丰整编训练，总指挥部由宜兴移回孝丰，以便就近督导。

1941 年 1 月，“忠义救国军”在孝丰整编完毕，按照游击京沪杭区敌伪及清剿苏南地区“奸匪”之作战企图，将苏南浙西沦陷区划分为几个区，分四路重回京沪沦陷区，继续敌后游击。第 1 路“苏嘉沪挺进队”，以第 3 支队、淞沪行动总队、教导第 1 总队 3 个单位为骨干，由孝丰附近向太湖以东的苏州，嘉兴与上海之间的地区挺进，总指挥为阮清源。第 2 路“澄锡虞挺进纵队”，以第 1 支队为骨干，由孝丰向阳澄湖、常熟、昆山之间的地区挺进，总指挥是郭墨涛。第 3 路“锡武宜挺进队”，以第 2 支队为骨干，由广德沿太湖西岸，向宜兴、无锡、常州、江阴之间的地区挺进，文德为总指挥。第 4 路“京丹溧挺进队”，以南京行动队为骨干，进出南京、江浦、丹阳等地，总指挥为管容德。

1942 年 9 月，“忠义救国军”教导 3 团进驻吴兴、长兴。“忠义救国军”教导 2 团，“忠义救国军”第 4 团进驻长兴泗安、吴兴接防。1941—1942 年，“忠义救国军”独立 2 支队、独立 3 支队、淞沪行动总队、苏常行动总队进驻孝丰、长兴驻防。1944 年 5 月，“忠义救国军”吴嘉湖行动总队、昆无行动总队，江苏保安纵队 2 团、3 团，江苏 2 区、3 区、浙江 10 区专署保安纵队及崇德、桐乡、平湖、嘉善、嘉兴、海宁、海盐、嘉定、昆山、吴江、金山、吴县抗日自卫队，进驻吴兴县，躲避日伪“清乡”“扫荡”。

1944 年，中国人民抗日战争进入战略反攻阶段。12 月 28 日上午，500 余日军带着四门迫击炮分别向千金、石淙进犯。“忠义救国军”吴嘉湖行动总队少校副总队长俞国桥率领部队在石淙镇南坝村柳思桥边集中布防，激战 3 小时，毙敌甚众。此时，日军又从千金方向增援百余人向其猛扑过来。双方激战 30 余分钟后，抗日部队伤亡颇重，俞国桥身中 7 弹，不幸阵亡，年

仅 28 岁。随后，该部向菱湖镇白云庙撤退。渡河时，由于绳拉木船发挥不了大作用，遭日军机枪扫射于白云塘河中，伤亡惨重。战斗结束后，当地村民将 110 名将士的遗体从河中捞起，集体埋葬在白云庙后，并哀悼致敬。

1945 年冬，“忠义救国军”与其他军统武装一道被改编为交通警察总队，之后参加内战。

四、其他游杂武装

抗战初期，日军在湖州占领了吴兴城区并控制了杭长、湖嘉两条公路及沿线少数几个市镇，当时国民党政府机关恢复未久，局促在西部山区，广大水乡平原许多市镇，日军常来窜扰，但未踞守。1937 年冬国民政府军撤退时，留下许多枪械，当地民众从草丛中、水中拾取步抢、轻机枪，胆大的拉一批人马组成队伍，浙西大地上涌现出许多大小不一的游击队。专就吴兴县范围来说：除郎玉麟部队、李泉生部队和朱希部队外，菱湖有李正洪、王大毛部队，千金有冯小春、董必林部队，石淙有张宗寿部队。王佑人初起于塘北，继由赵安民率领，同张振亚部队一起来塘南，遍游善琏、练市、乌镇，后来长驻双林作根据地。

游击队首领的出身形形色色，其所属游杂武装通常可以分为以下几类。第一类是由国民政府军旧部或散兵游勇组织起来的抗日武装，如谢升标的“苏浙皖三省边区抗日游击队”。第二类是地主豪富、官吏或开明士绅拉起来的队伍。这些队伍多数以“防御土匪、保卫家财”为目的，其中也有一些武装参与抗日活动，如金晋卿、胡长元的“长兴人民抗日义勇游击队”，王之贵、费纪文的部队等。第三类是帮会组织的武装，如吴兴、长兴、安吉、德清等地的“红枪会”。这些武装有些属封建迷信团体，受巫师操纵，号称“刀枪不入”，标榜“治匪安民”。他们往往和地主武装结合，既打下乡骚扰的日伪军，也打其他游击武装。除上述三种类型的武装外，还有一些打着各种旗号的土匪部队，俗称“烧毛党”“老刀牌”。他们的主要目的是劫财，但有时也袭击小股日伪军。

游杂武装相互火并常常造成两败俱伤。有识之士渴望协调步伐，结束游击队之间的混战。1938年初，100多位游击队首领，相聚在练市一个庙里，点燃烛香，大摆筵席，歃血为盟结为兄弟，发誓如有违逆，必遭神诛。这种封建的结拜方式能维系各队伍间的感情，减少不必要的冲突，但因缺乏统一的组织和权威的首领，所以不能持久控制局面。1938年5月，鉴于游击区号令的混乱，国民党第三战区司令长官顾祝同委派张性白中将为江南第1挺进队总指挥，统一指挥浙西各游击部队。张性白以其纵横捭阖之手段，整顿收编各路游击武装，至8月，第1挺进队下辖5个游击区，辖制3个总队，2个独立大队。朱希为第1游击区司令，其活动范围主要在江浙边境；钟灵为第2游击区司令，其活动范围主要在铁路线南；刘参为第3游击区司令，其活动范围主要在崇德、桐乡间；赵安民为第4游击区司令，其活动范围主要在运河、塘南、双林一带；赵振华为第5游击区司令，其活动范围主要在京杭国道附近。李泉生部被改编为挺进队第1独立大队。1938年秋，江南第1挺进队总指挥部在德清新市镇成立。这样，浙西区域的各路游击队，基本统一在江南第1挺进队的旗帜下。

（一）吴辞炎“浙西抗日游击总队”

吴辞炎，德清人。杭嘉湖沦陷不久，他与另一些爱国志士即在德清士林筹组游击队。经过两个月“闯险游说”，收编了德清及附近各县的一部分地方武装，于1938年2月正式成立“浙西抗日游击总队”，下辖第1、第2大队及特务大队。吴辞炎被推举为总队长。总队设秘书、政训、军需、副官四组，电讯、医疗两室及军械修理所，拥有1000余人、500余枪。这是浙西沦陷区出现比较早、规模比较大的一支抗日游击武装。这支队伍收编后未加整训，成分极复杂，人员良莠不齐，有散兵游勇、巢湖两帮、绿林人物，也有不少青年学生和有志于抗日救国的知识分子。总队成立后，一方面通过召开群众大会、印发《告浙西民众书》、出版刊物，开展抗日救亡宣传；另一

方面主动出击敌人，如特务大队及爆破小分队攻入德清县城，捣毁伪维持会，俘获伪工作人员3名及“维持总会”会长嵇少梅乘坐的小汽艇一艘。第1大队曾突击由崇德出动的敌军百余人，激战20分钟，副大队长陈宝珊身先士卒，连续毙敌多人，不幸身中敌弹牺牲。“浙西抗日游击总队”存在时间不长，很快就被国民政府军江南挺进军收编，于1938年六七月间被改编为“北区游击总队”，原总队领导人被调散。

（二）谢升标“苏浙皖边区抗日游击队”

谢升标“苏浙皖边区抗日游击队”是浙西最早抗日的游杂部队。谢升标（1903—1938，浙江临海人，黄埔第三期学生）原是国民政府军第三战区吴奇伟部下的团级军官，上级委以苏浙皖边区抗日游击司令的名义，招集散兵游勇，在江苏宜兴龙池寺成立司令部，谢为司令，占叙伦、吴保桓为副司令，恨海和尚为参谋长，耐冬和尚为咨议，拥有2000余人。谢部开到长兴北境的山地后，又收编了胡长元、臧鸣皋的抗日游击武装。胡长元的抗日自卫义勇游击队，是长兴西部山区的一支有坚强战斗力的农民抗日武装，有战士150余人，枪80余支。胡部于1938年2月的一天夜里，分三路袭击敌据点大云寺，毙敌8人，缴获军用汽车一辆，敌狼狈逃走，这是长兴农民自发对敌作战所获得的第一次胜利。谢升标游击队的抗日活动，使日寇不得不放弃一些小据点，敌在京杭国道上的交通运输也受到严重威胁。因此，日寇为消灭这个部队，于1938年2月，从南京、苏州、无锡、杭州抽调部队，三面围攻谢部。谢部与敌在山地周旋。由于汉奸引路，一支日军抄在前面挡住去路，在敌紧追下，谢部返到宜兴河落岗附近，部队大半伤亡，一部分溃退。谢放声大哭，感到对不起阵亡的弟兄。他拿起机枪，向敌炮火线冲去，挡者尽被扫死，他本人也弹尽阵亡。此役，除副司令吴保桓不在，政训处在后方外，其余主要干部均阵亡。[①]

① 楼子芳:《浙江抗日战争史》，杭州大学出版社1995年版，第58—59页。

1937 年湖州沦陷初期抗日游击运动此起彼伏。据不完全统计，至 1937 年底浙西先后兴起了七八十支抗日游击武装。这些游击队伍活动范围广、战斗次数多。它们在夹缝中寻找生存空间，作战流动性大。还有一些散兵游勇、帮会流氓、迷信组织，纷纷在乡搜集散枪，组织游击队伍，3 人一大队，5 人一司令，正如群众所说的“司令满街走，副官多如狗”。他们各据一方，互相火拼，征捐派饷，各自为政。不良之徒更是打家劫舍，绑票勒索。老百姓日里逃东洋兵（日军），夜里逃“西洋兵”（一些游杂武装）。

第三节　抗战时期湖州的政治经济社会状况

一、伪政权的建立及其统治

1937 年底，日本侵占杭州、嘉兴、湖州后，为实现对占领区的有效统治，采取“以华制华”的策略，由疯狂镇压转变为以怀柔政策为主，扶植各类汉奸、地痞，建立各级伪政权。1940 年 3 月汪伪政权建立后，“浙江地区治安委员会”① 强化了浙江沦陷区的统治，各项统治措施得到加强，沦陷区民众几乎完全丧失了人身安全与自由。

一是建立伪警察力量和伪保安武装。1940 年 11 月，“浙江省警务处之下有内警士教练所一个、省会警察局一个、县警察所十五个、警察署分所四十个、分驻所派出所九十七个、消防队一个、侦缉队一个、水警组六个，

① “浙江地区治安委员会”是 1939 年 1 月日伪为加强其在沦陷区的封锁和控制而设立的，受伪警备司令官部队和伪中央治安委员会指导，负责立案审议有关“维持治安”的重大事项，是联系日军军队和各机关之间的纽带。

人员总数为四千零七十四名。”[①] 随着沦陷区域的扩大与日伪政权的扩展，其伪警察局数量增加，力量的配备也随之加强。至 1943 年 8 月，伪警务处“直辖三十七个单位，内附警察分局七、警察所五十七、分驻所五十五、派出所一百三十一，现有官警一〇一三七人”。[②] 伪警察机关的任务除进行特务情报活动外，主要是侦查抗日活动，搜捕抗日分子；在交通要道、水运码头、车站等地协同日本宪兵，对旅客、行人实行检查；清查户口、编组保甲；对各类人犯进行拘捕、审讯等。它是汪伪在浙江实行法西斯统治的重要工具，为广大人民切齿痛恨。伪保安组织是汪伪维护其统治的重要机构，1943 年 3 月，伪“浙江省保安司令部”成立，伪省长兼“保安司令”，4—5 月又成立“保安教导团”和“省保安处”，辅佐“省保安司令”管理训练及行政事宜；日伪统治的各县成立“保安大队”，由伪县长兼任大队长。6 月，伪省政府设立了“保安制度筹备委员会”，举办“保安”干部训练班，调集各县“自卫团”干部人员实施训练，由日军和特务机关直接提供装备和进行训练。不久，日伪还将部分伪军充实到保安力量中，伪第 2 军第 6 团和第 13 师的部分力量改编为“浙江保安队”，分别在嘉兴、杭州等地加以训练。力量最盛时，伪保安武装力量有 6 个系统：伪省保安处 700 人；伪保安教育团 70 人；经伪省保安处点编的官兵为 5400 人，未经正式点编的 3400 人；伪第 1 行政督察区浙东保安分处 5000 人；伪第 2 行政督察区浙赣保安分处筹备处 1500 人，共计 16070 人。[③]

二是实行人口登记与保甲制度，限制民众的人身自由。日军占领杭嘉湖地区后，即利用伪政权组织对沦陷区民众实施严格的管制，清查户口。开展

---

① 《浙江省地区治安委员会干事长渡边四郎在浙江地区治安委员会会议上的报告要点》（1940 年 11 月 25 日），载浙江省档案馆、中共浙江省委党史研究室：《日军侵略浙江实录（1937—1945）》，中共党史出版社 1995 年版，第 147 页。

② 《浙江省政概况》，（伪）浙江省政府 1944 年印，第 183 页。

③ 浙江省档案馆、中共浙江省委党史研究室：《日军侵略浙江实录（1937—1945）》，中共党史出版社 1995 年版，第 230 页。

“良民”登记活动，经登记确认者，发给“良民登记证”作为身份证明。“良民证”要随身携带，以备随时检查，倘若检查时未带“良民证”或被认为身份有嫌疑者，日伪即详加盘诘，送局究办。沦陷区民众因未带或没有“良民证”而被日伪审讯、拷打甚至丧命者不乏其人。日伪为巩固其统治，还在占领区实行了保甲制度。每20户为甲，设甲长；20甲为一保，设保长；合3保为一连保，设连保主任。民众的人身自由完全受到限制。保甲制度中最严厉的是实行连坐责任制，如一家违法，5家连坐。日伪以此来对抗敌对势力的破坏活动，而广大民众的身心及财产则因此受到严重的摧残与威胁。

日军占领湖州后，为了“安定”秩序，急于物色汉奸为他们效劳。1937年12月17日，成立伪吴兴县维持会。最初找到湖州电气公司一个小职员姚森如，促其出面组织“维持会”。该会派员持旗到城郊附近招集难民进城，每人发给布质“良民证”，缀在胸前，准许出入。又在城内设置难民所，使城区人口日渐增多，为沦陷区点缀繁荣。当时有民谣对他们进行讽刺：昭和十三年（“维持会”用日本年号，即1938年），当官吃乌烟（公开吸鸦片），讨老婆勿要铜钿（他们强抢良家妇女为妻子），今年舒服过，明年困街檐（像乞丐那样露宿街头）。不久，伪维持会改为“吴兴县自治委员会”，日军认为姚森如声望不高，要另物色知名人士来出面。他们知道湖州士绅沈谱琴曾留学日本，正避难在下昂乡，就派武装专轮“邀请”他进城出任伪吴兴县自治委员会委员长，同时粉墨登场的，还有一批所谓士绅如杨公侏、孙棣三等。日军扬扬得意，宣扬湖州的汉奸班底是全省第一流的。

1938年10月，原伪自治委员会奉令改组为伪吴兴县公署，以颜粟周为知事。日军认为沈谱琴不够忠诚而将他解职，沈不久病死。颜粟周到任不久，国民党方面派人进城伺伏在马军巷狮象弄口对他进行暗杀，但因子弹卡壳未中，颜随卫护的日军脱逃。这件事使湖州日伪大为震动，颜不久亦病死。1940年4月，伪县公署改称伪县政府，伪县长先后有沈子镜、陆超、王宗轼、顾凤城、姚秉诚等。伪县政府成立后，各有关单位如“专员公

署”“警察局”“税务局”“教育局”“清乡局”“法院”“新湖镇公所”（原为安定、仓石、大通镇公所）等一整套汪伪政权班子均先后设立。此外还有湖州新报、吴兴中学、模范小学等等。一时民族败类为虎作伥，群魔乱舞。其中最使百姓痛恨的是设在城内南街乱石巷 13 号和九曲弄 5 号的两个日、汪特务组织，人们称其为“十三号”和“五号”，他们常以莫须有的罪名，关捕无辜平民，施用老虎凳、倒挂、电刑、刺乳头、水牢等各种酷刑，许多人被残害致死。

日军侵占长兴县城后，原来国民党统治下的城乡政权机构全部瓦解，整个长兴人心动荡，社会秩序极度混乱。日军头目深感全城官绅商董远而避之于己不利，乃派汉奸周根宝等人四出游说，拉拢官绅商董回城，以便拼凑日伪班底为其长期占领效劳。日军头目指派周根宝带领日军二三十人专程前往八都岕周家村，“邀请”周凤岐（又名周恭先）与他们合作共事。周凤岐北伐战争时曾被蒋介石任命为国民革命军第 26 军军长，参与蒋介石发动的“四一二”反革命政变。后在桂系军阀支持下出任过浙江省政府主席，“七七”事变后因与蒋介石政见不和，政治失意，此时正蛰居其周家村老家。周根宝与日军既衔命而来，周凤岐又存心投靠日军，当即盛筵款待。事后周凤岐即潜去上海叛国投敌。蒋介石侦悉此事后，派军统头子戴笠密令特务在上海将周凤岐枪杀。

长兴广大军民对周凤岐不顾民族气节，自甘认贼作父，充当汉奸，无不义愤填膺。1938 年 2 月 11 日，不期而集者近千人，驰赴小浦黄家地，将周凤岐在那里刚刚造成的庄园别墅全部焚毁以泄愤。长兴城内，亦有一批民族败类，上蹿下跳，粉墨登场。如首任“维持会”会长孙允诚，二任李培英。“维持会”撤销后，先后成立伪自治委员会和伪县政府。第一任伪县长伍某，苏北人。其后为陆仲渔，湖州人。再后为李镜、朱政、王骞。伪警察局长钦新宇，伪总务科长叶海桥，伪纠察科长吴仁嘉，伪文书科长周文川，伪治安坊坊长叶利清，伪治安坊自卫大队正副大队长陈麟趾和上官玉麟，伪商会会长先为徐连清，后为赵鹏飞。此外，还有闵长明、孙老四、周宗山、郭宝善、曹寿宝等大大小小一批汉奸，先后登场为虎作伥。他们乘着民族危难之际，媚敌卖国，收敛钱财，大做“国难官”，大发“国难财”。

汪伪长兴县政府设民政、财政、教育、总务、军判五科，另建有警察局特务股、城防保安大队等武装。在县城、鸿桥设伪捐税经征处、物资过境税征收处、烟酒税局，征收苛捐杂税。

1938 年 11 月初，德清成立日伪县公署，由维持会长嵇少梅改任第一任伪县知事。1941 年 1 月，伪县知事（后改称县长）嵇少梅下台，由伪浙江省政府派朱育人接任伪县长。是年 6 月 21 日，伪县长朱育人被国民党特工在县署门口击毙，遗缺由江良英接充。1942 年 2 月江良英病死在县西街，由杭州人关鹏抟接充，老百姓叫他“鬼碰头”（谐音）。1943 年 8 月 2 日，日军撤出德清城区，关鹏抟先期溜回杭州。此时，新市镇尚有日军驻扎，德清伪县政府迁移至新市镇，由汪铭新接充伪县长。1944 年后，伪县长先后由崔可鑫、钱安民、曹湘、张云史继任。这些短命的伪县长走马灯似的轮流调换，可见日伪当时慌作一团的窘态。

1937 年 12 月，武康成立“自治会”，由姚巧笙任会长。1938 年 10 月武康成立伪县公署，宋复任伪县知事。伪县公署设第一、二、三科和“警察所”“民教馆”“征收处”等办事机构。是年 12 月嵇少梅兼任伪县知事。1939 年 2 月范颂西接任伪县知事。1939 年 12 月起伪县公署改称伪县政府，伪县知事改称伪县长，先后由钱君达、徐鹏、厉志强担任。1945 年日本投降，德清、武康两县伪政府垮台。

安吉县城、孝丰县城及梅溪、晓墅、小溪口在日军占领期间，均设有“维持会”，为日军办事。孝丰“维持会”会长马开仕，安吉县城“维持会”会长齐克荣。安吉沦陷后，按侵华日军旨意，汪伪于梅溪设立了安吉伪县政府，长兴县泗安镇划归安吉县管辖，伪县长由长兴伪县长黄佐乡兼任。梅溪镇同时设伪镇长。

南浔镇沦陷后，第一个投靠日军的汉奸是张庆臣。张庆臣认识一位理发师出身的翻译，经引荐，日军便委他组织“维持会”。随后“维持会”改称“自治会”，选了一个垂死的老头毛友兰当会长，张赓虞为总务科长（实际操纵者）。“维持会”改组后，日军以为诸事渐有头绪，于1938年8月17日全部调离南浔镇，镇上一度脱防。张赓虞逃往上海发展其皮毛出口事业，当时浙西的皮毛业全部被他掌握。南浔“维持会”的执政者换上了邱溥生。那时，四乡的游击队星罗棋布，日寇一退，便四面推进，邱溥生逃出南浔即为游击队所杀。日军第二次来南浔，不得不重作一番布置。“维持会”原有的一些人怕日军再次调离，不敢当会长。一个叫吴旦（原名吴枫宸）的小学教员自告奋勇当了会长。他在丝业会馆里作威作福，讨了小老婆，让养女吴佩芳认日寇为干爹，推荐胞弟当了警察局警长，显赫一时。程万军率其游击队投降日军，南浔成立“区公所”后，程万军的妻兄俞伯翔当伪区长，“维持会”撤销，吴旦改任伪警察所所长。

二、浙西行署与湖州地区的国民党政权

浙西地区，宋代旧称两浙西路，包含临安府、平江府、镇江府、安吉州、常州、建德府、嘉兴府和江阴军，共辖39县。明清以来，浙西的范围逐渐缩小。民国时期浙西地区主要是指浙江省辖区内，钱塘江以北，太湖以南，天目山以东区域。地方行政区划包括杭州、嘉兴、湖州，下辖22县：杭县、余杭、临安、富阳、新登、桐庐、分水、昌化、於潜、长兴、吴兴、安吉、孝丰、德清、武康、崇德、桐乡、嘉兴、嘉善、平湖、海盐、海宁。浙西行署辖区各县地处长江下游冲积平原，自然条件优渥，物产丰富，自古以来是我国最富庶的地区之一。因而，无论从政治意义还是经济发展角度来看，浙西地区都非常重要。浙江省政府也意识到建立浙西地区政府职权的迫切性，而“行署”这种介乎省县两级的临时行政机构便成为最好的选择。

行署，全称行政督查专员公署，是国民政府在地方行政两级制基础上，

为解决实际地方行政管理过程中因省区地域辽阔，下辖县数目众多，难以监控县政的客观需要而设立的行政机构。20 世纪 30 年代，蒋介石在“围剿”南方诸省工农红军及革命根据地过程中，发现行政督察专员区公署的设置能够有效地整治地方行政，巩固地方“防赤化”工作，能够协助切断红色根据地与周边国统区人员、经济贸易的往来，有效配合国民政府军对革命根据地的封锁，认为其“颇著成效”，“欲施行此制而推广之”。[①] 当时任职内政部的黄绍竑意识到行政督察专员公署在“围剿”红军中作用明显，因而向行政院提议，在江南地区“增设特种行政组织”[②]。初设之时，行政督察专员公署只起到辅助行政的作用，往往是临时性质的。1936 年 3 月，国民政府颁发条例，指示各省依据自身情况，“各设行政督察专员公署”[③]。1936 年 10 月 15 日，国民政府行政院颁布条例正式确立行政督查专员制度，行政督查专员公署也正式成为许多省份在省县两级之间的常设机构。

1938 年 12 月 24 日，在浙江省会杭州沦陷一周年之际，浙江省政府在金华成立“浙江省政府主席兼国民抗敌自卫团总司令行署”，标志着浙西行署的成立。浙西行署从 1938 年 12 月 24 日成立到 1945 年 10 月 5 日被裁撤，在 7 年时间，经历了 3 次调整，完成了由单一的对敌军事机构到功能完善的地方政权组织的转变。1940 年 11 月，浙江省政府正式确认“浙西行署”这一名称，并规定其在“辖区内代行省政府职权”，正式确定浙西行署作为浙西地区最高行政机构的地位。浙西行署，设秘书、政务、警保 3 处，各设处长 1 人，由行政院提请国民政府简派或荐派。浙西行署的职能已经超越原先行政督察专员区公署的行政范畴，拥有对浙西地区各县的管辖权，负责领导浙西地区各县政务、军务等各项抗敌自卫工作。从 1940 年 11 月至 1945 年

---

① 中国第二历史档案馆:《国民党政府政治制度档案资料选编》(下册)，安徽教育出版社 1994 年版，第 471 页。

② 翁有为:《南京国民政府行政督察专员制度探析》,《史学月刊》1997 年第 6 期。

③ 翁有为:《南京国民政府行政督察专员制度探析》,《史学月刊》1997 年第 6 期。

10月期间，浙西地区对敌斗争形势由原先的军事斗争为主，渐渐转为军事斗争与经济斗争并重，为适应对敌斗争形势的变化，浙西行署呈请浙江省政府增设经济处，配置经济专员，专职负责处理行署辖区内复杂多变的经济作战；呈请增设会计室和视察室，以便更好管辖日益扩大的下辖军政机构。此后，战局虽屡有起伏，但浙西行署下属区公署、县政府的建制始终存在，并在政工宣传、自卫武装、战时教育、卫生防疫、农业合作、税收兵役等领域有所建树。

1938年4月，时任浙江省政府主席黄绍竑提出“政治进攻”“收复杭嘉湖”等口号，在浙西沦陷区重建政权。“吴兴县行动委员会”奉令成立，地址设在安吉县上舍村，这是一个国民党行使县政权的机构，主任委员杨哲夫（安吉梅溪人，原任孝丰护林队队长，时任安吉游击队长），副主任委员温兰馨（国民党吴兴县党部书记长），委员有郎玉麟、温延龄等5人。7月，正式更名为“吴兴县政府”。杨哲夫担任县长。军事科长兼吴兴县抗日自卫大队长郎玉麟（常驻妙西区），政治科科长凌以安，县政治工作队队长先后有温延龄、姜兆瑞等。1939年1月，吴兴县政府从安吉上舍迁至吴兴县境内西区梅峰乡上方村，这是一个仅有30多户人家的小山村。县政府除在西区设立妙西区署外，还设立菱湖、双林、织里等区署，同时配备各区武装组织。这样，吴兴沦陷时瓦解的国民党政府组织，已基本上恢复。

1939年4月，方元民继杨哲夫任吴兴县长，任期至1942年7月。方元民，江苏沭阳人，1927年加入国民党，1928年考入中央党务学校，毕业后任江苏省党部组织部与训练部秘书。他是浙江省政府主席黄绍竑及省政府浙西行署主任贺扬灵的亲信，以省政府政治工作大队大队长的身份兼吴兴县县长。时县政府组织扩大，原政治科分设民政、教育、建设三科，又有财政、军事、军法、粮政、警佐、军民合作、会计等10余科室。县长下设主任秘书1人，负责一切日常工作。并配合28军及62师、省政工队，再次向路东推进。县政府少数人员留驻上方村设“留守处”，大部人员进入路东，积极恢复和发展基层组织。全县最多时设妙西、埭溪、菱湖、双林、练市、南浔、织里、城区(现塘甸一带）等区署，设区长1人，设民政、财政、教育、军事等指导员若干人。大部分乡镇组织均已恢复。县地方武装至1942年止，有“吴兴县抗日自卫总队”辖3个大队,9个中队，官兵1000余名，配有步枪、轻重机枪、短枪、掷弹筒等。总队长先后有李谟焯等。又设“县国民兵团”，团长由县长兼任。此外尚有县、区特务大队和乡镇特务班等。吴兴县是当时浙西游击区中抗日自卫武装最强县之一，先后收复不少县境内敌伪军据点，敌伪军平日也不敢随便下乡。

1942年8月，安春融任吴兴县长，任期至1944年9月。安春融，沈阳人，中央政治学校教育系毕业。抗战前在绍兴县政府任督学、区长等职。当时安吉梅溪一带有日军驻扎，上方村也被日军侵入，纵火焚烧，故吴兴县政府自上方村迁至梅峰乡镇水村。主任秘书先后有周觉、林汉雄等，大都由浙西行署调派。县政府人员多在菱湖、双林区一带流动办公。如遭日军“扫荡”，仍回山区工作。

1944年秋，王非（又名缵绪）接任吴兴县长。1945年春，新四军解放了吴兴一部分地区，王非率县政府从山区仓皇东逃菱湖，此后困守练市区一带，四面楚歌，不得已向嘉兴、桐乡等地借粮借款度日。当时他写有一诗：“孤臣心事奈何天，白发星星上鬓边。酒为愁多易化泪，诗因闷甚不成篇。”可见当时的狼狈境况。1945年8月，日军投降。新四军奉令北撤。王非又从练市一带回到菱湖，整理残部，准备进城。9月15日，他率同县政府人员，随同49军（军长王铁汉）及二区行署（专员於树峦）进入湖州城。

1938年2月，“武德联合行动委员会”奉命成立，这是一个行使武康、德清两县政权的机构。主任委员吴永山，淞沪抗战时曾任19路军营长。副主任委员张友才，德清县人，浙江省甲种工业学校毕业。行动委员会成立初，办公机构设在武康和睦桥。7月，武、德分治，吴永山为武康县长，张友才为德清县长。张友才率领县独立中队抵达县境后，捕杀了汉奸“德清县

大民会”主任张子梅。当时的县政府组织机构极为简单，除县长兼任“国民抗敌自卫队”司令外，仅设民政、军事、财政、教育四科及警佐、会计、军法三室和战时政治工作队，全班人马不足40人。1940年1月，张友才奉令调省。正当他发动全县各乡、镇为他制作锦旗，“歌功颂德”，并大摆筵席庆贺之际，遭到日寇突然袭击。张被俘押解杭州，后投靠汪伪浙江省政府任行政视察员。

1940年1月，杨云接任德清县长。杨云毕业于浙江省法政学堂，十年前曾出任过德清县长。1939年德清县旱情严重，颗粒无收，农民均以树皮、草根充饥，哀鸿遍野，饿殍载道，杨云到任后，曾向长兴县政府洽购大米两千石，应急度荒，虽然杯水车薪，但算是为德清人民办了一件好事。可在同年农历八月，杨云在洛舍令县特务大队李年财对进步群众组织“抗日反汪大同盟”成员进行搜捕，制造了“洛舍事件”，破坏了抗日统一战线。嗣后，日寇配合汪伪军，实行“驻扎扫荡”，除原有据点外，又在洛舍、东衡、钟管、大麻、油车桥、下舍等地分兵临时驻屯，并在龙溪港及古运河等重要河道日夜骚扰，气焰嚣张。当时杨云借进省述职之名连夜进山，向省政府浙西行署主任贺扬灵坚辞县长职务，未敢返县。

1941年1月，朱希继任德清县长。朱希从中央军校炮科毕业，曾任国民革命军第13师75团1营2连连长，参加过上海南翔、罗店战役。浙西沦陷后，他曾在南浔、乌镇一带当过抗日游击队司令，一度军威颇盛。后因部队在钟家墩与日寇发生的激烈战斗中损失十分之九，才弃军从政。他在德清任职期间，较突出的政绩是：收编了一些散兵游勇、杂牌武装部队，充实了县抗日自卫队力量，对绥靖地方起了一定作用。他还在戈亭以北元村、妙济桥（吴兴县境）等地阻击过日寇；并且在新塘乡（士林）对日寇开展激烈战斗。至1943年，奉调外迁本省第10区行政督察专员兼保安司令，转往海北莅任。

德清第四任县长为谈益民。谈毕业于复旦大学，淞沪会战爆发后，投入抗日救亡运动，先后任浙江省政工大队大队长、浙西行署反敌行动团团长等职。1943 年 5 月抵德清莅任后，将德清原有 1 个自卫大队，发展到 3 个自卫大队。1943 年 8 月以后，盘踞德清城关的日伪军，先后被迫自动撤退，谈益民于是年冬率所属进驻城内办公，为杭嘉湖地区第一个恢复县治的县政府。1944 年秋创办了德清简易师范学校。1945 年 4 月，新四军进驻余不、洛舍两区。谈益民移驻大麻并兼任崇德县长，曾令县自卫第二大队王自惕部进攻大麻日寇据点，还一度攻入崇德县东门，迫使日伪军龟缩碉堡中，不敢出城骚扰。

抗战时期，国民党武康县长先后有吴永山、杨维礼、张洪仁。吴永山，安徽合肥人，曾任国民革命军 19 路军第 121 旅第 2 团第 2 营营长。1938 年 8 月，接替朱亦愚担任武康县长，至 1941 年 10 月去职。任职期间，日军占领了武康县城，他把县政府临时搬迁到西部山区筏头和睦桥，后搬至后坞乡瑶坞。1939 年三四月间，吴永山坐镇九都乡西岑坞，组织发动数千农民和学生，用锄头铁耙挖断了三桥埠至埭溪的 30 多公里公路，迫使日军在京杭国道之交通中断了三四个月。

杨维礼，浙江临安人。1941 年 10 月，原武康县长吴永山辞职，省政府调嘉兴县长王梓良继任，王辞不到任。省政府再派杨维礼到武康继任县长。此时县政府已搬至莫干山区的瑶坞办公。杨维礼担任县长后，在领导地方团队打击日寇和支援抗日方面作出了一定努力。1945 年 5 月离任。

张洪仁，浙江诸暨人。1936 年考入培养国民党各级行政人员的大本营——中央政治大学，后因参加学生运动被学校开除。1940 年奉国民党“三青团”中央之命来浙江工作。1941 年在浙江省政府浙西行署从事行政工作，曾任行署视察科长。1945 年 6 月任武康县长。1948 年 6 月底，蒋经国来武康，张洪仁在莫干山接待。半个月后，蒋介石来到莫干山“避暑”，秘密召开金圆券发行方案决策会议。1948 年夏张洪仁调任浙东四明县长，辞职不就。后在上海参加中共地下工作。

国民党长兴县长王文贵，1930—1938 年间在长兴任职长达 9 年。任内

于1932年至1934年，在长兴小东门外修建了军用机场。淞沪会战爆发后，中国轰炸上海吴淞口日军军舰的飞机，大部分是从这个机场起飞。1937年11月下旬，敌机轰炸长兴，国民政府军十多万撤退下来的部队从长兴过境，社会秩序极度混乱，王文贵主持政务，维持时局，直至长兴沦陷。沦陷前一天，王文贵将犯有汉奸罪行、情节严重的40余人从狱中提出押赴北门外枪决，其余囚犯数百人全部释放回家。随后，他轻装简从，撤离城区，至槐坎暂避。1937年11月25日，长兴县城沦陷。

1938年8月，王文贵于长潮岕恢复县政府政权组织。召开全县乡镇长会议，重整乡镇保甲组织，恢复基层政权。以“长兴青年抗敌后援会”为基础建立县政工队，着手筹备成立县抗日自卫队，并在泗安出刊《抗建日报》，使国民党县政权机构重新开始运转。

1939年初，於树峦（安徽怀宁人，毕业于安徽陆军讲习所）由临海县长调任长兴县长，任期将近一年。同年底，调任浙江省第二区行政督察专员。於树峦任内收编散兵游勇及民间各种名目的武装组织，充实县抗日自卫队。新设泗安、虹溪、和平、鼎新、鸿桥、合溪6个区公所，作为县政府派出机构，分管全县各乡镇，使县政府政令能遍及全县大部分地区。

1939年底，湖南湘潭人严北溟任长兴县长。此前，严曾任浙江省政府秘书及《浙江潮》主编。1940年11月到长兴任县长，1941年3月去金华主办《浙江日报》，在长兴任职不到一年。任内陆续从浙东介绍来一批中共地下党员和进步青年，充实并担任县政府和县政治工作队的重要职务，使中共抗日民族统一战线得以顺利贯彻、发展、壮大，长兴出现前所未有的团结抗战的好形势。然而，浙西行署主任贺扬灵，竟对严北溟屡次施加压力，以当面警告、恐吓、暗杀等手段，迫使严于同年10月愤然辞去县长职务。

1940年底，於树峦专员奉省政府令，兼任长兴县长。浙江省第二行政督察区公署设于安吉递铺，长兴县府设于长兴八都岕，於树峦经常来往于两地间。1941年4月，日军纠集宜兴、长兴、吴兴日伪军数万人，分路“扫荡”

长兴西北山区。52师师部及专署、县府机关虽一度被围，但在52师师长刘秉哲、专员兼县长於树峦共同指挥下，突出了重围，向敌后转移。至1941年秋，省府派凌潜夫任县长，於树峦此次兼职县长不到一年。

凌潜夫，安徽人，原为浙江省政工指导室负责人。凌在任时，国民党中的顽固派在地方政权中颇为得势。凌在长兴大肆搜刮财物，至1943年秋卸任时，人挑骡驮，满载而归。行至孝丰途中，突遇“忠义救国军”拦截，并喝令前去问话，凌慌忙遁逃，所有财物被洗劫一空。

1943年8月，国民党浙江省政府浙西行署少将警保处长郑器光调任长兴县长，同年11月卸任，在职时间不到4个月。郑上任后终日酗酒唱戏，不问政事，对地方自卫更不重视。到任未及一月，长兴日军出动千余人，配合程万军伪军一个师，分路向县府所在地长潮岕进犯，长驱直入。郑急越张岭，慌忙逃入六都岕。县府人员被打散，连县政府大印也丢了。后郑化装山农，逃离长兴，转道去昌化。此次敌寇窜扰，长兴西乡广大山区，几乎全部沦陷，使全县人民蒙受了全面抗战六年多来从未有过的巨大损失。

1943年11月，於树峦的亲信主任秘书程萱庭，经於向省府推荐，出任长兴县长。程被委任为长兴县长时，县城、泗安、虹星桥等重镇皆系日军据点；后洋、夹浦、新塘、鸿桥、横山桥等沿太湖地带，尽为汪伪程万军部所盘踞；西北山区广大地区都已发展成为新四军抗日民主根据地。程萱庭作为国民党长兴县长，其政令所及，仅限于和平周坞山少数地方，活动范围狭小。所谓县政府，实际上只有县印一方，背包一个，故有“背包县长”之称。

1945年8月19日，新四军解放长兴县城。驻长日伪军撤至湖州。9月20日以后，新四军北撤。10月8日，程萱庭“十月还治”。程先到湖州马军巷拼凑县府班子，然后率两个自卫中队取道鸿桥，进入长兴县城。途中，诬指富户刘兴汉通“匪”，诈取白米100石；又捉住汉奸周水根，勒索黄金50条后放归。迨至县城，首先惩治汉奸，将年老卧病、未及逃跑的伪县警察局长钦新宇枪决。1950年，程萱庭被捕获，因其任职期间抢粮食、欺压百姓、

镇压革命，该年冬，被人民政府处决。

安吉、孝丰两县在日军入侵后，孝丰县政府撤至於潜，不久回迁县城附近的彭宅、溪南、潴口溪后村等地，抗战胜利后迁回县城；安吉县政府先移至青松乡毛竹山金宅，后迁五峰庵、李村、戴村等地，抗战胜利后迁回县城。抗战时期国民党安吉县长先后由杨哲夫、杨林超、沈时可、邓韧、邓良生、严北溟、郑邦琨、张树德担任。孝丰县长先后由张韶舞、刘能超、陈礼担任。其中刘能超为江西高安人，1939 年任孝丰县长。时值抗战艰困时期，日军数度侵袭，刘能超处事镇静，在战乱之中，仍力事建设。先后开设农场、图书馆，建设道路、设立中学、兴建工厂、分配食盐等，既尽力改善民众生活，又能调和地方士绅意见，使大家勠力同心，投身抗战与建设大业，其治行被推为浙西第一，当时有“浙江政治看浙西，浙西政绩看孝丰”之称。

三、中共浙西特委的成立与抗日民主政权建设

1939 年 1 月，中共浙江省委在金华召开会议，分析了浙西地区抗战的形势，讨论了浙西党组织建设、工作开辟等问题。会议认为要打开浙西工作局面，必须加强党对浙西工作的统一领导，注重抓好武装工作。会议决定组建中共浙西特别委员会（简称“浙西特委”），调省委常委、宁绍特委书记顾玉良主持浙西特委筹建工作。会议提出之后工作方针：“依靠郎玉麟部队，团结李泉生部队，争取朱希部队，建立起一支强有力的武装力量，开展党的各方面工作，打开浙西游击根据地的局面。”①

1939 年 2 月，顾玉良根据省委指示，在民族日报社党支部书记章松寿的陪同下，偕同张之华经於潜到达安吉，与安吉县工委书记郑至平会合。同月，顾玉良在安吉县青松乡（今属递铺镇）枫树塘村主持召开了浙西特委第一次会议，传达贯彻省委关于成立浙西特委的决定，讨论了特委成立后的工

① 中共浙江省委党史研究室等：《浙西抗日根据地》，浙江人民出版社 1992 年版，第 292 页。

作。会议宣布中共浙西特委由顾玉良、彭林、徐洁身、张之华 4 人组成，顾玉良任书记、彭林任组织部长兼军事部长、徐洁身任宣传部长、张之华任妇女部长。由于浙西靠近皖南，浙西特委受东南局和省委的双重领导，以受东南局领导为主。根据省委确定的工作方针，会议提出浙西特委的主要任务是：（一）宣传党的抗日民族统一战线政策，独立自主地建立抗日武装，开辟抗日游击根据地；（二）动员各阶层人士参加抗日救亡工作；（三）广泛深入地发动群众，组织各种抗日群众团体；（四）发展党员，建立党的组织。会后，特委机关移驻郎玉麟部队所在地——安吉县小溪口。同年 4 月，郎玉麟部队调防吴兴后，特委机关先后转移至於潜县鹤村民族日报社、武康县庾村李家洋房和莫干山上横路 140 号“东方汇理银行”别墅等处。

中共浙西特委成立后，首先集中力量加强与各地党员的联系。特委领导明确分工，深入浙西各地和省、县政工队了解情况，联络、指导工作。同时，陆续向各县和各地抗日游击武装派遣了一批干部、党员。特委机关移驻莫干山后，还在莫干山上的荫山街和山下的庾村分别建立交通站，加强与所属各县的联系。经过一段时间的工作，党员关系全部接上，并按活动范围确定了党的工作负责人。

其次，根据省委指示，浙西特委加强了与中共中央东南局的联系。5 月上旬，特委书记顾玉良专程赴皖南，向东南局汇报了浙西的政治经济形势和党的工作，反映了国民党收编浙西抗日武装的问题，要求东南局调派干部加强浙西工作。项英、曾山等领导在听取汇报以后，即召开会议作了研究。鉴于浙西人民抗日之心迫切，东南局领导要求特委应尽力动员群众开展抗日救亡运动，加强国民党统治区域的统战工作和支前工作。东南局领导还指出，国民党虽“整训”地方武装，但将他们整编为正规军的可能性不大。为此，特委要通过郎玉麟部队的同志做好交朋友的工作。在敌占区群众基础较好的地方，要独立自主地开展小型分散的游击活动，并做好锄奸工作，以防敌人搞伪化。条件许可时，再集中起来扩大活动范围。根据浙西特委的要求，东

南局书记项英同意向浙西增派干部。会后，调朱辉、黄炎来浙西，分别任特委组织部长和青年部长，彭林专任军事部长。另外，从新四军服务团和教导队抽调了丁起白、单洁、叶纲（陆谷初）、严正（朱铭安）、颜振陆等一批干部到浙西工作。不久，东南局又派罗希明、钟发宗、谢霖等干部来浙西，浙西党的干部力量得到加强。

1939 年 7 月，中共浙江省第一次代表大会在平阳县召开，会议通过《关于目前抗战形势与浙江党的任务的决议》等文件。顾玉良参加这次会议并被选为中共七大代表。会后，特委召开吴兴、长兴、安吉、武康、余杭、於潜等地党组织负责人会议，传达贯彻东南局指示和省第一次党代会精神，具体部署了统战工作、群众工作、武装工作和党的建设等事宜。此后，浙西党组织各个方面的工作，都比较有系统地开展起来，并取得明显的进展。中共在浙西地区擎起了全面抗战、争取胜利的旗帜。

为了担负起领导浙西敌后抗战的历史重任，中共浙西特委成立后把各县党组织的重建和发展壮大，作为一项关键任务来抓。调派党员干部赴所属各县工作，加强党在抗日武装、群众团体和政工队中的工作，积极发展新党员，建立和扩大党的组织。

1938 年 12 月成立的中共安吉县工委，是抗战时期湖州地区较早建立的县级党组织。1939 年 4 月，浙西特委决定，安吉县工委改为安吉县委，书记史列青，委员丁国荣、许斐然、王野翔。同年 6 月，增补罗希明为县委委员。中共安吉县委建立后，在递铺、晓墅、梅溪、南湖等地培养和发展了一批党员，陆续建立了党的基层组织。到 1940 年底，全县已建立起 4 个区委，即东区（晓墅）区委，南区（递铺）区委，西区（朋良亭、南湖）区委，北区（梅溪）区委，党支部总数增加到 16 个，党员人数发展到 240 余人。

1939 年 12 月，浙西特委决定建立中共於（潜）孝（丰）昌（化）工作委员会（简称“於孝昌工委”），书记贺千秋，委员贝纹。於孝昌工委主要负责於潜、孝丰、昌化和安徽宁国县东部地区党的工作。机关驻於潜鹤村。按照工委分工，贝纹主管孝丰县的工作。1940 年 1 月，贝纹在孝丰县上墅乡的施善村发展了多名党员，建立了党的小组。同年 4 月，中共於孝昌工委改建为於潜中心县委，书记贺千秋，委员王野翔、许斐然。於潜中心县委下辖 4 个区委，30 个党支部，有党员 256 人。於潜中心县委的工作范围，一度扩大到於潜、孝丰、昌化、分水、桐庐、临安、新登和安徽宁国 8 个县。

1940 年 4 月，浙西特委决定建立中共长兴县委，书记何行之，委员谢霖、倪柏年、汪寿彭、单洁。同年 5 月，增补谢奠宁为县委委员。中共长兴县委的成立，加强了党对长兴工作的统一领导，巩固和发展了党的组织。1940 年冬，长兴县委下辖的党组织，已有泗安、合溪两个区委，15 个党支部，党员总数发展到 100 余人。

1940 年 3 月，浙西特委为适应新的形势，建立了中共武（康）德（清）县工作委员会，书记谢勃，委员刘芾亭、蔡理平。工委机关驻洛舍三支头村。8 月，武德县工委遭到破坏。浙西特委为加强对武康、德清两县抗日救亡运动的领导，及时调长兴县委书记何行之到武康工作。同年 9 月，建立中共武（康）德（清）县委，书记何行之，委员曾澄、谢霖、贝纹。县委机关驻武康县高峰村。武德县委辖 16 个党支部，有党员 215 名。

在中共浙西特委领导下建立的县一级党组织，除上述 5 个县(工）委外，还有临（安）余（杭）、嘉（兴）崇（德）桐（乡）和海北 3 个工委。在抗日游击武装、省政工队、《民族日报》社和《浙西导报》社，先后组建了 8 个特支（总支)。党员总数增加到 1177 人。活动范围扩展到了包括湖州、嘉兴、杭州和苏浙皖边区在内的广大区域。总之，这时浙西地区党的力量得到了迅速恢复和发展。浙西党组织的发展壮大，有力地领导了抗日救亡运动和敌后游击战争，打开了敌后抗日的局面。

1943 年 11 月，王必成率新四军 16 旅南下，开辟了郎（溪）广（德）长（兴）抗日根据地。苏南行政公署首先在长兴进行了民主建政的试点。1944 年 3 月，在槐坎乡桥下村召开选民代表会议，选举陈练升为长兴县长，

建立了县抗日民主政府，隶属苏南行政公署郎广专署。长兴县政府下设军事、财经、文教、民政、税务等科，隶属苏南区行政公署第四专署领导，先后由陈练升、刘烈人、李焕任县长。下属组织有煤山、泗安、虹溪、合溪、鼎新、虹桥等区和47个乡（镇）的抗日民主政府。为了容纳各界人士，团结争取抗日的各阶级、阶层，苏皖区党委和苏南行署根据党中央关于实行“三三制”政权制度的要求，吸收非党左派进步人士、中间派参加了长兴县抗日民主政府工作。

1945年1月新四军苏浙军区成立，形成杭嘉湖地区抗日的新局面。5月初，中共浙西区党委和浙西行政公署成立。公署下辖天北行政专署、天东行政专署和杭嘉湖行政专署。1945年8月，为适应形势的变化，撤销天北、天东、杭嘉湖3个专署，对外保留浙西行政公署。下辖孝丰、安吉、吴兴、武康、德清和临安、余杭等县抗日民主政府、区乡抗日政权也纷纷建立。浙西区党委和浙西行政公署的建立，标志着浙西抗日根据地的正式形成。浙西各地相继开展了政权建设工作。

图4—14　新四军苏浙军区在长兴槐坎温塘村举行成立大会（1945）

浙西行政公署由朱克靖任主任，蔡公杰任秘书，工作机构有财政处、保安处、民政处、总务科。浙西行政公署成立后，为改善根据地人民生活，调整主佃关系，提高农业生产，增加抗战实力，制定公布了《减租暂行条例》。同时，为保证抗日军政给养，实行合理负担，又制定公布《粮赋征收暂行条例》。1945 年 10 月，浙西行署随新四军北撤。

1945 年 5 月，浙西天北行政区专员公署在孝丰建立。朱凡任专员，隶属浙西行政公署。辖孝丰、安吉、吴兴、武康和广南 5 县。1945 年 8 月撤销。

为开辟杭嘉湖新区，1945 年 5 月建立浙西杭嘉湖行政区专员公署。吕镇中任专员。杭嘉湖行政区专员公署隶属于浙西行政公署，随新四军苏浙军区第 3 纵队 8 支队行动，不辖县级政权。1945 年 8 月撤销。

与此同时，浙西各县抗日民主政府也相继成立。

1945 年 2 月，新四军苏浙军区司令员粟裕，率军区前线指挥部进驻山河乡井村吴家道，孝丰县抗日民主政府建立，蓝容玉、周嘉琳、童世杰先后任县长，工作机构有民政科、财经科。下属组织有孝景市抗日民主政府，西亩、报福、白水湾、杭垓 4 区和 17 个乡（镇）的抗日民主政府。

1945 年 3 月，新四军苏浙军区主力一部解放德清县洛舍镇，武德县抗日民主政府在洛舍镇建立，黄宜生任县长，工作机构设第一、第二两科。1945 年 6 月，分别建立德清、武康两县抗日民主政府。德清县抗日民主政府驻洛舍镇，黄宜生任县长，工作机构有财粮科、总务科、税务所，下属组织有洛舍、余不、钟管 3 区及 2 镇 6 乡抗日民主政府。1945 年 6 月，由原武德县抗日民主政府分设后建立武康县抗日民主政府，曾直任县长，工作机构有财粮科，下属组织有莫庾、英红、防风 3 区及 2 镇 5 乡抗日民主政府。

1945 年 4 月，新四军吴兴县抗日民主政府成立，县长郎玉麟，副县长周子虹。中共吴兴县委书记先后有顾玉良、杜大公。县抗日民主政府设财粮、文教二科，并先后建立和平、妙西、菱湖、埭溪、双林及城区 6 个行政区。县抗

日民主政府的主要任务是为新四军主力筹集军粮，在吴兴西乡流动，无固定驻地。1945 年 8 月起，浙西新四军奉令北撤，县抗日民主政府也随同撤退。

1945 年 4 月 5 日，安吉县抗日民主政府在递铺芝里建立，顾玉良、曹辰力先后任县长，工作机构有财经科、民政科、文化科、总务科、公安局。下属组织有递铺、梅溪、南湖、龙山等区和 19 个乡（镇）的抗日民主政府。

到 1945 年 6 月止，湖州地区各县和大多数的区、乡（镇），都陆续建立了抗日民主政权。根据地基本形成了行政公署—专员公署—县政府—区政府—乡（镇）公所（政府）的政权体系。抗日民主政权的建立，民主政治建设的加强，有效地保障了人民群众的民主权利，极大地激发了各阶级、阶层的政治热情，根据地出现了民主、团结、进步的新景象。

四、日伪军的劫掠与民众的凄惨生活

八年的苦难与创伤，造成湖州经济残破，人民生活困苦。经战后初步调查统计，抗战期间湖州市财产损失总额为 6.14 亿元法币，其中社会财产损失 3.73 亿元，占 60.75%；居民财产损失为 2.41 亿元，占 39.25%。[①] 以吴兴县和长兴县为例，吴兴县被毁的丝厂 5 家，被毁的绸厂 20 余家、绸机 3000 多台；农业方面，被毁公私农场、种场 20 家，茧行 95 家；商业方面，全县 15000 多家商店，约有 4000 家受损；交通方面，公路受损，计杭长路 60 公里，嘉湖路 45 公里，县道 400 公里，桥梁破坏 300 余座，汽车损失 15 辆，轮船损失 30 余艘，航船货船损失 500 余只，渡船损失 200 余只，人力车手拉车损失 200 余辆，驼骡损失 500 匹。日军侵占长兴八年，共屠杀百姓 1008 人，烧毁房屋 34279 间，抢毁粮食 13.91 万石；长兴损失大米 783317 石，牲畜 9.2 万头、家禽 55.7 万只，砍伐树木 584 万株、毛竹 219 万支，煤矿损

① 中共湖州市委党史研究室:《湖州市抗战时期人口伤亡和财产损失调研成果汇编》，中共党史出版社 2010 年版，第 22—23 页。

失价值1000万元，商店货物损失估价71637.9亿元，房屋损失57153所；文化教育方面，54所中心国民学校，47所全部损毁，县立初级中学、县立民众教育馆、县立图书馆全部损毁。长兴县抗战前有渔船400艘，渔民4000人，年产值40万元以上。长兴沦陷后，太湖捕捞船只被日军俘掠，直接损失在500万元以上。

另外，日军暴行造成的财产损失，有许多是难以用统计数据来表达的。如由于日军轰炸、焚烧，白雀法华寺、善琏含山寺、双林还金亭等文物古迹的损毁；由于构筑工事、修桥铺路、运输财物，强征民工造成的财产损失，以及开采、掠夺矿产资源造成的财产损失等，都无法估算。

居民财产损失方面，除安吉县杭垓镇以外，湖州乡镇无一幸免，交通沿线乡镇，居民的财产损失尤为惨重。据长兴县调查，该县交通干线两侧，合溪、泗安、虹星桥、和平等60余大小村镇，都被焚烧成一片焦土。从各项损失所占比例看，与居民生活密切的房屋、粮食的损失最大。

日本帝国主义侵略中国的最终目的是使中国成为它的殖民地，因此极力摧残中国民族经济。由于日本的侵略和掠夺，湖州地区的民族工商业受到毁灭性打击。湖州的民族工业，在民国初期就有了较快发展。特别是丝织行业，战前已进入半机械化生产。湖州沦陷后，城内9家丝厂有的被日伪接管，有的被焚毁，有的被迫停工。德清新市、吴兴南浔等地的丝厂被摧残殆尽。原来的22家丝织厂，仅剩3家勉强开工。创办于1918年的长兴煤矿，曾为全国17家资本在百万元以上的民办煤矿之一。该矿自办发电厂，全套开采设备（包括从县城到煤矿的小铁路及机车）都是从德国进口的，日产原煤600吨。抗战期间，煤矿设施破坏殆尽，直到中华人民共和国成立初期仍不能恢复生产，导致大量工人失业。

湖州重工业本就十分微弱，日军入侵后更是奄奄一息。湖州仅有的一家抛铜工场被毁。年产石料2万多吨的长兴李家巷大兴石矿公司被日本霸占。煤矿也是日军关注的重点之一，如长兴煤矿被掠夺的资本就达63万元法币，

每年 22 万元法币的产额也落入敌手。[①] 湖州城北郊白雀陇山有大量炼钢重要原料——氟石，日军霸占后疯狂开采，至抗战胜利，几乎挖掘一空。

日军入侵对湖州农村经济的影响也是非常明显的。湖州素有“鱼米之乡、丝绸之府”之称。抗战前，湖属 6 县有耕田 230 多万亩，年产稻谷 9.87 亿斤。桑园 75.5 万亩，养蚕户 31.6 多万户，年产蚕茧 28.9 万担。茶园 4 万多亩，年产茶 765 吨，其中安吉、孝丰两县有茶园 22850 亩，年产绿茶 495 吨。日军的侵入，大片土地抛荒，大批耕牛被杀，大量树木被砍、桑园被毁，农业生产受到严重摧残。抗战期间，湖属 6 县年产稻谷仅 5.97 亿斤，吴兴、德清、孝丰 3 县年缺粮 5000 多万斤。桑园面积减至 16.7 万亩，养蚕户减至 17 万户，年产蚕茧量不到抗战前的十分之一。如长兴县抗战前有桑 9.73 万亩，养蚕农户为 3.8 万户，年产蚕茧 4.52 万担；日军入侵后，养蚕农户只剩 800 多户，年产蚕茧不足 2000 担。安吉、孝丰两县年产茶仅 65 吨，茶叶运销最多仅 15 吨。商贸、文化、教育、交通、邮电的损失也十分惨重。城镇工厂、企业停产停办，商家停业外逃，导致大量城镇居民失业，大多流散各地，自谋生计，过着居无定所、漂泊流浪的生活。农村绝大部分无田少地的农民以帮长工、种租田为生，过着糠菜半年粮、单衣度寒冬的困苦生活，许多人生活赤贫。特别是市、县主要城镇和京杭国道、湖浔公路等水陆交通沿线村镇的房屋，多次受到日军的轰炸、烧毁，由于没有财力重建，大多数老百姓栖身于草棚，不少人长期流离失所。

日军侵占湖州期间，还大肆抢掠粮食、牲畜等财物。1937 年 11 月下旬，吴兴县道场乡红里山、施家桥等村，在日军入侵的初期即被抢掠粮食 1461 担、牲畜 765 头、家禽 1832 只，砍伐、烧毁树木 4265 株、毛竹 8565 支。同时，日军还在东林镇的锦骧、紫金、长熟、双潞、胜利、青联等村，抢掠粮食 30 担、牲畜 26 头；在八里店镇的升山、戴山、紫金桥、前村、陆

① 延安时事问题研究会:《日本帝国主义在中国沦陷区》，上海人民出版社 1958 年版，第 138 页。

家坝等村，抢掠粮食82担、牲畜345头、家禽619只、饰品24件。砍伐树木674株。该县其他乡镇也都未能幸免。仅这年冬天，该县居民被抢掠和损毁的财物总值就达1217.24万元法币。据调查，抗战期间，湖州地区被日军烧毁或抢劫粮食2711.55万石，生活用品6183.96万件，服装1032.67万件，生产工具4574.28万件，牲畜1351.25万头，蚕茧1136担，家禽63927只，饰品434件；砍伐或烧毁树木1385.66万株，毛竹4002.46万支。

日军除抢劫粮食、畜禽等战略物资外，还劫掠了大批珍贵文物。长兴县历史上人文荟萃，民间珍藏丰富。如钱柏一、邱传英两家祖传的文物，有汉玉鸳鸯、汉玉扳指、周代爵杯、秦铜鼎、汉铜器、白玛瑙船等316件（座、幅）。县城沦陷后，这些珍贵文物都被洗劫一空。

吴兴沦陷后，日军主力部队陆续向长兴方向进攻。日军在吴兴城内设有日军宪兵、警备两个司令部。宪兵司令部设在中央旅社；警备司令部设在丁家花园。宪兵、警备司令部内都设有“活埋坑”。日军部队大部驻在南门、马军巷、宋家巷及东吴三中、省立湖中等处，原福音医院改为日军野战医院。日军宪兵队掌握一切军政权力，所有城门及城郊附近紧要道口，均由宪兵队驻守。居民出入，都须向日军90度鞠躬脱帽敬礼，稍有不称心，就拳打脚踢，甚至一枪打死，视人命为草芥。宪兵队可以随便抓人，凡抓进去的人，必遭严刑拷打，许多人被杀害。日本警备队的任务，是所谓“维持城乡秩序”，却经常往乡村窜扰、“扫荡”，借此奸淫掳掠，骚扰百姓，无恶不作。日军占领吴兴城初期，在城区附近各村庄没有驻兵，为掌握周围情况，雇用当地的汉奸、土匪、地痞、流氓，编成所谓“绥靖自卫大队”。“自卫大队”分驻离城数里外的重要村镇，替日军搜集情报，守卫据点，残杀公务人员、学生、知识分子，并进行放火的勾当。日军对反对、反抗侵略的青年或平民任意逮捕，严加拷打。其酷刑有铁索绞手脚、长钉钉四肢、狼犬咬、灌辣椒水、烟熏、火燎等，甚至推入“活埋坑”活埋。

日军在吴兴城内实行保甲制度，加强户口管理，使用“良民证”。平民

若没有“良民证”，即被视为“支那兵”，遭拘捕甚至杀害。往来的同胞，必须在胸前佩一块白色布质“良民证”，在城内街道或乡村小道行走的人们，须带铅笔及白纸，如遇日军查问，语言不通，易生危险时，只得用笔交流。日军在城内耀武扬威地巡行，城内的一些交通要道、桥梁入口处两边安装有铁丝网，设有岗哨，过往行人无不受其凌辱，甚至惨遭杀害。北门外潘公桥岗哨的“矮子宪兵”下田，是一个杀人不眨眼的恶魔。潘公桥在米行街东北，行人较多，日军在桥上用砖头筑起碉堡，驻有岗哨，下田常在这里驻守。有一天，一个青年走过桥边，下田就命令他上桥，然后用枪托打他。青年赤手空拳，而且时值夏天，没穿上衣，只好趋避。下田突然捉住青年的臂膀，把他从桥上推入河中，桥边两岸行人正欲相救，其他日兵就拔刀乱挥，桥上日兵又开枪射击，因此路人不敢接近，眼看着青年被活活溺死。又一天，一个送货的人背着米经过潘公桥，因为背的米太重，不能向日兵鞠躬，下田竟将他推入河中，并向他开枪射击，桥上的日军却哈哈大笑，引以为乐。幸好那送货人会泅水，潜身到附近的木排底下，游到对岸，才抬头出水。桥上日兵看到那人没有死，又开枪射击，幸而没有击中。据当地群众估计，半年中被下田无辜杀害的不下 40 人，被凌辱的更是不计其数。潘公桥岗哨如此，其他岗哨的情形也可见一斑。

日军占据着城内一些高大的房子，作为居住和堆放武器的地方，其四周都布满铁丝网，日军严密把守着。街上的店面，十有九关，外面贴着“维持会”的封条。门窗板壁，悉为撬取，甚至连棺木也不放过。居民住宅也都十室九空。马路边到处堆着牛粪与垃圾，散发着臭气，一片狼藉。日军在吴兴城内广设烟馆、赌场，以麻醉沦陷区人民，他们公开贩卖鸦片、白粉，美其名曰“戒烟所”。城内在馆驿巷、钦古巷、爱山街、三元洞府、榆树街一带，开设多家“慰安所”，强征城乡贫苦妇女以充日军军妓，这些无辜妇女受尽磨难。

日军入侵湖州初期，还强征劳工，其中很多人下落不明。日军在吴兴县织里镇云村、骥村、朱湾等村，抓捕程金法、沈金富、杨天富等27人做劳工，这些人其后下落不明。吴兴县八里店镇毗山、章家埭、小山等村的高和尚、朱阿江、沈阿泉等26人被日军抓去后下落不明。据调查，战争期间湖州被日军强制征发的劳工有736名，其中725名去向不明。据幸存者蒋亮回忆，他被强征后，曾押送至日本北海道做苦工。由于北海道是个海岛，很难逃出日军的魔掌。稍有反抗，即遭毒打，不少人被折磨致死。

日军除杀人放火外，还强力推行奴化教育，大肆宣扬“神风”“大东亚共荣圈”等等。浙西奴化教育，以杭州市及嘉兴、吴兴两县为三大“根据地”。日军侵占湖州期间，在吴兴办有伪中学1所，学生200人；伪小学9所，学生2564人。在德清办有伪中学一所，学生40人；伪小学3所，学生526人。在长兴有伪小学5所，学生217人。在武康有伪小学2所，学生92人。[①]在这些学校里，都要进驻日本“教师”进行“日华亲善”的奴化教育，强迫学习日语和日本礼节，唱日本歌。教科书都是由日本文部省编写的。小学语文教科书第一册第一课就是“太阳、雪人”，课文内容是“太阳、雪人，太阳一出，雪人融化了”，把日本比作太阳，把中国比作雪人，处心积虑地对中国少儿进行奴化教育。

残酷的战争使经济社会遭受严重破坏。如吴兴城毁坏十之三四；武康、长兴城因临近京杭国道，敌我争夺异常惨烈。单以房屋损失一项而论，其损失比例，皆在百分之九十以上。武康城内则是一片荒草，矗立着几截残垣，城外有几家小铺子，都是临时搭盖的茅舍。在去往南浔的公路两旁、頔塘北岸，“所有村镇的房屋，亦多焚毁。一路所见，几乎完全是茅屋。”[②]吴兴全县田亩战前约160万亩，全年可产米170余万担。战后的可耕田亩仅80亩，所产粮食勉强够八个月之用。加上自然灾害，收成打折，粮食更加缺乏。战争

① 马登潮:《日军侵略浙江实录1937—1945》，中共党史出版社1995年版，第44页。

② 中国第二历史档案馆:《中华民国史档案资料汇编》（第5辑），江苏古籍出版社1999年版，第303页。

使众多民众失去了生活的基本依恃，民众无以为生。吃、住等基本生存权得不到保障。沦陷区民众衣不遮体的现象较为普遍，比如1938年已沦于敌手的德清，“全县无一大门完整之家，无一衣履全穿之人”。1944年德清的情况也相差无几，当地农民“像叫花子一般，他们所着的全是破烂不堪的服装”。①

浙江人多地少，粮食向来缺乏。在平时丰收之年，尚需外来接济。在战时“军事第一”的原则下，米粮大部分供给军队。日军的掠夺和沦陷区严厉的粮食管制又加重了粮荒。加之粮食来源稀少、灾害流行、运输困难、仓储缺乏、走私舞弊等因素，民食遂成为严重问题。毗邻敌方的区域，粮食恐慌屡见不鲜，山区则更为严重，如安吉晓墅“产米最多只能维持三个月，其他杂粮是很少的”②。穷苦大众走投无路。

日伪军肆意掠夺粮食物资，手段极其狡猾和残暴。以安吉、孝丰两县为例，八年全面抗战中，被日军掠夺耕牛1000头、猪3000头、鸡2万只、羊500只、稻谷1.8万石、杂粮5000石。1938年，安吉物价之高出人意料。油，1块钱1斤多。盐，1块钱2斤。“老刀”牌香烟，1块钱2包。社会秩序不能安定，兼之耕畜被敌寇宰杀殆尽，米谷被敌人焚烧一空，春耕绝无希望，人民流离道左，庐舍荡然无存。③1940年7月，杭州特务机关湖州部队联络官率兵在吴兴城区挨户搜查囤米，要求居民家存食米一石以上者需呈报上交，但是食米往往遭敌伪无条件征发。④10月，吴兴城内的河野部队，连日向周围村落挨户索粮，并下令所有米粮统一由日军“保护”，居民不得已只好迁居他乡或藏匿新谷。⑤

吴兴塘北（頔塘以北、太湖以南地区）全部沦为伪军占据后，伪乡公所

---

① 朱允坚：《铁蹄下的杭嘉湖》，载贺圣遂、陈麦青：《抗战实录之二：沦陷痛史》，复旦大学出版社1999年版，第532页。

② 盛佩孚：《湖州市革命文化史料汇编》，团结出版社1993年版，第146页。

③ 姜仲明：《劫后安吉》，《东南日报》1938年4月17日第4版。

④ 《民族日报》1940年7月3日。

⑤ 《浙西日报》1940年10月9日。

假借伪军势力，狐假虎威，鱼肉乡民，每保月派食米自10石至30石，款百数万元，予取予求，稍有不遂，动辄吊打乡民。乡民无米可缴，则拆其房屋，取其食锅、门窗、蚕具、农具、饭桌、条凳作价以抵偿。故至1945年五六月间，塘北各乡已家家断粮，户户绝烟。居民之未流亡饿死者，日以野草、螺蛳、河蚌充饥。其逼死、吊死、饿死者不可计数。而乡公所一批伪职人员，天天饮酒吃肉，继以鸦片。

1945年5月，汪伪军第37师第145团占领练市一带，他们通过伪政权的乡长、保长，挨家挨户向老百姓索米要柴，勒捐派款。伪军一个师每月逼各乡送米2000石。抗日战争期间，练市镇城乡范围，被日伪军逼死、饿死的老百姓上百人，遭绑票、抢劫、敲诈勒索的受害者数以千计。

日军的入侵造成了大量灾民，不少人流离失所，无家可归，或冻饿致死，或受伤致残，或在逃难途中为日军杀害。据史料记载：日军侵入初期，住有5万余市民的湖州城，除了驻军及约六七千穷苦无力逃难民众和警察以外，已是家家闭户、处处关门。城乡的浔湖公路、京杭国道（现104国道）沿线的村镇几乎是全村逃难。逃难时间数月至数年不等。这些外逃难民中，许多人在途中被日军炸死、杀死及饿死、病死等。

日军侵占湖州后，还频繁地进行“扫荡”和“清乡”，过程中又大量杀害民众，焚毁房屋。全面抗战八年中，仅德清县被日军杀害的平民就有3754人，打伤的有5404人；被日军烧毁的房屋达34878间。这首流传于德清东部的民谣《敌伪清乡》，形象地揭露了“清乡”将民众逼到了破产与死亡的境地：

> 三日两步哨，
> 地上长茅草，
> 田里出油草。
> 半夜三更清乡队伍一开到，

男女老少全倒灶。
帐子被头拿拿掉，
自己睏（困）点烂稻草。
三眼灶头呒得烧，
自己捧只缸缸灶。
鸡鸭畜牲养得刚刚好，
敌伪一到就抲掉[①]，
这种日脚哪介好？

除吃饭问题以外，民众的第二个大问题就是住宿。战时民众白天离家，躲避到安全地带，晚上回家睡觉，这种临时性逃难渐渐成为一种生活方式。殷富一点的人家，大都备有“逃难船”。风声紧的时候，第一步将货物、箱笼、被铺等搬入船内，等到敌军迫近，即开船就走。雇不起小船的，对于衣包铺盖等的处置，也如军队一般简单整齐，一遇到情况紧急，立刻就背起逃难。待局势稳定之后，民众便开始试着重新定居生活，如德清一带的民众回到家乡后设法盖点茅草房，以便插秧种田。

太平洋战争爆发后，沦陷区内一切物资都受敌寇统制，人民的生活完全在敌人掌控之中。日用品要凭证向敌人开设的“物资交易所”购买，粮食更受到敌人操纵，其价格要超过国统区一倍以上，以致一般贫民求死不得，求生困难，饿殍遍地。如在长兴登记的“顺民”仅有2000多人，半数以上是赤贫者，他们栖无所、食不饱，再遭受到敌人的残酷剥削，所以饿毙自杀的事，日有所见所闻。[②]

战时多种疾病困扰着民众，加上医药缺乏，民众贫困无力求医，致使死

① 抲掉：湖州方言，指拿走、取走。
② 叶银天:《长兴城漆黑一团》,《东南日报》1942年3月23日。

亡率不断攀升，大部分穷苦民众都毫无凭借地与病魔斗争，“听由造化的决定”。时任浙江省政府主席黄绍竑在《五十回忆》中提到：游击区民众生固不易，死亦困难。“听说杭、嘉、湖的人死了，起初是拆用房屋里的木材来作棺材，后来就用稻草裹着去葬，甚至有连稻草的殓葬也不可得的。势将达到生无可居，死无以葬的地步！”① 日军的侵略，使中华民族陷入了深重的灾难，无论城乡都蒙受的巨大创伤，无不显现彼时民生的苦痛。

第四节　湖州地区的反攻作战和抗战的胜利

一、新四军的局部反攻及国共双方对战略要地的争夺

1943 年新四军南下苏浙皖边以后，在浙西党组织和人民群众的支援下，英勇作战，有力地打击了日伪，粉碎了国民党军的阻挠和多次进攻，在战斗中壮大了人民抗日力量。

1944 年 8 月 23 日，新四军第 16 旅发起长兴战役，在京杭国道吴兴、长兴、宜兴一线的 60 余里战线上，对日伪展开全线进攻。历时 3 天的长兴战役，第 16 旅攻克长兴县城外围据点 13 处，摧毁大小碉堡 60 余座，歼灭伪第一方面军一师的 4 个营，共毙伤日伪军 110 余人，俘伪军营长以下 420 余人，缴获迫击炮 2 门、轻重机枪 11 挺、长短枪 340 余支，同时收复大片国土。

长兴战役后，在第 16 旅的凌厉攻势下，日伪军又撤出了鸿桥、上莘桥、李家巷、里塘、白水滩、胥仓桥和钮店桥等 12 个据点。至此，长兴县有二分之一的国土获得解放，根据地军民不仅控制了太湖西南岸大部，而且开拓了南下吴兴、安吉、武康的前进阵地。

① 黄绍竑：《五十回忆》，广西人民出版社 1991 年版，第 554 页。

1944年12月中旬，第16旅在周密侦察、精心部署的基础上，组织了泗安攻坚战。经过连续13个小时激战，第16旅全歼伪第五集团军34师两个营，同时肃清了驻该镇的保安队等日伪势力，共毙、伤、俘伪军副团长以下400余人，缴获小型高射炮2门、轻重机枪21挺，其他各类枪支300多支。新四军伤亡20人。

1944年，是苏浙皖边区抗日反顽战斗相当频繁的一年，也是敌后抗日力量得到迅速发展的一年。这一年，新四军第16旅在打击日伪军的战斗中，取得辉煌战绩：全年累计作战1242次，攻克据点80处，毙伤俘日伪军6723名，缴获大炮6门，轻重机枪130挺，各类枪支4000余支。收复国土500余平方公里，把郎广长抗日根据地扩大到了宣长公路以北地区，与苏南根据地连成了一片。所有这些，为深入贯彻党中央向东南发展的战略决策，奠定了基础，开辟了前进阵地。

1945年1月6日，新四军第一师师长粟裕率领的部队在长兴仰峰岕与新四军第16旅会师，胜利完成了进军浙西的任务。1945年1月13日，新四军军部转发中央军委电令，成立新四军苏浙军区，任命粟裕为军区司令员，谭震林为政治委员（未到职），刘先胜为参谋长，统一指挥苏南与浙东部队。与此同时，对部队进行了整编。第16旅编为第一纵队，司令员王必成，政委江渭清，参谋长陈铁军，政治部主任刘文学，辖第一、二、三支队，共8000余人。浙东游击纵队编为第二纵队，司令员何克希，政委谭启龙，参谋长刘亨云，政治部主任张文碧，辖原浙东游击纵队所属部队，番号不变，共7000余人。苏中首批南下部队编为第三纵队，司令员陶勇，政委阮英平，副司令员兼参谋长彭德清，政治部主任韩念龙，辖第七、八、九支队，约8000人。苏浙军区还下辖两个军分区。第一军分区司令员钟国楚，政委陈光，副司令员熊兆仁，辖独立一、二团及江宁等7个地方武装总队；第二军分区政委陈立平，副司令员杨洪才，参谋长陈茂辉，政治部主任兰荣玉，辖独立第二团及太湖、长兴等7个地方武装总队。苏浙军区司令部、政治部驻长兴县仰峰岕，一纵司令部移驻温塘村，三纵驻六都岕一带。此外，地方党委、行政区划及干部也作了调整。2月5日下午，苏浙军区在长兴槐坎乡温塘村大操场隆重举行成立大会。

根据党中央关于向东南敌后发展的战略决策，苏浙军区成立后的首要任务是：巩固苏南地区，打开浙西局面，打开与浙东的联系，以便为开展对日反攻和配合盟军作战创造条件。军区司令员粟裕等领导全面分析了敌、我、顽各方的情况，认为上述三项任务中，关键在于打开浙西局面，尤其是夺占浙西的天目山。因为夺取天目山，既可屏障苏南，巩固现有地区，又可解除开辟杭嘉湖地区的后顾之忧，创造打通浙东的有利条件。

为了稳步推进，在军事上避免与顽军发生大冲突，在政治上争取主动，苏浙军区拟首先进占莫干山地区，建立前进阵地，试探敌伪和国民党军的反应，尔后确定下一步行动。

1945年2月10日，苏浙军区各纵队按照部署分别行动：第一纵队从长兴县槐坎出发，沿途积极打击日伪，先后粉碎了安吉梅溪等地日伪及国民党军的进扰，进至武康县的武康镇、三桥埠和安吉县的递铺一线，控制了莫干山地区。第三纵队七支队为保障一纵后方安全，经安吉县鄣吴进至景坞里、上堡一线。

正当苏浙军区部队向日伪军展开攻势时，国民党军却向新四军发起了进攻。1945年2月中旬，国民党军第三战区所属的苏浙皖挺进军总部，发现苏浙军区第一纵队主力已全部进入莫干山地区，在广德以南仅有第三纵队七支队时，即集中第28军62师和“忠义救国军”、浙江保安团等5个团的兵力，经孝丰向三纵七支队发起突然袭击。妄图以5∶1的绝对优势，首先“解决”七支队，断绝第一纵队后路，进而歼灭一纵主力。

针对国民党军的进攻，第三纵队七支队给予了坚决反击。2月12日和14日，七支队先后两次击退进攻上堡之敌，击溃“忠义救国军”1个团。15日，第三纵队第八、九两个支队投入战斗，在景坞里、南丁岭一线与国民党

军第 62 师展开激战。第一纵队奉命回师，由东向西攻击，切断国民党军与天目山之联系，协同三纵歼灭该部。自 16 日晚开始，第三纵队发起全线反击，国民党军全面溃退。第一纵队协同三纵乘胜追歼，在孝丰以北的塔山击溃国民党军第 62 师 184 团一部；在孝丰以西的西圩市、渔溪口、大王坑一线聚歼“忠义救国军”一部。国民党军受到沉重打击后，相继向天目山和安徽宁国方向逃窜。这次战役，苏浙军区部队共歼灭国民党军 1700 多人，同时，占领了孝丰县城和孝丰西南的报福镇，控制了天目山北部地区。

随后国民党军凭借其优势兵力向苏浙军区部队发动了更大规模的进攻，企图夺取孝丰，歼灭浙西新四军主力，或将其驱逐出天目山以北地区。3 月 3 日，苏浙皖挺进军根据国民党军第三战区的指令，再度纠集第 62 师、第 52 师、第 192 师各一部，以及“忠义救国军”、挺进第一纵队、浙保第四纵队等共 12 个团，从西、东、南三面呈马蹄形向孝丰地区分进合击。

面对国民党军的多路围攻，苏浙军区决定采取各个击破的方针，以部分兵力利用山地有利地形阻击进攻之敌，集中一、三两个纵队主力狠狠打击其一路，然后视情况求歼其余各路。3 月 4 日至 7 日，战斗在孝丰外围激烈展开。在孝丰西北部，“忠义救国军”约两个团的兵力，向第八支队三连坚守的石鼓山阵地发起连续攻击。三连勇猛反击，在兄弟连队的支援下，接连打退了敌军的 6 次进攻，为主力的反攻创造了有利条件。7 日晚 7 时左右，苏浙军区部队完成合击部署后，向进至孝丰西侧之国民党军全线出击。第三纵队在报福西侧的黄泥冲，全歼国民党军第 52 师 156 团；第一纵队在孝丰西南的吉才坞等地，歼灭第 192 师一部。国民党军第 62 师，在孝丰以南地域被击溃。国民党军残部纷纷向西南方向溃逃。3 月中下旬，国民党军在苏浙军区部队的追击下，撤退至於潜、昌化以西、以南地区。

苏浙军区不仅再次粉碎了国民党军的进攻，歼灭其 1700 多人，而且乘胜占领了东、西天目山和临安县城。鉴于这时孝丰地区的局势已趋稳定，苏浙军区于 4 月 4 日把领导机关从长兴仰峰岕迁至孝丰县城，与前线指挥部会合。17 日，又移驻孝丰东南的井村吴家道（今属安吉县天荒坪镇）。在长兴仰峰岕则设立留守处。

国民党军第三战区在两次进犯均遭失败后，一面构筑工事，加强防御；一面增调援兵，图谋卷土重来。苏浙军区利用作战间隙，抓紧整训，准备反击国民党军再次进犯。同时，根据华中局的指示，1945 年 4 月，苏浙军区第三纵队八支队在纵队副司令员兼参谋长彭德清率领下，深入杭嘉湖平原地区，发动群众，开辟新区，以打通与海北、浦东的联系，并解决军粮困难问题。

当时杭嘉湖平原地区的主要城镇和交通要道，大多为日伪军侵占。农村的不少地方为国民党地方部队及挺进纵队、“忠义救国军”等部队控制。新四军进入这一地区后，也屡遭这些武装的袭扰。为此，三纵八支队在广泛发动群众的同时，坚决打击了国民党武装的袭扰，并取得一系列胜利。到 5 月中旬止，新四军苏浙军区部队基本扫清了盘踞在这一地区的国民党武装，控制了德清县城和德清、吴兴、余杭等县所属的 10 余座城镇，打通了与浦东、南汇间的联系，活动范围已达杭州市郊拱宸桥附近。

然而，此时战局发生急剧变化。在苏南，日伪出动 10 个团的兵力，在茅山地区开始新的“扫荡”。在浙西，日伪从杭州、湖州等地集结兵力，企图向莫干山、天目山地区进扰。在这种背景下，国民党军第三战区乘机调集 14 个师共 6 万余人，准备向苏浙军区发动第三次进攻。

1945 年 5 月 27 日，国民党军第三战区令第 25 集团军总司令部进至淳安，统一指挥浙西、皖南的国民党军队，妄图先攻占临安、天目山、孝丰，聚歼苏浙军区主力；进而攻占莫干山、郎溪、广德地区，全歼苏浙军区部队或压迫其退出江南。与此同时，国民党军主力分别向於潜、宁国东南集结，杭嘉湖地区的残余部队亦向莫干山地区蠢动。29 日，国民党军向孝丰地区进扰，开始向天目山地区大举进兵。

5 月 29 日至 6 月 3 日，苏浙军区集中 3 个支队的兵力，经连续作战，

击溃了进占富春江以北地区的国民党军第79师，粉碎了国民党军突击第一纵队的反扑，歼敌2200余人，并乘胜攻克新登城。为了避免在不利条件下与敌军决战，苏浙军区部队于6月4日主动撤出新登，向临安方向机动。国民党军重占新登后，督令各部加紧向临安、孝丰推进。8日，苏浙军区部队又主动撤离临安，向天目山、孝丰方向集中。

国民党军重占临安后，即令第28军和“忠义救国军”部队向天目山发起进攻。同时，组成左、右两个“进剿”兵团，向孝丰地区推进：以第79师和突击第一、第二两个纵队为右“进剿”兵团，由临安向北进犯；以第52师、第146师、独立第23旅、挺进第二纵队和“绥靖”第一、第二纵队为左“进剿”兵团，由於潜、宁国向东北进犯，企图左、右夹击，夺占孝丰。国民党军第三战区投入的总兵力达到6.6万人。

苏浙军区能够集中的兵力仅为3个纵队10个支队（团）共2万余人，不仅在数量上和装备上处于劣势，给养极其困难，而且连续作战，部队十分疲劳。为此，苏浙军区报经华中局批准，决定放弃天目山，再退一步，待国民党军深入时相机予以歼灭。6月15日，新四军全部撤离东、西天目山，转移至孝丰地区待机。国民党军第25集团军总司令部误认为新四军被迫“向北逃窜”，已经“溃不成军”，于16日令其左、右“进剿”兵团对孝丰实施分进合击，以“忠义救国军”进占天目山北麓各要点。根据国民党军的进攻态势，苏浙军区决定集中兵力在孝丰地区求歼其一部。6月19日，国民党军左兵团率先进至孝丰以西地区，右兵团才进到孝丰东南的港口地区，两个兵团前后相距约20公里。苏浙军区抓住这一战机，于当日晚集中6个支队兵力，向突击冒进的国民党军左兵团发起猛烈反击，经一昼夜激战，歼灭其第52师主力、独立第33旅一部，其余各部纷纷逃窜。在此同时，扼守孝丰外围阵地的部队，经过顽强战斗，打退了国民党军的数次猛攻，牢牢地牵制住了国民党军右兵团。21日，苏浙军区部队主力东移，将国民党军右兵团包围于孝丰城东南草明山、白水湾、港口等地的狭小地域内。国民党军多次拼死夺围，均未得逞。战斗持续至23日，国民党军大部被歼，残部向南逃窜。这次围歼战，苏浙军区部队共毙伤敌军3500余人，俘2374人。至此，天目山第三次反击战役胜利结束，彻底粉碎了国民党顽固派聚歼苏浙军区主力、驱逐新四军出江南的企图。

到1945年夏，浙西地区的新四军主力部队增加到2万多人，地方武装部队和民兵队伍也得到了迅速发展。新四军在浙西的活动范围，从郎广长地区，逐步扩展到了莫干山、杭嘉湖以及天目山地区，控制了长兴、安吉、孝丰、武康、德清、吴兴、余杭、临安、於潜、富阳以及广南等县的大部或一部。解放区的面积纵横达百余公里，人口达100多万。与此同时，在许多地区建立了党的组织和抗日民主政权。

二、湖州军民的对日反攻作战

天目山第三次反击战役后，苏浙军区根据华中局的指示，决定不再回占天目山，以避免单纯与国民党军作战。从1945年7月上旬开始，抓紧时机休整主力，重点加强了巩固苏南、浙西和开辟敌后之敌后等方面的工作。具体部署是：军区机关和第一纵队返回苏南，军区机关率一个支队回长兴槐坎一带，纵队部率两个支队至溧阳、高淳地区休整；第二纵队坚持四明山地区的斗争，并向会稽山地区发展；第三纵队以一个支队固守孝丰，以两个支队进入郎溪、广德地区休整，并向宣城方向发展，开辟敌后之敌后工作及打通与皖南的联系；第四纵队以主力控制孝丰阵地，坚持正面，另将12支队地方化，担负坚持和发展莫干山、杭嘉湖敌后地区的任务。各部队利用休整机会，开展了练兵运动。同时，进一步扩充部队编制。第一纵队各支队新建了机枪连（炮兵营）和通讯连，各步兵营新建机炮连，各步兵连扩编为200人左右。第三纵队新建特务团，成立教导大队和炮兵大队。第四纵队12支队实行地方化，与地方部队结合，组建吴兴、武德和临（安）余（杭）3个支队。其中吴兴支队支队长郎玉麟，政委杜大公，副支队长贺国华，参谋长杨

绍良，副参谋长吴晓土。为了适应新的斗争形势，华中局和浙西、苏南区党委加强了党的统一领导。7月，浙西区党委作出决定，合并天北、天东两个地委和杭嘉湖工委，成立中共浙西地委。韦一平、周林先后任地委书记，陈扬、顾玉良任副书记，朱辉、贺敏学为委员。浙西地委辖孝丰、安吉、吴兴、武德、临安、於潜、余杭和富阳等县党组织。广南县并入广德县，划归苏南二地委领导。8月，经华中局批准，合并苏南、浙西两个区党委，成立中共苏浙区委。苏浙区委由粟裕、金明、吴仲超、叶飞、江渭清5人组成，粟裕任书记，金明任副书记。吴仲超兼任苏南区行政公署主任。

1945年7月间，日军气焰特别嚣张，调兵遣将，进行垂死挣扎。杭州日军“樱花特种攻击部队”约七八千人，在不到一星期内，疯狂攻占富阳、余杭、桐庐、分水、临安、於潜、昌化等地，直向浙西根据地天目山进攻，形势咄咄逼人。国民党军62师、79师、“忠义救国军”等也全面出击。

7月下旬，苏浙军区决定第四纵队主力再次南下，二渡富春江，会合浙东第二纵队扫除浙江中部浙赣铁路两侧敌伪势力，连接浙南，以实现党中央关于打开东南局面的战略意图。8月2日，四纵主力与二纵一部在富阳大章村附近会师。会师后，四纵主力在金萧支队和地方武装的配合下，积极扫除浙赣铁路两侧敌伪势力，挺进至金华、浦江附近，控制了富阳、萧山、诸暨、义乌、金华、浦江等县的一部或大部，巩固和扩展了浙赣铁路以西、富春江以东的路（浙赣铁路）西抗日根据地。四纵主力南下后，第三纵队奉命移师孝丰城郊，集结待命。第一纵队在郎溪、溧阳、高淳境内发动东坝、下坝战役，攻克东坝、狸头桥、定埠等日伪据点13处，全歼伪军独立15旅两个主力团共1800余人。三纵八支队配合一纵作战，攻占郎溪涛城的日伪据点，歼伪军一个大队。这一系列工作的开展和战斗胜利，形成了苏浙皖边区军民对日反攻的有利态势。

当敌我双方正在激战之际，7月17日，杜鲁门、丘吉尔、斯大林举行波茨坦会议。7月26日，中、美、英发表波茨坦宣言，命令日本无条件投降。

8 月 6 日，美军突然以原子弹轰炸日本广岛。8 月 8 日，苏联对日宣战，随即出兵我国东北，对日本关东军发起进攻。8 月 9 日，美国再以原子弹轰炸日本长崎。

1945 年 8 月 9 日，毛泽东发表《对日寇的最后一战》的声明，号召“八路军、新四军及其他人民军队，应在一切可能条件下，对于一切不愿投降的侵略者及其走狗实行广泛的进攻，歼灭这些敌人的力量，夺取其武器和资财，猛烈地扩大解放区，缩小沦陷区”①。中国人民的抗日战争进入了战略反攻阶段。10 日，中共中央发出《关于苏联参战后准备进占城市及交通要道的指示》，要求各地立即动员一切力量向日伪军发起广泛的进攻，“以正规部队占领大城市及要道，以游击队、民兵占小城”。11 日，华中局和新四军军部指示苏浙军区，即集结主力于适当位置，准备夺取南京，并相机占领上海等城市。新四军苏浙军区积极响应党中央的号召，遵照华中局和军部的指示部署了反攻事宜，决定以一纵攻取南京，三纵进攻无锡、苏州，四纵配合上海工人起义，接管上海。

与此同时，国民党在美国的支持下，利用海空优势调动军队，抢占大城市和交通要道。上海等地的伪军也摇身一变，成为国民党军的“先遣军”。这就使得战略反攻的形势骤然发生变化。中共中央审时度势，根据国共力量的对比，重新确定各战略区必须力争占领之交通线及其沿线大小城市的范围。对新四军江南部队提出的任务是：就地向四周发展，夺取广大乡村和许多县城，准备反对内战的战场，不作占领大城市的打算。

根据党中央的战略决策，以及军委和华中局的指示，苏浙军区部队停止向南京、上海等大城市的进攻，决定就地向四周发展，独立自主地举行战略反攻。同时，在军事上迅速调整了作战部署，苏浙军区确定：（一）第一纵队及第一分区之地方武装，担任攻占溧阳、溧水、宜兴、金坛、句容

① 《毛泽东选集》第三卷，人民出版社 1991 年版，第 1018 页。

县城及该地区大小市镇，肃清该地区内日寇和残顽的任务；（二）以第三纵队（缺九支队）及第二分区之地方武装，担任攻占长兴、广德、郎溪、高淳县城，肃清该地区内日伪和残顽的任务；（三）以第四纵队及浙西地方武装，担任攻占吴兴、安吉、武康、德清县城，肃清该地区内日伪和残顽的任务；（四）以第三纵队九支队担任守备孝丰的任务。苏浙军区政治部发表《告同胞书》，号召农工商学各界同胞立即组织起来，配合和帮助新四军"收复土地，驱逐日寇"。各地纷纷成立对日反攻"动员委员会"，组织运输队、担架队，在人民群众中掀起了新的参军参战热潮。长兴县泗安区召开的"反攻动员大会"上，有45名青年当场报名，要求参军参战。澄心、大云两乡乡长不仅自己带头报名参军，事后还动员百余名青年参加新四军。与会士绅主动捐钱捐物支援前线，优待抗属，当场就捐献抗币3000元，大米29石，农田840亩。①

1945年8月15日，日本政府被迫正式宣布无条件投降。同日，朱德总司令向日本侵略军中国派遣军总司令冈村宁次发布命令，令其"所指挥下的一切部队，停止一切军事行动，听候中国解放区八路军、新四军及华南抗日纵队的命令，向我方投降，除被国民党政府的军队所包围的部分外"。苏浙军区根据延安总部的命令，向浙西、苏南和皖南等地的日军发出最后通牒，限令其在24小时内向新四军缴械投降；向上述地区的伪军、伪警及一切伪组织发出紧急通告，限令其立即反正，听候调遣。然而，日伪军拒绝向新四军缴械投降。苏浙军区各纵队按照原定计划，从16日起向日伪军占领的城镇和交通要道发起全面反攻。

第一纵队与第一军分区武装，在南起浙江长兴、北至江苏句容间的广大地区展开猛烈攻势，先后拔除夹浦、南渡、天王寺等10余个日伪据点，攻

① 中共湖州市委党史研究室:《中共湖州党史》第一卷（1927—1949），中共党史出版社2002年版，第192页。

克溧阳、溧水、金坛、句容等县城，乘胜占领了南京东南的湖熟、土山等重镇。第三纵队与第二军分区武装，由孝丰地区北返，向溧阳、宜兴方向挺进，相继攻克广德、郎溪、宜兴等县城，占领了张渚、川埠、丁山和蜀山等重要集镇。此外，第二纵队、第四纵队分别在浙东和浙西投入战斗。

8月14日至15日，第四纵队部及第10、第11支队先后回渡富春江，穿越临安县境向湖州方向挺进。8月下旬，第四纵队全线出击，会同地方武装在杭嘉湖地区展开积极攻势，迅速攻克安吉梅溪至吴兴一线敌伪据点，而后解放了安吉县城，重新控制了武康、德清县城。9月10日，第10支队攻克德清县东部的新市镇，摧毁碉堡10余座，俘100余人。9月11日、12日攻克香山大钱、织里等日伪据点，解放新市镇。13日发起双林战役。双林是吴兴东部水乡大镇，由汪伪军34师驻扎，镇周围碉堡林立。13日下午6时，四纵队率10支队由水路至双林附近登岸，一路攻击双林镇东八里化台桥，至14日拂晓，夺取碉堡3座，歼守桥伪军134团1营3连的大部，俘60多人。另一路攻取双林镇南八里盛林山。盛林山呈岛屿形，四周河港大漾环绕，沿岸筑工事，山顶及两侧有碉堡4座，伪134团1营1、2连驻扎，居高临下。晚9时战斗打响，10支队1营利用小划船、采菱桶和门板等作为渡河工具，发动攻击。敌用密集火网封锁河西，无法前进，10多名干部战士牺牲。战斗持续到14日中午，由双林增援盛林山的伪军被堵截，盛林山伪军陷入孤立，10支队用山炮一门，对准碉堡，迫使伪军缴械投降，200多名伪军全部被俘虏。同时，11支队于13日从织里出发，沿途攻克仁舍、重兆等据点，14日晨抵达双林以西长生桥，歼灭伪军一个连，外围据点扫清。15日拂晓，四纵队分3路向双林镇发起总攻。西、东两路分别夺占西高桥和大、小虹桥，向纵深发展。北路先攻占发电厂，但化成、万魁、万元3座大桥被伪军封锁，新四军战士强泅过河，直插镇中，冲进伪军34师师部，占领修械所。上午8时，双林镇解放。伪军34师除马腰两个营外，全部被歼。俘伪参谋师长王尚文及以下官兵1200余人，缴获轻重机枪46挺，

八二迫击炮4门，小炮40门，步枪500余支，以及电台和大批军用品。①

苏浙军区对日反攻作战展开以后，长兴县各级党委、政府和地方武装立即行动起来，尽全力支援和配合主力部队作战。8月17日，长兴县委、县抗日民主政府召开县、区地方武装负责人会议，讨论了协同主力部队反攻作战的问题，决定集中县总队大部和两个区大队的武装，协同主力拔除境内日伪据点，收复长兴县城。18日，长兴县地方武装兵分三路，向境内日伪据点发起攻击。第一路县总队警卫一连从水口出发向县城附近攻击，配合苏浙军区某部主力营，实施了对县城的包围。第二路县总队警卫三连和鼎新区大队从鼎新出发，捣毁后漾、香山、岗山等日伪据点，切断了京杭国道。第三路合溪区大队从合溪出发进至县城西南，并切断了宣长公路。在新四军和长兴县地方武装的强大攻势下，驻守于县城周围几个据点的伪军，闻风撤入城内。然而，这时龟缩城内的伪军已成惊弓之鸟。当晚，他们乘合围县城的包围圈尚未合拢之机，即弃城向湖州方向逃窜。8月19日，新四军苏浙军区长兴县总队和合溪、鼎新支队联合向盘踞县城的日伪军发起进攻，一举收复了长兴县城。中共长兴县委、长兴抗日民主政府在朱家白场召开群众大会，庆祝抗战胜利。驻长兴苏浙军区发表《对日本驻军通牒》和《对伪军伪警及一切伪组织的紧急通告》。长兴县地方武装在维护城内秩序的同时，乘胜追歼逃敌，肃清敌伪势力。9月初，县总队警卫三连会同合溪、鼎新区大队进入鸿桥地区，拔除了境内最后一个日伪据点。至此，长兴全境解放。

与此同时，浙西各县地方武装在军分区的统一指挥下，与主力部队互相配合，积极主动地投入反攻作战。8月中旬，新四军吴兴支队、武德支队先后攻克吴兴妙西、德清三桥埠等日伪据点。接着，在西苕溪沿岸的吴兴目山设伏，伏击了由安吉梅溪向湖州城撤退的伪军第一师三团，击沉、击伤汽艇及拖船多艘，歼灭该团主力一部，俘团长以下数百人，缴获一批枪支弹药。

① 王克文：《湖州市志》（上册），昆仑出版社1999年版，第1711页。

图 4—15　吴兴县各界公祭抗战殉亡战士及死难同胞大会（1945）

根据苏浙军区关于“相机占领湖州城”的指示，浙西军分区集中吴兴支队和武康、德清、安吉等县地方武装，拔除了湖州城外围的许多据点，袭击了湖州城内的日伪军。

苏浙军区各部和地方武装在浙西、苏南的反攻作战，共收复包括长兴、安吉、武康、德清在内的县城 12 座，拔除梅溪、新市、双林和三桥埠等地日伪据点 100 余处，控制了整个苏浙皖边区，使北起京沪铁路，南至孝丰、安吉，东自太湖，西迄宜芜公路的广大地区连成一片。苏浙皖解放区人口达到 370 多万。

三、湖州地区受降情况

1945 年 8 月 15 日，日本宣布无条件投降，9 月 2 日，日本代表在泊于东京湾的美国军舰“密苏里号”上，签署了向同盟国的投降书，国民政府指

派陆军总司令何应钦代表中国战区最高统帅接受日军投降，并在全国划定了15个受降区，确定了受降主官，浙江为第六受降区，第三战区司令长官顾祝同为受降主官。9月6日，侵浙日军代表在富阳县城北的宋殿村签署了投降书。

为了推进对投降日军的受降工作，顾祝同命令所属第32集团军、第25集团军大部、第3战区直属部队等加紧完成对杭州、绍兴地区的包围态势，等待时机向杭州、宁波等地挺进；对于浙东、浙西新四军则采取重兵防范的策略。当时，在浙江的日军主要是驻杭州、湖州、金华的第133师团；驻宁波的独立混成旅团；驻嘉兴的第56旅团一部；此外还有驻浙东海岛的日本海军。顾祝同把杭州地区划为第一接受组，浙东地区为第二接受组，嘉兴、松江地区为第三接受组。第一接受组在杭州接受日军轻武器近万支，重机枪、山炮、榴弹炮等重兵器一批，弹药数百万发。第二接受组在萧山收缴从绍兴移驻的日军装备，计大小炮13门、步马枪4000支、轻重机枪200余挺、枪弹50万发，并有缴械投降日军7000余名。第三接受组在湖州、嘉兴接受了日军的缴械。在宁波的日军，向国民政府军第32集团军李默庵所属前进指挥部缴械。在浙江缴械的日军共约3.4万人。

在湖州接受日寇缴械投降的部队，是顾祝同所辖的第49军，辖79师、105师、26师，军长王铁汉、副军长应鸿纶。该军原在浙西淳安、临安、新登、余杭一带，日寇正式宣布投降后，始奉命前来湖州受降，其中第79师临时受派去松江受降。当时驻湖州地区的日军为华中派遣军第133师团100旅团白鸟部，共1万余人，分布在吴兴全境及长兴、泗安、安吉、梅溪、晓墅等处，均先后向湖州集中。汪伪军有：伪第一方面军第二军（军长徐朴诚）第一师（师长程万军）3个团，除一个团已在长兴被我新四军击溃外，其余驻湖州、南皋桥、梅溪、晓墅等。伪34师田铁汉部，驻双林、菱湖、下昂、石淙、千金一带。伪37师丁集堂部驻练市、乌镇等处。伪36师陈同部驻善琏、新市。各伪军均在原地集中待命。各伪师长由国民党第三战区司令长官顾祝同派任为“浙西先遣军纵队司令”等。

1945 年 9 月中下旬，国民党第 49 军第 26、105 师先后到达湖州地区，总兵力 2 万余人，分别驻武康、德清、新市、菱湖、埭溪等地。国民党浙二区专署驻新市，吴兴县政府驻菱湖。9 月 25 日，105 师师长刘汉玉率部进入湖州。9 月 26 日，49 军军长王铁汉、副军长应鸿纶等抵达湖州。军部下令由第 105 师师长刘汉玉部进驻湖州城郊，控制治安局势，并监视原汪伪第 1 师程万军部；第 26 师师长曹天戈部进驻道场山一带，并占领道场山高地，以防意外；军部驻现图书馆旧址，后迁南门军营。9 月 30 日，驻湖州日军白鸟旅团长在接到通知后，派参谋长一色正雄率幕僚、通译各一人到 49 军司令部接受指令，限期造具有关清册及听候受降的备忘录。10 月 8 日上午，受降仪式在海岛（现湖州市人民健身中心广场）举行。在湖

本縣日軍今日繳械
長官司令部派員主持接收

（本報訊）我第四十九軍，業已全部抵達湖州，安防如堵，關於此間日軍繳械，第三戰區司令長官派受降日軍第一接收組第一分組長任潤氏來湖主持該項工作，任氏率同隨員於前（二十六）日下七時到湖，在杭州日軍××師團部同時亦派員來此監交，記者由關係方面介紹，往訪任氏，承告此次奉命來湖使命，至日軍將兵器馬匹及其他部分，已由日羽鳥部隊長造冊呈核，日軍開始預定繳械時間為今（二十八）日上午八時，約於數日內可以繳械完竣屆時，由該組負責接收，並由第四十九軍派重要官員協助，尚有一部分或將不在湖繳送。羽鳥部隊長對此頗為畏縮，早已準備，昨日曾兩次晉謁我王軍長及任組長，陳述其詳，態度虔誠和藹，任氏又謂此次來湖目睹湖州人民對熱烈歡迎國軍情況，殊為欣慰，惟市容蕭條，可想八年來遭受敵偽蹂躪匪淺，此有公務以外之感慨云。

各机關聯合組織
敵偽財產查保委會

二區專員公署，為調查敵偽財產，特於昨日上午八時，召開臨時會議，出席者有四十九……實施，似有未盡明瞭，殊感遺憾，昨記者特走訪縣府第三科負責人，詳詢各項辦法，茲誌……

長興劃為三區一鎮

（本報訊）長興縣政府，為符合新縣制之規定，並加強區級組織起見，業將全縣五十鄉鎮，劃為李家港、四安、鴻橋等三區，至城廂之民安宜春兩鎮，合併，由縣直屬……

图 4—16 《扫荡报》发表驻湖州日军正式投降的报道（1945）

州城郊的日军，事先将轻重武器及主要军实（除弹药部分就库接受外），都放在海岛内广场上，广场周围则由受降部队严密戒备。受降仪式开始时，日方以白鸟旅团长为首的投降代表3人，正步走向受降台前向受降代表49军军务处长王开绪捧上物资、人员表册，并聆听训词。日方人员退场后，所有军实均由49军军械、军需两处派人收缴。驻地较远的日军，则另派接收小组前往进行清点和收缴。缴械投降后的日军，即由第三战区战俘管理处接管，每日迫使他们轮流或在原永太昌碾米厂做工，或修路，或扒平垃圾山。9月22日至25日，驻松江、嘉兴间之日军第82旅团，在中方监视下，由第三接收组顺利缴械完毕。在宁波集中的日军第89旅团、91旅团，于9月上旬在宁波白鹤桥向国民党第32集团军李默庵所属前进指挥部缴械投降。受降代表是前进指挥部指挥官陈沛、副指挥官王云沛，日方投降代表是日军驻宁波浙东联络部部长草野昌藏。缴械签降后，日军被送入俘虏管理营听候遣送回国。

浙江境内所有日俘日侨，按国民党陆军司令部的遣送部署，自1945年12月开始，陆续由中方负责从铁路、公路、水路运至上海集中，京、沪、杭地区运至上海的日俘日侨，于1946年1月至5月，由美国负责派船只全部经上海港口出港遣送日本。至此，中国抗日战争胜利结束，世界反法西斯战争也胜利结束。

中国人民的抗日战争是中国人民百余年来反对帝国主义侵略斗争中规模空前并第一次取得胜利的民族解放战争，在整个中华民族历史上具有十分重要的意义。湖州地区军民的抗日斗争，是浙西和全国抗战的组成部分。抗日战争胜利的消息传到浙西抗日根据地以后，人们奔走相告，相互祝贺，许多人流下欣喜的眼泪。在煤山镇，庆祝胜利的男女老幼把街道挤得水泄不通，欢呼声、爆竹声连续不断，红绿标语贴满各处。在长兴县城，城墙上的旧标语都被铲除，逃出去的人们陆续回城。县城的商业中心仓前街上，“猪肉一下子卖完了，炸油条的从来没有遇到这样的好生意，两只手忙不过来，许多摊商都准备找房子来开店了。”老百姓都说：“八年的苦受够了，现在可以翻身了。”[①]湖州各地群众纷纷举行集会、游行和文艺演出等活动，欢庆抗日战争的胜利。各部队根据《苏浙军区政治部关于庆祝抗战最后胜利的指示》[②]，会同地方党政组织和群众团体，进行了军民联欢活动，欢庆抗日战争的胜利。[③]

四、惩处汉奸和战犯

“七七”事变之后，国民党军事委员会即于同年8月23日公布《惩治汉奸条例》5条，同日施行。1937年12月10日增加没收财产规定，修正为6条。1938年8月15日，国民政府将原条例加以修正，公布《修正惩治汉奸条例》19条。1943年11月2日，国民政府军192师一部攻克孝丰县城，当月下旬，日伪孝丰县“维持会”会长马开仕，被国民党孝丰县政府枪决。同年11月，国民党浙西行署俘获武康日伪县长徐一鹏（杭县人），在昌化执行枪决。

1945年11月23日，国民政府公布《处理汉奸案件条例》11条，同日施行。同年12月6日国民政府公布《惩治汉奸条例》16条，并于1946年3月13日修正第15条条文，1947年4月29日修正第8条条文。在《特种刑事案件诉讼条例》施行前，所有汉奸案件依以前《惩治汉奸条例》规定归军法机关审判，自1944年11月12日《特种刑事案件诉讼条例》施行时起，依该条例规定，除军人为被告者外，均改归司法机关审判。截至1947年底，浙江全省审判汉奸案件2960件，为全国之冠。其中死刑48人，无期徒刑

① 《苏浙日报》1945年8月28日。

② 中共浙江省委党史研究室等:《浙西抗日根据地》，浙江人民出版社1992年版，第223页。

③ 陆菊良:《中共湖州党史》(第1卷)，中共党史出版社2002年版，第196页。

118人，有期徒刑2446人，处罚金1人，缓刑335人，免除刑事责任12人。[①]

在浙西，吴兴县肃奸工作始于1945年10月初。49军政治部接管了日伪《湖州新报》，改刊为《扫荡报》，由军政治部主任范奇俊少将主其事（后部队离湖，交放地方处理）。同时军政治部又接受了吴兴县政府请求军方协助逮捕汉奸归案的名单，征得王铁汉军长同意，下令驻守城内的第105师所属的314团团长关修武负责完成任务，军部特务营相机作必要的配合，该团于10月2日晚10时许，封锁交通，全城戒严，由吴兴县政府派人引导，按当事人的住所，逐户进行搜捕，直至3日晨7时许始告解严。在全部两百多人的汉奸名单中，实际被捕的仅有汪伪县党部书记长钦子明，伪《湖州新报》主笔、“新民会”会长张百川以及莫际可、张博经等大小汉奸几十人而已。其他如伪侦缉队长陈培三、日本宪兵队翻译汪宗汉和湖州“四公子”之一的蒋心如等均在逃。更有甚者，罪大恶极的周淦成、殷银生两犯，竟被浙西先遣军纵队司令程万军（原汪伪师长）包庇纵容，并被安排在长兴县境内避风。周淦成系日本宪兵队下属的特务机关“五号”头面人物，是地痞流氓，鸦片瘾很大，抗战前就在湖州贩卖烟土，当了日本特务后，公开设店贩卖鸦片。此人刁滑异常，为日本宪兵队探取各种情报，并以此敲诈勒索，为非作歹。他经常到处抓人，加以游击队或新四军的罪名，用老虎凳、倒挂人和灌冷水等酷刑折磨，逼迫被害人员家属拿钱来赎；被折磨致死者，尸体也要用钱才能赎回。因此，人民对他恨之入骨。殷银生是日本警备队下属的所谓“绥靖自卫大队”第二区区队长，系土匪出身，驻湖州西门外腊山头一带，鱼肉百姓，为害乡里，血债累累，民愤极大。王军长立即电令程万军，立将周、殷两犯械送49军司令部军法处收押，程于第三天将周、殷两犯送交军法处，即被拘押在南门（现湖中校

① 中国第二历史档案馆:《中华民国史档案资料汇编》(第5辑)，江苏古籍出版社1999年版，第363页。

址）原日寇经营的地堡式囚室内。旋即由军法处会同吴兴县法院谢诗院长组成军法庭会审，并按惩治汉奸条例，判处两犯死刑，立即枪决。执行在海岛内，先将两犯绑赴安放着阵亡将士的灵位前，祭灵，然后处死。两犯被枪决后，群众余恨难消，又将两犯开胸剖腹，挖出心肝，分别悬挂在仪凤桥、骆驼桥示众。伪陆军第一师师长程万军原系太湖土匪出身，师部设在湖城所前街。该部敲诈勒索，残害人民。抗战胜利后，作恶多端的程万军在苏州被捕，被以汉奸罪判处死刑，在苏州市郊枪决。师部还有个军法官，名石丞鼎，湖南人。他借军法官职权，罗织罪名，乱敲竹杠，受害者不计其数，1949 年后被判处死刑。

伪吴兴侦缉队长陈培三，伪湖州警备队排长杨和尚，日军宪兵湖州队翻译汪宗汉，通译黄美生、潘正芳，敌“五号”谍员姚占元，经济汉奸黄梦碧 7 人，均于 1946 年 2 月在上海落网。除汪宗汉解浙江省高院审理外，其余 6 名汉奸均由国民党吴兴县当局提案法办。

黄埔三期毕业生上官玉林自长兴沦陷后，参加伪组织，甘心附逆，作恶多端，抗战胜利后匿居湖城，被人告发，1946 年 3 月由地检派法警拘案，依法侦查。同月，伪吴兴警察局长陈天石在上海落网，解送湖州。汪伪时期积极宣扬“大东亚主义”的伪《湖州新报》社长兼总编辑张季英在其寓所被拘获。

1946 年 4 月 12 日，伪吴兴第一区长特务中队长李金华、日军情报员潘阿三被判处无期徒刑。1946 年 4 月 18 日，伪吴兴保安队情报员杨贵卿被判处死刑，褫夺公权终身。1946 年 4 月 30 日，敌翻译官黄美生、黄连宝被判无期徒刑。

1946 年 5 月 4 日，伪吴兴第六区长蔡子清及其舅舅伪陆军一师二团少校参议陆烈清在苏州被捕，押解来湖，依法讯办。

伪浙江省保安大队驻防吴兴县练市镇第三中队补充队长刘勋，于任内凭借恶势力奸淫掳掠、绑架勒索、残杀民众、作恶多端，当地民众恨之入骨。

抗战胜利后被捕获，于 1945 年 12 月 15 日押抵上海监狱，1946 年 9 月 12 日被判处死刑。

同时，其他县也开展肃奸工作。1945 年 10 月，国民党长兴县长程萱庭惩治汉奸，将年老卧病、未及逃跑的伪长兴县警察局长钦新宇枪决。安吉县城“维持会”会长齐克荣，也于抗战胜利后被捕获枪决。

此外，入侵湖州的日军高级将领也受到了应有惩处。

日军第 10 军中将司令官柳川平助，是 1937 年 11 月在杭州湾北岸登陆，继而一路西侵湖州，进犯南京，并制造南京大屠杀的重要罪魁之一。臭名昭著的大屠杀主犯谷寿夫便是此人手下。1945 年 1 月日本战败前柳川平助病死。日本战败投降后，柳川平助被远东国际军事法庭追加为乙级战犯。

1948 年 4 月 12 日，驻扎浙江、在杭嘉湖占领区犯下累累罪行的日军第 133 师团中将师团长野地嘉平，被上海军事法庭判处无期徒刑。

第五章　国民党政权在湖州统治的结束

（1945—1949）

抗战胜利后，在战争中颠沛流离的政府机关、学校、工商业纷纷回迁湖州，战后重建工作逐步展开，经济和社会秩序逐渐恢复，工商业得到发展。其中，菱湖镇的战后重建最具代表性，菱湖镇是当时全国第一个自主建设的农村市镇，其以民间主导的、有组织、有计划的农村市镇早期现代化建设探索曾轰动一时，产生了重大影响。这一时期，国民党的党政军等机构对敌伪在湖资产进行全面接收，对汉奸进行审判惩处，但接收资产和审判汉奸往往成为国民党官员贪腐的途径。为挽救日益崩溃的国家经济，国民政府在德清莫干山召开币制改革会议，在全国推行金圆券。但币制改革旋即失败，加上内战的全面爆发，国家经济彻底崩溃，国民党尽失民心。中共地下党组织在湖州恢复和发展，人民民主运动不断兴起。

1949 年 4 月 27 日凌晨，人民解放军先头部队抵达湖州城西。浙江省一区专员於树峦与中共湖州地方组织代表达成和谈协议，4 月 28 日凌晨，湖州和平解放。

第一节 战后国民党政权在湖州的统治

一、战后初期湖州的政治经济

国民党在浙江省的专署制度，最早建立于1935年。抗战胜利后，国民党在湖州地区的最高军政机关为“浙江省第二区行政督察专员兼保安司令公署”（简称“二区专署”），辖吴兴、长兴、德清、安吉、孝丰、武康6县。日军侵入湖州后，“二区专署”撤至后方於潜县，后又流迁于安吉递铺附近的雾山寺、吴兴县梅峰乡镇水村、德清县新市等地。1945年9月21日，“二区专署”、吴兴县政府从菱湖还治湖州。专员公署机关设在湖州城内宋家巷原丝织业公会内，於树峦任专署专员兼保安司令。1948年9月，原设嘉兴的“十区专署”撤销，并入湖州，原“二区专署”改称“一区专署”，辖吴兴、长兴、德清及原嘉兴专署7个县(原安吉、孝丰、武康3县改划杭州市)，仍由於树峦担任专员兼司令。专员公署和区司令部全部在编文武工作人员按规定为40人。其下属组织有区刑警队、情报队、戡乱团、省政务无线电分台、浙江省保安独立第2营等。

（一）强化地方政权建设

吴兴县有国民党县政府、县党部和县参议会三套班子。另有中央和省属单位国税局、内河水上警察局、地方法院、检察处等机构。

国民党吴兴县政府设在湖州东街旧县署内，县政府的正规编制为7科4室，即民政、财政、教育、建设、社会、军事、地政7科，秘书、合作、统计、会计4室。规定在编人员为40余人，实际近百人。超编人员工资由县财政开支，在编人员工资由省财政拨款开支。两者工资、待遇均一致。县政府下属县级机构有县警察局、自卫总队、田赋粮食管理处、税捐稽征处、地籍整理处及有关农业、卫生、教育机构、县银行、军民合作站等。①还有属于中央财政部的中国、交通、农业三大银行分行以及直接税局、货物税局，属国防部的戡乱大队，属交通部的邮政、电讯局等。县有关议事组织有县动员戡乱委员会、县公款公产保管委员会、县招待内迁学生委员会、县军民合作指导委员会、县粮食监察委员会、兵役协会及军警联合稽查处等。

国民党吴兴县党部设在同岑路，县党部及其基层组织力量十分薄弱，后又因“党政分开”，国库停发党务经费，县党部经费要自筹自给，处处仰人鼻息。党员大部分不过组织生活，有的连自己是否党员也搞不清楚。1948年初，国民党实行“党团统一”，原有三民主义青年团组织撤销，国民党县党部内部略有扩大。原有三青团团员重行登记入党，但绝大多数团员都未要求入党。国民党吴兴县党部设执委会及监委会两个部门，执、监委员均选举产生，并由上级圈定“书记长”1人，党团合并后增设副书记1人，执行委员扩充为15人，监察委员扩充为5人。县党部办公室设秘书1人，组训、宣传、总务干事各1—2人，缮写2人。县党部工作人员共计10余人，除书记长、常务监察及各工作人员每月支薪外，其余执、监委员均为义务职务。全县国民党党员人数不到1000人。县以下设区党部、区分部，党员人数在5人以上成立区分部，3—5个区分部可成立区党部。②

当时的湖州，大部分地区都属于共产党领导下的浙西根据地。到1945年夏，浙西地区新四军的活动范围，从郎广长地区，逐步扩展到莫干山、杭嘉湖以及天目山地区，控制了长兴、安吉、孝丰、武康、德清、吴兴、余杭、临安、於潜、富阳以及广南等县的大部或一部。解放区的面积纵横

① 凌以安:《我在湖州解放前夕》,《湖州文史》(第7辑)，湖州市政协文史资料委员会1989年印，第35页。

② 凌以安:《我在湖州解放前夕》,《湖州文史》(第7辑)，湖州市政协文史资料委员会1989年印，第36—37页。

达百余公里，人口达 100 多万，活动范围已达杭州市郊拱宸桥附近。[①] 与此同时，湖州地区各县均建立了县级党组织和抗日民主政权。在县级党组织普遍恢复与建立的同时，基层党的组织得到进一步发展，党员总数增加到 900 余人。[②]

早在抗战初期，中国共产党就在安吉县境内成立了浙西特委，举起抗日民主统一战线大旗，领导湖州人民进行轰轰烈烈的抗日救亡运动，开展敌后抗日武装斗争。抗战中期，由于国民党顽固派的反共打击，湖州地区大部分共产党组织被迫停止活动，抗日力量受到严重摧残，中共浙江省委提出的建立浙西抗日根据地的任务也未能实现。抗战后期，根据共产党中央关于向东南发展的战略部署，新四军部队进入浙西地区，在长兴县境内成立苏浙军区，在京沪杭三角地带建立抗日战争的战略支点，坚持敌后抗战。自此，在短短一年多的时间内，各地共产党组织普遍得到恢复与发展，各级抗日民主政府相继建立，地方武装力量迅速壮大，人民群众得到空前广泛的发动。

抗日战争胜利后，中国面临着两种命运、两种前途的选择。1945 年 8 月，毛泽东偕周恩来、王若飞前往重庆同国民党当局进行谈判。经过 43 天复杂而艰苦的谈判，国共双方正式签署了会谈纪要，即“双十协定”。为了避免内战，实现全国人民盼望已久的和平，中共代表在不损害人民基本利益的前提下作了必要的让步，其中包括“让出分布在广东、浙江、苏南、皖南、皖中、湖南、湖北、河南（豫北不在内）等八个省内的根据地，并将这些地区内的人民军队调往北方”[③]。

重庆谈判进行期间，中共中央于 9 月 16 日指示华中局：“全国内战危险

① 姚力：《春风吹过杭嘉湖》，载中共浙江省委党史研究室等：《浙西抗日根据地》，浙江人民出版社 1992 年版，第 319—320 页。

② 中共湖州市委组织部：《中国共产党浙江省湖州市组织史资料（1927.4—1987.12）》，新华出版社 1993 年版，第 78 页。

③ 胡绳：《中国共产党的七十年》，中共党史出版社 1991 年版，第 215 页。

虽仍较大，但和平局面仍有可能。你们在苏南、浙东、皖南三地部队，如果和平局面出现，有转移到江北之可能，望你们立即注意控制北上道路，保证北上安全，准备于将来适当时机渡江北上。”①19日，中央发出《关于目前任务和向南防御向北发展的战略方针和部署的指示》。②20日，党中央明确指示华中局：“浙东、苏南、皖南部队北撤，越快越好。”③22日，华中局作出关于苏浙军区部队向江北转移的部署，提出由军区司令员粟裕率一、三两个纵队，在集结完毕后立即出动；军区副司令叶飞、苏浙区党委副书记金明率四纵队及江南全部可能转移的部队及地方干部，作第二批转移。自9月下旬起，苏浙军区各部队分批北撤，同时发表了《新四军北移告别民众书》。浙西、苏南、浙东的党政干部和地方武装奉命随军北撤。④

10月下旬，苏浙军区机关和第一和第三纵队顺利渡江到达江北。第二纵队冲破国民党军的重兵拦截，分批渡过杭州湾和长江，克服重重困难也转移到了江北。第四纵队一部在夜渡长江时发生轮船沉没事件，致使纵队政治委员韦一平等800余人遇难。这是浙西新四军北撤途中遭受的重大损失。到11月中旬，苏浙军区各部队，浙西、苏南、浙东的党政干部及地方武装近7万人，均完成北移任务。⑤从此，湖州完全被国民党地方政权控制。

（二）战后初期经济社会秩序恢复情况

战后重建工作迫在眉睫，国民党地方政府在湖州做了一些基础性的建设工作，如通信、交通、水利、工商业等。

1.通信方面

1945年10月，吴兴县乡村电话局及长兴、德清、武康、安吉、孝丰县

---

① 中共浙江省委党史研究室等:《浙西抗日根据地》，浙江人民出版社1992年版，第226页。

② 马齐彬、陈文斌:《中国共产党创业三十年》，中共党史出版社1991年版，第579页。

③ 中共浙江省委党史研究室等:《浙西抗日根据地》，浙江人民出版社1992年版，第229页。

④ 陆菊良:《中共湖州党史》(第1卷)，中共党史出版社2002年版，第202页。

⑤ 陈鹤锦:《中共江苏地方史》(第1卷)，江苏人民出版社1996年版，第493页。

乡村电话所接收设立，乡村电话恢复。吴兴县先行架通湖州至双林、菱湖、南浔、妙西、练市5路乡线，单线总长112公里。1947年2月，吴兴标卖赋谷充作县政经费，乡镇电话局拟在本年度分3期架设电话线至24个乡镇，并调换4条干线木杆200公里，安排材料经费6000万元。[①] 至1947年底，南浔、双林、菱湖各镇有电话用户分别为10户、7户、18户，湖州城内用户388户。

2. 交通方面

首先是公路交通。1946年1月杭湖公路修竣通车，每日上午8时杭湖对开。1946年5月，往来长兴李家巷至湖城公路业已通车，每日两班。1946年9月，京杭国道全部通车，每日京杭对开一次。1946年底，湖州至南浔一段经修通车。1947年4月，利用已废长煤铁路路基改筑长兴至煤山公路，路基宽4.5—5.2米，路面宽3米，次年6月延至槐坎，一度通车。1947年8月，南京至吴兴间开驶直达车，每日上午对开一次。1947年9月，南浔至平望段公路修复通车。1948年3月，余安孝泗公路完工通车。当时的公路坑洼连片，多数木桥桥板腐朽，再加军运频繁，失养失修严重，杭长路、湖浔线行车随带跳板过坑。[②]

公路交通运输业也有所恢复。杭长公路境内段，1946年建吴兴工务段设道班养护，湖浔线、余安孝线由商营汽车公司包工养护，以人力拉石辊压路基。抗战胜利初期，湖州有通利转运公司与集业等运输行，长兴县泗安、安吉县梅溪二镇设有转运行。但由于路况差，公路运输成本高，公路运输发展缓慢。长兴县泗安孙菊林购汽车3辆，开设大通汽车运输行，运输驳运泗安转口广德物资，3年后亏损倒闭。[③]1948年，吴兴、长兴、武康三县政府推行保甲养路制，由县长兼总队长，建设科长兼副总队长，保长兼小队长，

① 《申报》1947年2月14日。

② 王克文:《湖州市志》(上册)，昆仑出版社1999年版，第1198页。

③ 王克文:《湖州市志》(上册)，昆仑出版社1999年版，第1169页。

抽派沿线5公里内乡民壮丁组成养路队，重点维持军运。[①]

其次是轮船运输。1948年，湖州城内大小轮船公司有33家。湖申线有申湖、中国、永昌等轮行12家，备有汽轮15艘；湖嘉线有一飞、顺利2家；湖苏线有源吉、源近等3家，轮船4艘；湖杭线有庆兴、鑫发2家；湖泗线有永新、长安2家；湖锡线有新兴1家；湖梅线有新裕顺、湖州裕2家；洞庭西山线有联华1家；洛舍、合溪、南浔、新市等线有重庆、岳山、永庆、新兴等轮行数家。[②]1948年，泊湖州南门馆驿河装货载客大小驳船100余艘，大多为小马力木质轮船，采用日本或美国产汽油机改装为木炭船，以木炭或木柴作燃料。[③]

3. 水利工程方面

农林部水利工程队奉部长令，由队长阎之翰率队员20余人，于1946年2月20日来湖，拟在湖属吴、长、安、崇、武、德六县筹办水利工程事宜。1946年4月，德清县在新市小南栅建公共码头一座，过往客轮停靠月缴一定停靠费。[④]1946年秋，武康县防洪大型、小型水利工程，均利用国民义务劳动及申请行总浙江分署以工代赈，至1947年3月中旬有关工程完成70%左右。1947年5月，德清新市镇由县府分拨救济面粉400袋，以工代赈，疏浚市区河流。吴兴、安吉等也启动了一些水利疏浚工程。

4. 工商业方面

1946年3月，日伪17家企业被接收。次年，湖州有工业42家、商业1037户，各县经济均有所复苏。[⑤]沦陷时期，湖州茧丝等业受日伪统制，在境开设远东贸易公司、太湖洋行、白木公司、三益社、日华矿业公司等，战

---

① 王克文:《湖州市志》(上册)，昆仑出版社1999年版，第1198页。

② 王克文:《湖州市志》(上册)，昆仑出版社1999年版，第1149页。

③ 王克文:《湖州市志》(上册)，昆仑出版社1999年版，第1147页。

④ 王克文:《湖州市志》(上册)，昆仑出版社1999年版，第1145页。

⑤ 王克文:《湖州市志》(上册)，昆仑出版社1999年版，第567页。

后由国民党县政府接收。[①] 胜利后，外逃避难商人陆续返回，商业逐渐恢复到战前水平。

战后头两年，湖州民族工商业呈现复苏势头。1946 年，中兴丝厂、合丰丝厂以及德清几家旧有丝厂先后恢复生产。达昌丝织厂为了保证原料供应，增设了缫丝厂，购得坐缫车 160 台。1947 年又添购新式立缫车 72 台，当年全部投入生产。菱湖籍资本家章荣初，在抗战胜利后投资 200 亿元法币，建造菱湖缫丝厂，购买环球式立缫车 408 部，坐缫车 80 部，于 1948 年 6 月竣工投产，当年产“灵山”牌白厂丝 72 吨。原处于停顿、半停顿状态的增华、祥华、锦成三厂、永昌、同和、信成、江南、昌兴、裕盛永、云华等丝织厂也相继开工投产。[②]

沦陷时被日军霸占的矿山，抗战胜利后全部收回。除氟石矿停办外，其他石矿纷纷复业。如原被日商华新公司霸占的长兴石矿公司，在蒋馥山出任董事长、严育山任总经理后，即组织开采东杨家山的青石和西杨家山的白石，年产矿石 5 万余吨。流落他乡的长兴煤矿公司工人，胜利后纷纷返矿，加上原滞留矿上的工人，总数逾 700 人。他们强烈要求恢复煤矿开采。国民党中央资源委员会于 1947 年 10 月派煤业总局副局长吴京到矿实地调查，并做开工准备。

吴兴电气公司沦陷时被日寇霸占，电机、设备被大量盗卖，发电量骤降。战后，资本家踊跃投资，追加资本 51 万元法币。抗战时所剩无几的铁工厂，也得到发展，至 1947 年达 20 多家。

湖州还创办了几家新型企业。较有名的有菱湖化学制钙厂股份有限公司，由资本家章荣初于 1946 年 8 月投资 30 万元开办，生产“红吉”牌沉淀碳酸钙，年产量 250 吨，产品运销上海、广州、香港、澳门等地。1947 年

① 王克文:《湖州市志》(上册)，昆仑出版社 1999 年版，第 533 页。

② 李惠民:《章荣初的创业之路》,《湖州文史》(第 8 辑)，湖州市政协文史资料委员会 1990 年印，第 38 页。

添置设备，扩大生产。天昌漂炼股份有限公司，1938 年建立，公司设在上海，工厂开办在湖州，以钮介臣为董事长。抗战胜利后得到工人的支持，生产规模扩大，产品质量也有所提高。①

5. 国民教育方面

抗战胜利后，湖属各县政府接收了沦陷区的小学，并对日伪小学的教员进行训练、甄审，推进省政府《加紧实施国民教育方法》，分学区设立中心国民学校，保或联保国民学校。私立小学逐步复校或开设。湖州城内有县立爱山镇第一中心国民学校，私立湖郡女中、民德小学、育英小学、崇文小学、三一慈幼院附设幼稚园等。至 1947 年，湖属 6 县小学教育学生数 76078 人，教师数 2239 人。吴兴县的学龄儿童入学率 62.8%。但到 1949 年初，吴兴县公布的小学生数为 32428 人，为 1948 年的 74.4%，学龄儿童入学率降为 46.4%。② 中等教育部分，省立湖州中学于 1946 年春从山区回城，复校于湖州城南。据 1948 年初统计，湖州的普通中学为省立中学 1 所，县立中学 2 所，私立中学 4 所，学生 2015 人，为战前的 2.5 倍。湖属 6 县普遍设立中等学校，各校有中学或简师 1—2 所。③

6. 财政状况

由于共产党在浙西根据地的经济建设，再加上接收巨额敌伪资产和收复区提供的税源，以及大量美援支持，国民政府及其地方政权的财政状况一度较好。然好景不长，国民党依仗其军力和财力，发动了违背人心的内战，致使军费支出无法控制，国库耗尽，国统区的财政金融出现了严重危机。受国民党实行的通货膨胀政策的冲击，浙江省的地方财政与全国一样，各年份普遍比较困难，预算无法平衡，主要是由于法币面额日高，而实值日低，1945—1947 年，浙江财政厅尚可统计年度收支，1948 年以后，季度、月度

① 王玉林等:《湖州工人运动史》，中国广播电视出版社 1992 年版。

② 王克文:《湖州市志》(上册)，昆仑出版社 1999 年版，第 1759 页。

③ 王克文:《湖州市志》(上册)，昆仑出版社 1999 年版，第 1767 页。

预算都难以编制。[①] 吴兴县也是如此。因市政建设经费奇缺，湖州城内仅鱼巷口、志成路、衣裳街部分地段的市容略加修补，其余街巷破残依旧。城区供电不足，共有路灯70余盏，晚上12时后所有路灯齐灭，全城漆黑。

二、国民党政权在湖州的统治危机

随着国民党在全国统治的日趋腐败以及内战的全面爆发，军费开支剧增，经济萧条，物价飞涨，其地方政府乱象丛生，危机四伏。就物价来说，1929年湖州至杭州的汽车票价为每人2元2角，到了1946年，长兴李家巷至吴兴县城的汽车票价竟达每人1500元，吴兴至南京的汽车票价则高达93600元。再从米价来看，《申报》1920年6月报道，南浔米价飞涨，每石价9元6角，但到了1947年，《文汇报》报道“白色恐怖方兴未艾，江浙各地续有米潮”，吴兴米价跃至每石26万元之高，一般平民均感受严重威胁。5月3日下午5时许，首有儿童10余人（年均十五六岁）横持竹梯，糊以红绿标语，上书“要吃饭跟我来”等字样，自城南而来，一般平民跟踪而往，直至北门外米行街，将穗丰、永义、天盛三大米行之店板打开，高喊“请你们救救我们垂死的小百姓吧”，哀声震野。[②]1947年5月，一位作者在《文汇报》发文说：“湖州的春天是寂寞而黯淡的，我们意味到那种薄暮的情调，那种衰落时的气氛在各处漂浮。从他的经济状况看，从他的文化建设来看，即使有这么不算少的清道夫忙碌地整理市容，始终不能掩饰湖州露骨的贫穷，人民经济是迫在日暮穷途的境地了，呼吸着这衰落的气息，会不会引起联想，从而产生出好景将凋的悲哀呢？”[③]

国民党政权在湖州的治理乱象包括冗员和腐败，接收大员满天飞，大小官员几尽腐败。大小汉奸发国难财，而国民党官员则发胜利财。吴兴县汉奸

---

① 潘国旗：《民国浙江财政研究》，中国社会科学出版社2007年版，第201页。

② 《文汇报》1947年5月7日。

③ 《文汇报》1947年5月2日。

案件大大小小不下数百件，按名单逮捕后，经过法院过堂，发押看守所，听候侦查起诉审判。看守所人满为患，为法院有史以来所罕见。在处理过程中，凡属侦查、起诉、审判、上诉等，每段都有交保的机会，大汉奸大讨价，小汉奸小讨价，只要代价交足了，就有准保之可能，甚至可以开脱无罪。如日宪兵队特务陈培三，发国难财最多，是吴兴的大汉奸，他消息灵通，在未发出逮捕令前早走门路，送上巨款行贿，逃往上海躲避。在上海被捕后，押回湖州，又向法院交了巨额保证金，保外候审。轻判有期徒刑2年6个月，又交保证金，得以逍遥自在。当时政府要员和法院内外，徇私舞弊，置若罔闻，民愤极大。陈培三的住屋在爱山街，胜利后行署专员於树峦迁入居住，他们猫鼠同居，行贿包庇，盖非偶然。①

社会风气败坏，甚至还有专门的求贿行贿市场，如东街胜利菜馆（原名集顺园），老板是青帮头子，专门结交官场各界，每在傍晚，楼上内堂两桌酒席专供接收官员与汉奸交易所用，外堂数桌为行贿客人所用，菜堂老板竟成为交易所的拍板要人。承办汉奸案件的有关司法人员也不乏敲诈百出，破坏风纪，排场阔绰，大发横财之人。

国民党地方官员不顾民众疾苦，社会治理无能，匪患成灾。报载有一位将军来湖，下午7时就开始临时戒严。湖州师范有一位教员不知轻重，晚饭后出外散步，结果被拘禁了一晚上，据说是“违禁夜行，事涉嫌疑”。湖州有很多驻军，并不出去剿匪，只在轮埠搜检行人，气势汹汹，而湖属六邑，匪患遍地，民不聊生。② 各地来湖的交通线，湖申、湖杭、湖嘉、湖苏各班轮船几乎每天都有劫匪，水警局预备组织“护航队”，在轮船票上加价做经费，使人们疑心又在战时了。内河航行都要护航队，可见社会之乱到了什么程度。当时国民党浙江省政府有3000万元法币专项剿匪经费安排，经层层

---

① 杨伟民：《湖州民国史料类纂与研究》（个人遗作——邱寿铭专辑），沈阳出版社2016年版，第103页。

② 《湖州的“酱油”民主》，《文汇报》1946年5月26日。

克扣，仅能分配湖区专员公署100万元。1946年7月，吴兴参议会第一次大会通过议案，发动殷商富户捐募1000万元清剿经费，各方捐助踊跃，皆盼清剿成功。[①] 但可笑的是，土匪竟然抢劫到了县长的头上。1948年4月13日，由杭州开吴兴的对号车一辆，驶经武康县上柏附近时遇匪，乘客所带金戒、现钞、皮箱等都被抢去，损失4亿多元，吴兴县长袁右任也在车中。[②]1946年7月28日夜，吴兴菱湖镇西乡南商林，全镇被土匪洗劫。当夜匪徒多达20余人，持有机关枪、木壳枪等器械，先至乡公所，缴去该乡任务队之步枪4支、木壳枪1支，并历时半夜，挨户抢劫，全镇居民无一幸免，事后统计损失总计在1亿元左右。[③]

社会满目疮痍，“民主”成为愚弄群众的幌子。当时的报载评论说，“民主”在湖州表现得“很好”，胜利后的第一次临时县参议会开会时，曾有参议员提出“公卖鸦片以裕税收请公决案”，所幸没有通过。湖州竞选县参议员时，各地花样百出，分送酱油和老酒，《湖报》所评赠以“酱油民主”四字，出乎“酸、甜、苦、辣”之外，民主作风又进一步。酱油为人民必需品，吃到酱油，不能不选了。湖州乡镇长操纵选举，当选的100多位县参议员中，乡镇长未选入者寥若晨星。竞选声中，真正稍有民主作风的都是榜上无名，而昔日的汉奸却可以当镇长，可以当参议员。

国民党政权在湖州统治期间，摊派名目繁多，官员敲诈勒索，官商勾结祸害民众。据《文汇报》1946年8月1日报道：“记者日前下乡，在乡下一个农民的家里看到一本纳捐记载的账簿，看到除开征购、征借以外，计有胜利公债、储蓄金、县级公粮、乡级公粮、任务队食米、制服费、区署客饭米、损耗米、区政府会议食米、负伤将士禄米、县大队额外人员主食米、水口民伕食米津贴、摊派枪支保证金食米、区署枪弹损失赔偿费、区署经川旅

---

① 《湖清剿经费不敷，殷富自募千万元》，《申报》1946年7月15日。

② 《武康遇匪》，《大公报》1948年5月16日。

③ 《文汇报》1946年8月6日。

费、招待过往军队联保办事处津贴及经费……摊派名目如此繁多，实令记者为之咋舌不置。”[①] 另有报道称，吴兴县属乌镇北栅毗连江苏省界，而太史桥一岸则为苏之吴江、浙之吴兴、桐乡三县交界之处，故各县税务机关视该处为最合征之所。仅有船牌捐一项，三县皆巡守其间，因而一般船只经过该地，须缴纳三处同样牌捐，颇有不胜负担之苦。[②]

1946 年 1 月，吴兴县长王非召集会议，说全县各乡镇教育经费应由地方负担，希热心捐助，以宏造就。镇公所应办事业经费，政府无款可拨，自本年度起应由各保人民平均负担。[③]1946 年上海物价飞涨，湖州比上海涨得更快。在上海米价还没有超出 6 万元法币的时候，湖州却已涨到 6.4 万元。1946 年底，长兴各学校教师薪水，仅发放到 8 月，因此罢教、请愿时有所闻。各乡保校因经费无着，关门大吉者颇多。某乡中心学校教师因不堪挨冻枵腹，一致罢教。各年级导师对本级小朋友作沉痛讲话时，均闻号啕大哭之声。[④] 而政府官员和公职人员为非作歹，时有发生。1946 年 7 月，武康县莫干乡一贫民家庭举行婚礼，突来县警局警士约 20 人，企图强奸新娘，强奸未遂又将新郎殴伤，并劫去首饰现款数十万元法币。[⑤] 赌风盛行，今天甲乡长做寿，明天乙保长做生日，其实都是借着做寿的名义邀请一批赌客，借此“抽头”。

三、工人运动和爱国民主运动

1946 年 7 月，国民党在美国的支持下，撕毁“双十协定”，向共产党领导的人民解放区发动大举进攻，内战全面爆发。由此，国民党的统治遭到了

① 《浙西农村一本纳捐账簿的记载》，《文汇报》1946 年 8 月 1 日。

② 《乌镇捐税多》，《文汇报》1946 年 10 月 16 日。

③ 《县长论办四项要政》，《申报》1946 年 1 月 22 日。

④ 《长兴教育破产》，《东南日报》1946 年 12 月 21 日。

⑤ 《文汇报》1946 年 8 月 17 日。

各阶层人民、各民主党派和爱国人士的抵制和反对，陷于彻底孤立。

为了集中力量对解放区实行军事进攻，防止后院起火，蒋介石加强了对国民党统治区的控制。其中一项重要手段就是整顿、操纵黄色工会[①] 以控制工人、压制工人运动。1946 年 7 月，国民党政府颁发了《复员期间领导工人运动实施办法》，其方针是："运动党团组织力量，配合政府措施，制止非法罢工、怠工及越轨行为，打击捣乱阴谋。"要求各级政府，通过"秘密与公开相结合"的领导方式来控制工人。

在国民党浙江省政府的统一部署下，湖州地区各县国民党县党部，在 1946 年前后，分别派员深入各行各业，对原有工会进行"整顿"和"改组"。仅湖州城区，1946 年前后成立的黄色工会就有：报社、人力车、绸布厂、丝织、百货、饮食、成衣、理发、旅馆、绸包、浴业、茶馆业、国药、纸业、民船、泥水、木匠、娱乐、炼业、机器、鞋业、制香、西服缝纫、油漆、印刷、掮挑、油盐酱酒、缫丝、化工制钙 29 个。在各业工会成立的基础上，1946 年 8 月 18 日，整理改组后的吴兴县总工会召开了成立大会，国民党吴兴碧浪区部书记陆煜担任董事长，金兰清、丁余生任常务理事。吴兴县总工会成立时，有会员 3307 人。[②] 此后，德清、长兴、安吉等县的总工会也相继成立。

在国民党政府一手操纵下建立起来的各业工会，千方百计地调和阶级矛盾，为加强国民政府统治所用。《吴兴县总工会成立宣言》宣布总工会的任务是："提高生产效能，协助政府推行政令。"《吴兴县总工会告工人书》为稳定国民政府的统治秩序，极力反对工人怠工、罢工，称："如果有了怠工或失业现象，那就要减少生产，从而使社会蒙受损失，而吃苦的不是一、二个特殊阶级，却是劳工全体"，要工人"一致在三民主义领导下从事生产建

① 指被资产阶级或其政府收买的工会。黄色工会破坏工人运动，分裂工人阶级的团结。

② 王克文：《湖州市志》（上册），昆仑出版社 1999 年版，第 1575 页。

国”，并警告工人“不要受别有用心而唯恐天下不乱者煽惑”。①

由于工会不积极维护工人权益，工人态度十分消极，公开抵制工会，拒交会费，拒绝参加工会的活动。长兴县竹行业理事谭发泉在向总工会的报告中说：“查本会会员王道生，自入会以来，对一切公费抗延不交，又教唆沈和尚协同反对本会的一切进行，讵于本月六日向彼等收取经费时，该王道生及沈和尚非但不交会费，反借口诽谤公益，居心捣乱会务，并扬言谓，成立工会有何用处，无非骗钱而已，吾等同业无交费之必要，若要我等出钱，捣毁你们的工会。”为了加强对工会的统治，国民党政府下令作出硬性规定：工人不入工会，不得去厂做工，拒交会费，要严厉处分。在实际操作中甚至派警察干涉、威胁。

中国共产党在国统区采取“隐蔽精干，长期埋伏，积蓄力量，以待时机”的工作方针和有理、有利、有节的斗争策略，利用合法形式，开展群众性的经济斗争。湖州城区以及长兴、德清、安吉等各县城的地下党员建立单线联系，分散到各工矿企业，以做工为掩护，开展工作。他们有的采取与工人交朋友，帮助工人解决困难等方式接触工人、团结工人、启发工人的阶级觉悟，帮助工人维护自己的权益；有的设法打入国民政府所控制的工会领导机构，或幕后控制工会，渐渐使工会成为工人同资本家斗争的合法组织形式。

国民党的政治腐败和内战政策，引起极大民愤，广大工人罢工，学生罢课，教师罢教，掀起“反饥饿、反内战、反迫害”运动。

（一）工人罢工

1946年6月，国营药店职工因生活困难要求增加工资举行罢工，国民党吴兴县党部不得不召开劳资调解会，资方被迫答应按甲、乙、丙、丁四等给工人米贴。1946年下半年，湖州市场物价“涨风再起，纱、布等商品价格

① 王玉林等：《湖州工人运动史》，中国广播电视出版社1992年版，第64页。

飞涨”[①]。湖州丝绸工人为生活所迫，自发开展的请愿、罢工斗争进一步扩大。同年7月，合丰丝厂300余名女工不满工资待遇，冲破工头和资方的阻挠，举行游行示威。1946年9月，米价每石增至51200元，工人工资撑不到月底，生活难以为继。各丝织厂电力机工联合起来，一致向资本家要求每人借款5万元，遭到拒绝后，丝织工人举行全体罢工。吴兴县党部出面调解，最后以男工各借2.5万元，准备部（丝厂一部门）女工各借8000元而告终。

1946年9月，湖州各丝织厂电力机工因面临断炊，向资本家请求借款，以解燃眉之急，遭到拒绝后被迫举行罢工。到了10月初，每日物价疯涨五六倍，丝织和缫丝工人难以维持最低限度的生活，多次向资方要求增加工资或者借款，可资方以“企业亏损，难以为继”为由，屡屡予以拒绝。为此，湖州承昌、达昌、永昌等工厂的工人曾开展一系列请愿、罢工活动，要求增加工资，改善生活待遇。吴兴县丝织同业公会向国民党吴兴县党部呈文，提出了镇压工人运动的3条意见：(1) 工人任意罢工或怠工，应请当地机关严加制止，彻查为首者，依法惩办；(2) 工人提出额外借款等“无理”条件，厂方无法拒绝时，当局应进行制止，不做调解处理；(3) 各级政府加强对工人运动的控制，制订措施，防止工潮的发生。[②]对于资本家的这种行径，广大丝织工人极为愤慨。他们不仅坚持要求加薪，而且明确提出要“按生活指数计发工资”，并计算出当年工资的数额应为战前的1714倍。资方虽同意按生活指数计发工资，但认为当年工资数额仅是战前的900倍。资方断然拒绝工人们提出的要求，使矛盾迅速激化。中共湖州城区党组织同各厂工人代表一起，于1946年10月发动丝绸工人举行了联合大罢工，同时派出永昌绸厂王大有等3名代表赴杭州请愿。王大有回湖后被逮捕，国民党吴兴县政府贴出布告，威胁工人立即复工，强调“如有罢工，必须依法处理”。湖州丝绸

① 王克文：《湖州市志》（上册），昆仑出版社1999年版，第1428页。

② 王玉林等：《湖州工人运动史》，中国广播电视出版社1992年版，第68页。

工人的罢工斗争面临严峻考验。在中共湖州城区党组织的领导下，各厂工人坚持斗争，一致表示不释放王大有决不复工。经过持续30多天的斗争，国民党吴兴县当局被迫释放了王大有，并同意按1937年湖州丝绸工人人均工资的1200倍计发工资，斗争基本取得胜利。①

1946年底至1947年初，棉织业布厂手摇工因工资太低，难以维持最低限度生活举行罢工。同一时期，悦来纸庄、大达号纸店等纸业职工，多次为要求加薪进行罢工。1947年1月茶馆饮食业要求增加工资，集体怠工，迫使国民党县党部召开调解会，资方同意给工人增加一倍工资。1947年2月，中华海员工会湖州市支部直接致函县党部书记长，要求增加一倍工资。1947年5月10日，吴兴邮电局职工要求提高待遇，加入沪、苏、杭等城市电信局职工的联合行动，实行全线怠工。1947年7月，物价又涨了几倍，数口之家，每月非十万元难以维持。当时，达昌绸厂缫丝部每人每日工资为2400元，而合丰丝厂每人每日工资为2700元。于是达昌80多名缫丝工向吴兴县政府请愿，要求按合丰丝厂标准给工资，经过斗争，工人们达到了目的。1947年7月6日，湖州的气温高达36℃以上，达昌绸厂工人在高温下连续作业，一些女工体力不支昏倒在地。女工们要求按规定做半工，遭到了资方的蛮横拒绝。数百女工不顾禁令，在朱阿彩、姚阿英带领下，举行罢工，并提出实行8小时工作制、确定工资底薪、保障职业等要求。7月19日，合丰丝厂女工300人，要求每人每日加贴膳宿费500元，厂方不同意，工人们举行罢工，警察出面干涉，抓走了2名员工。但工人们没有被吓退，坚持斗争了一个星期，最后警察局只得让步，释放了被抓的工人。9月初，达昌绸厂立缫部、坐缫部工人因工资问题再次罢工。②

菱湖化学制钙厂是抗战胜利后湖州第一个化工企业，该厂设备简陋，劳

① 王玉林等：《湖州工人运动史》，中国广播电视出版社1992年版，第69页。

② 王玉林等：《湖州工人运动史》，中国广播电视出版社1992年版，第72页。

动条件恶劣，工人们说：“家有三日粮，不进化学厂。”化学厂工人每日劳动时间长达 14 小时，这种超负荷高强度的劳动，使工人精疲力尽。工人们为了争取每月两天的休息，为了争取不吃馊粥剩饭，为了争取增加工资等，多次举行罢工。

在国民党的腐败统治下，由于工人贫困化程度日甚一日，斗争一浪接着一浪，高潮迭起，几乎涉及所有的行业和部门。如楮箔香烛业工人为要求提高工资集体罢工，大丰城棉布店职员不满资方给的报酬集体怠工，湖嘉公路汽车员工为生活指数要求增加工资集体怠工等。人力车工人、理发、制香、浴业等服务行业工人，木匠、泥水、漆匠等手工业工人都先后举行怠工或罢工斗争，其涉及部门之广、参加人数之众，次数之多，史无前例。至 1947 年上半年，记录在案的吴兴区县劳资纠纷达 100 多起。

各业工人为争取加薪的罢工斗争，是“反饥饿、反内战、反迫害”斗争的一个重要组成部分。在罢工过程中，中共地下党组织采取“隐蔽精干”的方针，在不暴露自己身份的前提下，积极活动、领导工人开展斗争。他们在罢工前商量决策，罢工中宣传鼓动，当工人代表被抓时设法营救，使大多数罢工达到了预期的目的。

为了挽救战场败局，控制政治局势，蒋介石于 1947 年 7 月发布“戡乱时期全国总动员令”，声称要动员全国力量戡平“共匪”叛乱，宣布严禁工人罢工、怠工和游行请愿。浙江各地国民党党、政、军、警、宪纷纷召开“戡乱救国大会”。湖州所属各县相继成立“戡乱委员会”，令共产党员立即登记“自首”，一律查封与共产党有关的现有机关和社会团体，白色恐怖进一步笼罩整个湖州地区。为了揭露蒋介石的政治欺骗宣传，湖州部分进步教师、青年学生自发组织起来，宣传人民解放战争的形势，激励民众起来反抗国民党的统治。1948 年暑假，米业小学教师凌宁安，英士大学[①] 暑假回乡

① 省立浙江战时大学，于 1939 年改称英士大学。

学生王延芝，湖州公路段职员阙大申、王秋藻等人，秘密出版油印刊物《新原》，转载《文萃》《民主》《群众》等刊物上的毛泽东《论联合政府》等重要文章，以及人民解放军在与国民党军战斗中取得大捷等消息，以鼓舞人民斗争的信心。①

随着国民党军事上的不断惨败，政治上的众叛亲离，经济上的全面崩溃，人民对国民政府统治失去信心。为了控制物价，挽救经济危机，国民党政府实行币制改革，以金圆券取代法币，随之金圆券又彻底崩溃，物价一日数涨，广大人民群众难以承受。1948 年 10 月 26 日，吴兴电气公司职员，因工资收入不能维持生活，要求厂方供膳，遭到拒绝后，集体留厂，实行“饿工”。1948 年 11 月 8 日，菱湖缫丝工 200 多人，因难以维持最低限度生活，要求解雇，发放解雇费另谋生活。据《湖州商报》1948 年 11 月 1 日报道，当日每石大米价高达 2.4 亿元，市民们第一天能买 9 升米的钱，到第二天只能买 2 升烂蚕豆。工人们一拿到工资，就立即涌向米行排队买米。一些米商趁机囤积居奇，哄抬物价，把贫苦市民推向死亡的边缘，抢米风潮迭起，国统区处于一片混乱之中。当时，湖州有米行 70 多家，集中在北门外的一条街上，人们称之为“米行街”，并把米行资本家称为“米蛀虫”。

黄包车工人每天去车站码头拉客挣钱，辛苦挣来的养家钱，往往到排队买米时即已贬值，工人们经常为米价与米行老板发生争执。养路段进步青年王秋藻对人力车工人说“要吃饭不犯法，可以到米行去闹，人要多一点”。于是 100 多黄包车工人联合起来向米行交涉，他们手拿淘箩、米袋、畚箕，高举“反饥饿、要饭吃”的横幅，结队前往米行街抗议。一路上工人和市民纷纷自动加入，七八十个搬运工人闻讯后也赶来参加，队伍越来越大，到北门时已有数百人。加上原在米行排队等候买米的市民和工人，声势更为浩大。大家要求降低粮价，立即售米。米行店则紧闭门板，高挂“米已售完”的牌子，

① 陆菊良：《中共湖州党史》（第 1 卷），中共党史出版社 2002 年版，第 230 页。

图 5—1　湖州著名版画家赵延年画作《抢米》（1947）

集结在一起的群众十分气愤，工人们拼命敲打门板。在反复交涉无果的情况下，愤怒的群众打烂了亿泰米行的门板，强行抢购。国民党吴兴县当局调集全副武装的保安队赶到米行街，他们在新桥头、潘公桥等地架起机枪，对群众进行威胁。群众表示不降米价、不立即售米，决不散去。湖中师生得悉后，在进步教师带领下，上街示威游行，高呼“支持工人斗争”“要吃饭”“要活命”“消灭剥削”等口号，声援工人的斗争。为了缓和局势，防止事态发展，保安队长答应 3 天之内要资本家把米价降下来，群众这才慢慢散去。[①]

① 王玉林等：《湖州工人运动史》，中国广播电视出版社 1992 年版，第 74 页。

（二）学生罢课

1946 年下半年至 1947 年上半年，学生罢课不断兴起。湖州师范和湖州中学师生首先行动起来。湖州师范学校的前身是浙江省立第三师范学校。抗日战争初期，因湖城沦陷撤往孝丰，此后校址几度迁移。1946 年 1 月，学校改名为省立湖州师范学校，定址湖州城内天宁寺。当时湖师的学生大多来自浙西北山区，不少学生接触过新四军，接受过进步思想熏陶。他们家境贫寒，同情群众的困苦，不满国民政府的独裁、内战行为。1946 年秋的一天，国民党吴兴县警察局警员，持枪进入湖州城内的开明戏院看“白戏”不出钱，并仗势欺压戏院有关人员。这点燃了蓄积在湖师学生胸中的怒火，他们纷纷前去找警察说理，在冲突中将警察赶出戏院，还缴下警察一支枪。看“白戏”的警察召集大批警员闯入学校报复，任意殴打学生，还抓走一名教师和两名学生，引起全校师生公愤。湖师学生集体行动，大闹警察局，并以罢课进行抗议。最后，警察局长被迫释放被捕师生，公开赔礼道歉。

1947 年初，湖州师范师生为反对学校当局贪污举行罢课。国民党吴兴县党部派特务进校，以指使学生闹事为名，抓走了 2 名教师。学生们喊出“保护师生人身安全”“要自由”等口号，坚持继续罢课。工人们也以各种形式声援学生，最后政府不得不释放了被捕的教师。不久，湖中、湖师两校学生因所交学米被扣，即将断炊，又发起砸抢北门米行事件，许多工人赶去助阵。这次行动虽遭警察殴打驱散，但在实际上成为“反饥饿”斗争的前哨。

1947 年 5 月 20 日，在中共地下党组织的领导下，南京、上海、苏州和杭州等地16所专科以上学校5000余名学生，冲破宪警阻拦，在南京举行“抢救教育危机”联合大游行。学生们高呼“反饥饿、反内战、反迫害”的口号向国民党参政会请愿。同一天，北平学生举行“反饥饿、反内战、反迫害”大游行。这就是“五二〇运动”。当天，国民党当局在南京出动军警镇压，逮捕和打伤学生 100 余名，制造了“五二〇血案”，由此更使“反饥饿、反

内战、反迫害”的学生运动迅速发展到全国。[①]湖州各校学生也很快行动起来，他们通过各种渠道获得《新观察》《共产党宣言》《目前形势和我们的任务》《大众哲学》《野火》等革命书刊，秘密宣传和传阅。他们组织集会，出刊墙报，创作漫画，在学校和汽车站张贴“要民主自由”“反内战、反迫害”等标语，以各种方式声讨国民党对学生运动的镇压。湖州中学全校学生举行罢课，在大礼堂前开设“民主墙”，向国民党政府“要民主，要自由，要和平”，声援“五二〇运动”。[②]南浔中学学生在学校开辟的“五四民主壁报”上发表大量文章，对国民党政府压制民主的行径表示抗议。一些学生在壁报上公开写道：“我们像皮球，压得越厉害，我们跳得越高”。[③]6月，杭州师范、湘湖师范发起组织全省师范学生联合大罢课，湖州师范也参加了行动，在组织全校师生罢课的同时，派代表李玉成等到省教育厅参加集体请愿，迫使教育厅接受学生改善伙食、停止迫害学生等条件。其间，德清、练市等地部分小学教师和职工补习学校的师生，也积极参加了中等学校进步师生组织的“反饥饿、反内战、反迫害”运动。

1947年10月29日，浙江大学学生自治会主席于子三被国民党中统特务非法逮捕并害死在狱中。惨案发生后，浙大师生悲愤集会，发表罢课抗议宣言。11月5日，浙大校长竺可桢向记者披露真相，说明于子三之死是“千古奇冤”。杭州、北平、天津、南京、上海等城市的10万名学生为此举行罢课和示威，抗议反动当局的暴行。消息传到湖州，许多学校的进步师生举行集会，谴责暴行。湖州中学出刊悼念于子三的墙报，要求严惩杀害于子三的凶手。许多学生佩戴于子三纪念章，传唱悼念烈士的挽歌。他们悲愤地唱道：“安息吧！死难的同学，别再为祖国担忧。你的血照亮着路，我们在胜利前进。安息吧！死难的同学，别再为祖国担忧。现在是我们的责任，去争

① 胡绳：《中国共产党的七十年》，中共党史出版社1991年版，第235页。

② 黄逸：《湖州市教育志》，浙江教育出版社1995年版，第393页。

③ 盛佩孚：《湖州市革命文化史料汇编》，团结出版社1993年版，第296页。

取民主自由”。[①]“踏着烈士的鲜血前进”成为当时许多进步师生和青年与国民党进行坚决斗争的共同心声。

第二节　战后菱湖市镇现代化建设尝试

一、菱湖市镇现代化建设中的民间力量

“菱湖是浙江北部太湖南滨吴兴县属的一个市镇，四周环绕着十四个乡镇，这就是旧时行政上的‘菱湖区’；全区面积约二百二十五方公里，人口达十二万余，其中百分之八十以上从事农耕，尤以蚕丝生产最为重要，因为育蚕既丰收获又速，故由副业跃入主业地位，为全区农民生计所寄托，也是农村经济命脉的所在。战前全区桑地总面积在五万亩以上，栽桑总数达一千五百余万枚，当丝业全盛时代（1926年以前）年产土丝总量可能达八千担左右。”[②]1927年至1936年全盛时期，“专营运销上海之行商，计有四十余家，每家营业数额，平均每年以30万元计，平均每年达一千余万元国币”。“其次如鱼、菱、羊毛等生产都能大量运销外埠，因此菱湖在战前可以说是比较富庶的地区，更由于接近大都市，人民生活水准和文化水准都相当高。”[③]

然而，由于日寇的入侵，8年间人民饱受敌寇、伪军的蹂躏，生活困顿凄惨。大批的壮丁被驱作伪军、挑夫，乡村中的劳力日益窘乏，土地荒芜、生产减缩，再加上巧取豪夺的盛行，寄生者无孔不入的摊派勒索，一般农家

① 盛佩孚:《湖州市革命文化史料汇编》，团结出版社1993年版，第261页。

② 《乡土重建的一个实验——记实干中的菱湖建设》，湖州市档案馆藏，档案号Q313—7—33。

③ 《章荣初与菱湖建设协会》，上海市档案馆藏，档案号Q193—3—93。

不仅无隔宿之粮，且连破锅破门也被席卷而去，整个社会经过长期的破坏，各种结构都入于“解组”状态。同时，农村生产的萎缩与农民购买力的锐减，使得依存于农村经济的市镇商业一蹶不振，再加之战争的破坏，市镇房屋毁去三分之二，到处都是断垣残壁，瓦砾之场。“人口锐减，菱湖镇只有八千多人民。”①

抗战胜利后，面对着这一片残破而贫困的土地，部分有志青年开始自发谋划家乡建设。“以抗战期间的抗日爱国青年团体‘国魂社’正副社长杨文虎、王洗为首的青年，组织了菱湖镇复兴建设委员会和建设工作队，拟定了计划，决定在菱湖镇修整和建设 8 条干路和 10 个街区。”② 但由于缺乏资金和技术，他们的计划无从实施，只做了些整理和修补性的工作。“整理范围，仅限于镇上，工作对象，仅止于整理市区街道，修补若干房屋，设定国民学校和体育场之类。”③ 不久，在上海方面，由于菱湖同乡潘公展的登高一呼，以及章荣初的宏愿决心，一个从事乡土重建的实验开始付诸筹备和实施。

1945 年 12 月 31 日，由潘公展和章荣初联名邀请部分旅湖同乡，在上海贵州路湖社举行了茶话会，出席会议的菱湖同乡 157 人，会议决定发起组织菱湖建设协会。章荣初在会上说：“我务必为桑梓有所建树，方无愧于先祖和后人。”④ 他仿照美国基金会模式，宣布成立青树基金团，拨出荣丰纱厂 10 亿元的股票，再筹集 10 亿元的资金，总共 20 亿元存入荣丰纺织厂，每月提取 1 亿元利息为建设经费的流动资金，并以荣丰股票为保证，承担了建设家乡的全部资金。他的这一举动，得到了热烈的反响。经过协商，菱湖建设协会筹备组成立，推举潘公展、唐伯耆、章荣初、吴淮清、孙慎三、卞觉

① 《章荣初与菱湖建设协会》，上海市档案馆藏，档案号 Q193—3—93。

② 李惠民：《章荣初》，浙江人民出版社 2006 年版。

③ 《菱湖建设工作的后顾与前瞻》，《菱湖日报》1947 年 1 月 1 日。

④ 李惠民：《章荣初的创业之路》，《湖州文史》（第 8 辑），湖州市政协文史资料委员会 1990 年印，第 36 页。

盦、沈开成、谈运来、卞绍曾 9 人为筹备委员，“积极筹备，循序推进，本复兴地方以助成建国之原则，唤起同乡共谋农工商学之建设。举凡改进农业、救济贫民、修筑道路、建设房屋、振兴工业、创办学校，以及其他福利事业，无不次第擘划实施，以期完成模范之乡镇。”①

经过 10 个月的筹备，1946 年 10 月 12 日，菱湖建设协会在上海贵州路湖社正式成立，正式会员 200 余人，大多为旅沪菱湖乡贤，包括官绅商学金融等各界人士，会所设在天津路 238 号山西路口的丰业大楼，在菱湖镇公所设办事处。会议通过的章程共十章三十六条，“以遵循经济建设之国策，兴办各项建设事业、以恢复菱湖之繁荣为宗旨”，并指出“本会实施区域，暂以旧菱湖区所辖十五乡镇为建设范围”。章程规定菱湖的建设分为农业、工业、教育、建设、医疗等方面，“有关本区农业之生产，农业之改良、农业之扶植，尤以特产上之蚕桑、鱼、菱为主要部分；有关农业、工业化之设施，尤以特产上之缫丝、烘茧，强调罐头水产食品以及必须水电民需小型工厂之创办；有关普及教育、扫除文盲之设施，尤以中等职业教育，完善国民教育之举办；有关整顿市容、整顿街道、疏浚河流之建设设施，尤以解决目前危房、建设平民住宅之举办；有关卫生保健之设施，尤以医院之设立、防疫之提倡。”②

10 月 24 日，菱湖建设协会在上海丰业大楼举行第一次理、监事会议，选举潘公展为理事长，章荣初为副理事长，费树声为理事兼秘书长，王雪峰（王洗）任菱湖办事处主任并兼任建设协会理事。潘公展、章荣初提出建设协会的工作原则：“以发展教育和农村经济为最大目标，并以工商业的繁荣为配合，而以增进人民福利为依归”。③ 会议议决菱湖建设协会下设秘书处、设计委员会、各种专门委员会及蚕桑推广、农田水利、文化教育、工业管

① 《菱湖建设协会》，上海市档案馆藏，档案号 Q6—5—163。

② 《吴兴县菱湖区建设协会章程草案》，《菱湖日报》1946 年 10 月 10 日。

③ 王雪峰：《菱湖建设工作的后顾与前瞻》，《菱湖日报》1947 年 1 月 1 日。

理、工程设计、公共卫生六部。后来制订的《菱湖建设协会菱湖办事处组织规则》规定菱湖办事处下设总务、蚕桑、公益、调查四股。这样，菱湖建设协会加上此前成立的青树基金团，构成了一个完整的民间机构，“建设协会是负责设计建议和监督的机构，青树基金团是负责人力和财力的策划调度与执行机构。前者有的是‘权’，后者有的是‘能’，这‘权’与‘能’的划分是相当合理的。建设协会菱湖办事处的设立，其主要任务，在于沟通地方人士与旅沪同乡的意见”①，菱湖建设协会的成立基本上完成了民间力量重建菱湖的动员与聚合。菱湖人“正抱着十二万分的信心和热望，极盼这理想中的菱湖伟大建设，逐步以达于成”②。

菱湖建设协会的核心人物是潘公展和章荣初两人。潘公展1894生于湖州，毕业于上海圣约翰大学，是著名报人。早年先后担任《时事新报》副刊《学灯》、《民国日报》副刊《觉悟》及《商报》《申报》的撰稿人或编辑。1932年4月在上海创办《晨报》，任社长。抗日战争胜利后，任《申报》馆董事长兼社长，《商报》副董事长。潘公展同时也在国民政府党政部门担任要职，历任上海特别市党部常务委员，上海市农工商局局长、社会局局长、教育局局长等职。1935年11月，当选为国民党中央委员。抗日战争期间，历任国民党中央宣传部副部长、新闻检查处长、中央图书杂志审查委员会主任委员等职。潘公展还任过上海大学、国民大学、南方大学、政治大学教授以及中国公学校长，著有《中国学生救国运动史》《罗素的哲学问题》等。1949年离沪去香港，1950年5月抵美定居，1975年6月在纽约去世。

章荣初1901生于吴兴荻港，是荻港章氏三省堂十四世孙，因他父亲章清儒在菱湖经营同丰祥丝庄而迁居菱湖。幼时念过小学，青年时贩卖棉布，后去上海开设华丰棉布号，创建上海纺织印染厂。1937年抗日战争全面爆

---

① 王雪峰:《菱湖建设工作的后顾与前瞻》,《菱湖日报》1947年1月1日。

② 《建设协会成立感言》,《菱湖日报》1946年11月1日。

图 5—2 章荣初（1901—1972）

发后，变卖住宅和家具，捐资抗战。上海沦陷期间，棉纱、棉布全部被日军统制，章荣初把棉织品改为棉麻交织，避开了统制，使企业能自由经营。在此期间，又创办了荣丰纱厂及苏中铁工厂、上海皮革厂、泰州纱厂、丰业大楼等，成为上海知名厂商之一。抗战胜利后，在上海湖社成立了菱湖建设协会。先后创办川沙纺织厂、菱湖化学厂等。中华人民共和国成立后，章荣初选择留在祖国大陆，积极参加私营工商业社会主义改造，得到了陈云等中央领导的接见和毛泽东主席的"墨宝"，成为 20 世纪 50 年代初期浙江省留在大陆资产最多的民族资本家，同时担任了上海市棉纺业分会董事，上海市、浙江省政协委员，1972 年 12 月在上海去世。

章荣初是菱湖建设协会在经济上的主要支柱，最初拟出资法币 20 亿元，截至 1947 年 7 月底，"他的菱湖建设协会的工作，大大展开，支出已

一百二十亿。”[①] 菱湖建设协会激发了菱湖人建设家乡的热情，社会各界积极行动起来，大家有钱出钱，有力出力。沈云斋将菱湖镇南栅所有住宅房屋全部木料砖瓦捐助充作建筑医院之用，将位于渤澜桥北首之祠堂全部捐助，作建设菱湖新村之用。费孝侯将菱湖镇南栅旧福音医院房屋连同基地全部捐助，所有该屋木料砖瓦移充建筑医院之用。岳赞尧、岳望生以每亩 7.5 万元法币转让共有坟地，以作建设菱湖新村基地。卞尚斋拟将榜眼厅基地全部捐助青树基金团建设南区小学之用。[②] 沈树桐将沈氏家族之共有产，自愿不取分文捐助，作建设菱湖新村基地。[③] 菱湖医院地址勘定后，“沈恒丰米行及沈柏青、陆福康、沈承祚诸先生……立刻慷慨地把祖产赠给地方，再由地方移赠于建设协会”。[④] 在菱湖医院落成之前，旅沪的菱湖乡贤沈贵三、潘渭川、费孝侯等 21 人，发动菱湖同乡捐款捐物，在南栅拱宸桥北夏宅筹建了“时疫医院”，多次收到民间组织与个人捐款，第 1 次 23.8 万元[⑤]，第 2 次 1218.9 万元[⑥]，第 3 次 57 万元[⑦]。上述 3 次捐款共计 1299.7 万元。热心教育的社会组织与人士共计捐款 464.3 万元，弥补菱湖国民学校教育经费的不足。旅沪菱湖乡贤沈承昭，捐资 3000 万元，发起筹设图书馆一所，采购各种书籍容纳其中，以嘉惠好学者。[⑧]

菱湖建设协会在筹建过程中，除了潘公展、章荣初的精神向标和示范价值外，还形成了强烈的舆论力量和精神鼓舞。《菱湖日报》作为当时全国唯

① 《南浔周报》1947 年 11 月 9 日。

② 《菱湖日报》1946 年 7 月 21 日。

③ 《菱湖日报》1947 年 2 月 6 日。

④ 《菱湖日报》1947 年 1 月 1 日。

⑤ 《菱湖临时救济时疫医院捐款鸣谢（第一号）》，《菱湖日报》1946 年 8 月 11 日。

⑥ 《菱湖临时救济时疫医院经募捐款》，《菱湖日报》1946 年 10 月 10 日。

⑦ 《菱湖临时救济时疫医院捐款鸣谢（第三号）》，《菱湖日报》1946 年 10 月 21 日。

⑧ 《菱湖日报》1946 年 10 月 21 日。

一一份乡镇级报纸[①]，在舆论导向上发挥了积极作用，如报纸上关于菱湖建设的宣传有“群策群力共同复兴菱湖”“集思广益计划建设新菱湖”“树高千丈叶落归根”“君子勿忘其本”“纪念祖先必须关怀故乡”“有钱出钱有力出力”“实践重于理论、行动重于空谈”“建设之要首重民生”“建设应以菱湖全区人民的意思为意思”“破坏建设的就是菱湖人的公敌”“建设要有苦干硬干实干的精神”[②]等等，对加强菱湖同乡的精神凝聚力起到很大作用。在这期间，《菱湖日报》的主要版面大多用于报道菱湖建设协会的消息、进展状况，或用于刊登菱湖早期现代化建设的规划、讨论文章等。其舆论导向的作用发挥得十分出色。如“要故乡繁荣必须建设，建设菱湖是全镇人们的责任”，“建设是大众的事，决不是某一个人的事”，“公益的建筑物征用了你的土地，你应当慷慨地捐助，为儿孙造福，如因公益需要，而你反要抬高价值，阴谋阻挠，必为社会所不齿”[③]……这些宣传在当地及上海的菱湖人中产生了很大的影响。

菱湖是第一个自主建设的农村市镇，重建工作曾轰动一时。[④]“自从菱湖喊起了建设之后，菱湖无形是‘大’了许多，章先生也无形伟大了许多，现在无论在什么报纸上都登载过建设新菱湖的消息，而且渲染得有声有色，菱湖两字已经使他们注意”[⑤]，“菱湖建设是地方民主的开始，是国家建设的开始，中国各地都没有建设，而菱湖首先开始”[⑥]，菱湖建设开了地方自主建设的先河，在全国产生了很大影响。当时，全国一些知名人士如导淮委员会

① 由于经费困难，《菱湖日报》只出旬刊，中间一度出过五日刊，在极度困难的情形下坚持了一年之久，“上海的商报记者、杭州的东南日报记者他们都说这是报界上的‘奇迹’，并且说乡镇上有一张报纸在中国也只有菱湖”，《菱湖日报》1947 年 6 月 1 日。

② 《菱湖日报》1946 年 10 月 10 日。

③ 《菱湖日报》1946 年 3 月 11 日、1947 年 1 月 6 日。

④ 彭南生:《湖州早期现代化建设的一次尝试——以菱湖战后重建（1945—1949）为例》，《近代史学刊》2005 年第 2 期。

⑤ 《省方大批官员来菱视察菱湖建设》，《菱湖日报》1946 年 6 月 11 日。

⑥ 《省方大批官员来菱视察菱湖建设》，《菱湖日报》1946 年 6 月 11 日。

工程师、水利专家关衡青，中华书局总编辑舒新城，金陵大学农经系教授兼中国农业推广服务社社长应廉耕，同济大学土木系教授李华仪，蚕桑专家费达生等曾来菱湖考察或指导工作。[①]1947 年春，浙江省政府主席沈鸿烈前往菱湖视察，赞扬菱湖建设。1948 年 10 月，新任浙江省政府主席陈仪到菱湖视察，对菱湖建设作了很高的评价。这些都极大地提高了菱湖人对未来的预期值。

二、菱湖市镇现代化建设理念

从 1945 年 12 月菱湖建设协会筹备组的成立，到 1946 年 10 月菱湖建设协会的正式成立，再到 1947 年底《菱湖建设协会第一期五年计划书》的制定和发布，历经曲折和探索，菱湖市镇现代化建设形成了一个明晰的思路。

菱湖建设协会筹备组成立后，只隔了数天时间，章荣初就回到菱湖家乡，拜访了区长孙国英、镇长潘淡宁，详细听取他们关于建设菱湖的意见。不久，又邀请黄伯樵、舒新城、俞庆棠、肖卫国、严谔声等上海工商界著名人士和专家学者 10 人，到菱湖实地考察。1946 年 4 月，章荣初发布启事，公布 1946 年拟办的 11 项重建项目，包括菱湖医院、青树南区小学、青树北区小学、青树当铺、同丰祥丝号、青树农场、青树教育补助基金、菱湖农民借贷所、菱湖碳酸钙厂、菱湖农村生产服务社、菱湖新村。[②] 从总体上来看，当时建设工作的对象只限于菱湖一镇，工作的目标是要把支离破碎的菱湖镇建设成一个现代化的小都市型的新市镇，于是他们计划填河道，辟马路，建造新式房屋，建立公园、公墓，等等，重点是街道的拓宽与功能区的相对集中，如拟修建八条干路，设置十大功能区等。[③] 许多工作是想到就做，做了

① 《菱湖日报》1946 年 6 月 11 日、7 月 11 日，并参见李惠民:《章荣初的创业之路》,《湖州文史》(第 8 辑)，湖州市政协文史资料委员会 1990 年印。

② 《菱湖日报》1946 年 7 月 21 日。

③ 《菱湖日报》1946 年 7 月 21 日。

再想，不大有连贯性。再加上菱湖建设协会筹备组因内部人事纠纷而一度停顿，由章荣初出资创办的青树基金团代替执行各项建设任务。于是，各种争论和矛盾便出现了。

《菱湖日报》1946 年 5 月 11 日集中刊登的《功伯等致章荣初先生函》《功伯致公展先生函》《陆功伯先生等给协会的信和章氏的答复》等函件文稿反映了这些争论和矛盾。问题主要集中在三个方面。一是菱湖镇天然是优美的水乡，其建设应因地制宜，保持菱湖水乡特色，而填河拆桥拓道路，“竟使热心为善者，成为万矢之的”。二是所有建设“必须认定国有、公有、共有、私有四种的性质”①，以免假公济私，造成强凌弱，众暴寡，竟置国家法律于度外。三是青树基金团是私人的，用私人基金团名义购置土地，虽然建的是学校、医院，总是公私不分。对于章荣初请来的 10 人专家考察团，他们并不理解，甚至有人在菱湖街头贴出了这样的标语——“菱湖事菱湖人办，不是菱湖人滚出去”② 等。陆功伯等乡绅的尖锐意见，确实对章荣初造成了很大的打击，章荣初也把这段时间称为在“黑暗中摸索前进”。时任建设协会筹备委员的卞觉盦这样描述自己的心境：“江南春燕雨迟归，乡音频传百念灰。我欲高呼攘臂起，满天云雾再谋谁。”③ 非常担心菱湖重建会中途夭折。章在复信中表示，填河造路须请专家论证，“谋造全镇市民之福利，决不一意孤行，违反众望”；拆房建屋问题，“如市民不同意，亦决不能轻举妄动”；至于公有、私有问题，章荣初明确表示，“荣初私人之支出，永远不作私有，亦决不为遗留子孙之想”④。为了坚决支持菱湖重建，菱湖各界代表暨青年召开大会，发表宣言，明确表示：“吾人不谈建设则已，若欲谈之，则决不能违背时代趋势，一味以迁就现实为借口，因陋就简，粉饰了事，是因循而不

① 《功伯等致章荣初先生函》，《菱湖日报》1946 年 5 月 11 日。

② 李惠民：《章荣初》，浙江人民出版社 2006 年版，第 68 页。

③ 《菱湖日报》1946 年 5 月 21 日。

④ 《章荣初先生复行陆功伯等函》，《菱湖日报》1946 年 5 月 11 日。

是彻底手段，吾人今欲商业致于发达之境，人民趋于富庶之途，与夫跻于现代市镇模范之域，则舍此建设，别无良策，简陋粉饰之谈，殊非吾人众意之所赞同也。”①

虽然带来一些困难与波折，但这场争论还是有其积极意义的。1946 年 10 月，菱湖建设协会正式成立，章荣初进一步多方征求意见和建议，建设理念得到了极大的完善和提升。1947 年 10 月，经第 4 次理监事会讨论，拟订了《菱湖建设五年计划轮廓》，提出了“以建设完成建设，实现农业工业化；努力扩大再生产，建设理想小都市”的纲领。不久，正式制定了《菱湖建设协会第一期五年建设计划书》（1948—1952）。这个计划确定了“发动乡人建乡，配合建国大计”的总方针，强调农工商全面增长、乡村与市镇共同发展。以“工农并重，教养合一，人定胜天，自力更生”为纲，根据菱湖特点，从农业引发工业，以工业推动农业；为生产发展教育，以教育促进生产，真正做到人尽其才，物尽其用，地尽其利，货畅其流，达到“促进农村进步繁荣，建立新型田园都市”的目标。② 章荣初在接受记者采访时也重申：“我希望菱湖变成一个都市，或者说，一个接近于都市型态的小都市，我们是有计划的……如果顺利的话，我想在六年之内，把菱湖建设为现代化的小都市。”③ 这是在经过民间各种观念碰撞后，章荣初与菱湖建设协会“摸索得来的一条出路”④。由此可见，谋求市镇与乡村的统一发展已经成为菱湖人战后重建中的重要理念。

菱湖建设五年计划概要（1948—1952）的主要内容是：

（1）在发展农业方面，一是加强蚕桑培养，确立以保为单位取得合作的

---

① 《陆功伯先生的信公开后菱湖人发表宣言》，《菱湖日报》1946 年 5 月 21 日。

② 李惠民：《章荣初的创业之路》，《湖州文史》（第 8 辑），湖州市政协文史资料委员会 1990 年印，第 36 页。

③ 徐商寿：《章荣初及其菱湖建设》，《南浔周报》（第 4 号）1947 年 11 月 9 日。

④ 徐商寿：《章荣初及其菱湖建设》，《南浔周报》（第 4 号）1947 年 11 月 9 日。

机构、开辟苗圃、创立合作的培植桑树、扩展养茧法、提倡以科学方法育蚕、倡导新式缫丝法为国家争取外汇，包括疏浚河道、培养蚕种、预防害虫、肥料使用指导；二是科学养鱼，倡导科学养鱼法、提倡合作销售、利用水利扩大培养、改进技术增加生产；三是建设农场，介绍集体养猪和羊，使每一住户平均畜以两头。

（2）在发展工业方面，拟建化学厂（1948）、化妆品厂（1949）、碳酸钙厂（1950）、小规模毛织厂（1951）、加添600座纺织机、扩展纺织厂，决定设立肥皂厂和其他厂，设立小规模的缫丝厂，创设丝织品厂。

（3）在社会建设方面，一是发展教育，在本区以保为单位推行基本教育、完成中学六年的供给、扫除文盲、提倡社会教育、出版本地刊物、推行职业教育；二是发展福利，开办医院、流动医疗、设置小儿科、创办公共食堂、建筑招待所、娱乐场所之发展、开辟公墓；三是发展交通，建设公路、发展水路交通以及菱湖镇的电讯；等等。在市镇发展方面，推进城市现代化，发展公园、电灯自来水之供给。①

从专家考察论证到制定五年计划发展规划，以及整个建设实践来看，章荣初建设家乡的思想理念较为完整地表现出当时所能达到的现代化建设的认知高度，也给历史留下了许多可供借鉴的经验：

（1）注重经济建设与社会建设的平衡发展。五年计划在规定工农业建设的同时，对社会公益事业的教育、卫生、福利、交通、城镇建设，也都作了详细规划，体现了孙中山“建设之首要在民生”的思想。

（2）在工农业建设中，把发展农业和农村放在重要位置。章荣初等人认为，“我国的经济基础完全建立在农业方面，全国国民百分之八十以上从事农耕，应当努力推行农村工作。”农村建设工作又要以建立乡村工业为主，“乡村工业是大工业的基础，可以吸收大工业的产品，也可以为大工业提供

① 《章荣初与菱湖建设协会》，上海市档案馆藏，档案号Q193—3—93。

原料，农村工业建设资金少，技术低、设备少、建设周期短，外国资本不会大量涌入，竞争也少，菱湖农业优势非常明显，蚕丝和淡水鱼的产量和质量都在湖州处于领先地位”。他们还进一步认为：“农业工业化，其发展的过程是从农村生产力的恢复与增进，从而恢复与增进广大农民的购买力，然后各种工业必随事实需要而兴起，这样，生产力与购买力辗转递增，农业和工业叠为推引，产业的发展无可限量。”

（3）提出“以建设完成建设”的循环推进模式，对于克服建设过程中的资金匮乏，是一种有效的渐进方式。

（4）倡导“乡人建乡”，章荣初在建设实施中，本着有钱出钱、有力出力、自建家园的精神发展建设事业，较少对外力寄托幻想，从而调动了菱湖人建设家乡的热情支持，开辟了菱湖建设的局面。①

（5）十分重视物质建设与文化教育建设的互动性，文化事业的发展在他们的计划中占有相当重要的地位，其目的就是提高菱湖人民的素质，更好地进行早期现代化建设。当时就有人撰文指出：“一个古老的市镇，要把他变成现代化，除了经济的条件外，还要看文化的水准如何。换句话说，就是要看一般的居民，是不是具有一般现代化应有的常识，徒然求其外表美观，内容并不充实，这美观，又有什么意义呢？”② 章荣初与菱湖建设协会的同人们在物质建设的同时，在教育事业上倾注了大量心血，并取得了一定成效。

三、菱湖市镇现代化建设的实施及其成效

菱湖建设协会成立之后，为了工作上的便利，在菱湖设立办事处，推定理事王雪峰主持，王在抗战期间曾担任菱湖区、双林区的区长，是一位长于社会工作且有强烈正义感的青年领导者，对于农村情形尤为熟悉。他带领工

① 李惠民：《章荣初》，浙江人民出版社2006年版，第74—75页。

② 东阳：《读了几封关于菱湖建设的信后》，《菱湖日报》1946年8月11日。

作人员经常下乡调查实际状况，竭力启发农民自发自动自决自助的精神，使乡村建设工作成为一种全体农民共同参与共同推进的运动。同时，在发展乡镇工业、市政建设、交通通信、文教卫生等方面，民间力量都被纳入统一的组织、规划，在现代化建设理念的指导下，菱湖重建工作开始有步骤、按计划地向前推进，在许多方面留下了辉煌的篇章。①

（一）改良蚕业生产技术

考虑到菱湖是一个以蚕丝、丝织为特色的江南名镇，为了振兴蚕丝业，从1946年5月起，在章荣初亲自策划和督导下，菱湖区各乡成立了10个“蚕桑实验区”，每个实验区拥有农民一千至二千人，实验区开办义务学校、修理圩埂和桥梁、建造渡船、巡回医疗、进行蚕本贷款及肥料贷款、赠送肥料并指导施肥方法、救济孤寡贫弱等。他们把科学的生产技术和合乎时代要求的思想观念带给农民，使农民组织起来，鼓足信心，团结互助。菱湖建设协会协助各乡农民组织起94个专营性的“蚕业生产合作社”，使合作社遍布全区各乡镇，社员总数达8174人。②

针对当时农业生产衰退、技术落后、经营方式过于散漫、土法缫制的蚕丝无法适应时代发展要求、旧式手工业已被淘汰等现状，菱湖建设协会确立农村工作的总目标是合理化、科学化、集体化和工业化。表现在蚕业方面，菱湖建设协会设计了一套连环性的彻底改革的方法。

首先从培植桑苗开始，拨款法币2.5亿元，在实施计划的第一年，买进精选的7000株桑树苗，无条件赠送给农民。建设协会还“在施家桥举办实验农场，占地八百亩……栽种桑苗500万枝”③。

① 彭南生:《湖州早期现代化建设的一次尝试——以菱湖战后重建（1945—1949）为例》，《近代史学刊》2005年第2期。

② 《乡土重建的一个实验——记实干中的菱湖建设》，湖州市档案馆藏，档案号Q313—7—33。

③ 《理想中的计划实现》，《菱湖日报》1947年5月21日。

其次是在消除桑蝗害虫方面，菱湖建设协会教授农民刮除卵块、摘除蛹茧等方法，并分发化学药剂供农民使用，还组织农民举行除虫竞赛，各乡农民除虫者每次必达3万人以上，农民捕得桑蝗可依照分量领取现金奖励。

再次是在蚕种方面，为了确保蚕种优良，菱湖建设协会在镇江用10亿元法币买下“明明制种场”一所，培育出来的蚕种，“最初仍旧免费赠送，后来则以廉价卖出，在1946年共计免费赠送优良的蚕种二万张。在1947年有二万五千张系用低廉的价格卖出，另有五千多张是免费赠送的。在1948年蚕种分配增至73000张，这也是仅收极少的成本而已。”① 同时，还成立指导机构20所，设共育室40处。②

最后是在烘茧方面，为了提倡缫制厂丝，“绝对放弃土丝做法”，菱湖建设协会在菱湖建设了10个实验保，10个预备保，在每一个实验保设置烘灶，不收任何费用代蚕户烘茧。③1947年春期烘茧500余市担，1948年同期增长至2500余市担。由此可见，菱湖各乡所产蚕茧由土法加工进步到科学加工，获得了农民的普遍认可。

以上各环节，都有菱湖建设协会成立的各级蚕桑指导所进行培训和指导。仅1948年3月至6月，蚕桑总指导所就派出巡回指导员11人，各社指导员89人，助理指导员37人，催青指导员25人，全部人员经费都由协会支出。经过不懈努力，1947年春季“改良蚕种饲育成绩极佳，平均每张收茧量达35斤以上，其中尤以日月牌新品种最为优越，农民对之极表信仰，据估计此次春蚕菱湖区农民因协会发种而增加之财富不下国币一百十七亿元”④。而1948年春，每张蚕种采茧量最高达62市斤，平均在38市斤

① 《菱湖日报》1947年3月21日，载《章荣初与菱湖建设协会》，上海市档案馆藏，档案号Q193—3—93。

② 徐商寿:《章荣初及其菱湖建设》,《南浔周报》(第4号）1947年11月9日。

③ 《菱湖建设协会告菱湖区蚕户书》,《菱湖日报》1947年5月21日。

④ 《建设协会定八日举行春蚕成绩展览会》,《菱湖日报》1947年6月1日。

左右。[①] 春茧总产量达到 1140 吨，秋茧总产量 195 吨，基本达到了战前的水平。[②]

（二）扩大渔业产销量

渔业生产也是菱湖农民传统的农业主要收入。翻开菱湖区的实测地图，最令人惊异的是一连串的鱼池，鱼池所占的面积比陆地还多。菱湖区 40% 以上的农民从事着一项仅次于蚕业的重要生产工作，即养鱼。这里所养的鱼是淡水鱼，主要是青鱼、草鱼、鳙鱼、鲢鱼等“四大家鱼”。养鱼先要培育鱼苗，鱼苗经过几个月的蓄养后就成为种鱼，种鱼养大后就是成鱼。菱湖的

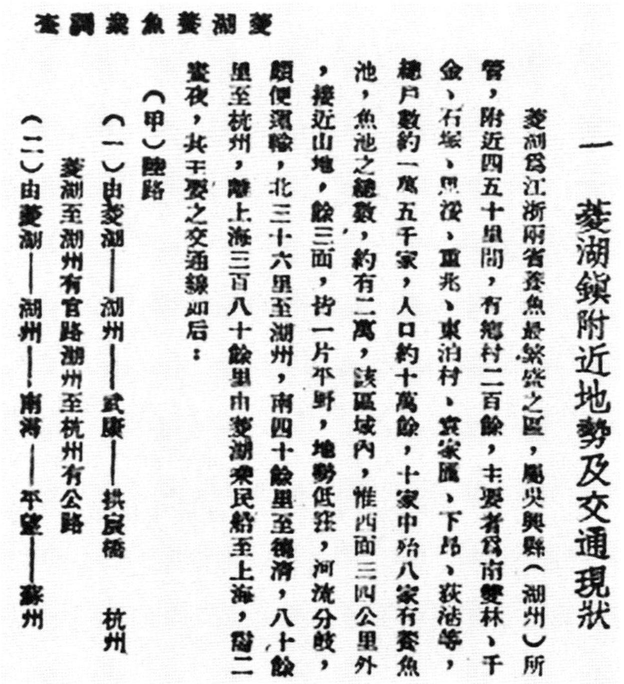

菱湖養魚業調查

一　菱湖鎮附近地勢及交通現狀

菱湖爲江浙兩省養魚最繁榮之區，屬吳興縣（湖州）所管，附近四五十里間，有鄉村二百餘，主要者爲南雙林、千金、石塚、思溪、重兆、東泊村、袁家匯、下昂、荻港等，總戶數約一萬五千家，人口約十萬餘，十家中殆八家有養魚池，魚池之總數，約有二萬，該區域內，惟西面三四公里外，接近山地，餘三面，皆一片平野，地勢低窪，河流分歧，頗便運輸，北三十六里至湖州，南四十餘里至德清，八十餘里至杭州，離上海三百八十餘里，由菱湖乘民船至上海，需二晝夜，其主要之交通線如后：

（甲）陸路

（一）由菱湖——湖州——武康——拱宸橋　杭州

菱湖至湖州有官路湖州至杭州有公路

（二）由菱湖——湖州——南潯——平望——蘇州

图 5—3　菱湖渔业调查（1946）

① 《乡土重建的一个实验——记实干中的菱湖建设》，湖州市档案馆藏，档案号 Q313—7—33。

② 李惠民：《章荣初》，浙江人民出版社 2006 年版，第 79 页。

种鱼除供自用外，还远销台湾、福建、广东等地。成鱼除供当地食用外，每年冬季以活水船大量运往上海、杭州、苏州等地销售，获利颇丰。战前每年运销的成鱼不下 20 万担。但经过抗日战争，1945 年冬运销外地的成鱼只有 5 万担，仅为战前的四分之一。战后制约菱湖渔业生产的主要原因有：经营散漫，劳力颇多浪费，鱼池未尽利用；资金不足，周转时间长；鱼病严重，生产减少；旺产期供过于求，渔农争相压价运销，加以鲜鱼无法久藏，成本增高；中间商人重重盘剥，渔农所得大为减少等。

菱湖建设协会制定的五年计划，提出了针对性的措施和目标，包括把全区渔农组织起来，申请渔业生产和运销贷款，研究改进生产技术，扩大种鱼运销地区，开辟河漾合作养鱼，设立工厂进行鲜鱼加工等。在渔农组织方面，1946 年 7 月 15 日成立了菱湖农民养鱼生产改进会，下辖 13 个支会，分布附近的村落中，会员达 1300 人。大会通过章程共 9 章 25 条，“以平等互助之精神，共谋会员间养鱼生产之改进，及复兴为宗旨”，同时制定了较为完整的方案，如“集体采购鱼秧及饲养鱼料”“策划运销之敏捷与便利”“改进畜养方法及计划增加生产”“集体向国家银行，借农业生产贷款，以作养鱼资金”“与上海鱼市场商榷改善流弊”等[①] 业务计划书。在申请贷款方面，1946 年夏，章荣初以湖丰绸厂担保，获准向中国农民银行商贷养鱼生产贷款 1 亿元，平均分贷各会员，利息极低。1947 年度续贷农民银行 4 亿元，1948 年又续贷农民银行 8 亿元，又向中国渔业生产研究所无息借款 18 亿元。同时，从中央水产实验所请来技术专家加以指导，还经常集体采运鱼苗及饲料，合作运销鲜鱼等，以提高渔农的收益。1946 年冬季运往外埠销售的成鱼 113056 担，“1947 年出口达 13.7 万担”[②]，1948 年达到战前 20 万担的产量。

① 《菱湖区农民养鱼生产改进会成立，通过章程计划，积极推进会务》，《菱湖日报》1946 年 8 月 1 日。

② 《章荣初与菱湖建设协会》，上海市档案馆藏，档案号 Q193—3—93。

为了发展粮食生产，菱湖建设协会还分先后缓急，于1947年1月至5月，修建了500亩以上的圩堤28处，长度7550丈，2万余亩农田受益，增加产量2万石以上。同时引进优良稻种试验后推广，在青山施家桥青树农场和石淙乡300亩的稻田做试验场，积极推广优良稻种。无偿分发各乡小型抽水机20部，作为排涝抗旱之用。[①] 鉴于菱湖农民普遍饲养猪羊之状况，菱湖建设协会于1947年在青树农场内设立畜牧场一所，向外国购买最优良的种猪和种羊，用科学方法加以喂养和繁殖，以期逐渐推广至本区农家。

（三）创办乡村工业

菱湖建设协会除力求农业生产的增进而外，更发动地方热心人士逐年创办各种因地制宜的工场，力求实现农业工业化、工业农业化，务使农业与工业得以密切结合，生产力与购买力得以迭相推进，熔都市与农村的长处于一炉，使农村与都市平衡发展。1946年4月，章荣初投资4亿元，在菱湖北栅开办菱湖化学厂，占地约50亩，职工300余人，主要设备有石灰窑2座，小型空气压缩机2台，美国进口60匹柴油机1台，30千瓦时和40千瓦时发电机各一套，出品有红吉及蓝吉牌碳酸钙粉，是制造橡胶和化妆品的主要原料，每月产量270吨，大部分运销上海，质量为当时远东第一，产品供不应求，所有盈余除充实本身设备外，几乎完全用于菱湖建设事业方面。1946年10月，章荣初在上海成立菱湖缫丝股份有限公司，股份总额为200亿元，厂址毗连菱湖化学厂，在菱湖镇北栅安澜桥堍北圣堂，征地55亩，1948年6月正式建成开缫。该厂是一家合乎现代化标准的大规模工厂，拥有锅炉3个，千叶式烘茧机1架，立式缫丝车408台，坐缫车80台，机器设备投资总值64.5亿元，职工1009人。每月出产合乎外销标准的优良厂丝约250担，“他们的希望是使这个缫丝厂，为整个菱湖蚕丝工业的先锋，使其成为一向

① 《菱湖建设》，《申报》1946年10月29日。

生产有限的土丝，进而变为大量生产现代化的厂丝。”[①] 事实上，菱湖丝厂不仅成为象征菱湖工业发展的标志性企业，也是当时浙江省首家大型缫丝厂，并被时人誉为全国一流缫丝企业。

菱湖繅絲公司建廠完成

【聯合徵信所訊】頃據關係方面稱：潘公展氏等於去冬鳩資國幣二百億元，購地二十餘畝，籌設之菱湖繅絲公司，鳩工建造之廠房，頃已完成，內部設備，有最新自動迴轉式繅絲車四百部，並設有紅綠燈管制工作，聞該公司並有自設蠶種場，將於該地四週鄉村，計劃發放春蠶種九萬張，約可收購春繭二千担，繅製生絲二百餘擔。

图 5—4 《征信新闻》报道菱湖缫丝公司建厂完成（1948）

菱湖建设协会于 1948 年秋开办了汇丰石粉厂，每天产量 20 余吨，供碾谷机及化妆品工业用。为了供应以上三厂所需的动力和居民的照明电灯用电，章荣初扩建了菱湖青树电气公司，在新电力厂尚未造成以前，该厂暂设于缫丝厂内，拥有发电量为 250 千瓦的发电设备，并有两台 135 千瓦的发

① 《章荣初与菱湖建设协会》，上海市档案馆藏，档案号 Q193—3—93。

电机作为预备，年发电量 117368 度。建设协会在规划菱湖市镇建设时，以菱湖化学厂和菱湖缫丝厂为“母厂”，计划用两厂利润的 30%充实基础，用 30%在菱湖设立其他工厂，用 40%作为市镇建设及福利事业经费，以此完成农业工业化，达到“以建设完成建设”的目标。①

（四）推进市镇建设

交通通信方面。加强公路建设，修建菱湖至八里店之间的公路，由省政府发动民工修路，桥梁部分由菱湖建设协会斥资建造。1947 年，章荣初开设了菱湖轮船公司，开辟申菱直达内河客货运输航线。架设了菱湖至湖州、和孚、千金等地的直达电话，“兴建电话线数百里”。截至 1946 年 7 月 1 日，菱湖镇上已经安装了 19 部电话②，通信建设已初具雏形。1947 年初建设协会又架设了菱湖至湖州的长途电话线，“湖菱间长途电话已可畅通，且传音极为清晰”③。

市容市貌方面。菱湖建设协会勘定南郊荒地 100 余亩，准备建造商品房屋 300 幢，住宅房屋 200 幢，并开阔新马路；再将每个月房租收入移作建筑其余道路及残破房屋的基金，努力打造一个工农业并重、教养合一的新型田园都市。此外，还计划建设托儿所、儿童乐园、招待所、灵山风景区、公园等公共福利设施。为了供应菱湖工厂和居民电灯用电，菱湖协会在菱湖缫丝厂办了一家电力厂，拥有 250 千瓦的发电设备，并有两台较小的发电机作为预备。④

（五）发展文教卫事业

章荣初在菱湖镇上建立了设施一流的青树中、小学，主席校董为潘公展，“青树中学，教职员 50 余人，中学部学生 123 人，小学部学生 1084 人，

① 《乡土重建的一个实验——记实干中的菱湖建设》，湖州市档案馆藏，档案号 Q313—7—33。

② 《现在菱湖的市区电话有了一个雏型》，《菱湖日报》1946 年 7 月 1 日。

③ 《建设协会又一成绩，湖菱直达话线架竣》，《菱湖日报》1947 年 1 月 6 日。

④ 《乡土重建的一个实验——记实干中的菱湖建设》，湖州市档案馆藏，档案号 Q313—7—33。

所有学生一律免除学费”[①]。青树小学由章荣初创办于1933年，1937年11月日军占领湖城，学校停办。1940年3月，学校被日军烧毁。抗战胜利后，在建设新菱湖活动中，章荣初把恢复青树学校作为首要工作，他许下心愿，要把学校的校舍、设施、仪器、图书、环境等，建设得比当时全省有名的杭州武陵中学和嘉兴秀州中学还要好。1946年12月新校区建成，潘公展及吴兴县长王非等参加了新校区的落成典礼。东吴大学社会系主任钱长本参观后赞叹：“绝不会比上海任何中小学来得差。”[②]在乡村，章荣初开办了12所青树分校，有小学生1000余人，由总校统一管理。此外，章荣初多次捐款补助教育经费之不足，如资助菱湖区的公立国民学校，1945年度下学期，其所需教育经费“尽赖章荣初全部负担”，从1946学年度开始，每月补助教育经费200万元法币[③]。在卫生事业方面，先由旅沪的菱湖乡贤沈贵三、潘渭川、费孝侯等21人，发动菱湖同乡捐款捐物，于1946年7月在南栅南当湾借名医夏墨农住宅筹建了“时疫医院”[④]。1946年10月，医院迫于经济困难而关闭。根据民众要求，沈贵三等将其移交菱湖建设协会接办，1948年秋，建设协会在安澜桥西堍泗水庵旧址建造了有全新设施的菱湖医院，时疫医院并入。菱湖医院成为当时吴兴县设备较全、技术条件较好的医院。

综观以上所有建设活动，农业工业双管齐下，经济建设与社会建设同时并举，体现了全面性；远大的计划和分步的措施相结合，体现了大处着眼小处着手，使人力物力发挥了最大的效能；在组织能力上，以合作方式组织农民，把潜在的民力发掘出来，极大地调动了民众自动、自决、自助的精神。这场以早期现代化为诉求的菱湖重建活动，给这个古老的江南名镇带来

① 《菱湖建设》，《申报》1946年10月29日。

② 李惠民：《章荣初》，浙江人民出版社2006年版，第99页。

③ 《章荣初氏慨助各小学经费，教育事业获得安定》，《菱湖日报》1946年11月1日。

④ 《造福桑梓，时疫医院八月一日开幕》，《菱湖日报》1946年8月1日。

“二十世纪的摩登的景色”[①]。作为江南市镇早期现代化建设的一次尝试，菱湖战后重建在民间主导与政府呼应的运行模式下，取得了一定的建设成绩，但面对公益与私利的两难选择，章荣初回报桑梓、服务社会的良好愿望，也面临诸多阻力。雄厚的资本、先进的理念固然是现代化建设所不可缺少的，但如何防止现代化建设过程中公益与私利、道德与商业关系的失衡，从某种程度来说更为重要，怎样处理个中关系也是它给我们留下的一笔宝贵的精神财富。菱湖战后重建未能取得完全成功，除了其重建规划具有太多的超前性而无力实施以外，战后物价飞涨、法币不断贬值以及内战环境等客观条件也给菱湖重建工作带来了诸多不便，影响了建设的进度。[②]

第三节　国共矛盾的再度激化及其在湖州的表现

一、国民党加紧“清剿”新四军留守人员

抗日战争胜利后，国民党虽然在表面上同共产党举行重庆谈判，但主要目的是通过谈判拖延时间，仍然想通过战争来消灭人民革命力量。还在重庆谈判期间，国民党当局就密令各战区印发蒋介石在1933年“围剿”红军时编纂的反共文件《剿匪手本》，同时以保证“安全还都”为名，抓紧调兵遣将，将其嫡系部队新六军、74军等从大后方空运至南京、上海和京沪铁路沿线，占领南京外围城镇，在茅山地区展开“清剿”[③]。

---

① 徐商寿：《章荣初及其菱湖建设》，《南浔周报》（第4号）1947年11月9日。

② 彭南生：《湖州早期现代化建设的一次尝试——以菱湖战后重建（1945—1949）为例》，《近代史学刊》2005年第2期。

③ 《解放战争时期苏浙皖边区革命斗争史专辑》，中共镇江市委党史资料征集研究委员会1989年印，第2页。

自国共重庆谈判期间布置，到 1945 年 11 月中旬，根据“双十协定”，新四军苏浙军区各部队，以及浙西、苏南、浙东的党政干部及地方武装近 7 万人，均完成渡江北移任务，共产党新四军在湖州所属各县的浙西根据地不复存在。

浙西新四军苏浙军区的北撤，是抗日战争胜利后中共为了争取国内和平所作出的重大战略调整。在新四军苏浙军区北撤期间，中共苏浙区党委为了认真做好新四军北撤的善后工作，特别是保护各地党的组织和群众组织，保护新四军伤病员、复员战士和抗日军人家属的安全①，于 1945 年 10 月 5 日在宜兴张渚主持召开留守工作会议。会议根据上级关于设立留守机构的指示，讨论了苏浙皖边区的留守问题，明确了留守力量的人员配备、组织领导和工作任务等问题，决定成立中共苏浙皖边区特委，公开对外名称是“新四军苏浙皖边区留守处”②。特委下设浙西、郎广、茅山、太滆4个工委。在军事组织上，建立苏浙皖边区司令部。边区司令部直接指挥一个主力营，下辖 3 个连。苏浙皖边区的留守力量，连同各工委及其武装在内共 1000 余人。

中共浙西工委于会后成立，公开对外名称是“新四军浙西留守处”③。杜大公任书记，主要负责吴兴、德清、武康、安吉、孝丰、余杭、临安 7 个县的工作。浙西工委直属的留守武装为一个警卫大队，大队长姜恩义。警卫大队下设 3 个排，其中一个主力排，一个是以地方干部为主组成的短枪队，一个是由机关人员组成的直属分队，共 120 余人。④

中共郎广工委也于会后同时成立，公开对外名称是“新四军郎广留守

---

① 《解放战争时期苏浙皖边区革命斗争史专辑》，中共镇江市委党史资料征集研究委员会 1989 年印，第 235 页。

② 陈鹤锦:《中共江苏地方史》(第 1 卷)，江苏人民出版社 1996 年版，第 516 页。

③ 新四军浙西留守处主任杜大公，副主任何行之。工作机构设：总务处，处长段俊；供管科，科长徐石麟；宣传队，队长刘斯文。

④ 《解放战争时期苏浙皖边区革命斗争史专辑》，中共镇江市委党史资料征集研究委员会 1989 年印，第 236 页。

处”，张思齐任书记，主要负责长兴、宣城、郎溪、广德 4 个县的工作。郎广工委直属的留守武装为一个警卫连，下辖 3 个排，共 70 余人。郎广工委还确定了上述各县的特派员，另组了各县武工队。其中长兴县特派员刘旦，武工队队员 18 人。

新四军主力北撤后，留守人员面临极为艰苦复杂的环境，国民党当局立即背信弃义，宣布新四军留守人员为“匪”，指令其部队在苏浙皖边区“一面进行受降工作，一面开始清剿散匪”。1945 年 10 月中下旬，国民党第 144、145、146 师和新七师以及交警大队等武装，先后进入郎（溪）广（德）长（兴）地区，发动对新四军留守人员的“清剿”[①]，企图利用中共武装力量北撤之机消灭当时的留守部队和机关。国民党第三战区的数十万部队，陆续从皖浙赣山区进入京沪杭地区，在莫干山、天目山地区和长兴等地作短期驻扎，协同“清剿”。1946 年 1 月，汤恩伯召开苏浙皖三省反共联防会议，成立苏浙皖三省“剿共”指挥部，总部设在湖州城内，并派孙良诚率部进驻湖州，留守浙西的中共干部和群众面临极为严峻的形势。[②] 其间，国民党当局还网罗地方反动势力，通过推行《各县、区、乡、镇匪军动态日报办法》及《各县、区、乡、镇潜伏奸匪查报办法》[③] 等措施，捕杀共产党员和进步人士，配合国民党军队的“清剿”。湖州地区仅长兴县，就有近千名中共党员和干部、群众被捕，其中 60 余人被害。[④]

1945 年 10 月下旬，浙西工委从张渚返回浙西，立即遭到国民党军队的围追堵截。10月 24 日，国民党军第 92 师、第 87 师和“忠义救国军”所属部队，在长兴县泗安附近的龙山包围了浙西留守武装的宿营地，并凭借其兵力优势

① 《解放战争时期苏浙皖边区革命斗争史专辑》，中共镇江市委党史资料征集研究委员会 1989 年印，第 237、338 页。

② 袁成毅:《浙江通史・民国卷（下）》（第 12 卷），浙江人民出版社 2005 年版，第 336 页。

③ 《解放战争时期苏浙皖边区革命斗争史专辑》，中共镇江市委党史资料征集研究委员会 1989 年印，第 2、243 页。

④ 谢文柏:《新民主主义革命时期中共长兴党史简编》，浙江大学出版社 1991 年版，第 67 页。

发起进攻。留守武装主力排迅速抢占有利地形，组织火力进行牵制，掩护部队撤退到了安全地带。在工委书记杜大公、警卫大队大队长姜恩义的指挥下，留守武装先后转移到安吉、武康等地，并在莫干山麓的杨山庵（今属德清县）、临安县境内的林家塘连续两次打退了国民党军的围攻。但新四军浙西留守武装也遭到很大损失。特别是在林家塘战斗中，留守武装在遭到突然袭击的情况下仓促应战，被迫分数路突围，结果部队被打散。战斗后，跟随工委书记杜大公行动的干部战士仅剩30余人，加上连续行军、作战，人员得不到休整，给养出现问题，部队的行动越来越困难。

为保存力量，减少伤亡，中共浙西工委领导决定改变活动方式，利用当地社会关系隐蔽部分指战员，就地坚持斗争。杜大公率姜恩义、郑华光等10余人组成小分队，向皖南转移，与特委取得联系。转移途中，小分队在孝丰县报福山区再次被打散，工委委员、警卫大队教导员郑华光等4人牺牲。11月上旬，国民党孝丰县当局侦悉杜大公等进抵孝丰、广德边境的大王山地区，采取放火烧山等措施进行搜捕，吴月平、巢超等多人被捕。不久，杜大公亦被逮捕。

浙西工委在湖州地区的斗争，虽然只有短短一个月左右时间，但作为新四军苏浙皖边革命斗争的余波和组成部分，指战员们表现出的英勇顽强的斗争精神，对这一时期湖州人民的革命斗争仍然具有重要的影响。国民党表面上同意新四军留下部分人员处理北撤后的事宜，实际上却根本不让留守处立足，以绝对优势的兵力进行围追堵截，这也让浙西人民进一步看清了国民党当局背信弃义的本质。

在长兴，郎广工委长兴特派员刘旦率武工队返回长兴后，国民党采取封山“清剿”的办法，先后在煤山附近的亭子岕和龙山一带，多次围攻武工队，部分队员被打散。武工队不得不从山区撤向圩区，但活动更加困难。此后，武工队员利用当地社会关系，分散隐蔽下来。刘旦撤离长兴转移到湖州城郊，最后乘民船抵达江北，与中共上级党组织取得了联系。

在孝丰，由中共领导的孝丰游击大队20余人，在来不及北撤的情况下，由广德返回广宁孝边区，在独山、小白店、石壁、文岱一带活动，坚持斗争。国民党军第192师、62师及“忠义救国军”等部队，即进入孝丰西部山区实施“清剿”，逃亡的地方土顽及地主武装，也纷纷还乡反攻倒算。山脉连绵、竹茂林密的广宁孝边区，在国民党军队的重重包围和“清剿”中，游击大队中的20多人先后有14人被捕，其中5人惨遭杀害，游击大队不复存在。

二、国民党政权加强对湖州的统治

1946年1月，苏浙皖三省“剿共”指挥部在湖城设总部。国民党安吉、孝丰县政府实行“清乡”，杀害留守的共产党员、新四军官兵及农会干部70余人。5月至7月，国民党德清、武康、吴兴县政府分别成立“清乡”委员会。国民政府徐州第一绥靖区长兴指挥所设立宜（兴）长（兴）广（德）3县联防处。国民政府首都卫戍司令部无锡指挥所设立包括吴兴、长兴等县在内的太湖、苏浙皖边等4个“清剿”区。①

1947年7月4日，蒋介石发布“戡平共匪叛乱”总动员令。7月7日，发表“戡乱建国”演说。7月18日，国民政府公布了《动员戡乱完成宪政实施纲要》。此后，又陆续颁布了一系列法令。从此，中国社会进入“动员戡乱时期”。这是国民党统治集团为挽救它在内战中的败局，加紧对人民的镇压而实施的重要措施，共产党被列为“叛乱团体”和“戡乱”的对象。总动员提案称“中国共产党拥兵割据，扰害地方，武力叛国”，要“全国军民集中意志，动员全国力量”②，加紧“戡乱”。在《动员戡乱完成宪政实施纲

① 王克文:《湖州市志》(下册)，昆仑出版社1999年版，第38—39页。

② 《国民政府关于通过蒋介石交议厉行总动员进行内战提案的训令》(1947年7月4日)，载《中国现代政治史资料汇编》(第4辑第4册)，中科院历史研究所三所南京史料整理处1960年印;《国民政府公报》(1947年7月5日，第2869号)，国民政府文官处印铸局1947年印。

要》中，规定“对于妨碍人力物力动员的行为以及怠工罢工停业等予以惩处”，“对于煽动叛乱之集会及其言论行动，应依法惩处”。[①]“戡乱”总动员令发布后，国民政府副主席孙科对记者发表谈话时特别指出：“总动员令之颁布实施，旨在加强剿共军事，若仍有人提出反对战争口号，即系反对政府。此项行动绝对不能饶恕。”[②]

国民党浙江省政府一面动员各县保警部队划区“清剿”，一面组建民众自卫队，严密情报组织，构筑各县要道，还在各村间架设电话，构筑碉堡，进行全面“清剿”。到1948年6月，浙江省将原有的5个保安团扩大为7个，并增设1个突击大队，1个工程兵营。同时，国民党省政府宣布将成立特种刑事法庭，凡关于《危害国家紧急治罪条例》的案件，由当地军警机关直接送解特种刑事法庭，加强了对中共地下党员和民主人士的迫害。

在湖州，1947年8月，国民党武康县党部设立“戡乱建国动员委员会”。10月，国民党吴兴县党部设立“动员戡乱委员会”，国民党长兴县政府设立“清乡”委员会。12月，国民党成立“天目山绥靖指挥部”，第二区专员於树峦兼任指挥。1948年7月，国民党德清县党部设立“戡乱建国动员会”。1949年1月，第一区保安司令部对吴兴实行戒严。2月，吴兴县党部在湖州召开四县反共联防会议，4月成立“中国国民党浙江省吴兴县党部反共救国军”，由於树峦任司令，设双林、南浔、菱湖、练市、和孚、大钱6个中队，同时在双林组织“四维社”[③]。

中共浙西工委及其武装虽严重受挫，但反“清剿”斗争并没有停止。中共湖州城区党组织由于得到浙西特派员的指导，首先恢复了工作。1945年

① 《动员戡乱完成宪政实施纲要》，载《中国现代政治史资料汇编》（第4辑第4册），中科院历史研究所三所南京史料整理处1960年印；《国民政府公报》（1947年7月19日，第2881号），国民政府文官处印铸局1947年印。

② 《中央日报》1947年7月8日。

③ 四维即“礼、义、廉、耻”，是国民党于1934年至1949年推行的国民教育运动——新生活运动的中心思想。“四维社”是蒋介石推行新生活运动的组织。

9月，中共湖州城区区委书记段俊撤离，城区党的工作改由中共浙西特派员罗希明领导，下设丝绸业、店员、五洋湾3个支部。[①] 他们根据“隐蔽待机”方针，在极其困难的情况下坚持斗争，反对国民党的内战独裁统治。他们将城区党组织划分为3条线，即纺织线、商业线和农村线（主要是白雀乡五洋湾村），采取单线联系的方式实施领导。[②] 文教系统党员的工作，由罗希明直接联系。他们通过交朋友等途径，秘密开展宣传工作，把尽可能多的群众团结在自己周围，扩大中共的影响力。他们以各自职业为掩护，调查了解敌情，注意发现积极分子，把符合条件的人员吸收到党内来，逐步壮大中共的队伍。

三、中共党组织在斗争中恢复

新四军北撤后，中共浙西特派员罗希明根据苏浙区党委的指示，留下来坚持秘密斗争，接受苏浙皖边区特委的领导。但由于国民党军队的大规模“清剿”，罗希明不久即与苏浙皖边区特委失去联系。1946年夏，经华中分局城工部协调，浙西特派员的工作改由上海党组织领导。1947年10月中共中央上海局外县工作委员会成立后，罗希明担任上海局外县工委浙西特派员。[③]1948年1月，上海局外县工委决定，成立中共杭嘉湖工作委员会。3月，淞沪工委与杭嘉湖工委合并为淞沪杭嘉湖工委。[④] 为了加强嘉兴、吴兴和江苏吴江等县党的工作，淞沪杭嘉湖工委于4月组建了中共吴（江）嘉

---

① 中共湖州市委组织部:《中国共产党浙江省湖州市组织史资料（1927.4—1987.12）》，新华出版社1993年版，第28、37页。

② 周一鸣:《湖州城区工作情况回忆》，载《湖州党史档案资料》，中共湖州市委党史研究室藏，档案号A—4—39，第63页。

③ 中共湖州市委组织部:《中国共产党浙江省湖州市组织史资料（1927.4—1987.12）》，新华出版社1993年版，第81页。

④ 中共湖州市委组织部:《中国共产党浙江省湖州市组织史资料（1927.4—1987.12）》，新华出版社1993年版，第82页。

（兴）工委。[①] 根据上海局外县工委的工作方针，淞沪杭嘉湖工委明确了各级党组织的主要任务是组织地方武装，开展游击战争，扰乱敌人后方，同时在一些点线发展党组织，积蓄力量，以迎接大军解放。

在淞沪杭嘉湖工委和吴嘉工委领导下，中共地下党组织紧紧依靠党员骨干，动员进步青年入伍，策反国民党地方武装起义，成功组建吴嘉湖独立团。吴嘉工委根据“在一些点线发展党组织”的指示，在斗争中发现、培养积极分子，逐步开辟了吴兴县境内的工作。1948 年下半年至 1949 年初，吴嘉工委和洲泉中心区委经过努力，先后在吴兴县的轧村、埭溪、南浔等地建立了党组织。

轧村是吴兴县塘北的一个小集镇。抗日战争初期，中共浙西特委曾在塘北建立党的组织，组建抗日游击武装，开展抗日救亡运动。1940 年 8 月，塘北党组织遭国民党破坏，许多党员与组织失去联系。抗日战争胜利后，国民党吴兴县当局强化了在塘北的统治。在轧村，各种反动势力横行，苛捐杂税繁多，土匪活动猖獗，人民群众深受被掠夺、压迫之苦。1947 年秋，失去联系的中共地下党员秦家几经周折，终于在吴江县的严墓与嘉兴党组织取得联系。不久，嘉兴党组织派俞双人到轧村听取工作汇报，传达有关指示，发展党的组织。1948 年 7 月，中共轧村支部正式建立[②]，党员增加到 10 余人。

中共轧村支部的建立，推动了吴兴县塘北一带反抗国民党统治的斗争。在轧村支部的鼓励、支持下，大批群众参加了抗丁、抗捐等活动，同国民党地方当局的所谓“戡乱”部署进行了针锋相对的斗争。其间，轧村支部还打入国民党地方政权机构，利用“合法”身份开展对国民党乡镇武装的策反工作。吴兴县塘北的轧村、骥村、织里、义皋、东乔、东迁等乡镇的自卫队，以及塘南的马腰、江苏吴江的七都等一些国民党乡镇武装，先后为轧村支部所控制。

① 中共嘉兴市委组织部：《中国共产党浙江省嘉兴市组织史资料（1925—1987）》，新华出版社 1992 年版，第 49 页。

② 中共湖州市委组织部：《中国共产党浙江省湖州市组织史资料（1927.4—1987.12）》，新华出版社 1993 年版，第 83 页。

埭溪位于吴兴县西部山区，东邻德清洛舍和崇德洲泉。1945 年冬，浙西留守武装在反“清剿”斗争中被打散，留守处会计、原中共洛舍区委书记沈瑛几经辗转，与中共洲泉中心区委取得联系，恢复了党的组织关系。1946 年初，沈瑛根据洲泉中心区委的指示返回洛舍、埭溪一带，利用社会关系开展隐蔽斗争。他以摆米摊谋生为掩护，秘密开展党的工作，恢复和发展党的组织，在埭溪恢复和发展了 6 名党员。1948 年初夏，洲泉中心区委根据淞沪杭嘉湖工委委员罗希明的布置，把工作重点从隐蔽待机，转移到开展武装斗争上来。不久，罗希明等相继被捕，淞沪杭嘉湖工委活动停止。1948 年 9 月，中共洲泉中心区委在埭溪建立了党支部。①

中共埭溪支部建立后，根据上级党组织关于开展武装斗争，扰乱敌人后方的指示，及时把工作重点转移到发展游击战争上来。此后，埭溪支部通过积极工作，策反了吴兴埭溪、德清洛舍等地的国民党地方武装 200 余人。虽然这支部队由于组建仓促，成分比较复杂，没有完全为埭溪支部所掌握，但在军事上牵制和削弱了国民党地方武装的力量，对稳定当地社会秩序、减少人民生命财产损失起到了一定作用。

中共南浔支部是继轧村支部后，中共吴嘉工委在吴兴县境内建立的又一个党的基层组织。地处太湖走廊的南浔与江苏吴江接壤，是浙北大镇，地理位置重要。国民党浙江省政府为“确保太湖治安”，派浙江内河水上警察局一个中队常驻这里。此外，南浔镇还驻有一个自卫中队。开辟南浔的工作，策反、控制这一带的国民党地方武装，对于“扰乱敌人后方，策应大军过江”具有重要意义。吴嘉工委根据形势的发展，通过教育、考察，先后在南浔发展了一批地下党员，并于 1949 年 1 月建立了中共南浔支部。②

① 中共湖州市委组织部：《中国共产党浙江省湖州市组织史资料（1927.4—1987.12）》，新华出版社 1993 年版，第 83 页。

② 中共湖州市委组织部：《中国共产党浙江省湖州市组织史资料（1927.4—1987.12）》，新华出版社 1993 年版，第 83 页。

南浔支部建立后，积极开展对国民党地方武装的策反工作。为了控制南浔镇自卫中队，南浔支部加强了对该中队的分化、瓦解工作，进而掌握了这支武装。驻南浔的水警中队慑于人民解放军的强大攻势，大多数人员流露出谋求后路的思想动向。南浔支部与该中队负责人交换对时局的看法，阐明党的方针、政策，指明个人出路，施加积极影响，促其弃暗投明。此间，中共南浔支部还通过秘密刻写、印刷、寄发“劝降书”等，告诫附近乡镇的反动武装弃暗投明，从而进一步扩大了政治影响，分化、瓦解了周边乡镇的反动武装。

在苏浙皖边区，中共苏浙皖边区特委及其留守武装在国民党军队优势兵力的“清剿”下，由1000多人减少到不足300人，但斗争经验逐步丰富，在许多地方建立起隐蔽据点，基本上站稳了脚跟，适应了新的斗争环境。1947年1月，中共党员刘晓白率领游击队员在吴兴、长兴、安吉等地区开展游击战争。1947年7月，中共领导组建的长兴县政府在长（兴）宜（兴）边境青山成立。1947年3月，中共中央华东局为大力发展皖苏浙赣广大地区的游击战，创建根据地，开辟第二战场，撤销原苏浙皖边区特委，建立苏浙皖边区工委。1947年9月，工委武装主力一连进入广宁孝边的白马庙、横禄山、梅林等地。10月，边区工委根据形势的发展，建立了中共广宁孝县工委及县民主政府，统一领导安徽省广德、宁国及浙江省孝丰县的工作。新开辟的广宁孝地区，以广德南部的白马庙为中心，南至宁国的梅林、狮桥，东达孝丰的郭吴村等地，纵横八九十里。

1948年春，随着全国解放战争形势的变化，国民党正规军第63师等部队陆续调离苏浙皖边区。边区工委抓住有利时机，打击地方反动势力，巩固老区，发展新区。广宁孝县工委武工队与边区武装主力配合，深入孝丰西圩、太平一带发动群众，粉碎驻孝丰的国民党浙江省保安团两个中队的进攻，拔除一批敌人据点，进一步巩固和扩大了游击区。经过斗争，在广宁孝地区建立了100多个可以完全控制的立脚点。同年8月，边区工委为了扩大南进成果，创建以天目山为中心的苏浙皖边区游击根据地，成立天（目山）

西临时军政委员会，开辟了天西游击区。

经过一年多艰苦斗争，苏浙皖边区工委建立起宣郎广、广宁孝、天西和广（北）宣（南）4块游击区。浙皖边境的郎（溪）广（德）宣（城）宁（国）孝（丰）昌（化）地区，不仅彼此连成了一片，而且与皖南连接，形成了纵横200余里的游击根据地。其间，太滆分工委在宣长公路以北也摧毁了一批敌人据点，使苏皖边境的宜（兴）溧（阳）广（德）地区连成一片，并与边区工委活动的中心区域——宣长公路以南相连接。苏浙皖边区中心区域人口达到10余万，总人口达30余万。与此同时，苏浙皖边区党的建设有了加强，党员总数发展到800余人。根据斗争形势的发展，边区工委于1948年底撤销广宁孝县工委和郎广分工委，组建了路南、天西分工委。边区工委在游击大队的基础上组建了游击支队，下辖3个中队，各地武工队也有了较快发展，全区武装力量总数达到2000余人，基本实现了恢复和发展以天目山为中心的游击根据地的目的，既配合了正面战场的作战，也为迎接解放大军渡江南下打下了基础。

第四节　莫干山币制改革会议

一、严重的财政和经济危机

1946年6月，国民党发动全面内战，结果军事上连连失利，政治上尽失人心，财政上耗尽国库。据国民政府行政院《1947年度重大行政措施检讨报告》[①]，是年预算收入7.36万亿元(法币)，执行结果13.83万亿元；预算

① 《行政院1947年度重大行政措施检讨报告——财政金融部分》，载《中国现代政治史资料汇编》(第4辑第22册)，转引自朱宗震、陶文钊:《中华民国史》(第12卷)，中华书局2011年版，第308页。

支出9.37万亿元，执行结果40.91万亿元；当年赤字27万亿元，其中用于军费开支21.31万亿元，军费开支占当年财政赤字的79%，占当年财政支出的52%。

到1948年上半年，国民政府实际支出高达340万亿元，而赋税收入仅为50万亿元，赋税收入占支出的比例降到了14.7%。[①]面对如此庞大的财政赤字，一般工商业者，由于货币贬值，账面上出现虚盈实亏，没有盈利还要负担重税。而发国难财者，财富一增再增。舆论要求征收豪门资本"财产税"，但豪门无一量化标准，他们在国外的资产也不便统计，此方法行不通，后来又一度改为"建国特捐"，但应者寥寥无几。又有人提出《临时财产税条例草案》，实则是普遍掠夺民间资本的一个荒唐计划。"征收豪门资本，一变再变而成为今日的救济特捐，由于施行上的重重困难，原提案人竟然向豪门屈服，而另外想出现在的临时财产税来，把目标转向已经奄奄一息的工商业身上来了。"[②]"戡乱总动员令"发布后，田赋"名为征购，实际是抢劫老百姓的粮食"[③]。1948年5月间，当局更决定扩大粮食的掠夺性政策，举办"戡乱"特捐，以"征一借一捐一"为原则。

国民党统治区的社会舆论，对当局的税收制度和状况深感不满，尖锐地指出："现在每一个人，无论衣、食、住、行等物质方面的生活，简直是无一不捐，无一不税。现在大家都说，中华民国'万税'，我想即便没有'万税'，至少'千税'是有的。""正当工商广大农民为其课征对象，但税率越重税法越繁，造假账逃税的行为必定越多，贪官污吏乘机敲诈中饱的恶习亦必越盛。因此辗转循环，互为因果，遂成百姓出十，政府得一的局面。同时

---

① 《半年来中国经济的总结》，《经济周报》第7卷第1、2期合刊，转引自陈昭桐：《中国财政历史资料选编》（第12辑下册），中国财政经济出版社1990年版，第204页。

② 《大公报》1948年6月9日。

③ 《中国现代政治史资料汇编》（第4辑第26册），转引自朱宗震、陶文钊：《中华民国史》（第12卷），中华书局2011年版，第317页。

国家财政的收支，在此情形之下也就越来越加无法维持了，最后终非全部宣告崩溃不可。”“这种苛政重税，逼得家家工厂都非造假账不可，目前上海的工商，至少都有两套账簿，要是一套账簿早就关门了。”①

1948 年，国民党军事不断失利，军费开支剧增。而随着国民党控制地域的快速缩小，物资产出的严重不足，刺激物价持续走高，每天甚至每小时都在变化。通货膨胀的速度越来越快，经济风潮不断爆发。政府开支几乎全靠印钞票，法币面值最高已达 500 万元，发行最多时达到了每天 10 万亿元。米价从 1 月的每石 150 万元，一路攀升至 8 月中旬的 5833 万元。1948 年 6 月 15 日，湖州城内饰金行情日跳 3 次，每钱自 980 万元升至 1050 万元，再涨至 1150 万元，最后跳到 1370 万元，一日内猛增 39.8%。②

“穷得只剩下钱了”在那时不是一句炫富的笑话，而是苦涩的现实。内战打到 1948 年下半年，法币的发行如脱缰野马，其发行量由抗战胜利时的 5 万亿元快速上升至 1948 年 8 月的 604 万亿元。当时的国人，一个普通市民之家持有的法币数量就足称“亿万富翁”。只是在空前高涨的物价面前，法币上的数字没有任何意义。100 元法币连一粒米也买不到。市场交易时的法币已经不再以“元”计算，而是论捆、论斤、论包计算，甚至印刷的钞票还未出厂，已不及自身纸张和印刷成本的价格了。法币与美元兑换价超过 1000 万：1，几乎失去支付功能，濒临崩溃边缘。③

蒋介石及国民党当局至此意识到问题的严重性，在法币已经无力回天的情况下，为力挽狂澜，改变时局，决定进行金圆券改革。

---

① 陈昭桐:《中国财政历史资料选编》(第 12 辑下册)，中国财政经济出版社 1990 年版，第 211—219 页。

② 王克文:《湖州市志》(下册)，昆仑出版社 1999 年版，第 1340 页。

③ 中国科学院上海经济研究所、上海社会科学院经济研究所:《上海解放前后物价资料汇编》，上海人民出版社 1958 年版，第 38 页。

二、币制改革会议及改革方案

1948 年 7 月 26 日至 31 日，蒋介石来到避暑胜地莫干山，住进了莫干山武陵村 550 号别墅。币制改革的最后方案在此议定，一场席卷全国的金融风暴由此引发。从此，平静的莫干山与“金圆券风潮”的惊涛骇浪连在一起，成为举世瞩目的焦点，也留下了一些鲜为人知的逸事秘闻。

莫干山武陵村 550 号别墅，是浙江兴业银行董事长陈永清的私人别墅。民国时期，莫干山拥有别墅的银行家数量可观，“南三行、北四行”的高管纷纷在山上营建自己的别墅，其中又以浙江兴业银行的“兴业系”为最多。550 号别墅采用莫干山本地的黄褐色山石砌筑，石料保留开采后的自然蘑菇面，有规律地堆叠砌筑，使建筑外形极富韵律感。该建筑为东西走向，略显长条形，东侧一楼是半月形围合状的客厅，二楼则是一个露天的半月形室外

图 5—5　币制改革会议中蒋介石下榻的官邸（1948）

阳台，建筑旁边遍植松树，有“明月松间照，清泉石上流”之雅意，故名“松月庐”。

金圆券会议开始之前，蒋经国先行上山，为会议召开做一些准备工作。据当时武康县长兼莫干山管理局局长张洪仁回忆：1948 年 6 月底，他接到通知，蒋经国偕同他的表弟王正谊要来莫干山，他在庾村车站迎接了蒋、王等人。当时，蒋经国年约三十四五岁，身体壮实，只有卫队二三人，轻车简从。他上山不要坐轿，要步行，健步如飞。途中，张洪仁曾向蒋经国陈述了武康县的困难情况以及人民生活的穷困，他只是“嗯”了几声，高深莫测。他们一行人在山上环游了一周，到了荫山街、芦花荡、屋脊头、塔山，当天就乘专车回杭州。[①] 事后得知蒋经国此行是为金圆券会议的召开踩点。蒋经国亲自选择 550 号别墅作为其父亲的临时官邸。

松月庐环境清雅，设施相对较好，易于保卫警戒，但这仅是蒋介石选此居住的原因之一。当时张啸林的林海别墅已经作为汉奸逆产被管理局收归国有，管理局公务接待经常安排在此。为何不用管理局自有的林海别墅，而特意由管理局出面租用陈永清别墅三个月作为临时总统官邸？除了张啸林的恶名之外，还有更为微妙的原因。面对岌岌可危的财政金融形势，蒋介石不禁联想起以往历次财政危机都得益于银行集团的鼎力相助，这回他再次选择利用政商联盟共同应对困难。选择浙系银行家的别墅举行这样高级别的会议，本身也是对银行界的一个怀柔举动。

从 7 月 26 日蒋介石到达莫干山 550 号别墅，到 7 月 31 日下午 6 时离山，蒋介石夫妇共在山逗留 6 天 5 晚。期间，7 月 26 日蒋经国在杭州迎接蒋介石夫妇二人，陪同上山后连夜返回杭州；7 月 28 日再携全家来山团聚，全家住在 551 号徐寄庼别墅。当天夜里，蒋介石、蒋经国商谈“经济管制之组织

① 《德清文史资料》（第 2 辑），德清县政协文史资料委员会 1988 年印，第 183 页，转引自吴承涛：《莫干山别墅往事》，同济大学出版社 2017 年版，第 247 页。

与人事”，说明他们父子在高级幕僚抵达莫干山之前，已就币值改革事项先做探讨。正式的金圆券会议应该是从7月29日开始，30日酝酿讨论，31日“十一时后约翁院长等商定币制与经济办法及开始日期。俞鸿钧亦皆同意，只要准备充足当可如期实施”，与会人员议决通过此项改革。这次会议非常机密，参加会议的人员也很少，主要有行政院院长翁文灏、外交部部长王世杰、财政部部长王云五、中央银行总裁俞鸿钧、财政部政务次长徐柏园、美援会委员严家淦等人。

从蒋介石的日记来看，他上山以后，心情很好，时有闲暇。如7月26日晚，与宋美龄在园中望星纳凉至10时半睡。7月27日，上午游览剑池，晚课后与宋美龄在街上散步，约行五六里回寓，晚餐品尝山里风味，感觉“可乐也”。7月28日，上午游览芦花荡水源，后到白云山馆休息，与江姓老佣叙谈，再登塔山巅，晚餐后闲谈纳凉等，并在日记中写道：“自觉近日健步胜常，无异二十年前之体力，一般民众见之亦甚以为奇。因之对于国事亦甚有信心与乐观矣。”[①] 可见，蒋介石对于币制改革早已决心下定，莫干山币制改革会议，实际上是一次召见和密商。而会议以后，蒋介石也是以“总统命令”的形式颁布金圆券改革令的。

蒋介石对于改革币制的想法由来已久，抗战胜利后，蒋介石即积极推动币制改革。1945年9月13日，时任财政部部长俞鸿钧奉蒋介石手令：“今后改革币制发行新币之方案及其实施之时期，希即密为研究议拟，从速呈报为要。”10月18日，俞鸿钧即呈报了《改革币制之准备工作及新币纲要》，该纲要涵盖九个方面的内容。[②]10月30日，蒋介石就俞鸿钧呈交的《新币纲要》作出批示：“办法可予照准。”但时任行政院院长宋子文和中央银行总裁贝祖诒，则对改革币制顾虑重重。因此，币制改革就被推迟了。

① 《蒋介石日记》手稿本，美国斯坦福大学胡佛研究所档案馆藏。

② 俞鸿钧：《改革币制之准备工作及新币纲要》，中国第二历史档案馆藏，档案号Q3（1）—4851。

蒋介石对于宋子文长期把持财政权、无视他的意见早就不满。1946 年宋子文黄金政策失败以后，蒋介石便决心借机摆脱宋子文对他的羁绊。1947 年 2 月 8 日，蒋介石在日记中写道："上海黄金每两涨价至五万余，美钞涨至一万一千余元，经济崩溃已临头矣，子文害国之罪不可再恕。"[①] 蒋介石逼宋子文主动辞职，裁撤了中央银行总裁贝祖诒。3 月 1 日，蒋介石日记中有如下记载："子文辞职行政院长，由余暂兼，实为政治转机之锁钥也。"[②] 至此，蒋介石完全控制了财政大权，为币制改革人员的调整和改革的推进铺平了道路。

1947 年 3 月，张群继任行政院院长，俞鸿钧连任财政部部长，张嘉璈为中央银行总裁。1947 年 7 月 2 日，蒋介石与张嘉璈研究改革币制方案，但是张嘉璈对币制改革的态度远没有蒋介石所期待的那样坚决，币制改革迟迟未能推行。1948 年 5 月，蒋介石再度更换币制改革人选，翁文灏任行政院院长，王云五任财政部部长，俞鸿钧任中央银行总裁。王云五与张嘉璈完全不同，他对币制改革充满了期待，币制改革是他担任财政部部长"惟一的诱惑"[③]。可见，蒋介石是非要推进币制改革不可的。6 月 29 日，蒋介石即对俞鸿钧指示币制改革与平抑物价之要旨与方法，并召见翁文灏和王云五商议改革币制及平定物价之根本办法。由此可见，蒋介石对币制改革的思路此时已基本确定。7 月 1 日，蒋又召见翁、王、俞协商币制与平价方针及办法。他自己也认为"对于改革币制与管制物价已有大体之办法，惟在实行与准备如何耳"[④]。

王云五在他关于金圆券改革方案的自述中，详细记载了改革内容的由来："首先我就财政部中的主管人员，分别查询，并令检呈所有关于改革币

① 《蒋介石日记》手稿本，美国斯坦福大学胡佛研究所档案馆藏。
② 《蒋介石日记》手稿本，美国斯坦福大学胡佛研究所档案馆藏。
③ 《蒋介石日记》手稿本，美国斯坦福大学胡佛研究所档案馆藏。
④ 《蒋介石日记》手稿本，美国斯坦福大学胡佛研究所档案馆藏。

制的旧案和意见；其次我便利用前此不甚重视，而实际上拥有不少对于币制有研究的人员和资料。我的方法，是尽量听取他们的意见，而一点没有表示我的意见。偶然有出题目争取意见的必要时，我也只将争取意见之一点，托辞属人研究，却没有透露全盘的关系。此外我还从财部秘书处资料室所剪贴保存历年国内关于改革币制的资料，合计起来，连部内部外关于改革币制的意见文件，不下七八十种。我一一都把它们阅过和归纳起来。我认为在自力更生下的改革币制，一方面固须尽力搜求获得可能控制的发行准备金，他方面还须配合其他种种措施。所谓配合的措施，便是关于平衡国内收支，平衡国际收支以及管制经济金融等事项。因此，我便就年来念兹在兹的观念，参以部中所得的实际资料和部内外专家的意见，由我详加考虑后，亲自草拟一道改革币制平抑物价平衡国内及国际收支的联合方案，于七月七日，就是我就职约一个月后，提请翁院长考虑，并呈送蒋总统核夺。”①

而蒋介石于7月26日上莫干山之时，已是心有定数。离开莫干山之后，蒋介石于8月8日晚“约翁文灏谈经济币制事，决定改革币制与管制经济日期”②。8月19日“到政治会议提出改革币制与管制经济之临时命令，讨论至六时，乃作最后决定，修正几点通过，此为三年来一贯之政策与惟一之主张，因子文、岳军、公权、鸿钧等皆畏缩不决，未敢执行，而今日终以事急事迫不得不由此一举，咏霓与云五能毅然实施，亦可谓奋勇难得矣”③。

1948年8月19日，金圆券改革以“财政经济紧急处分令”颁布，同时公布《金圆券发行办法》《人民所有金银外币处理办法》《中华民国人民存放国外资产登记管理办法》和《整顿财政及加强管制经济办法》等项规定，宣布以金圆券取代法币，实行币制改革。金圆券改革的最终推行，除了蒋介石最终控制财政大权和人事调整外，还有一个重要的措施就是对立法程序的变

① 王云五:《王云五文集：岫庐八十自述》(上册)，江西教育出版社2011年版，第564页。
② 《蒋介石日记》手稿本，美国斯坦福大学胡佛研究所档案馆藏。
③ 《蒋介石日记》手稿本，美国斯坦福大学胡佛研究所档案馆藏。

更。1948 年 5 月，南京国民政府“行宪国大”后，蒋介石就任总统，通过所谓的《动员戡乱时期临时条款》，赋予总统紧急处分的特权，可不经立法院批准，直接由总统以命令颁布。

三、币制改革的失败

以金圆券取代法币的币制改革推行以后，1948 年 9 月 1 日，中国银行、交通银行、农业银行、中央银行四行湖州分行在吴兴县商会内设立法币联合收兑处，兑出金圆券。券面为 1 元、5 元、10 元、50 元、100 元 5 种，及 1 分、5 分、1 角、2 角、5 角辅币 5 种。金圆券 1 元兑换法币 300 万元。11 月 20 日收兑结束，总入法币 17658.3438 亿元，兑出金圆券 588611.46 元。至 11 月 25 日券到兑现，实际价值已贬低 80%。到 1949 年面额 100 万元券出笼，物价上涨 12 万倍。①

1949 年 4 月 21 日下午，湖州因物价波动过剧，一般交易无形停顿，银行钱庄提前于下午 3 时停业。市场已经混乱到无法掌控的地步。据 4 月 22 日《湖报》报道：“昨日中午本城各商店接到申、苏、锡等地来长途电话告谓，近来因时局剧烈动荡，各物竟似脱缰之马猛进不已。本城各商店获悉后即将原码大事更动，兹探知昨日上下午各项日用品价格竟跳达一倍之数。白粳每石上午 105 万元，下午 190 万元。高熟上午 100 万元，下午 185 万元。中熟上午 95 万元，下午 180 万元。糙粳上午 90 万元，下午 170 万元。豆油每担上午 720 万元，下午 1220 万元。火油每听上午 80 万元，下午 140 万元。面粉每包上午 40 万元，下午 65 万元。黄金每两上午 1200 万元，下午 1800 万元。袁大头② 每个上午 24 万元，下午 38 万元。孙小头③ 上午 19 万元，下午 30 万元。大前门香烟每条上午 13 万元，下午 18 万元。美丽香烟上午 13 万

① 王克文：《湖州市志》（下册），昆仑出版社 1999 年版，第 1341 页。

② 袁大头：“袁世凯像背嘉禾银币”，是民国时期主要流通货币之一。

③ 孙小头：民国时期孙中山像开国纪念币银元。

元，下午16万元。大克雷斯[①]上午9万元，下午13万元。金鼠[②]上午6万元，下午8万元。以上价目均为售出批发价格。”[③]

物价如此跳动，人民如何生存？距离1948年8月的币制改革也仅仅半年多时间，市场已经完全崩溃。那么，这次币制改革究竟是如何改的呢？其主要内容为：（1）以金圆券取代法币，金圆券1元折合法币300万元。金圆券1元含金0.22217公分（克），采十足准备制，发行以20亿元为限。金圆券对美元汇率，为金圆券4元合美金1元。（2）禁止黄金、白银和外币的流通、买卖或持有，所有个人和法人拥有之黄金、白银和外币，应于9月30日以前兑换为金圆券。凡违反规定者一律没收或惩处。（3）国人存于国外的所有外汇资产，凡超过3000美元者，应申报登记并移存于中央银行或其委托银行，未经核准不得动用。违反者处7年以下徒刑并处罚金，没收其外汇资产，告发者给予没收资产的40%作为奖励。（4）严格管制物价，所有物品及劳务以8月19日价格为准，折成金圆券出售，不得变动。惩处囤积居奇者。[④]与之相配合，在各重要经济区域设立经济管制督导员，其中上海区督导员为央行总裁俞鸿钧，由蒋经国协助。蒋介石同时电令各省市政府，强调“设或阳奉阴违，怠忽职守”，“中央亦必严厉处分，决不稍存姑息”。翁文灏在致各省市政府电中，要求对违令者除予行政处分外，并依《戡乱时期危害国家紧急治罪条例》，将严重者移至特种刑庭严加惩办。凡此种种，说明此次币制改革并不是完全意义上的经济行为，它自始至终均具有强烈的政治性和强迫性，国民党企图以强力社会动员应付全面危机。

蒋介石仓促推出币改方案，连印刷新钞票的准备时间都没有。俞鸿钧决

① 大克雷斯：民国时期上海中国华美烟草股份有限公司所产香烟品牌名。

② 金鼠：民国时期上海中国华美烟草股份有限公司所产香烟品牌名。

③ 《湖报》1949年4月22日。

④ 《总统府公报》第80号，1948年8月20日。

定动用抗战初期在美国印钞公司订印的20亿元分别印有孙中山像、蒋介石像和林森像的钞票。这批钞票面额都是1元至100元的小票，跟不上货币贬值的形势，一直没有发行，此时就拿出这一批存货应急，用飞机秘密送到各省分支行作为第一批金圆券上市，所以，这批钞票上连“金圆券”三个字都没有印上。[①]

金圆券改革之初，蒋家父子企图建立起强力的支持内战的社会经济动员模式，这个模式以上海为中心，通过蒋经国的指挥强行建立起来。蒋经国身负“督导”之任，认为“捣乱金融市场的并不是小商人，而是大资本家和大商人，所以要严惩”[②]。他在上海发动“打虎”运动，于8月26日召集各有关机关会议，作出决议：“凡违背国家法令及触犯财经紧急措施条文者，其商号吊销营业执照，负责人送特刑庭法办，货物全部没收。”[③]一时间，上海的经管工作显得颇为轰轰烈烈，蒋经国慷慨激昂的言辞和雷厉风行的做法起初颇有令人耳目一新之感。面对上海资本家对币改的观望不定与消极抵制，蒋经国颇为恼怒，他以“囤积居奇、操纵黑市交易、扰乱金融秩序”等为由，先后下令拘捕申新纱厂总经理、“棉纱大王”荣鸿元，鸿兴证券负责人杜维屏（杜月笙的二儿子）和证券商林乐耕等人，同时对米业公会理事长万墨林（杜月笙的总管）、永安纱厂副总经理郭棣活、巨商盛苹臣等予以警告。林王公司经理王春哲因私套外汇，于9月3日被判死刑，24日执行枪决。淞沪警备司令部科长张尼亚、大队长戚再玉也因贪污舞弊罪被判死刑。被捕商人达60余人。这些人过去都是国民党的支持者，如今却遭此待遇，故对国民党和蒋介石产生强烈不满。连蒋介石自己也说：“此举实为国家存亡成败所

① 李立侠：《金圆券发行前的一段旧事》，载《法币、金圆券与黄金风潮》，文史资料出版社1985年版，第114页；张志超：《民国中央银行关金券、流通券、金圆券、银圆券图鉴》，湖南出版社1993年版，转引自朱宗震、陶文钊：《中华民国史》（第12卷），中华书局2011年版，第327页。

② 《蒋介石日记》手稿本，美国斯坦福大学胡佛研究所档案馆藏。

③ 《大公报》1948年8月27日。

关，明知此于其个人将为怨府与牺牲之事，但除经儿外，无人能任此事，故不能不令其负责耳。”①

蒋经国在上海实施严格的经济管制，确有以此平抑物价、稳定经济的意图，并在币改之初取得了一定成效。但问题在于，按照规定的金圆券与法币的兑换比值，当时发行的600亿法币，只须2亿金圆券即可收兑完毕，而法定金圆券一下子定为20亿元，为其10倍。再者，强令限价违背了经济规律。工厂因原料来源缺乏而减产停工，商店进货困难，攸关民生的大米入沪数量从每日数千石剧降为数十石，这些情况必然导致民心恐慌，发生抢购，动摇限价。自10月3日上午起，从静安寺到南京东路，商店货架被抢购一空，到下午3点左右，商店不得不拉起了铁门。这股风潮迅速向全国蔓延，开始时以抢购日用品为主，随后就抢购米煤百货。尽管当年粮食收成好，但城里还是出现粮荒，社会秩序混乱。

种种矛盾交织演变，终以扬子公司舞弊案发而使蒋经国的“打虎”行动遭遇重挫。扬子公司为孔祥熙公子孔令侃所办，一向以其特权套购外汇、买空卖空、牟取暴利而为世人所侧目。豪门问题与蒋氏姻亲连在一起，如何处置他们成为蒋氏父子的两难选择。蒋经国冲在一线没有退路，他必须严办。宋美龄由南京乘坐专机到上海说情，蒋经国没有松口。宋美龄只好向蒋介石求援。此时正值辽沈战役的关键时刻，蒋介石正在北平亲自指挥，但他还是在10月8日晚，从北平乘专机飞往上海亲自处理纷争，答应宋美龄不追究孔令侃，让孔远赴美国。宋美龄、蒋介石干预扬子一案的消息传出，蒋经国立即名声扫地。他不能不承认：“自从此事发生之后，所有的工作，都不能如意的推动了，抵抗的力量亦甚大。”“现在到了四面楚歌的时候，倘使不能

① 秦孝仪：《“总统”蒋公大事长编初稿》（1948年8月21日条），财团法人中正文教基金会（台北）2005年版，转引自朱宗震、陶文钊：《中华民国史》（第12卷），中华书局2011年版，第331页。

坚定，即很快就会崩溃。”①

蒋经国在上海执行经济管制的工作，轰轰烈烈开场，偃旗息鼓收场，他在无可奈何中黯然离开了上海。经此一劫，国民党彻底丧失人心。就连南京《中央日报》也发表社论《赶快收拾人心》，指出：“国家在这样风雨飘摇之秋，老百姓在这样痛苦的时分，安慰在哪里呢？享有特权的人，享有特权如故，人民莫可如何。靠着私人政治关系而发横财的豪门之辈，不是逍遥海外，即是倚势豪强如故。”“国家弄成这个样子，老百姓人人装着一肚皮闷气，人心失尽，如何得了”。② 币制改革失败后，金圆券发行数量如脱缰之马，贬值速度犹如自由落体那般垂直向下，创下世界货币史的奇观。人们拿到金圆券不敢落袋，各地纷纷自动以银元、外币、黄金乃至实物等计值交换或流通，农村物物交换盛行，若干地区已视金圆券为废纸。

图 5—6 上海市民兑换金圆券（1948）

1948 年 11 月，蒋介石在战略决战中败局已定，于是他命蒋经国到上海负责将金银运往台湾。据有关人士研究统计，国民党中央银行分三批将黄金

① 《蒋介石日记》手稿本，美国斯坦福大学胡佛研究所档案馆藏。

② 《中央日报》1948 年 11 月 4 日。

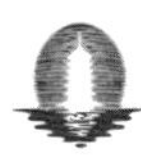

277.5万余两、银元1520万元运往台湾，1537万余美元运去美国，存入美国联邦银行。[①]这笔巨额的硬通货财富，是全国老百姓多年战乱的最后节余，却被国民党悉数带往台湾，成为其在台湾稳定经济和社会秩序的重要支撑。蒋氏父子精心炮制的金圆券，在币制改革中以纸易金，最终成了搜刮民财、自断根基的双刃剑。

金圆券改革之初，蒋经国曾感叹："中国的百姓，真是善良"。而这份"善良"给民众留下的却是无比惨痛的记忆，不过是短短的七八十天，升斗小民以其辛苦和血汗积攒的金银外汇便化为几张转瞬即成废纸的金圆券而成乌有，除了官僚豪门之外，各阶层都是这次币制改革的牺牲者。浙江大学校长竺可桢在币改之初将其个人存有的800美元兑换为金圆券，在币制改革失败后他说："无人敢信任政府矣。目前政府之所以不能取人民之信用，由于每次立法结果使奉公守法之人处处吃亏，而横行无忌的人逍遥法外，如扬子公司孔令侃即其例。更有何人愿守法？"著名时评家储安平对当政者的炮轰可谓时论之代表："多少老百姓的血汗积蓄，就滚进了政府的腰包里去。""一个只要稍微有点良心的政治家，对此能熟视无睹，无疚于中吗？"

吴国桢回忆说："关于金圆券，所有的问题归结起来只有一点，就是它激怒了中国民众的各个方面、各个阶层，以致他们群起而攻击国民党政府……银行家和商人也对政府怀着怨恨和仇视。中产阶级几乎完全破产，因为他们被迫交出唯一的一点储蓄。店铺老板以金圆券平价出售了他们的货物，结果弄得倾家荡产，至于穷人就更不必提了。由此，你可以看到金圆券的致命一击了。"金圆券改革使国民党政权彻底失去了信用和人心，这对企图通过币改而挽救病入膏肓的财政经济的国民党而言，实为莫大之失败。[②]

① 王致冰、庄培昌：《蒋介石集团究竟从上海劫走了多少黄金去台湾》，《上海党史资料通讯》1989年第9期，中共上海市委党史资料征集委员会1989年印。

② 汪朝光：《金圆券：金融史上最短命的货币——1948年币制改革的前因后果》，《北京日报·理论周刊》2014年10月27日。

第五节　湖州的和平谈判及国民党政权在湖州统治的结束

一、国民党军队在湖州境内的全面溃败

经过辽沈、淮海、平津三大战役，国民党在长江以北的力量全线崩溃。随着蒋介石在军事上的崩溃，国民党内出现了十分活跃的倒蒋主和运动。一些中立人士也分别上书蒋介石和毛泽东“呼吁停战”。美国方面也在积极策动国民党与中共和谈。蒋介石在军事崩溃、党内威信丧失、党内各派和平呼声高涨的形势下，也不得不考虑引退，采取以退为进的策略，观察形势的变化。对于国民党内以保存军事势力为前提的和谈活动，中共方面保持着高度的警惕，对于中间派的第三条道路的主张，也持严厉的批评态度。1948 年 12 月 25 日，中共以陕北权威人士名义，公布了蒋介石、李宗仁等 43 名战犯名单。

1948 年 12 月 30 日，毛泽东在为新华社写的新年献词《将革命进行到底》中明确指出，“现在摆在中国人民、各民主党派、各人民团体面前的问题，是将革命进行到底呢，还是使革命半途而废呢？如果要使革命进行到底，那就是用革命的方法，坚决彻底干净全部地消灭一切反动势力”，“在全国范围内推翻国民党的反动统治，在全国范围内建立无产阶级领导的以工农联盟为主体的人民民主专政的共和国”①，并宣告，“一九四九年中国人民解放军将向长江以南进军，将要获得比一九四八年更加伟大的胜利”②。

1949 年 1 月 1 日，蒋介石发表了元旦文告：“只要共产党一有和平的诚意，能作确切的表示，政府必开诚相见，愿与商讨停止战争恢复和平的具体办法。”③ 蒋介石文告发表后，毛泽东为新华社写了《评战犯求和》的评论，

① 《毛泽东选集》第四卷，人民出版社 1991 年版，第 1375 页。
② 《毛泽东选集》第四卷，人民出版社 1991 年版，第 1379 页。
③ 《中央日报》1949 年 1 月 1 日。

一针见血地指出："为了保存中国反动势力和美国在华侵略势力，中国第一号战争罪犯国民党匪帮首领蒋介石在今年元旦发表了一篇求和的声明。"[①] 但为了人民的利益，1949 年 1 月 14 日，毛泽东以中共中央主席的身份发表了对时局的声明，提出同意在惩办战争罪犯等八项条件的基础上，同国民党政府进行和平谈判。1949 年 1 月 21 日，蒋介石发表宣布"引退"的文告。1949 年 4 月 13 日，国共两党代表开始在北平举行正式谈判。4 月 15 日，周恩来将《国内和平协定最后修正案》送交国民党政府代表团，并限国民党政府在 20 日前表明态度。4 月 20 日，国民党政府拒绝在和平协定上签字，和谈破裂。当夜，解放军即按预定计划发起渡江战役，开始解放江南广大地区的进军。

渡江战役前，中共总前委对整个战役包括渡江后实施战略追击等问题作了周密研究和部署，并制订了《京沪杭战役实施纲要》。《纲要》预定将战役区分为三个作战阶段：第一阶段达成渡江任务，实行战役展开；第二阶段割裂和包围国民党军队，确实控制浙赣线一段，断敌退路；第三阶段分别歼灭被包围之国民党军队，完成全战役。[②]《纲要》决定以第二、第三野战军组成东、中、西 3 个突击集团，实施宽正面、有重点的多路突击，首先歼灭国民党沿江防御之兵力，然后向南发展，占领苏南、皖南及浙江全省，夺取南京、上海、杭州等城市，彻底摧毁国民党政府的政治经济中心。[③]

渡江战役后，国民党苦心经营的长江防线顷刻瓦解。4 月 23 日，人民解放军占领南京，延续 22 年的国民党统治宣告覆灭。南京丢失后，国民党仓促部署总退却。芜湖以西之兵力向浙赣铁路撤退，芜湖以东、常州以西地区之兵力向杭州方向撤退，常州以东地区之兵力向上海方向撤退，企图在浙

① 《毛泽东选集》第四卷，人民出版社 1991 年版，第 1320 页。

② 中国人民解放军军事科学院军事历史研究部：《中国人民解放军战史》（第 3 卷），军事科学出版社 1987 年版，第 323、325 页。

③ 陆菊良：《中共湖州党史》（第 1 卷），中共党史出版社 2002 年版，第 236 页。

赣路和上海组织新的防御。[①] 中共总前委依据国民党军队纷纷向浙赣线及杭州、上海撤退的情况，迅速调整了进攻部署，令渡江东集团和中集团主力不为小股国民党军力钳制，分别沿丹阳、金坛、溧阳、太湖西侧之线和南陵、宣城、广德之线，向长兴、吴兴地区疾进，切断京杭国道，完成战役合围，歼灭镇江、南京、芜湖南逃之国民党部队；令中集团一部迅速向杭州挺进；令西集团第四兵团与第三、第五兵团并肩向浙赣铁路挺进，控制浙赣线，切断汤恩伯部队与白崇禧部队的联系，保障第三野战军歼灭被包围之国民党部队。[②]

图 5—7　解放军在苏浙皖边追歼国民党军残部（1949）

人民解放军各部接到命令后，日夜兼程向指定地区急进。渡江东突击集团的第 20、23、28 军以及中突击集团的第 21、22、24、27 军，兵分数路进

① 中国人民解放军军事科学院军事历史研究部：《中国人民解放军战史》（第 3 卷），军事科学出版社 1987 年版，第 327 页。

② 中国人民解放军军事科学院军事历史研究部：《中国人民解放军战史》（第 3 卷），军事科学出版社 1987 年版，第 328 页。

抵浙西北地区。西突击集团的第 11、12、16、17、18 军，也相继进入浙江境内作战。[①] 第三野战军第 7、8、9、10 兵团于 4 月下旬组织了苏浙皖边围歼战。第二野战军第 3、5 兵团则经皖南直插浙西，控制浙赣线，切断国民党军退路。[②]

4 月 24 日，解放军第三野战军以 4 个兵团的兵力，以吴兴、长兴地区为目的地，分别沿宣城、郎溪、广德和长兴、吴兴之线迂回包围国民党从南京、镇江及芜湖一带溃退下来的部队，展开了强大的钳形攻势。4 月 27 日，解放军渡江东、中两突击集团主力一部在吴兴会师，完成了合围任务。国民党第 4、28、45、51、66 五个军，都被包围在郎溪、广德、长兴之间的山区。[③] 解放军采取穿插分割战术发起多路攻击。4 月 28 日，解放军第 8 兵团第 24 军在广德以东、长兴泗安一线，俘国民党军副军长及以下 8000 余人；第 7 兵团第 23 军在宜兴张渚东南、长兴白岘以北的流洞桥地区，俘国民党军少将及以下 1 万余人。整个围歼战至 29 日结束，共歼国民党部队 6 万余人。[④] 湖州各县的国民党政权也在先后几日之内结束统治。

二、国民党政权在湖州彻底完结

（一）解放前的准备

为迎接湖州的解放和新生，湖州人民在中共湖州各地党组织的领导下做了长期的准备。1949 年 2 月，中共吴嘉工委、洲泉中心区委相继作出部署，要求党员深入工厂、学校和农村，开展群众性的护厂护校斗争，迎接解放。解放前夕，保护工厂、学校和矿山，防止破坏的任务十分繁重。国民党政府为了所谓“应变”，在组织力量把南京等地的重要工厂迁往华南和台湾

---

① 杨晓彤:《浙江解放》，浙江人民出版社 1989 年版，第 2 页。

② 杨晓彤:《浙江解放》，浙江人民出版社 1989 年版，第 4 页。

③ 杨晓彤:《浙江解放》，浙江人民出版社 1989 年版，第 5 页。

④ 杨晓彤:《浙江解放》，浙江人民出版社 1989 年版，第 5 页。

的同时，公然指示必要时坚决实行破坏政策，将工厂、机器、原料炸毁或烧毁。中共湖州城区各支部，在缫丝、丝织工人中宣传解放战争的胜利形势，鼓舞工人的斗志，积极投入保护机器设备等工作。中共江西工委京沪杭办事处的陈彬、谢吉和马开祥等，经过宣传发动，组织力量在菱湖、石淙、千金等地封存了 11 座粮库。长兴煤矿公司的中共党员，带领矿工建立护矿队，造起土碉堡，日夜巡逻，保护矿山设施和采煤器材。长兴煤矿公司的地下党组织，遵照上级指示，发动群众保护矿山，以防敌人破坏。他们用串联方式告诉群众："我们是矿工，矿山就是我们的饭碗，大家团结起来，防止敌人破坏"，"再过几天，解放军就要来了，我们就有好日子过了"。工人们在党的领导下，在葆青等地造起了一个个碉堡，日夜巡逻，保住了挖煤器材和设备。吴兴电器公司的工人，为保证解放后能及时供电，用空油箱堵住工厂大门，将剩下的六大桶发电燃油和两部德国制造的 600 马力、200 马力西门子发电机隐藏起来，防止被破坏。① 湖州中学、吴兴简师、湖郡女中等学校的进步师生，多次举行联席会议，商讨护校措施，组织各校师生开展了护校斗争，迎接解放。②

为了加强对国民党乡镇武装的策反工作，中共吴嘉工委、洲泉中心区委及其所属组织，通过向国民党地方军政人员宣传形势，提出忠告，指明前途，成功地瓦解了洛舍、埭溪、南浔、织里等地的乡镇武装。中共江西工委京沪杭办事处的陈彬等，加紧了对菱湖、含山和南浔等地乡镇武装的策反工作。国民党吴兴县下昂镇自卫中队共 30 余人，装备有机枪 2 挺，其他各种枪支 30 多支。由于对国民党丧失信心，军心浮动，士气低落。1949 年 3 月，在进步人士的启发和引导下，队长吴志新带队投奔浙东人民解放军金萧游

---

① 王玉林等:《湖州工人运动史》，中国广播电视出版社 1992 年版，第 76 页。

② 陆菊良:《中共湖州党史》（第 1 卷），中共党史出版社 2002 年版，第 234 页。

击支队，成为浙东人民解放军金萧游击支队第10大队[①]。第10大队建立后，以下昂镇为立足点，积极开辟周边乡镇的工作，发展和壮大自己的力量。不久，全队人员扩大到50余人，武器装备增加到70多件，其中机枪4挺。此间，第10大队还加强了对粮库等军需物资的监控，仅下昂粮库就有3000多担稻谷为10大队所掌握。[②]

中共湖州党组织在策反国民党乡镇武装的同时，逐步把策反工作的重点转向国民党浙江省第一区行政督察专员公署。1949年4月24日，经有关人士牵线，金萧工委湖州特派员赵民与国民党浙江省一区专员於树峦的代表，在广丰碾米厂进行了一次非正式谈判，於树峦答应不再继续与人民为敌，愿意率部向解放军缴械投降，要求中共方面保障其本人及部下的生命和财产安全。赵民以中国共产党关于和平谈判的八项条件为基础，向对方提出三点意见：(1) 放下武器，不准抵抗；(2) 保存好档案文件，不得损毁；(3) 人民解放军未到达湖州前，负责维持好社会秩序，包括保证中共方面的工作和人身安全。於树峦的代表同意以此作为进一步谈判的基础。[③]在次日进行的正式谈判中，於树峦即明确表示了“不再与人民为敌”的意愿。中共江西工委京沪杭办事处新区工作特派组组长陈彬，也协同赵民开展了对一区专署的策反工作。26日，赵民、陈彬在进步青年王秋藻等陪同下，同於树峦在湖州北街机织公会仓库里进行了第二次正式谈判。赵民首先指出：於先生深明大义，愿意投诚，意向很好，但是不是可以考虑参照北平傅作义将军的举措，进行起义。於树峦对这个提议还没有思想准备，在起义还是投诚这个问题上，双方僵持了很长一段时间。正在双方僵持不下的时候，听到了几声攻

---

① 中共湖州市委组织部：《中国共产党浙江省湖州市组织史资料（1927.4—1987.12）》，新华出版社1993年版，第87页。

② 陆菊良：《中共湖州党史》（第1卷），中共党史出版社2002年版，第235页。

③ 赵民：《金萧支队在和平解放湖州中的工作纪实》，《湖州文史》（第7辑），湖州市政协文史资料委员会1989年印，第3页。

城的枪响。因为是深夜，枪声很清晰。这个时候再谈下去，再签订协议已经没有必要。赵民和陈彬要求於树峦马上回专署，控制专署的独立营和吴兴县的自卫总队，把部队开到南门外准备接受整编。湖州解放这一天来得如此迅速，使还处在谈判进程中的中共湖州地方组织代表赵民和国民党浙江省第一专区专员於树峦等都感到始料未及。但口头协议的达成，对国民党浙江省一区专员的策反成功，为湖州和平解放创造了条件。

（二）湖州的解放

国民党浙江省第一区行政督察专员公署所辖的长兴县，是国民党政权在浙江省境内丧失的第一座县城。处于苏浙皖边的长兴，扼京杭国道，是由江

浙江日報

第二號

一九四九年五月十日創刊

價目：每期人民幣十元

社址：杭州衆安橋

渡江解放軍步步挺進

各地人民夾道歡

工人學生羣起協助工作

浙贛路我軍解放玉山東鄉餘江

图 5—8 《浙江日报》报道湖州解放（1949）

苏南下浙江、攻取沪杭的要冲。解放军抵达前夕，国民党长兴县政府成立了所谓的“应变委员会”，虽然声称要加强城防，实行宵禁，严禁集会，“与长兴共存亡”，但实际上都已另有打算。4 月 21 日，国民党长兴县长发现长兴至江苏句容电话中断，即诡称赴省述职逃之夭夭。县参议会议长、县党部书记长以及所谓“戡乱建国队”负责人等地方党政要员，随后纷纷逃避他乡。大批国民党军队的溃兵途经长兴，不时掳掠洗劫，致使长兴城乡一片混乱。25 日，奉命维护城防的国民党长兴县警察局局长及其手下 10 余人，也仓皇逃离。①1949 年 4 月 26 日，参加苏浙皖边围歼战的解放军第三野战军东集团第 28 军先头部队 84 师 244 团，以锐不可当的攻势经江苏宜兴抵达长兴，兵不血刃即进入长兴县城。② 这是解放大军在浙江省境内解放的第一座县城。③

解放军入城后，即在县城各城门口、仓前街等闹市区张贴布告，公布《入城三大公约十项守则》，安定社会民心。部队首长召集各界进步人士举行座谈会，通报解放军的有关政策，并就做好维护社会秩序等工作，听取意见，提出要求。为保障大军顺利过境，长兴县部分进步人士在部队首长的指导下，组建了临时办事处，协助部队维护地方秩序，筹集、补充军需物资。长兴县城部分进步青年自发组织起来，协助部队在大街小巷张贴标语，宣传解放军的《三大纪律八项注意》。鼎新等地进步青年通过努力，收缴国民党军溃部枪支 100 多支，以及望远镜、通信器材等一批军用物资。长兴县商会、泗安镇商警队中的进步人士，也在保护粮仓、协助过境部队的粮食供应方面，主动予以配合，得到部队奖励。1949 年 4 月 27 日凌晨，

① 谢文柏:《新民主主义革命时期中共长兴党史简编》，浙江大学出版社 1991 年版，第 72 页。

② 谢文柏:《新民主主义革命时期中共长兴党史简编》，浙江大学出版社 1991 年版，第 73 页。

③ 陆菊良:《中共湖州党史》(第 1 卷)，中共党史出版社 2002 年版，第 239 页。

人民解放军第三野战军第10兵团第28军先头部队，沿宜兴、长兴一线抵达湖州城西。赵民与陈彬等人于该日上午与28军某团负责人取得了联系，向部队汇报了与於树峦和谈的情况。27日下午，赵民将於树峦和保安副司令郎羡农带往28军军部，受到了28军83师政委李曼村的接见。国民党浙江第一专区专员、少将保安司令於树峦，根据与中共湖州地方组织代表达成的初步协议，令部属放下武器，携长短枪20多支，向进驻湖州的解放军第28军83师投诚，解放军顺利入城，1949年4月28日凌晨，湖州和平解放。

湖州解放后，群众欢欣鼓舞。工人、农民、学生和各界人士举行了盛大游行、集会，庆祝解放。《浙江日报》以《渡江解放军步步挺进，各地人民夹道欢迎》为题，作了如下报道："在蚕丝业中心湖州，近万的丝织业工人在解放前制就了1000多面旗帜，准备欢迎解放军。解放军于27日进驻湖州后，各丝织厂工人、蚕丝专科学校学生以及其他各阶层市民，举行了庆祝解放的游行。"① 为维持社会秩序，做好收缴各种非法武装的武器等工作，湖州解放后即实行军事管制，建立了城防司令部。中共湖州党组织积极协助部队开展工作。经湖州城防司令部首长李曼村同意，中共金萧工委湖州特派员赵民在榆树街设立办公机构，配合部队做好宣传、联络和收缴枪支等工作。②

1949年4月30日，中国人民解放军第三野战军第7兵团24军70师201团1营占领安吉及附近地区，解放安吉县城。1949年5月1日，中国人民解放军第7兵团21军61师181团3营，不费一枪一弹，占领孝丰城，孝丰县宣告解放。③1949年5月2日，中国人民解放军第7兵团23军67师

① 《浙江日报》1949年5月10日。

② 中共湖州市委组织部:《中国共产党浙江省湖州市组织史资料（1927.4—1987.12）》，新华出版社1993年版，第85页。

③ 陈根三:《安吉县军事志》，杭州日报报业集团盛元印务有限公司2011年印。

199团解放武康县城。5月3日，该团解放德清县城。自此，湖州地区的安吉、孝丰、武康、德清等主要城镇，全部解放。5月15日，根据中国人民解放军华东军区司令部、政治部电令，华东军区湖州市军事管制委员会建立，陈美藻兼任主任，钱敏任副主任。同日，湖州市军管会发布第一号布告，宣布华东军区湖州市军事管制委员会为湖州市军事管制时期的最高权力机关，统一领导湖属6县的军事、民政等管理事宜，强调军管会"奉行中国共产党所制定的城市政策，遵照中国人民解放军约法八章，实行军事管制"[①]。华东军区司令部、政治部同时决定，成立湖州市警备司令部、政治部，任命朱绍清

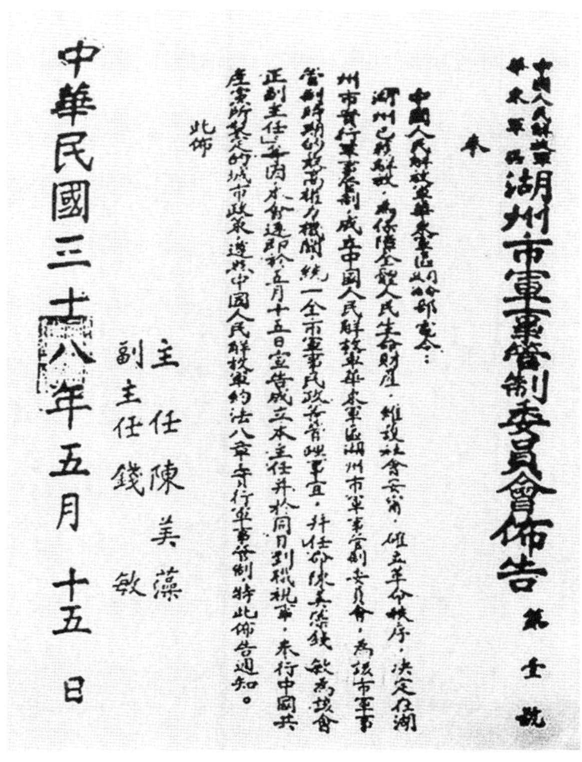

中國人民解放軍華東軍區湖州市軍事管制委員會佈告　第壹號

奉

中國人民解放軍華東軍區司令部電令：

湖州已經解放，為保障全體人民生命財產，維護社會安寧，確立革命秩序，決定在湖州市實行軍事管制，成立中國人民解放軍華東軍區湖州市軍事管制委員會，為該市軍事管制時期的最高權力機關，統一全市軍事民政各項管理事宜，并任命陳美藻錢敏為該會正副主任」等因，本會遵即於五月十五日宣告成立，本主任等并於同日到職視事，奉行中國共產黨所製定的城市政策，遵照中國人民解放軍約法八章，實行軍事管制，特此佈告週知。

此佈

主任　陳美藻

副主任　錢敏

中華民國三十八年五月十五日

图5—9　湖州市军管会发布的第一号布告（1949）

① 《中国人民解放军华东军区湖州市军事管制委员会布告》（第1号），湖州市档案馆藏湖州党史档案资料，档案号B—2—1，第272页。

为司令员，陈美藻为政治委员，萧锋为副司令员，李曼村为政治部主任，张缉光为政治部副主任。[①] 中国人民解放军解放湖州全境和实施军事管制，为中共湖州各地党组织的健全和人民政权的建立创造了先决条件。[②]

在湖州解放的过程中，周恩来十分关注湖州的文物保护工作。近代大藏书家刘承幹创建于浙江省湖州市南浔镇的嘉业堂藏书楼与宁波天一阁、瑞安玉海楼、海宁别下斋并称为晚清浙江四大藏书楼，而嘉业堂藏书楼更因为“插架缥缃”而使时人不得不叹曰：“惟衡明近日储书之富，嘉业殆不愧巨擘矣。”1949 年初夏的一天，周恩来召集在北平的学术界、文物界人士开座谈会，我国著名的文化界人士、藏书大家郑振铎和赵万里等参加会议。当时，适逢人民解放军渡江南进解放江南，大家议论到南浔嘉业堂藏书楼的安全问

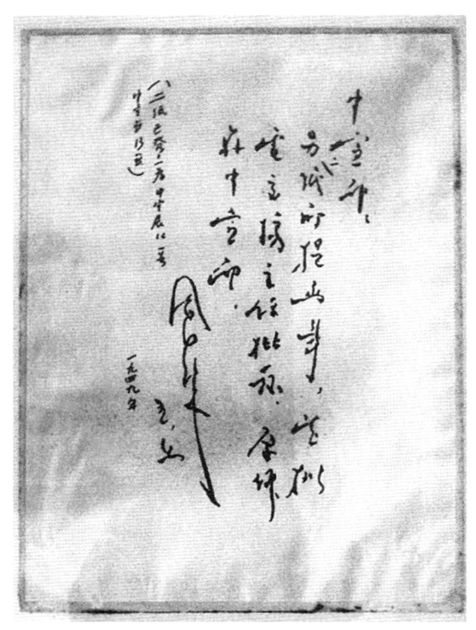

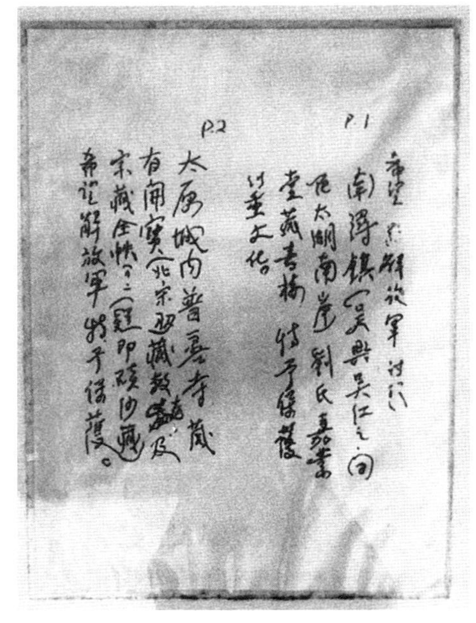

图 5—10　周恩来总理指示解放军保护嘉业堂藏书楼的批示件（1949）

① 《中国人民解放军华东军区湖州警备司令部、政治部布告》（第 1 号），湖州市档案馆藏湖州党史档案资料，档案号 B—2—1，第 273 页。

② 陆菊良：《中共湖州党史》（第 1 卷），中共党史出版社 2002 年版，第 241 页。

题，引起了周恩来的高度重视，他立即起草电文，通知前线作战部队指战员加强保护。1949 年 5 月 7 日，周恩来指示中共中央宣传部保护好湖州南浔嘉业堂藏书楼，亲笔批示“南浔镇（吴兴、吴江之间，在太湖南岸）刘氏嘉业堂藏书楼，特予保护，以重文化”。南浔已于 5 月 2 日和平解放，但时局仍不稳定，国民党残部仍在暗处活动，解放军专门派一连战士驻守藏书楼，保护了这批珍贵书籍。

1949 年 5 月 6 日，中共浙江省委成立。省委成立后，即在湖州建立了中共浙江省第一地方委员会，钱敏任书记。① 随后，浙江省人民政府第一区专员公署、中国人民解放军浙江军区第一军分区建立。浙江省人民政府第一区的行政辖区为吴兴、德清、长兴等 10 个县和湖州、嘉兴两市，孙章录任专员公署专员，胡定千任军分区司令员。② 五六月间，湖州、吴兴、德清、

图 5—11　德清各界群众庆祝中华人民共和国成立大会（1949 年 10 月 6 日）

---

① 中共湖州市委组织部:《中国共产党浙江省湖州市组织史资料（1927.4—1987.12）》，新华出版社 1993 年版，第 97 页。

② 中共湖州市委组织部:《中国共产党浙江省湖州市组织史资料（1927.4—1987.12）》，新华出版社 1993 年版，第 328、441 页。

长兴、武康、安吉、孝丰等市县的党政军领导机构也相继建立。

1949 年 10 月 1 日下午 3 点整，中华人民共和国开国大典隆重举行。毛泽东庄严宣布："中华人民共和国中央人民政府今天成立了！"中华人民共和国的成立，使国家走上了独立、民主、繁荣、富强的道路，湖州进入社会主义新时代。

（三）湖州籍国民党执政要员的最终结局

在 1948 年 12 月 25 日中共以陕北权威人士名义公布的 43 名战犯名单中，有 11 名浙江人，其中陈果夫、陈立夫、戴季陶、吴鼎昌、朱家骅 5 人是湖州籍；胡宗南生于浙江镇海，从小在安吉鹤鹿溪长大，算是半个湖州人。

陈果夫 1892 年生于浙江吴兴，1926 年当选为国民党第二届中央监察委员，任中央组织部代部长。1927 年 4 月初，参与提出弹劾共产党案。1928 年任国民政府委员，兼监察院副院长，负责整理党务及进行"清党"，并开始设立调查组织，组织"CC 系"，即后来的"中统"。抗战胜利后主持经营"党营生产事业"，接管大批敌伪资产，开办公司、银行等，还将文化、新闻、电影、广播单位改为"党营"。1949 年去台湾。1950 年 7 月，蒋介石下令免去陈果夫"中央财务委员会"主任职务，裁撤陈果夫任理事长的"中央合作金库"和"中国农民银行"办事机构，一举削去"CC 系"三大经济支柱。1950 年 8 月，蒋介石下令改组陈果夫任董事长的农业教育电影公司，又削去了"CC 系"的一大舆论阵地。从此，陈果夫重权尽失。陈果夫久有肺病，经常咯血住院，赴台后病情加重。晚年经济拮据加上久病难医，后虽得蒋介石特批接济，但已对病情无济于事。1951 年 8 月去世，终年 60 岁。

陈立夫 1900 年出生于浙江吴兴，比其兄陈果夫小 8 岁，同为国民党"CC 系"首领。陈立夫 1922 年毕业于北洋大学采矿系，1925 年获美国匹兹堡大学采矿学硕士学位。1925 年 9 月回国，随侍蒋介石，任黄埔陆军军官学校校长办公室机要秘书。后历任国民党中央组织部调查科主任，国民党中央党

部秘书长，国民党中央组织部部长，国民政府土地委员会主任委员，国民政府教育部部长，国民政府立法院副院长等职。1949 年 12 月去台湾。1950 年，蒋介石“改造”国民党，整肃“CC 系”，陈立夫离开台湾，在美国办了一个小型养鸡场，还做皮蛋、豆腐乳和粽子等以谋生。1969 年返回台湾定居，历任台湾当局领导人办公室资政、国民党中央评议委员会主席团主席、“中华文化复兴运动推行委员会”副会长、台湾“中国医药学院”董事长、台湾孔孟学会理事长等职。2001 年 2 月病逝。陈立夫 100 年的漫长生涯，以 20 世纪 50 年代为界，正好分为前后两个 50 年。前 50 年，他积极追随蒋介石，坚持反共立场；后 50 年，他潜心研究中国文化，期盼中华文化的复兴，积极提倡“中国文化统一中国”，期望为统一事业作出贡献，在台湾被评论为“反共老人要做联共先锋”，“促进两岸交流与和平的基磐”，还当选了“海峡两岸和平统一促进会”名誉会长。《人民日报》称其“谋求祖国统一的积极态度令人感佩”。陈立夫有众多著述，他对西方文明持批评态度，认为美国模式决不可以成为世界的样板，资本将把人类带向灾难的深渊，呼吁人们从中国传统文化中寻找生存智慧，回归天人合一，与自然和谐共处。

戴季陶原籍浙江吴兴，1890 年生于四川广汉。1905 年到日本留学，后入东京日本大学法科。1909 年回国，在上海《中外日报》《天铎报》撰文抨击清王朝而受通缉。1911 年加入同盟会，辛亥武昌起义爆发后，参加了陈英士、钮永建等组织的上海起义。辛亥革命后在上海创办《民权报》。孙中山就任临时大总统时，他随从孙中山去南京参加典礼，任孙中山秘书。孙中山辞去临时大总统后，他又受命进行军事联络，参加了“二次革命”和护法战争。1917 年，孙中山在广州设立护法军政府，戴季陶被任命为法制委员会委员长。1918 年 2 月，兼任大元帅府秘书长。随后军政府改革，戴季陶随孙中山回到上海，并将家眷迁回原籍湖州。五四运动期间思想激进，在上海主编《星期评论》，是中国马克思主义最早的研究者之一，并参与了中国共产党上海发起组的筹备活动，但最终背弃了马克思主义。1924 年 1 月，戴季陶以浙江代表身份出席国民党一大，当选为国民党中央执行委员、常务委员，任国民党中央宣传部部长。同年5月黄埔军校成立，任政治部主任。1924年11月随孙中山北上。孙中山病逝后，他与蒋介石、汪精卫等人成为国民党新右派的代表。曾先后担任国立中山大学校长、考试院院长、国史馆馆长等职，有蒋介石的“国师”之称，是蒋介石的忠实“智囊”。他是中华民国国旗歌的词作者。1927年4月，戴季陶积极参与策划“四一二”反革命政变。西安事变爆发后，因戴季陶支持何应钦等主战派，使蒋介石不悦，逐渐失宠，后患神经衰弱症，身体每况愈下。1948年3月，戴季陶以浙江吴兴代表身份出席“行宪国大”。1948年6月，在他要求下，被免去考试院院长职务，改任国史馆馆长。1948年12月，戴季陶随国民政府迁往广州，自此更加忧心忡忡，寝食不宁，1949年2月11日因服用大量安眠药去世。

吴鼎昌原籍浙江吴兴，1884年生于四川华阳县，出身官宦家庭，早年就读于成都尊经书院，为清末秀才。1903年4月获四川官费留学日本，入东京高等商业学校，其间加入中国同盟会。1910年回国，执教于北京法政学堂。后任中日合办本溪矿务局总办、江西大清银行总办。1912年以后，历任中国银行正监督、中国银行总裁、天津金城银行董事长、盐业银行总经理、内政部次长兼天津造币厂厂长。1922年1月，任盐业、金城、中南、大陆四行储蓄会主任，成为金融集团的首脑。1926年9月，吴鼎昌与著名报人张季鸾、胡政之合组新记公司，盘购天津《大公报》，自任社长，制定了著名的“四不”办报理念，即“不党、不卖、不私、不盲”，《大公报》迎来历史上的辉煌时期。1935年，吴鼎昌出任实业部部长，为了显示《大公报》的“不党”方针，他宣布辞去社长一职。吴鼎昌一生经历晚清、北洋、南京三个政权，身跨金融、新闻、政治三界，他老于世故、多谋善断、精力旺盛、张弛有度、玲珑多面，在多个领域长袖善舞。1926年7月至1937年，吴鼎昌先后任国民政府财政委员会委员、国民经济建设运动总委员会委员、全国钢铁厂监察委员会主任委员、农本局理事长、中国国货联合营业

公司董事长、国民政府实业部部长兼国民政府军事委员会第四部部长等职。1937年11月至1944年12月，任贵州省政府主席、滇黔绥靖公署副主任、贵州全省保安司令。这期间正值抗战，贵州是抗战后方，吴鼎昌提出开发贵州、支援大西南的口号，并使贵州成为商贾云集、经济流通的后方基地。他还创办了贵州大学、贵阳医学院及贵阳师范学院。1945年1月离黔，先后出任国民政府文官长兼国民党中央设计局秘书长、总统府秘书长等职，成为蒋介石的高级幕僚。日本投降后，吴鼎昌向蒋介石建议，邀请毛泽东到重庆谈判，并连续起草了三封电报。淮海战役结束后，他将自己的财产转移到国外，于1949年1月辞去一切职务到了香港，1950年8月病逝。

朱家骅1893年生于浙江吴兴，一生中担任过多项重要职务，与中国近现代政局的演变有着密不可分的关系。朱家骅从小进入私塾学习，1908年赴上海考取同济德文医学堂。1910年加入同盟会，曾赴南京欲谋刺两江总督张人骏。1911年发起组织中国敢死团，参与谋划攻打江南制造局活动。1914年自费赴德留学，入柏林矿科大学采矿工程学系，后获柏林大学博士学位。1917年受聘蔡元培初任校长的北京大学，是当时北大28位教授之一，且是北大最年轻的教授。1919年以“欧美同学会”学者身份参加五四运动。1925年参与组织北京学生声援上海五卅爱国运动。1926年到广东协助戴季陶创建中山大学。1927年4月，出任广东省政府委员兼民政厅长，8月任广东省教育厅长兼中山大学副校长。同年冬回浙江任省政府委员兼民政厅长。1929年3月出席国民党第三次全国代表大会，为主席团成员之一，并当选为中央执行委员和中央政治会议委员，从此参与国民党中枢活动。历任中央大学校长、教育部部长、交通部部长、行政院副院长、考试院副院长、中央研究院总干事、浙江省政府主席等职。1938年4月在国民党五届四中全会上，被推举为国民党中央执行委员会秘书长兼党务委员会主任委员、中央调查统计局局长。1939年11月国民党五届六中全会上，出任国民党中央组织部部长，同时仍兼任“中统”局长。1944年11月，再任教育部部长。1948 年当选为中央研究院院士。他在去台湾前，派大批人马把故宫、中央博物院、北京图书馆的文物、书籍大量运往台湾。到台湾后，曾任台湾当局领导人办公室资政，“中研院”院长等职。1963 年 1 月在台北病逝。

胡宗南 1896 年 5 月出生于浙江镇海，3 岁时随父辈迁居于浙西距孝丰县城西十里之鹤鹿溪。入孝丰县城高等小学堂、湖州公立吴兴中学读书，各科成绩优良。中学毕业后，受聘于孝丰县立小学和私立王氏小学任教，1922 年到 1924 年间，任《孝丰日报》总编辑。1924 年投考黄埔军校，因身高不足 1.6 米，体检时被淘汰，经军校党代表廖仲恺特许参加考试被录取，是黄埔军校一期毕业生，号称“天子门生第一人”。胡宗南长期拥兵西北，官至第一战区司令长官、西安绥靖公署主任，成为手握几十万重兵的“西北王”。1947 年 3 月指挥 15 个旅进犯延安，编造战报“俘虏敌 5 万”，被授二等大绶云麾勋章。一年后兵败，胡宗南向南京请罪，被撤职留任。逃到台湾后，1950 年 5 月遭到台湾监察部门 46 名“监察委员”的弹劾，经蒋介石周旋“应免议处”。后被任命为“江浙人民反共救国军总指挥”兼“浙江省政府主席”，又被调任“澎湖防守司令”等职。1959 年退休，旋任台湾当局领导人办公室战略顾问、研究员等职。1962 年 2 月因心脏病突发去世。

大事记

1900 年（光绪二十六年）

徐一冰（南浔人）创办《南浔周报》，这是湖州本土出版的第一张现代报纸，1905 年前后停刊。

1901 年（光绪二十七年）

3 月，沈谱琴（吴兴人）在东街私宅创办志正学堂，是为湖州城区开办最早的私立新学堂。

秋，上海南翔悦来书塾男、女部迁来湖州，男校名华英学堂，女校名文洁女塾，由基督教监理公会主办，为湖州有教会学校和新式女子教育之始。文洁女塾迁至湖州马军巷办学，后迁入海岛新校舍，改名为湖郡女塾。

庞元澄（庞青城）捐资创办南浔浔溪公学，学制仿日本中学学制和课程，建校舍于东栅宜园东邻，是湖州最早的私立中学堂。

1902 年（光绪二十八年）

6 月，湖州爱山书院改为湖州府中学堂和程安高等小学堂（校址在三贤祠），是湖州最早的官立新学制中小学堂。

1903 年（光绪二十九年）

冬，湖州钱业会馆动工兴建于湖州城内紫城巷，至 1906 年 6 月建成。

1904 年（光绪三十年）

5 月 15 日，钱玄同与方青箱、张界定、潘芸生等人在湖州创办《湖州白话报》，不久即停刊。这是湖州历史上第一张具有现代意义的地方新闻报纸。

1905 年（光绪三十一年）

6 月，湖州士商集会抵制美货，抗议美国政府排华和残杀华工，并印发署名“陆家花园”的反美爱国传单。

8 月，张静江以驻法使馆一等商务参赞身份随清政府驻法公使孙宝琦出国赴欧，在途中轮船上结识孙中山，提供 3 万元作为反清革命活动经费。

1906 年（光绪三十二年）

1 月，张增熙创办浔溪女校，次年停办。

3 月上旬，秋瑾被浔溪女校聘为教师，在教课之余续写弹词《精卫石》，6 月被迫离校去上海。

3 月，张静江在新加坡加入同盟会，并积极介绍发展南浔的富豪成为同盟会会员，为孙中山的革命活动提供大量经费。

夏，陈英士东渡日本，先入东京警监学校。冬，加入中国同盟会。

9 月，浙江水灾，乌程、武康、德清等县饥民数千人暴动，进城捣毁库总、库书，抢粮及抢县吏多家。

浙江蚕学馆毕业生杜以芬在德清新市创办德清农业学堂，设蚕科，为湖州最早的初等实业学堂。

湖州丝商周庆云、沈联芳、王一亭、杨信之等在上海发起成立湖州旅沪同乡会，是上海最早的同乡会之一。

1907 年（光绪三十三年）

5 月，陆心源皕宋楼藏书被其子陆树藩以 10 万元代价卖给日本岩崎氏静嘉堂文库。

6 月 22 日，吴稚晖、李石曾、张静江等人在巴黎创办《新世纪》周刊，宣传无政府主义，至 1910 年 5 月 21 日停刊，共出版 121 期。

6 月，湖州府中学堂、师范学堂、程安高等小学堂发生学潮罢课，不久平息。

徐一冰在南浔开办养蒙学社，专收贫寒子弟入学，因与学制不符，不久停办。11 月，徐一冰与徐传霖、王继鲁等人在上海老西门林荫路筹办我国近代第一所体育专门学校——中国体操学校。

1908 年（光绪三十四年）

8 月 28 日，浙江武康县农民 2000 余人进城报荒，捣毁虐民官吏家宅。

晚清举人俞恒农等捐资建立海岛图书馆。陆树藩将守先阁 2 万余卷藏书捐给该馆。

基督教监理会设湖州海岛中学堂，1915 年改名为东吴大学第三附属中学。

1909 年（宣统元年）

春，张明良等人在南浔原浔溪女校址开办上海爱国女校南浔分校。辛亥革命后改为第一女子初级国民小学。1929 年夏与浔溪中学校合并。

2 月，南浔基督教会创办的浸礼会初级小学开学，校舍在东栅小桥弄，1922 年停办，是南浔镇历史上唯一的教会学校。

2 月，德清地震。

上半年，湖州第一家机器缫丝厂——公益丝厂成立，厂址在北门外田盛街大通桥堍，翌年建成投产。该厂在20世纪50年代后即为湖州丝厂。

7月，安吉、孝丰、武康等县水灾严重，浙江巡抚增韫向清廷奏请赈济。7日，德清县数千农民聚众进城报荒告灾，灾民听闻士绅与书吏吞没历年代征积谷款项，愤而捣毁漕总等绅董3家住宅，清政府派兵镇压，捕30余人，杀1人。13日，乌程县北乡佃农千余人进城报荒，大闹县署，遭当局镇压。10月1日，乌程县又有农民千余人赴县署报荒。

11月27日夜，乌程地震。

钱恂应沈谱琴之聘，代理湖州府中学堂校长，其弟钱玄同在校代理国文教员。

湖州绉业公会筹设绉业小学堂（局前绉业会馆），为同业公会办学之始。

1910年（宣统二年）

1月6日，湖州府乌程、归安两县农民数百人抗交漕粮，捣毁带头交漕地主家，抢吃大户。11日，农民千余人欲进城焚仓毁署，府城戒严。最终迫使县署出布告减漕三成。9日，德清县东门外乡民聚众数千进城，要求重惩库书，免征荒田，减征熟田三四成。17日，德清西北各乡农民200余人蜂拥入城抗漕，捣毁店铺，商店罢市。

4月8日，武康县乡民为反对抽收警捐发生暴动，聚众二三千人，涌入县城，殴伤知县洪某。次日，又有3000余人入城捣毁县署大堂，拆毁城内警察总局及三桥埠警局。21日，长兴县官吏勒索柴、炭及船费，加抽肉捐，激起民愤，肉铺罢市，农民聚众捣毁厘局、巡船、警局、商会。

5月9日，德清县农民捣毁新市镇警局。

7月24日、8月23日，长兴县农民两次因反对清查户口聚众起事，捣毁警局、学堂、教堂，围困知县。

8月21日，湖州旅沪同乡会在丝蚕公所召开同乡大会，公举杨信之为总董，9 月兴建湖州会馆，至翌年 8 月会馆落成。

10 月，陈英士与于右任、宋教仁、沈缦云等人创办了同盟会在国内影响最大的报纸《民立报》，该报 1913 年被迫停刊。

在南京南洋劝业会上，南浔梅履中、吴其桢、沈秉钧等代表各自丝行纷获奖项。其中梅履中经营家传南梅恒裕丝经行，所产“绣麟”“金鹰钟”等品牌丝经获头等商勋，“银鹰钟”“飞马”“黑狮”“荷花”“梅月”“梅石”等品牌获超等奖，在全国同行中得奖最高最多，获清廷“商勋执照”，赐三品顶戴。

1911 年（宣统三年）

3 月 12 日，长兴县吏勒索柴、炭、船费，农民聚众捣毁厘局、巡船、警局、商会等处。

7 月 7 日，省立第三中学堂监督、湖州教育会长沈谱琴和钱恂等人发起国民尚武分会，设尚武公学。当月，南浔成立体育会。

7 月，陈英士参加谭人凤、宋教仁等人在上海成立的同盟会中部总会，被推举为庶务部部长，以推动长江流域的革命运动。

10 月，武康上柏烧炭民王世昭（天台人）聚众五六百人起义，11 月 22 日遭浙江省巡防营陆军及湖属各县民团“齐心局”合剿，寡不敌众，惨遭失败。王化装潜回家乡，1913 年被内河水上警察厅拘捕处死。

11 月 3 日，陈英士发动上海商团、青帮及部分青年与江浙革命党人在上海起义。上海光复后陈任沪军都督。旋即组织江浙镇沪联军，攻克南京。

11 月 7 日，湖州宣告光复，成立了湖州临时军政分府。沈谱琴任湖州军政分府首长，钱恂任民政长。湖属其他各县也先后响应起义，驱逐清廷知县。

南浔梅恒裕丝经行经营的丝绸品牌精品在意大利工业品展览会上获一等奖。

1912 年（民国元年）

1 月 19 日，沪军 1 营 1 部在安吉与民团合歼土匪 300 余人。

1 月 22 日，浙江省都督公布乌程、归安两县合并为吴兴县。

2 月 17 日，湖州学生军总司令沈谱琴在湖州乌程邑庙开设均益戏院，雇班演戏。学生军、光复军、湖防营在看戏过程中发生冲突，受伤多人。事后严禁演戏。此后十余年，湖州城内无戏曲演出。

钟仰贻等人在长兴县四亩墩创办长兴煤矿，2 月开工，5 月因经费困难而止，乃邀请刘长荫等集资，钟将矿权及购买之田地契作为红股，转到刘名下。8 月，刘长荫接办长兴煤矿，因资金不敷，1918 年 3 月与朱葆三、刘万青等人组织股份有限公司，资本 200 万元，总公司设在上海。

11 月 24 日，吴兴商团借府学明伦堂召开成立大会，到会人员 2000 余人。

美籍医生孟杰在湖州天宁巷租民房创办湖郡医院，分内、外、妇产、五官等科。后该院与福音医院合并，成立吴兴福音医院，迁址马军巷。

南浔商界名流梅履中等人仿上海万国商团，创建南浔商团，以梅履中为团长，设事务所于义仓。

南浔丝业公所新厦落成，改名为丝业会馆，1916 年又改名为丝业公会。

钱恂任浙江图书馆馆长，发起补抄文澜阁所存《四库全书》缺本。

1913 年（民国二年）

4 月 3 日，吴兴、德清地震。

7 月 12 日，沈家本（吴兴人）在北京逝世，享年 73 岁，后归葬湖州。

7 月 28 日，浙江都督朱瑞宣布：设吴兴戒严司令部，顾乃斌为戒严司令，压制革命党人讨袁活动。朱密令部队到南浔收缴全部枪支弹药，通缉张静江、庞青城，查抄家产，封了庞的青城造纸厂（浔溪造纸厂）。

1914年（民国三年）

2月，吴兴县商会会长王亦梅（又名树楠）与当地士绅、上海商界人士管趾卿（又名祥麟）、蒋澜江、顾敬斋、邵洛英、杨信之、温蔗青、凌铭之、王周僧等人集资银元5万，创办吴兴城厢电灯股份有限公司，翌年12月7日发电。

3月，刘长荫耗资10万银元建发电厂，专供矿井用电，为长兴县最早的自备发电厂。

3月，湖州义成绸厂改用铁机织绸，为浙江最早改用铁机之绸厂。

7月8日，孙中山在日本筹建中华革命党，陈英士被推举为中华革命党总务部部长，张静江为财政部部长。当时因张在巴黎筹款，无法执行公务，由财政部副部长廖仲恺代行其职。

8月31日，湖州城织绉机工数千人要求增加工资，举行罢工。

湖州第一家织绸公司——集成公司成立，采用日本提花机半机械化试织花色绸缎。1916年停业。

徐一冰在南浔镇洗粉兜慈荫庵创办贫儿教养院，设高级班（12—15岁）和初级班（6—11岁），仅收男生，半工半读传授手艺，分车木工、藤工、织、染工及西乐队五个专业。

1915年（民国四年）

6月26日，南浔丝业梅恒裕号茧款现银3.7万多元搭乘湖班宁兴公司轮船，驶至上海松江县五库西河面，被盗匪抢劫一空。江苏水警第2厅派水警队迅速缉捕案犯张如坤、陈根泉、刘阿根等人归案。

7月初，咸章永绉庄金丽生集股银5万元，在雀杆下45号创办湖州近代第一家丝织厂——吴兴丽生丝织厂，创“华丝葛”品牌，产品在东南亚市场与日货相抗衡。

7月，刘锦藻等人根据政府颁布的《地方保卫团条例》筹组的南浔保卫团成立，设团本部于西栅下塘树行埭沐凰桥西堍。

12 月，陈英士与杨虎等人发动肇和兵舰起义，因袁军反扑后援无济而失败。

湖州丝织业同业公会成立于宋家巷丁家花园旁。

南浔丝经行在巴拿马万国博览会上获奖：南梅恒裕丝行得金牌大奖章、金牌奖词，北梅恒裕丝行得名誉奖词，邱天成与邱奕茂得银牌奖章奖词，其他如沈鑑记、吴其昌、邵月记、李恒德等丝经行均获奖词。庞莱臣精选收藏的古画 72 幅也参加展出，并刊印了《中华历代名画志》一册，获奖。

1916 年（民国五年）

1 月 1 日，吴兴商办电话股份有限公司正式开通电话对外营业，公司资本 5 万元，位于东街虹门馆前，董事长王叔用，经理陆庆誉，这是湖州有市内电话之始。

3 月，钱塘道第三联合县立师范讲习所在湖州安定书院旧址创办，翌年改称浙江省立第三师范学校。

5 月 18 日，陈英士被暗杀于上海法租界萨坡赛路 14 号、日本侨民山田纯三郎的寓所内，年仅 38 岁。

梅履中等人仿照上海的商业组织，发起成立南浔镇商会，会址初设在南浔丝业公会内。

1917 年（民国六年）

1 月 24 日，湖州地震。

春，位于湖州市南郊岘山东麓的陈英士墓竣工，5 月 18 日陈英士灵柩从上海运回湖州归葬。1934 年陈墓重新扩建。

上半年，陆熙绩（湖州人）等人创办《湖州报》，不到一年停刊。该报宣传民主共和思想，是民国时期湖州最早的现代报纸。

钮介臣、钮少卿、钮少琴三兄弟与人合资，在湖州西门小西街回龙桥堍创办达昌绸厂，钮介臣为厂长。

1918 年（民国七年）

2 月 12 日，湖州地震。

3 月，刘长荫、朱葆三、刘万青组建长兴煤矿股份有限公司，董事长刘长荫，协理刘万青，董事有虞洽卿等七人，使用机械采掘，聘用德籍工程师库舍尔主持矿务。

1919 年（民国八年）

五四运动爆发，吴兴各界集会，反对签订对德和约。学界开展罢课，湖州工商界也实行罢市、罢工，抵制日货。

5 月中旬，湖州人士在城内集会，决定开除章宗祥（时任驻日本特命全权大使）的乡籍（章系吴兴荻港镇人），其族人公决将章开除宗籍，驱逐出族，并查封其家产作为地方公益事业经费。

6 月，浙江梅雨连旬，山洪暴发，淹没田亩数万顷，冲决堤埂、桥梁、道路数百处。水灾之外又遭受风虫各害，26 县被灾，其中以吴兴、长兴、德清、安吉等县尤为严重。

8 月，“齐卢之战”在湖州长兴和江苏宜兴边境爆发。

1920 年（民国九年）

2 月 4 日，张静江遵照孙中山之命到上海创办证券物品交易所，继续为革命筹措经费。

7 月，徐一冰在南浔西庄建造中国体操专门学校新校舍，将原在上海老西门的中国体操专门学校迁到此地，徐任校长。1921 年春校舍落成开学，1927 年停办。这是中国近代较早的体操学校，也是南浔历史上仅有的一所大专学校。

12 月 17 日，吴兴县学生联合会调查第 3 次封存日货情况，行至北门外吊桥港堍的陈顺昌广货店，双方起冲突，秩序大乱，城内外商户纷纷罢市。

12 月，湖州城丝织工人要求增加工资，举行罢工。

周庆云编纂《南浔志》，1922 年刊成。

著名画家金城（吴兴人）在北京创立中国画学研究会。

1921 年（民国十年）

2 月，美国费城举办首届万国丝绸博览会，中国丝绸代表团中有南浔辑里丝商张鹤卿、梅仲泩等人参加。张鹤卿作了关于辑里湖丝在美国市场的调查报告。

10 月，钮介臣在新马路（今志成路）常平里 4 号创办湖州达昌电力织绸厂（又称达昌第二织绸厂），为湖州首家使用公司动力电之企业。

1922 年（民国十一年）

1 月，俞平伯（德清人）与叶圣陶、郑振铎、朱自清等人创办了《诗》月刊，为“五四”以来首个诗刊。同年俞首部新诗集《冬夜》出版。

1 月，德清县李某等人因反对该县知事彭彝假造粮串，聚众 200 余人赴杭州拥入省长公署，要求撤换县知事。

4 月 24 日，吴兴县切楮工人经请求店主提高工资未果而罢工。

6 月 16 日，吴兴丝织公会为维持绸厂营业，议定减工资节约开支，遭到数千丝织工人反对，全体罢工半月。

8 月 30 日—9 月 1 日，安吉、孝丰连续暴雨，洪水泛滥，两县河堤、塘坝、桥梁冲毁殆尽，淹死百余人，灾情严重。

10 月 19 日，浙江省立第三中学和海岛中学两校学生因派别不同起冲突，两校学生全体罢课。

11 月，南浔贫儿教养院院长、中国体操学校校长徐一冰逝世于南浔镇，徐一行接任校长。

12 月 4 日，吴兴马军巷福音医院因院址逼仄狭小，医院主任孟杰（美国人）选择南门内马宫桥旧乌程县仓址，与仓址标主王珅商请，王慷慨捐助。医院新址于当日举行奠基典礼。

12 月 23 日，长兴煤矿二道巷北石坑 15 号窿道因风门径通气不畅发生爆炸，死 4 人、伤 30 余人。德国矿师下窿营救而殒命。

安吉递铺小学教师胡宗南创办《孝丰日报》，不久考入黄埔军官学校读书，报纸停刊。

地质学家李四光考察安吉龙王山千亩田、报福镇附近、孝丰城附近和塘浦一带，发现冰蚀地貌、冰碛物和漂砾自天目山而下直至孝丰城以北的痕迹。

1923 年（民国十二年）

1 月 26 日，《孙文越飞宣言》发表后，湖州省立第三师范学校学生黄裳致函苏联驻华外交官越飞，表述对社会主义苏联向往。未几，黄应越飞邀请去苏联中山大学学习。

3 月 29 日，美国丝商观光团 20 余人抵达南浔考察“辑里湖丝”，为期一周。

3 月，第二次万国丝绸博览会在美国纽约举办，辑里丝商推派旅居纽约的南浔人李佑仁和周君梅为代表参加，分别写成调查报告，重点提出辑里丝粗细不匀难以机织，建议必须设厂改缫匀细厂丝。

6 月 4 日夜，来自安吉、孝丰的土匪窜入长兴县合溪缸窑村，绑去学生 1 人、打死 5 人、伤 20 余人。

7 月 30 日，湖州丝织各厂因绸市凋零难以维持而削减工资，织工反对，全体罢工。

10 月 26 日，全城木业工人因工资微薄，要求店家涨工资未果而罢工。

经公议每人工资增加 3 分，工人同意复工。

10 月 28 日，烟叶工人因为物价上涨，要求店主加工资未果而罢工。

浙江省教育厅厅长张宗祥主持补抄文澜阁《四库全书》，史称“癸亥补抄”，南浔人周梦坡、刘锦藻、刘承幹等人为补抄捐款。

1924 年（民国十三年）

1 月 20—30 日，中国国民党在广州召开第一次全国代表大会，孙中山指定戴季陶为浙江代表，还提名张静江当选国民党中央委员会执行委员。

6 月 1 日，旅沪湖州人张静江、陈蔼士、戴季陶、陈果夫、杨谱笙、严睿宜、汤济沧等人发起的湖社借上海宁波同乡会召开成立大会，其旨在于“谋湖属六邑，及旅外同乡事业之发展”。

6 月 4 日，福音医院迁入湖州南门新院舍，举行落成典礼。中华人民共和国成立后由人民政府收回，改组为中国人民解放军第九八医院，存续至今。

夏，周庆云编纂《莫干山志》，1927 年刊行。

7 月 5 日，匪徒抢劫湖州西乡杨家埠。

7 月，中国体育学校在南浔镇停办。

8 月 4 日，湖州绸厂女工因要求增加工资，全体罢工。

9 月 3—17 日，齐卢两军在长（兴）、宜（兴）间激战。

10 月 1 日，湖社社刊《湖州月刊》在上海正式创刊公开发行。因经费不足，1928 年一度停刊，1930 年 2 月复刊，至抗战爆发停刊。

10 月 5 日，长兴煤矿股份有限公司因江浙战争破坏而停产，矿工无以为食，群至八都岕周家村乞食，被村民误认为乱兵抢劫，村民开枪自卫当场打死打伤 30 余人。工人怒而将该矿设备捣毁。

10 月 13 日，卢永祥陷于腹背受敌境地，被迫通电下野。15 日，齐卢战争以齐胜卢败而告终。此战历时 40 天（9 月 3 日—10 月 13 日），百姓遭殃，损失惨重。

南浔丝商梅莪卿在南东街广惠宫南首独资创办梅恒裕丝厂，这是南浔镇上第一家机器缫丝厂。

南浔镇嘉业堂藏书楼及小莲庄落成。

1925 年（民国十四年）

1 月，湖州城西女校教师金鼎由宣中华介绍加入中国共产党，成为湖州最早的中共党员。

3 月 12 日，孙中山逝世于北京。孙病笃时，张静江、庞青城应召去北京侍候，张担任丧葬筹备委员会委员及中山陵园筹建委员。

3 月 23 日，湖州各界在大光明电影院召开孙中山逝世追悼会，会议由中共党员金鼎主持，作了《打倒列强，除军阀》的演讲，会后举行游行。

3 月 29 日，湖社在上海北京路联益社举行首届社员大会。

5 月 31 日，湖州绸缎缫丝女工因不满工资过少而罢工。

6 月上旬，上海“五卅惨案”消息传来，湖州工人罢工、商人罢市，湖属各地、学界、工商界、各团体纷纷提出严正抗议并声援上海工人爱国反帝斗争，哀悼被害同胞。

6 月，由高事恒等人创立的湖州双林公共图书馆正式成立，这是近代中国较早建立的乡镇公共图书馆。

8 月 22 日，吴兴丽生丝织厂股份有限公司在上海天津路富康里成立。

11 月上旬，菱湖安澜桥安龙门时，迷信者拥挤拈香，打架闹事者被警察抓捕，群众误以为拉夫，争相奔逃造成踩踏事故。

11 月，钮介臣等人投资 10 万银元，在德清县海卸村花港漾创立浙江苕溪缫丝厂。

湖州兴舞台建成开业，为湖州第一个现代大型剧场。

周庆云接办公益丝厂，改名湖州模范丝厂，生产的模范牌生丝首次出口。

上海圣约翰大学学生沈调民等激于外籍校长压制学生抗议“五卅惨案”爱国运动的义愤，回家乡筹办私立南浔中学。

1926 年（民国十五年）

1 月 13 日，吴兴菁山镇被大股土匪劫掠。

4 月 7 日，长兴县潼桥镇遭到太湖土匪抢劫，枪伤 3 人。

4 月 25 日，因吴兴城厢市政公所选举不依照法律手续，全体议员辞职，市政机关停顿。

10 月，国民党中央组织部浙江特派员王宇椿与浙江省党部执委张寅仲到湖州筹建国民党吴兴县党部。

秋，国民党党员沈渭深、温延龄（温永之）发起成立中国国民党上海市党部直属南浔区党部，开始对外公开活动。

12 月，国民党长兴县党部和国民党孝丰临时县党部分别成立。

周庆云、庞莱臣和庄骥千等人集资 12 万两白银，在西郊方丈港创办南浔汽机改良丝厂，通称方丈港丝厂。

梅履中与侄子暨继子梅丹若投资 9 万银元创办梅恒裕丝厂，年产生丝 3200 包，使梅恒裕成为当时中国最大生丝行之一。

1927 年（民国十六年）

2 月底，国民革命军（北伐军）东路军先遣军李明扬部抵达南浔。

2—3 月，国民革命军第 14 军赖世璜部于 2 月下旬抵达湖州，第 2 军、第 14 军各 1 部相继抵德清、武康、安吉、孝丰和长兴。3 月初，东路军前敌总指挥白崇禧、26 军军长周凤岐、14 军党代表熊式辉抵湖。中旬，东路军总指挥何应钦经湖州抵达泗安督师。

3 月 23 日，湖属邮务公会要求改善待遇未果，举行罢工。

3 月，湖州丝织总工会成立，吴善均（永昌绸厂工人）为总工会会长。

春，方铁城至孝丰老石坎发展中共党员，成立孝丰县第一个中共支部。

4 月 6 日，吴兴总工会成立，公推张志成、孙锡荣（中共党员）、戴天烈为主席。

4 月 10 日，吴兴县保卫团成立，县长兼任总团长。

4 月 12 日，蒋介石在上海发动“四一二”反革命政变。13 日起，国民党右派先后在湖州各县“清党”。

4 月中旬，金鼎、温永之在湖州教师中发展党员，在湖州第一初级小学成立首个中共党支部。

4 月，国民党南浔区第一区党部与商民协会冲突，商民协会被解散。

5 月 30 日，武康上柏镇中街失火，焚毁店铺 60 余家，损失 200 万元以上。

5 月，北伐军内共产党员许淡秋在新市镇发展德清县内首个共产党员王仲勖，成立德清县第一个中共党支部。

6 月 18 日，湖城各界 70 余团体齐聚公共体育场，5 万余人在公共体育场召开反对日本出兵山东大会，通电全国。会后整队示威游行，全城商店一律停市。晚间为庆祝北伐胜利大会。

8—10 月，中共安吉、德清、长兴独立支部分别成立，隶属湖州县委领导，其中安吉独立支部由方铁城建立。长兴当时的中共负责人是朱铨。

9 月 21 日，土匪拥入安吉县政府绑架县长程镇西，并将监狱捣毁，程以 8000 元赎释。

11 月 29 日，吴昌硕病逝于上海寓所。

12 月 29 日，德清县新市镇鱼行大街失火，总计烧毁店家 100 多家，损失上百万元。

12 月，中共湖州县委负责人钱独罕在杭州遭国民党逮捕，次年 1 月遇害。

1928 年（民国十七年）

3 月 1 日，吴兴绉业因为请求省政府取消新增五成税率被驳斥，故一律罢市。

3 月中旬，湖属剿匪指挥部调集省防军 2 连、水警巡船 10 号等痛剿湖匪。

4 月 20 日，浙江省政府会议决定设置莫干山管理局，委派武康县长林彪兼任局长，收回管理权，直辖于浙江省政府民政厅。5 月 15 日，莫干山管理局成立。

6 月，长兴煤矿收归国营，由建设委员会管理，成立长兴煤矿局。建委会在长兴煤山镇重建长兴煤矿电力厂，1931 年 3 月建成发电，至 1940 年关闭。

8 月，湖属 6 县自入夏以来干旱成灾，7 月山洪暴发冲倒圩堤秧田被毁，又发生飞蝗虫灾损失严重。

9 月，长兴暴雨，大水冲毁合溪张家涧及涧下村二处，淹死不少民众。

10 月，吴兴电气股份有限公司技术员在湖州青铜门外用电犁耕田，为国内首次试用。

10 月，杭（州）湖（州）长（兴）公路动工兴建，次年 9 月 30 日通车。

11 月，中共浙江省委派候补委员邱福祥抵达湖州召开全县党员代表大会，组建新县委，邱福祥任书记。

11 月，吴兴县国术研究总社成立，翌年 1 月易名为吴兴县立国术馆，馆长李光宇，副馆长金鼎。

12 月，国民党浙江省党部直属武康区党部成立。

冬，《湖声日报》主笔吴非非被凶手沈彩生暗杀于湖州东门华楼桥附近，引起国内新闻界的震动。吴死后报社由吴善长接办，报名改为《新湖声日报》。吴善长病故后，由编辑丁进之接任社长。

年底，菱湖渔民在中共菱湖区委领导下展开反对渔捐斗争，捣毁吴兴县渔捐局，取得胜利。

吴兴公园开始修建。

湖州人俞宗濂集元明清名人书法刻石，重建墨妙亭于吴兴公园。

1929 年（民国十八年）

1 月 10 日，湖郡女校职员和学生不满校长邵秀林辞退教员李泽虞，召集公议决定另组改良湖郡女学团，反对邵继续担任校长，邵因此而离职。经校董江贵云、邱丽英担保不停办并改良组织，风潮才平息下去。

湖城丝织工人举行反对减少工资大罢工。

5 月，国民党召开德清县第一次党员代表大会。

5 月，湖社委员会主席陈蔼士为筹建陈英士纪念堂向国民政府呈请拨款 5 万元，6 月 25 日获批。

6 月 5 日，武康至莫干山公路通车。

6 月 6 日，张静江在杭州主持西湖博览会开幕式。

6 月，中共湖州中心县委在菱湖镇建立，县委书记瞿绥如。中共德清县委员会成立，书记许斌。7 月下旬中共长兴区委成立。

8 月 17 日，国民革命军陆军 6 师 18 旅 35 团来湖州进剿湖匪。

12 月 2 日，国民党查获中共中央寄往湖州中心县委的秘密文件，中共党员多人被捕，湖州中心县委遭到严重破坏。

吴兴谭建丞画、胡瑞和贵云卿笔、南浔梅恒裕厂丝在西湖博览会上各获五彩金质奖章 1 枚。

1930 年（民国十九年）

2 月 10 日，国民政府特派第 5 师 13 旅旅长胡祖玉为太湖剿匪总指挥，率 5 团官兵 2 万人至太湖剿匪。

2 月，由章荣初（菱湖人）创办的上海印染厂在上海华德路（今长阳路）

高郎桥东堍建成投产，成为当时中国民族资本家经营的第一家印染厂。

3 月，长兴西门外朱家、林城和澄心寺一带商店、民舍遭 50 多名盗匪洗劫。

4 月 15 日，太湖土匪与安徽鲍刚残部及大刀会结合，一众 5000 余人攻占长兴县泗安镇，16 日上午军警击溃匪徒。

4 月 18 日，湖属长兴小溪口被匪徒掳掠。长兴县胥仓桥也于同日夜被盗匪劫掠。

4 月 20 日，湖州大丰总厂、又成厂、祥华厂、云锦厂、义成厂等 15 家掉丝女工千余人要求增加工资未果而罢工。

4 月，中共德清县委书记许斌、委员瞿乃臧组织召开县委扩大会议，决定开展土地革命，组织农民武装暴动夺取政权。因泄密，暴动失败，20 人被捕，党组织遭严重破坏。5 月下旬，中共德清县委重建。

4 月 25 日，通湖轮船局“顺发”轮船由嘉兴途经双林镇双福桥附近被匪徒持枪劫掠。

7 月 28 日，吴兴县建设局局长周可宝因筑路下令拆除湖州南街石牌楼、毁损古建筑，将南街一带 10 余座牌坊全部拆毁。

7 月，中共长兴区委重建。长兴全县中共党员增加到百余人。

8 月 21 日，国民政府考试院院长戴季陶致电浙江省主席张静江，要求严究毁坏湖州南门古建牌坊人员责任，进行处罚。12 月 20 日，浙江省建设厅认为周可宝处置失当，将其调省候用。

8 月，中共吴兴中心县委在湖城县立一小内成立，书记瞿乃臧。

国民政府考试院院长戴季陶发动重建飞英塔，并在附近空地建城北公园。

1931 年（民国二十年）

1 月，由南浔开往嘉兴的通源公司小轮船行经王江泾南首遭到盗匪抢劫。

2 月，沈尹默任北平大学校长，翌年 8 月辞职。

3 月，沈谱琴领衔在湖州城北海岛修筑运动场。

夏，洪灾严重，各县共淹田 181 万亩，灾民 37 万余人。乡民呈请县政府救灾，吴兴县长李光宇被拥入县署的乡民逼迫勘察灾区。

9 月 1 日，湖州各丝厂工人要求恢复工资，到国民党吴兴县党部请愿，遭军警镇压，死伤多人。

“九一八”事变后，湖州各界在公共体育场召开抗日救国市民大会，反对日本帝国主义侵略沈阳，并举行游行示威。9 月 28 日，长兴各界群情激愤，冒雨召开抗日救国大会并致电国民党中央和张学良将军，要求捐弃成见集中全国力量对日宣战，收回已失国土，会后举行示威游行。10月5日下午，吴兴县教育局在湖州开明戏院举行哀悼国难大会。

9 月，中共吴兴县委执委、长兴区委负责人朱明轩被捕，长兴党组织遭到破坏。

9 月，因夏季德清、武康大水，西险大塘决口淹田，武康镇道寺堤塘洪水溢顶。水灾之后大旱，数千灾民涌入武康县城闹荒，全城罢市。

10 月 6 日，长兴煤矿局长朱世昀召开全矿职工大会，报告日军侵占东三省形势，职工群情激昂，随即组织抗日救国义勇团，朱被选为团长。18 日，长兴煤矿遭匪徒袭击，朱世昀和 5 名矿警被打死，10 余名矿警被打伤。

冬，作家巴金到长兴煤矿深入生活。

长兴煤山葆青的晚二叠纪灰岩被国际地质学会命名为“长兴灰岩”。

1932 年（民国二十一年）

2 月，湖州召开“一・二八”国难救援市民大会，抗议日本帝国主义侵略上海。

5 月 1 日，长兴至广德公路（今 318 国道）兴建，次年 6 月建成。

7月3日，上海天妃宫桥堍永顺轮船公司“永新”轮船由湖州驶往上海，途经洋桥被盗匪劫掠。

7月8日，菱湖镇乡间贫民到镇上各米店抢米，吴兴县长亲自救济发放饥民每人铜元20枚，众人方散。双林、善琏、练市也有抢米事件发生。9日，吴兴东乡饥民2000余人到乡镇米店索米。抢米风潮扩大至湖属一带。

8月，卸任国务院代总理、外交总长的黄郛出资在莫干山麓的庾村创办私立莫干小学，附设农场、蚕种场、奶牛场各一处，实行半耕半读，提倡耕读并重。

10月2日，1931年11月间搜劫长兴县煤矿局的盗匪匪首张则心、张百林、吴天兴、宋金山等人在上海被抓获。

国民政府对伪满洲国成立采取默认态度，浙江省立三中（今湖州中学）附小教员史灿堂义愤填膺，去茶淀炸断通车的平宁铁路（今京沈路），被国民政府以“妨害邦交罪”处死，其妻自缢于炸铁路处。

1933年（民国二十二年）

3月17日，黄郛在莫干庾村组建“莫干农村改进会”，开荒造林、兴修水利，进行乡村建设。

6月25日，长（兴）宣（城）公路通车。当月长兴至广德通客车。

8月，抗日名将马占山在莫干山剑池摩崖题刻“横磨歼虏”四字。

11月，中共党员汪翱被捕后在浙江陆军监狱叛变，军警在长兴夹浦逮捕中共党员多人，长兴的党组织被彻底破坏。

12月7日，周庆云在上海寓所逝世，享年70岁。行政院秘书长褚民谊、监察委员于右任、沈联芳、庞莱臣等各界名流，以及湖社、湖州会馆、绉业公所、湖州旅沪中小学、市北中学、南浔公会等团体纷纷悼念。

年底，永昌、达昌等厂丝织工人举行罢工示威游行。

1934 年（民国二十三年）

1 月 16 日，《湖州日报》在湖州创刊。

3 月 1 日，吴兴各界召开抗日宣传大会。

4 月 2 日，湖州 3300 多名丝织工人反对资本家克扣工资，赴吴兴县政府请愿途中遭基干队镇压，死伤数十人。工人包围县政府，迫使县当局和资方抚恤死伤工人，增加工资。

4 月，吴兴私立绉业小学师生储金救国，得航空建设奖券二等奖银元 10 万元，以 8 万元购飞机 1 架，定名“中国儿童号”，翌年 4 月在南京献机救国。

6 月，慎微之博士多年调查研究钱山漾，在《江苏研究》（1937 年 6 月 3 卷 5、6 期合刊 · 吴越文化专号）发表《湖州钱山漾石器之发现与中国古代文化之起源》文章，首次从中华民族发展史角度确立了钱山漾遗址的考古价值。

夏，湖州大旱 80 余天，268 万亩农田颗粒无收，灾民 80 余万人。

7 月 6 日，湖州通源轮局嘉湖班轮船在钱山漾南口河面被匪徒劫掠。12 日，湖州安孝轮局梅溪班“新通安”轮船由湖州驶往梅溪，途经午源渡被劫匪劫掠。

7 月，吴兴县立图书馆成立。

8 月 9 日，行政院驻平政务整理委员会委员长黄郛由莫干山赴赣，途经南京时向记者发表书面谈话，谓华北如将战区种种纠纷解决，即可稳定，望新闻界“起而纠正国人的悲观想象”。翌日经九江抵牯岭，11 日面谒蒋介石报告华北政情。

9 月 19 日，匪徒 80 余人由太湖窜入新塘，对 30 多家商店进行洗劫。

10 月 21 日，德清县长陈焕赴上海呼吁请求赈济灾民。德清县自 5 月中旬到 8 月近百日无雨，旱灾严重，粮食绝产，9 万多人受灾。

秋，长兴煤矿四亩墩矿井发生瓦斯爆炸，矿工 48 人死亡。

12 月，长兴煤矿工人和矿警因资方拖延年度分红而罢工。次年 3 月，矿方不得不另换经理，按原薪发给工人 2 个月红利。

1935 年（民国二十四年）

5 月 1 日，刘承幹嘉业堂丛书共 56 种 750 卷 210 册汇印发售，预约期自当日至 6 月 30 日止，发售处设在南浔镇嘉业堂藏书楼。

夏，匪首马立山等在武康上柏马头关拦劫汽车，绑架前往莫干山避暑的中央银行、中国银行等 4 家银行的经理和夫人，震惊国民政府。后以 5 万银元、20 支快枪、1000 发子弹等钱物在临安横畈山区交换人质。

夏，上海大陆影片公司在湖州开明戏院放映有声影片，是为湖州放映有声电影之始。

7 月 15 日，何应钦从南京电邀在莫干山的黄郛入京共商应付北方紧急局势。8 月 15 日，黄郛应蒋介石邀自莫干山赴南京。

9 月，中国工农红军一部由皖入孝丰境内，遭国民党军队阻击而转赴天目山。

1936 年（民国二十五年）

1 月 1 日，湖社举办首届同乡集团结婚典礼，共有 6 对新人参加，湖社委员长陈蔼士、执行委员会主席沈田莘证婚。

4 月，中共上浙皖特委成立，书记邵长河。活动范围：安徽泾县、宁国、宣城、郎溪、广德和浙江昌化、於潜、孝丰等县。

5 月 29 日，日本飞机侵入吴兴上空，湖城实行交通管制。

6 月 1 日，湖州至嘉兴公路建成通车。

6 月 6 日，土匪洗劫吴兴善琏镇。

8 月初，吴兴县立公共体育场建成。

秋，中共孝（丰）广（德）县委建立。

10 月，红军皖浙赣独立团一部在孝丰县七管、赤坞等地发动群众，组建宁（国）广（德）孝（丰）游击队，陈忠祥任队长。

11 月 15 日，湖嘉苏长途汽车通车典礼在湖州举行。

1937年（民国二十六年）

1月1日，吴兴举办集体婚礼，开创湖州民国时期“文明结婚”新式婚仪潮流。

4月上旬，蒋介石、宋美龄夫妇抵莫干山游览，途经庾村参观莫干山小学。

7月25日，南浔旅沪同乡组织——“浔社”在上海大陆商场7楼正谊社举行成立大会。褚民谊当选为主席。

7月28日，浙江省主席朱家骅锐意整顿长兴煤矿，以改变该矿开支浩繁、行政效率低下等弊病。

8月14日下午，日军飞机轰炸长兴，随后长兴县政府部署城区防空、成立拉警哨所、执行灯火管制等。

8月，黄郛夫人沈亦云创办私立莫干临时中学。

9月9日，日军出动6架飞机在长兴县城投弹7枚。

9月上旬，国军空军15架飞机从长兴机场起飞，轰炸上海黄埔江日军军舰“出云号”。

9月19日，日军持续10余日轰炸长兴预备机场和长兴县城。29日夜，在汉奸指引下，日机轰炸长兴预备机场油库，中国飞机被迫转场广德。

9月，德清上柏白燕村知名人士朱海如捐良田100亩充作抗日经费。

9月，长兴煤矿公司职工要求循例给职工年度奖金，长矿银团拒不发给。工人愤而斗争，最后资方作出让步，发给部分奖金。

10月10日，安吉县在梅溪镇召开全县运动会，15时左右3架日机飞抵上空盘旋，轮番用机枪扫射民众并投掷炸弹，当场炸死5人，受伤者百余人。

11月14日，国军第七军（桂军）第172师奉命抵达宜兴、长兴一带，所属第528旅一部负责太湖警戒。16日上午，第170师第522旅所部陆续抵达长兴，并派一营加强太湖警戒。17日在南浔、吴兴遇日军阻击后兵力大部转移至吴兴。

11 月 15 日，日机在长兴投弹轰炸持续数日，致部分公路、沿湖工事被毁。

11 月 16 日，浙江省第一区行政督察专员公署与吴兴县政府撤往安吉、孝丰。

11 月 17 日，日军进犯吴兴县属南浔，在平望发生激烈争夺战。20 日，日军攻占南浔镇，实行疯狂烧杀政策，当天南浔遇难民众即达 400 余人。在旧馆镇，中国军队猛烈抵抗。廖磊先头部队据升山阵地。中旬，刘湘部 5 个师集结于广德、泗安、安吉。

11 月 21 日，国军高级将领张发奎、白崇禧在长兴召开应变会议，指示长兴县长王文贵立即清理监狱，枪决在押汉奸 40 余人，释放其他一切在押人员 300 余人并鼓励其参加抗战。在此期间从淞沪战场撤退的 10 余万中国军队过境长兴，社会秩序极度混乱，王文贵主持政务，极力维持局面。21 日，日军猛攻升山，国军第 107 师、第 172 师与日军展开激战。

11 月 22 日，连日来吴兴战事正酣，八里店激战形势吃紧。日军两架飞机窜入湖州市区及长兴轰炸。国军少将、175 师副师长夏国璋（广西容县人）孤军扼守吴兴，与日军血战数日，在今湖州升山前沿阵地上观察敌情时被日机空袭，以身殉国。国民政府追认其为陆军中将。

11 月 23 日，国军第 23 集团军第 144 师奉命到达长兴以北地区并在夹浦、金村一带设防，防范偷渡太湖的日军。

11 月 24 日，日军侵入湖州城，城区沦陷，300 余人遭残杀。长兴 11 月 25 日，安吉、武康 12 月 21 日，德清 12 月 22 日，孝丰 12 月 23 日也相继沦陷。长兴县长王文贵率部分县政府人员携带县印和重要档案文件撤至长兴槐坎东风岕。随后日军第 10 军第 6、第 18、第 114 师团和国崎支队沿京杭国道向长兴进犯。

11 月 24 日，平望、南浔的日军华中派遣军第 10 军第 18 师团陆战队乘汽轮、橡皮艇偷渡太湖，在长兴县夹浦、新塘一带登陆，中国军队奋勇抵抗，战斗激烈。随着战事扩大，三天门、李家港中国守军腹背受敌，全线撤退。日军步兵第56联队石桥队随即侵占长兴。日军重兵逼近吴兴，中国军队在吴兴境内昼夜御敌，因长兴方面后路被袭，于是撤离吴兴，转移至长兴、宜兴间固守。

12月1日，国军第145师（川军）在长兴、广德边境大松岭地区抗击日军进犯，中将师长饶国华（四川资阳人）因兵力单薄，被日军包围于宣城郎溪十字铺，日军劝降，饶国华在给第七战区司令长官刘湘写了绝命书后举枪自戕，壮烈殉国，国民政府追授其陆军上将衔，并为之举行国葬。

12月16日，王文林、彭林在安吉递铺镇建立抗日时期浙西第一个共产党支部，书记王文林。

12月17日，日伪吴兴县维持会成立，姚森如充任会长。

1938年（民国二十七年）

1月1日，中共组建的吴兴县抗日游击大队（俗称“郎部”）在吴兴西乡潘店何家埠村铜盆寺成立，大队长郎玉麟，大队党支部书记、政训员王文林，参谋彭林。这是中共领导的湖州第一支抗日武装。

1月下旬，在中共抗日救亡运动的感召下，中国人民抗日义勇军（俗称“长超部队”）在南浔和孚镇长超村成立，主任（后称大队长）李泉生。这支队伍活跃于浙西敌后。

1月21日，由52名青年组成的菱湖抗日爱国救亡文化团体“国魂社”成立，社长杨文虎，副社长王洗，出版了油印快报——《国魂》，并编印了《雪耻》《自强》《新青年》3种刊物。1944年9月，杨文虎、王惟洪、章增培、王英等人被国民党县党部逮捕，后因日寇“大扫荡”，被交保释放监督，“国魂社”结束。

1月，国军旅长谢升标组建“苏浙皖三省边区游击队”，自任司令，并委任章鸣皋为长兴义勇游击队总指挥，胡长元、金晋卿为副总指挥，指挥部设于槐坎茶窠地，共3个大队。随后，长潮岕壮丁队被改编为长兴义勇军游击队第一大队，胡长元兼任大队长。

年初，湖州成立伪自治委员会，委员长沈谱琴，副委员长孙棣三，莫叔未、潘廉深、杨公伟、王安申等7人担任委员。

2月初，“郎部”夜袭吴兴南埠日军。

2月6日，“长超部队”在吴兴罗田漾袭击日军，毙敌6人。15日，在重兆新兴港毙敌10人。

2月12日，长兴人民抗日第一枪打响。胡长元等人率领长兴义勇军游击队第一大队，奉国军第59师之命，于次日凌晨2时成功夜袭林城大云寺日军据点，消灭日军8人，缴获军用物资若干，并摧毁其防御工事。

3月21日，日军从安吉递铺出发，袭扰国军后方，国军59师、98师迎战日军，日军占据莫干山。日军在长兴林城东河制造“大村惨案”，杀害村民59人，年龄最小者仅4岁。

3月26日，吴兴县抗日游击大队在吴兴楂树坞村遭被日伪势力收买的红枪会袭击，党支部书记王文林遇害。

7月，吴兴县政府恢复，流亡在安吉县上舍村办公。

8月1日，长兴县战时政治工作队在长潮岕朱家村成立，县长王文贵兼队长，汪寿彭（洪海涛）任副队长（也称总干事）。

8月，汪伪长兴县公署成立，陆仲渔任知事。同年11月陆去职，由李镜继任。

10月，汪伪吴兴县公署成立，1941年1月1日改称“县政府”。汪伪武康县公署成立，1940年改称“县政府”，直至1945年9月垮台。

10月，浙江省政府直属战时政治工作大队（简称“省政工大队”）来到浙西，分三队活动。月底，省政工大队一队（队长丁篪荪）来长兴进驻泗安镇，后移至合溪、煤山和水口等地，开展抗日宣传。

11月11日，朱希部队（朱希任吴兴军游击司令）在吴兴荃步乡钟家墩遭日伪军包围，血战中死难官兵800余人。

11月13日，王一亭病逝于上海，享年72岁。社会各界均致哀悼，国民政府行政院议决公葬。

11月，汪伪德清县公署成立，1940年改称“县政府”，1945年9月垮台。

12月初，中共安吉县工作委员会（后改为中共安吉县委）成立，书记郑至平。

1939年（民国二十八年）

1月1日，吴兴县政府搬至吴兴梅峰乡上方村办公。

2月初，中共浙西特委在安吉县青松乡枫树堂成立，书记顾玉良、组织部长兼军事部长彭林、宣传部长徐洁身、妇女部长张之华、青年部长黄炎，特委机关后移至长兴小溪口。受中共中央东南局和中共浙江省委双重领导。

6月，中共浙西特委由於潜鹤村迁武康县后坞，继迁庾村。

7月，“长超部队”被国民党整编为浙江省国民抗敌自卫团独立第二总队，李泉生任总队长。

夏，中共吴兴县工作委员会成立。秋，改为中共吴兴县委，书记王子达。

1940年（民国二十九年）

2月1日，吴兴、崇德、桐乡三县边境河山、震泽、含山等乡农民因无力负担军米及供应等费用，赴省请愿后将伪保长烧死并焚毁乡公所。

2月，中共於（潜）孝（丰）昌（化）工委成立，书记贺千秋。

3月17—18日，为防止日伪军抢占长兴煤矿，经蒋介石同意，国民党第三战区司令长官顾祝同电令浙西行署主任贺扬灵派第33旅工兵营炸毁长兴煤矿三口矿井和发电厂，部分机械设备运往后方。煤矿被炸后，5500余名职工及其家庭失去生计，长兴县长严北溟指示成立煤矿善后救济委员会。

4 月，中共长兴县委员会在长潮岕小学成立，书记何坚白，县委机关驻礼贤岕（后移至夹浦臧家村），属中共浙西特委领导。

5 月 27 日，日伪军在吴兴石淙制造“荻港头村惨案”，屠杀村民 23 人。

8 月 7 日，由国民党反共顽固派控制的吴兴县自卫队制造“塘北事件”，袭击抗日反汪军，中共吴兴县委组织部长等多人被捕，反汪军队长熊飞牺牲。

8 月 24 日，国民党反共顽固派制造“洛舍事件”。国民党德清县特务大队与洛舍区特务队逮捕共产党员和进步青年谢勃、徐步尧、王月秋和杨志慧等 14 人。

8 月，汪伪国民党吴兴县党部成立。

9 月上旬，中共浙西特委组建中共武德县委，1942 年 2 月该县委停止活动。

9 月 16 日，经中共积极营救被无罪释放的中共武德工委书记谢勃在三桥埠被日军逮捕，21 日在武康八角井牺牲。

9 月 26 日，吴兴含山之役中，中国军队坚守含山工事并机动出击，收复千金、善琏、练市等地，对日军形成反包围之势。

9 月，徐森玉（湖州人）受文献保存同志会委托，在上海收购湖州人张钧衡、蒋汝藻、刘承幹等在沪家藏散本古籍，并把这批古籍经香港运抵重庆，由中央图书馆收藏。

1941 年（民国三十年）

3 月 20—26 日，日军 22 师团和 17 师团出动 5000 余人在长兴、宜兴发起大规模“扫荡”。国军 52 师在长兴周吴大岕、磨盘岭等地与“扫荡”日伪军激战，26 日撤退。

夏，由于日军窜扰，国民党长兴县政府迁往长潮岕。

夏，中共浙西特委分设浙西、浙西北两个特委，浙西特委驻长兴和平，书记顾玉泉；浙西北特委驻吴兴南浔，书记朱辉。两个特委以京杭国道为界，分别领导路西、路东各县的斗争。

秋，中共长兴县委书记史之华在湖州执行任务时遭日军逮捕，后被杀害，年仅27岁。

1942年（民国三十一年）

1月4日，中国驻菲律宾马尼拉总领事杨光泩（吴兴人）等8名外交官被占领菲律宾的日军逮捕，4月17日，被日本宪兵秘密枪杀。1947年9月3日，杨光泩烈士遗骸公葬于南京中华门外忠烈公园（今雨花台区菊花台烈士陵园），国民政府为其举行了隆重的归葬仪式。

8月27日，国军克复武康县城。

10月，新四军16旅进入郎（溪）、广（德）、长（兴）地区，年底进驻长兴仰峰岕，收复宣长公路以北广大农村。

11月22日，湖州丝织工人在中共地下党领导下，要求增资，举行示威游行，不久全市工人实行总罢工，学生罢课，商人罢市。罢工坚持20多天，迫使资本家接受工人提出的条件。

12月，原中共夹浦独立支部书记张玉帆在长潮岕张岭被国民党顽固派杀害。

1943年（民国三十二年）

8月18日，余杭不濑、黄湖及武康、吴兴、青山等地日军增加3000余人，日伪在湖属地区开始秋季“扫荡”。

8月30日，日军发动“广德战役”，试图歼灭长兴、广德地区的国民党“忠义救国军”。

9月27日，日军22师团、15师团、70师团各一部6000余人，集结余杭、武康等地，进行秋季“大扫荡”。安吉、长兴、孝丰等地国军192师、62师同日军激战，孝丰地区战斗尤烈。

11月1日，新四军第16旅旅长王必成、政委江渭清率部由宜溧尾敌南进，着手开辟郎广长根据地。当月，中共苏皖区党委派李焕（雷干）、汪寿彭、陈练升配合新四军16旅48团、独立2团到长兴，筹建中共长兴县工委和长兴县抗日民主政府，创建了以长兴仰峰岕为指挥中心的郎广长敌后抗日民主游击根据地。

1944年（民国三十三年）

2月，中共长兴县工作委员会在槐坎乡桥下村成立，书记李焕，委员陈练升、汪寿彭，属中共郎广地委领导。5月，改称县委，书记刘烈人。

3月，新四军长兴县抗日民主政府在槐坎乡乔下村槐花磡成立，县长陈练升。隶属苏南行署第四分区。

8月23—25日，新四军16旅46团、48团和独立2团发起长兴战役，取得了新四军在江南地区最大的一次胜利。日军守敌退至吴兴。26日，敌大举增援，重占长兴。中共中央华中局和新四军军部指示新四军16旅向东南开展游击战争，进驻武康、安吉、吴兴等地区。

12月1—4日，国军在62师师长刘勋浩的指挥下，企图包围消灭新四军第16旅主力。新四军16旅在广德牛头山和长兴青岘岭地区开展自卫反击，粉碎国民党顽军的“清剿”，巩固了郎广长抗日根据地。

12月27日，新四军第一师师长兼政委粟裕率第一师主力7000余人及300多名地方干部，由苏中分两批渡江南下，开辟浙西抗日根据地。于翌年1月6日到达长兴槐坎仰峰岕，与新四军第16旅会合。

1945年（民国三十四年）

1月13日，新四军苏浙军区成立，粟裕任司令员，谭震林任政治委员

（未到职，粟裕兼）。军区机关驻槐坎乡仰峰岕，下辖一（司令员王必成、政委江渭清）、二（司令员何克希、政委谭启龙）、三（司令员陶勇、政委阮英平）纵队，兵力2.3万余人。4月，叶飞率师教导旅抵孝丰，任军区副司令，师教导旅编为第四纵队。

2月5日，在长兴县槐坎温塘村举行军区成立大会。粟裕检阅部队并讲话。

2月上旬，长兴县抗日自卫总队成立，李焕兼任总队长，张雄任副总队长（同年7月后为张羽），下设3个警卫连（原警卫连为一连，泗安区大队为二连，鼎新区大队为三连）。

2月14—18日，新四军苏浙军区一、三纵队开展首次天目山自卫反击战，歼敌1700余人，解放孝丰县城，取得第一次天目山反顽战役的胜利。

2月22日，苏浙军区在长兴槐坎台基村创办苏浙公学，校长粟裕。同年10月，因新四军苏浙军区北撤而结束。

中共吴（兴）长（兴）工作委员会、吴长县政办事处在长兴和平镇成立。张志远任书记兼主任。

长兴县抗日自卫总队成立，李焕兼总队长。

3月6—26日，新四军苏浙军区开展天目山第二次自卫反顽斗争，在孝丰县等地击溃国军28军军长陶柳指挥的“忠义救国军”12个团的进攻，歼顽敌1700余人，攻克临安县城。

3月至4月初，中共孝丰、吴兴、安吉、武康县委及其抗日民主政府分别建立。

4月7日，新四军一师副师长叶飞率教导旅3个团及地方干部300余人，从苏中靖江地区渡江，经丹北地区南下苏浙边区。23日，叶飞率主力3个团6000余人到达长兴与粟裕会合。叶飞任苏浙军区副司令员兼四纵队司令员，所率部队编为苏浙军区第四纵队。

4月24日，在吴兴县双林镇莫蓉乡一带，新四军苏浙军区第三纵队第八支队向国民党吴兴县政府（驻双林）发起攻击，与国民党吴兴县自卫大队激战，共俘虏500多人，包括吴兴县政府主任严思义。

5月27日，国民党第三战区下令调集14个师共计66000人，对天目山地区发动第三次“清剿”，新四军苏浙军区部队随即开展第三次天目山自卫反顽斗争，在孝丰县境粉碎国民党顽军25集团军总司令李觉率领的28个团的“围剿”，毙伤俘顽军8000余人。

6月23日，国民党顽79师为挽回败局，向塘浦、鹤鹿溪、五峰山发起进攻，新四军对国民党右“进剿”兵团围歼战开始，经两天激战，击毙顽突击一纵少将司令胡旭旴，顽79师参谋长罗先觉。取得了天目山第三次反顽战役的胜利。

7月，“忠义救国军”二纵队四团二营一部在孝丰县汤口起义，整编入新四军。

8月初，中共华中局决定将苏南、浙西两区党委合并成立苏浙区党委，粟裕任书记。建立浙西地委、浙西军分区，司令员贺敏学，政委韦一平。

8月13日，苏浙军区政治部颁布“收复国土，收缴敌伪武装，占领大小城市”的命令。

8月19日，在日本宣布无条件投降后，新四军苏浙军区长兴县总队和合溪、鼎新支队联合向盘踞县城日伪军发起进攻，一举收复了长兴县城。驻长兴苏浙军区发表《对日本驻军通牒》《对伪军伪警及一切伪组织的紧急通告》。

8月，新华社苏浙分社在长兴成立。

9月19日，浙江省第二区行政督察专员兼保安司令派副司令陈鸿陆率员进入湖州，接收敌伪产业。

9月20日—10月6日，新四军苏浙军区部队及地方党政机关、地方武装分批离开长兴等地，渡江北撤。

9月中旬，国军第26、105两师奉命来湖受降。26日，国军第49军军长王铁汉和三战区第一接管组组长任洞泉抵湖州城，接受日军投降。国军192师、26师、105师、108师均到达湖州地区。

9月21日，国民党浙江省第二区专员公署、吴兴县政府从菱湖还治湖州。专员於树峦率保安第二大队进入湖州城。

9月28日，开始受降交接，由日军白鸟部队长造册呈核。新四军撤离吴兴，集中长兴待命。

9月28日，苏浙军区三纵队进驻安吉县城，日伪军退集湖州城。

9月30日—10月3日，集结湖州城的日军和武康县城日军，被分批遣送杭州。

10月1日，苏浙军区在长兴发布《江南新四军北移告民众书》。2—6日，新四军苏浙军区部队、地方武装及地方党政机关分批离开长兴等地，渡江北撤。

10月3日，日军退出武康县城。同年冬，国民党武康县政府迁回县城。

10月8日，在湖城海岛（今人民广场）举行接受日军无条件投降仪式。中国方面军国军49军派王开绪上校为首席代表，接受日军无条件投降。日军白鸟少将正步走向受降台前捧献物资、人员表册，并聆听训词。

10月9日，国民党长兴县政府迁回县城。

10月10日晚，新四军四纵队机关、特务营和地方干部由武进荫沙渡长江北撤，深夜12时起航，运送部队的“中安”轮因超载、风浪大，20分钟后遇险沉没，纵队政委韦一平及以下800余人不幸遇难。

10月中旬，杜大公率中共浙西工委、浙西留守处的干部、战士百余人从宜兴返回浙西途中，在长兴龙山、吴兴杨山庵、临安林家圹、孝丰报福等地多次遭国民党军队袭击，损失惨重。

10月18日，为迅速实现中共允诺之让步，新四军江南部队奉命北撤，发布《新四军告别江南同胞书》。

11月4日，中共浙西工委书记、留守处主任杜大公在孝丰赤坞乡八卦山遭国民党逮捕入狱。浙西工委、浙西留守处解体。

12 月，国民党在长兴设立“剿匪”指挥部，吕师扬为指挥，章鸣皋为副指挥，负责 4、5、6 三个绥靖区的“剿共”事宜。长兴县有中共党员和群众近 30 人被捕杀。

1946 年（民国三十五年）

1 月 12 日，杭（州）湖（州）汽车公路修筑完工。

1 月，汤恩伯在无锡召开“苏浙皖三省反共联防会议”，成立“苏浙皖三省剿共指挥部”，总部设在湖州城内，孙良诚率部进驻湖州。国民党安吉、孝丰县政府实行“清乡”，杀害留守共产党员和新四军官兵及农会干部 70 余人。

4 月 3 日，杭长公路汽车由杭来湖，途经上柏被盗匪劫掠。

5 月 6 日，沪嘉线“天风”轮船由嘉兴开往湖州，途经吴兴地界三济桥被盗匪抢劫。

5 月 16 日，双林镇“双嘉”轮船开往嘉兴，途经洪城大桥被劫匪劫掠。

5 月 17 日，自湖州驶往长兴的汽车在离长兴 20 多里的李家巷遭遇劫匪。

5 月 27 日，黄郛夫人沈亦云组建莫干农村公益事业复兴委员会，兴办制种场、牛奶场等企业。

5 月 28 日，吴兴县驻扎太湖小梅口南皋桥附近的水警队百余人携带器械叛变，劫掠附近各地。

6 月 7 日，长兴县新塘被劫匪洗劫。

6 月 15 日，由湖州开往杭州的 2 辆客车途经施家桥，被劫匪劫掠。

6 月 16 日，长菰沪轮由湖州开往上海，途经芦墟被匪徒抢劫。

6 月 23 日，吴兴县参议会召集成立大会，选出凌以安为正议长。

6 月 28 日，吴兴县菱湖镇西乡南商林镇被匪徒洗劫，为吴兴本年度最大劫案。

7月23日，国民政府徐州第一绥靖区长兴指挥所设立宜（兴）长（兴）广（德）3县联防处，镇压人民革命。

7月27日，湖州东门外沿塘午村被盗匪抢劫。同日，湖州“宏利”轮船由上海来湖，途经八里店塘上被匪徒抢劫。

7月，大水，淹田约30万亩。

8月18日，吴兴县总工会举行成立大会，陆煜为理事长。

8月，国民党长兴县复兴建设委员会成立。

9月15日，（南）京杭（州）国道恢复通车。

10月11日，长兴煤矿改组为长兴煤矿复兴有限公司，王晓籁负责。

10月12日，章荣初在上海贵州路湖社成立菱湖建设协会。潘公展、章荣初为正、副理事长，制定了菱湖建设协会第1期5年计划书，此为菱湖镇首个以科学方法制定的城镇建设发展规划。

10月，在中共湖州丝绸支部领导下，湖州的丝绸工人为争取按生活指数计发工资举行联合大罢工，斗争持续30余天。

11月，湖州至长兴、长兴至宜兴的公路恢复通车。

12月14日，中央航空运输公司第31号运输机在长兴弁山坠毁，机上6人全部丧生，其中有国民党政府行政院专员薛锦绫。机上载运中国银行钞票1579公斤总价12亿元，撒落遍地。

12月29日，国立湖州高级蚕丝职业学校成立，由中国蚕桑研究所所长蔡堡兼校长，校址在南门横塘。

1947年（民国三十六年）

2月23日，《申报》报道湖州中校游击司令陆金骜、吴兴参议员陈友仁等伪造法币被查获。共制假钞1.4亿余元法币，假币厂设在湖州离城30里尖山地方。

2月24日，吴兴北门外田盛街天昌炼坊被劫匪洗劫。

2 月，利用原有长煤铁路路基修筑长兴县城至煤山公路，4 月竣工，次年修筑至槐坎。

5 月 10 日，吴兴县电信局职工响应苏沪杭等地邮局职工要求增资联合罢工的倡议，停业罢工。

5 月 18 日，陈蔼士等人发起筹设的吴兴公立医院举行开幕典礼，院址在海岛。

5 月，长兴县全县小学教员因县政府欠薪、扣薪而罢课，迫使县政府照中央规定发放薪给。

5 月，湖州国货商场游艺部改建为春光电影院并开业，后又改名为春光大戏院，这是湖州首家专业影院。

7 月 4 日，湖州达昌缫织厂坐缫部工人为避高温，要求改半日工作未获允而举行罢工。

7 月 10 日，中共领导组建的长兴县政府在长（兴）宜（兴）边境青山成立，县长李焕。

7 月，中共苏浙皖边游击大队成立，大队长彭海涛，开辟广（德）宁（国）孝（丰）根据地。

8 月 2 日，湖州至南京段公路修复。

国民党武康县党部设立“戡乱建国动员委员会”，镇压革命群众。

8 月，“吴兴县新闻记者公会”成立，并选举章思徐为理事长。

10 月，国民党吴兴县党部设立“动员戡乱委员会”。国民党长兴县政府设立“清乡委员会”，实行“清乡”。

中共广（德）宁（国）孝（丰）县工委、县民主政府成立，彭海涛任工委书记兼民主政府主席。

11 月 11 日，国民党浙江省第二区成立“天目山区绥靖指挥部”，第二区专员於树峦兼任指挥，对中共游击队加紧“清剿”。

1948 年（民国三十七年）

1 月，中共杭（州）嘉（兴）湖（州）工委成立。3 月，与淞沪工委并称中共淞沪杭嘉湖工委，书记方休。

3 月 30 日，余安孝泗公路大道举行通车典礼。

4 月 9 日，湖（州）嘉（兴）苏（州）公路南浔段修复通车。

4 月 23 日，内政部奉国民政府题颁布奖章，褒扬菱湖巨商章荣初拨款助学，设立青树小学各分校，并赐匾，题字“兴学济众”。

7 月下旬，蒋介石、蒋经国、孔祥熙等在莫干山屋脊头召开新经济会议，策划发行纸币“金圆券”。8 月 23 日，金圆券在湖州流通，以 1 元兑换法币 300 万元。

7 月，国民党德清县党部设立“戡乱建国动员大会”，镇压革命运动。

12 月 1 日，浙江省资源委员会国营长兴煤矿公司成立。

中央研究院地质研究所吴磊伯在浙北首次发现中生代火山岩中的班胱岩（膨润土）。

1949 年（民国三十八年）

2 月，章荣初在菱湖放生庵旧址独资建造的菱湖医院竣工。院长裘启宇。9 月，吴兴县人民政府接管菱湖医院，改名吴兴县人民政府卫生院。

3 月下旬，省立湖州中学学生反对学校在改选学生自治会之际安插亲信，压制民主进步力量，全校发生罢课风潮。教育厅派督学牟谟于 23 日到校劝导。

4 月 1 日，吴兴县长袁佑任逃离，国民党吴兴县政府瓦解。

4 月 26 日，解放军第三野战军第 10 兵团第 28 军 83 师 244 团解放长兴县城，这是浙江境内解放的首县。

4 月 27 日，国民党第一区专员兼少将保安司令於树峦在湖州与中共地下组织代表赵民、陈彬、王秋藻等举行第二次谈判，於树峦决定投诚。是日深夜，解放军第三野战军第10兵团28军83师和平解放湖州，市级机关驻湖州城，县级机关驻菱湖镇。月底，浙江省第三行政公署驻湖特派员办事处成立。28日，於树峦等在赵民等陪同下，到解放军28军报到并缴出枪械等。同日成立解放军湖州城防司令部。解放军第27军在长兴虹星桥与28军胜利会师，汤恩伯集团7个军约8万人被解放军围困。

4月29日，解放军第24军和33军在长兴白岘会师，对被围国军发起歼灭战，国军66军军长罗贤达被活捉，苏浙皖边围歼战胜利结束。

4月30日，解放军第8兵团24军70师解放安吉县城。6月安吉县委、县政府建立。

5月1日，解放军第7兵团21军61师181团解放孝丰县城；2日，第7兵团23军67师199团解放武康县城。3日，解放德清县城。11日，湖州全境解放。

5月2日，解放军第9兵团27军80师从苏州经平望解放南浔镇，并派出一个连保护嘉业堂藏书楼。上旬，第三野战军暨华东军区司令员陈毅途经南浔，传达军委副主席周恩来指示："要保护好南浔嘉业堂藏书楼"。6月下旬，中共嘉兴县委根据周恩来电令，派部队保护嘉业堂藏书楼。

5月15日，中共浙江省委第一地方委员会、浙江省第一区专员公署、华东军区第一军分区（司令员胡定千、政委钱敏）、中共湖州市委、市人民政府（书记钱敏、市长孙章禄）、解放军华东军区湖州市军事管制委员会（主任陈美藻、副主任钱敏）在湖州成立，湖州军管会辖吴兴、德清、长兴、嘉兴、嘉善、平湖、桐乡、海宁、海盐、崇德10县和湖州、嘉兴两市。

5月16—21日，中共长兴县委、吴兴县委、德清县委、武康县委及县人民政府先后成立。

6月，中共安吉、孝丰县委及县人民政府成立，隶属中共浙江省第九地委（临安地委）、第九区（临安）专员公署。

7月24—25日，吴兴、德清等县遭台风袭击，两县42万余亩农田受灾。

7 月，解放军驻湖部队与第一军分区联合组成剿匪指挥部，统一指挥清剿事宜。对沿太湖吴兴、长兴等地的土匪实施军事清剿。25 日，剿灭“国防部东南人民义勇军三纵队”，首领潜逃，1951 年被捕获正法。

8 月 3 日，“反共救国军浙西先遣指挥所”在武康石道地策划暴乱，被解放军围歼。

9 月 27 日，湖州市召开首届各界人民代表会议，148 名代表出席。

人物概览

（以人物出生时间为序）

1. 李松筠（1838—1923），名恺，吴兴人，英商买办，实业家。创办均昌船厂、瑞纶丝厂等，曾在日本京都、长崎、横滨等地开设商行。

2. 许春荣（1839—1910），字树棠，南浔人，著名布商和钱庄主。早年开设的大丰洋布号是上海最早的洋布店之一，此后又投资于金融业和工业，先后开设阜丰、鼎丰、通余、通源等多家钱庄，与人合资开设杨庆和福记银楼。

3. 沈家本（1840—1913），字子淳，别号寄簃，吴兴人，近代法律学的先驱。历任刑部右侍郎、修订法律大臣、大理寺正卿、法部右侍郎、资政院副总裁等。著有《古今官名异同考》《史记琐言》《枕碧楼偶存稿》《历代刑法考》《历代刑官考》等。

4. 吴昌硕（1844—1927），原名俊，又名俊卿，安吉人，著名书画家、篆刻家，海上画派领袖。曾任西泠印社首任社长、上海题襟馆金石书画会会长。

5. 顾寿岳（1845—1916），字子嘉，又名寿臧，号敬斋，南浔人，“四象”之一顾福昌次子，顾乾麟祖父，实业家。曾任上海最大的缫丝厂——乾康丝厂经理、上海总商会议董。曾与同乡杨信之、沈联芳等在上海发起成立江浙皖丝茧总公所。

6. 杨信之（1848—1923），名兆鳌，菱湖人，实业家。创办延昌恒丝厂等，创立湖州旅沪公学。曾任江浙皖丝茧总公所总理、上海总商会会董。

7. 钱恂（1854—1927），字念劬，吴兴人。曾任驻荷兰、意大利公使，湖北留日学生监督。辛亥革命后任湖州临时军政分府民政长、北京政府参政院参政、浙江图书馆馆长。

8. 杨兆鋆（1854—?），字诚之，号须圃，吴兴人，精通书法和算术，清末外交官。1902—1905 年为出使比利时大臣，1905 年以钦差大臣身份率团参加世界博览会。著有《杨须圃出使奏议》和《须曼精庐算学》等。

9. 朱孝臧（1857—1931），原名祖谋，字藿生，又字古微，归安人。工书法精词学，清末四大词家之一。历官编修、侍讲学士、礼部侍郎。

10. 章维藩（1858—1921），字赣岑，祖籍和孚荻港，实业家。曾创办益新面粉公司、宝兴铁矿公司（今马鞍山铁矿），参与开办开平煤矿。

11. 程森（1859—1925），字景川，德清乾元镇人。曾任武康县知事、《德清县志》总纂，修成《德清县志》14 卷，著有《修德堂文存》4 卷等。

12. 朱五楼(1861—1920)，名方淦，吴兴荻港人，金融家，陈果夫岳父。曾任上海总商会会董、上海钱业公会会长，创办永亨银行。

13. 刘锦藻（1862—1934），原名安江，字澄如，南浔人，“四象”之首刘家代表人物，小莲庄主人。曾参与江浙保路运动，创办浙江铁路公司，入股浙江兴业银行，合资举办浔震电灯公司。著有《清朝续文献通考》400 卷等。

14. 胡惟德（1863—1933），字馨吾，吴兴人，近代著名外交家。多次出使，曾出任驻法公使兼驻葡萄牙、西班牙公使，后任驻日公使。历任北洋政府外交次长、代理国务总理等职。

15. 周庆云(1864—1933)，字景星，南浔人，实业家、收藏家、书法家。曾任苏、浙、沪属盐公堂总经理。投资浙江铁路公司、浙江兴业银行、美亚绸厂，创办天章丝织厂，开设五和精盐公司，兴办长兴煤矿。收藏有大量金石字画以及古籍图书，著有《盐业通志》《莫干山志》《梦坡室丛书》《晨风庐唱和集》。

16. 庞元济（1864—1949），字莱臣，南浔人，“四象”之一庞家第二代代表人物，庞云鏳次子，实业家、书画收藏家、鉴赏家。创办世经缫丝厂、大纶丝厂、通益公纱厂、龙章造纸厂、合众水火保险公司等，投资中国银行和浙江兴业银行。爱好字画碑帖，著有《虚斋名画录》16 卷、《续虚斋名画录》4 卷及《中华历代名画志》。

17. 沈金鉴（1866—1924），字叔詹，菱湖人。曾任北洋巡警学堂总办，后任浙江省长。

18. 金丽生（1867—1926），湖州人，丝绸实业家。创办吴兴丽生丝织厂，曾任吴兴丝织公会副会长。

19. 王文濡（1867—1935），原名承治，字均卿，南浔人，近代著名学者、国学家。主持上海进步书局、国学扶轮社编务，兼任商务印书馆、中华书局、文明书局、大东书局编辑。

20. 王一亭（1867—1938），名震，祖籍吴兴，上海滩三大买办之一。曾任沪军都督府交通部长、商务总长、上海总商会协理、南市商务分会会长。

21. 沈联芳（1870—1947），名镛，吴兴人，实业家。曾任江浙皖丝厂茧业总公所总理、上海总商会副会长。

22. 陈其业（1870—1961），字勤士，吴兴人，陈果夫、陈立夫之父。历任吴兴县商会理事长、吴兴电气股份有限公司董事长、全国商联会常务理事、全国工联会理事等。

23. 钮永建（1870—1965），字惕生，祖籍吴兴，出生于上海。先后参加过光复上海之役、“二次革命”、护国运动和北伐战争，是中华民国政府文武兼备的开国元勋，历任军事委员会委员、国民政府秘书长、江苏省政府主席、内政部长等职。

24. 张钧衡（1871—1927），字石铭，南浔人，实业家、藏书家。承继南浔“四象”之张家大房祖业，聚书 10 万余卷，建造“适园”，藏宋元明善本。

25. 莫觞清（1871—1932），双林人，实业家。创办久成缫丝厂、美亚绸厂等，成为上海缫丝业最大的资本家之一。兼任美商蓝乐壁洋行买办。

26. 嵇慕陶（1871—1934），原名侃，又名汉章，德清人，蚕丝教育家和实业家。曾在德清创办公利丝厂，举办蚕丝传授班，传授新式培桑、育种、饲蚕、缫丝等技术。

27. 王亦梅（1872—1918），吴兴人，实业家。创办吴兴城厢电灯股份公司。曾任吴兴商会会长、中国救济妇孺会第五届理事。

28. 沈谱琴（1873—1939），名毓麟，吴兴竹墩人，同盟会会员。湖州光复后任湖州军政分府临时都督，后任上海特别市公安局局长、禁烟局局长。1938 年任伪湖州自治委员会主任委员。

29. 李恢伯（1874—1933），吴兴人。与沈朗轩合股开设义成绸厂，独资开设又成绸厂，创办（无）锡湖（州）轮船公司。曾任湖州商会会长、湖州丝织业同业公会会长。

30. 黄缙绅（1875—1931），字搢臣，吴兴人，黄佐卿第四子，丝商。曾与同乡杨信之、沈联芳等在上海发起成立江浙皖丝茧总公所，任协理、总理等职。

31. 张弁群(1875—1922)，名增熙，南浔人，张静江长兄，同盟会会员。曾任上海通运公司总经理、浙江兴业银行董事，创办浔溪女校。

32. 凌铭之（1875—1937），名祖寿，吴兴人。在沪与同乡创办湖州旅沪公学，任董事。创办南洋女子师范学校，自任校长。因办学有功得一等嘉禾勋章。

33. 朱子文（1875—1944），名学彬，以字行。名医，擅治虚劳，方中多用甘草。曾任国医检定委员会试验委员。

34. 庞青城（1875—1945），名元澄，原字清臣，南浔人，同盟会上海支部核心成员之一。曾创立浔溪公学，1912 年被孙中山任命为实业部商政司司长。

35. 傅岩(1875—1945)，字稚云，一字相颖，晚号闻波居老人，吴兴人，中医教育先驱。创办吴兴医会，任会长。创办《吴兴医药》杂志，著有《医方类聚》。

36. 刘安泩（1876—1950），字渊叔，号梯青，南浔人，“四象”之首富刘镛三子，实业家、收藏家。创办崇裕丝厂。曾藏有大量青铜器和瓷器。

37. 俞同奎（1876—1962），字星枢，祖籍德清，化学教育家。曾任北京大学理科教授兼化学门研究所首任主任、北京工业专门学校校长、文化部古代建筑修整所所长。

38. 莫永贞（1877—1928），字伯衡，安吉人，同盟会会员。曾任浙江省临时议会议长、浙江省自治法会议副主席。

39. 韩宝华（1877—1930），字剑青，安吉小溪口镇虾坍人。律师、民主革命家。曾任浙江省宪法会议议员、国民党浙江省党部执行委员兼工人部部长、省高等法院首席检察官等职。

40. 汤济沧（1877—1934），名振斋，以字行，吴兴人。曾任沪军都督府秘书长、财政部国有土地管理处处长等职。曾参与创办湖州旅沪公学，发起成立湖社，主编《湖社月刊》。著有《治国学门径》《新式国文读本》《识字审音》等。

41. 张静江（1877—1950），谱名增澄，又名人杰，南浔人，同盟会会员，国民党四大元老之一。资助孙中山革命，曾任中华革命党财政部长、国民党中央执行委员会常务委员会主席、建设委员会委员长、浙江省主席。

42. 章鸿钊（1877—1951），字演群（后改为爱存），和孚人，地质学家、地质教育家、地质科学史专家。曾任中国地质学会首任会长，《地质评论》编辑。

43. 蒋汝藻（1877—1954），字元采，号孟蘋，别署乐庵，南浔人。曾任浙江军政府首任盐政局长及浙江省铁路公司董事长等职。藏书室称为“密韵楼”，且宋元珍本、名家抄校本宏富。

44. 陈英士（1878—1916），名其美，吴兴人，同盟会会员，曾任中部同盟会庶务部长。辛亥革命期间，组织上海起义，出任沪军都督。“二次革命”失败后，协助孙中山组织中华革命党，并担任总务部长。

45. 金城（1878—1926），又名金绍城，字巩伯、拱北，南浔人。画家，北方画坛领袖。倡立古物陈列所、中国画学研究会，发起中日书画联展。

46. 许炳堃（1878—1965），字埏甫，德清人。曾任浙江公立中等工业学校校长兼附设机织传习所所长，兼任杭州纬成丝织股份有限公司董事。1918年以办理实业教育之功获北洋政府三等嘉禾勋章。

47. 吴玉（1879—1921），原名士贤，字润如，德清乾元镇人。同盟会会员。曾任沪军都督府参谋、秘书，江海关监督等职。

48. 周凤岐（1879—1938），原名清源，字恭先。长兴人。曾任浙江都督府参谋长、南京卫戍司令、国民党浙江政治分会临时主席兼浙江省政府主席、伪浙江省长等职。

49. 钱病鹤（1879—1944），本名鑫，又名云鹤，字味辛，南浔人，漫画家，同盟会会员。先后在上海《民权画报》《民立画报》《民国日报》及《申报》上发表漫画作品。

50. 杨谱笙（1879—1949），名兆崟，吴兴人，同盟会会员。曾任中部总会会计干事、国民政府监察院秘书长、国民党中央监察委员。

51. 李次九（1879—1953），原名鹏，吴兴人，同盟会会员。善诗词。曾任湖州府民事长、浙江都督府军事秘书、省立杭州贫儿院院长、浙江省文史馆员。辑有《词选续词选校读》《历代名人传略》。

52. 章宗祥（1879—1962），字仲和，吴兴荻港人。曾任袁世凯政府司法总长兼农商总长、驻日本特命全权公使。因出卖国家主权和利益，五四运动中遭爱国学生痛打，并被开除乡籍和族籍。

53. 姚勇忱（1880—1915），又名志强，织里人，同盟会会员。曾任同盟会驻沪机关部部长。

54. 梅履中（1880—1929），字祉荷，南浔人，实业家。与弟履正共同经营南梅恒裕丝经行，创办梅恒裕缫丝厂，产品曾获意大利工业品展览会一等奖、巴拿马太平洋国际博览会金奖、首届西湖博览会特别奖。

55. 周觉(1880—1933)，原名延龄，字君鹤，号柏年，南浔人。南浔“八牛”周家周庆贤长子，是同盟会中部总会上海支部核心成员和上海起义主要组织者之一。先后担任国民政府中央执行委员、广州革命政府监察委员、中央政治会议秘书长。

56. 沈士远（1880—1950)，祖籍吴兴竹墩。曾任北京大学国文系教授，兼校评议会成员、庶务部主任，与弟沈尹默、沈兼士并称“北大三沈”。

57. 陈其采（1880—1954)，字霭士，吴兴人，陈英士弟。曾任国民政府首任主计长。

58. 徐一冰(1881—1922)，原名益彬，又名逸宾，南浔人，体育教育家、儿童职业教育家。创办了中国第一所体操学校和最早的体育专业杂志《体育杂志》。

59. 庞赞臣（1881—1951)，名元浩，南浔人，南浔商会首任会长。曾任上海龙章造纸厂、重庆中央造纸厂、浙江典业银行总经理，浙江省政府首席参事、财务顾问。

60. 王安申（1881—1955)，谱名延礼，又名士源，别名筱舟，以号行，吴兴人。王阳明后代。曾任吴兴县商会委员、福音医院董事长等职。

61. 俞寰澄（1881—1967)，名凤韶，德清新市人，同盟会会员，实业家、金融家。辛亥革命后曾任湖州军政分府主任。参与创办上海证券物品交易所，创中国证券交易之始。

62. 王治心（1881—1968)，名树声，吴兴人，基督徒学者、杰出的教会史学家。著有《中国宗教思想史大纲》和《中国基督教史纲》等。

63. 徐森玉（1881—1971)，名鸿宝，南浔人，著名文物鉴定学家、金石学家、版本学家、目录学家、文献学家。曾任北京大学图书馆馆长、故宫博物院古物馆馆长，上海博物馆馆长、中央文史馆副馆长。

64. 刘承幹（1882—1963），字贞一，南浔人，藏书家。创立嘉业堂藏书楼，聚书60万卷，刻书3000余卷。中华人民共和国成立后捐赠浙江图书馆。

65. 胡仁源（1883—1942），字次珊，吴兴人。曾任北京大学校长、唐山交通大学校长、浙江大学工学院教授。

66. 梁希(1883—1958)，双林人，同盟会会员。林业学家、林业教育家，曾任中华人民共和国第一任林业部长、中国林学会理事长。1955年被选聘为中国科学院学部委员（院士）。

67. 沈尹默（1883—1971），原名君默，字中，祖籍吴兴竹墩，书法家、诗人。曾任北京大学教授、《新青年》编辑，系五四新文化运动先锋之一。

68. 杨莘耜（1883—1973），名乃康，号新时，吴兴人。曾任北洋政府吉林省、安徽省教育厅厅长，国民政府水利专员、浙江省立第三中学（今湖州中学）校长、湖州人民中学（今湖州四中）校长等职。

69. 汤祖兴（1884—1939），字也钦，吴兴双林人，实业家。曾任宝泰丝厂经理。

70. 金章（1884—1939），南浔人，金城妹，王世襄母，画家。擅长画花鸟虫鱼，曾任湖社画会评议员。

71. 褚民谊(1884—1946)，原名明遗，字重行，别署乐天居士，南浔人，同盟会会员。曾任国民政府行政院秘书长、伪国民政府行政院副院长、伪外交部长、驻日“大使”等职。抗战胜利后被国民政府以汉奸罪判处死刑。

72. 吴鼎昌（1884—1950），字达诠，祖籍吴兴，金融家、报人。历任大清银行总务长、北洋政府财政部次长、中国银行总裁、《大公报》社长、国民政府财政委员会委员、贵州省政府主席、国民党中央监察委员、总统府秘书长等职。

73. 周佩箴（1884—1952），原名延绅，以字行，南浔人，同盟会会员。曾任国民党中央党部财务部副部长、广州国民政府财务部次长、杭州造币厂厂长、东亚银行董事长等职。参与创办中华实业银行、上海证券交易所等。

74. 张墨耕（1884—1964），名增翰，南浔人，张静江弟。在沪经营大纶绸缎局、新亚饭店，创办大纶冶炼厂。

75. 沈田莘（1884—?），名泽春，以字行，晚号公粹，别署莘翁，吴兴人，实业家。曾任外交部苏州关监督、湖州旅沪同乡会会长等职。参与创办湖社、上海江浙丝经同业总工会。工余喜作书画，尤擅梅。

76. 徐恩元（1885—1925），字容光，吴兴人，银行家。曾任国民政府审计院代院长，中国银行总裁，中美合办的中华懋业银行总理。

77. 钱新之（1885—1958），名永铭，吴兴人，金融家。历任交通银行常务董事、中法工商银行中方副董事长、国民政府财政部次长等职。

78. 周越然（1885—1962），字之彦，吴兴人，著名翻译家、藏书家，南社社员。曾任职于商务印书馆编译所英文部。其藏书楼“言言斋”以词曲小说为多。

79. 任鸿隽（1886—1961），字叔永，祖籍菱湖，化学家和教育家。曾任孙中山秘书、四川大学校长、上海图书馆馆长。创立中国科学社，提倡科学救国。

80. 程凤鸣（1886—1956），字志和，德清乾元镇人。曾任浙江省警务处咨议科长、教育厅教育科长等职，纂有《德清县新志》。

81. 钱玄同（1887—1939），原名夏，字德潜，吴兴人，语言文字学家。曾任北京大学和北京高等师范学校教授、《新青年》编辑，系五四新文化运动先锋之一。

82. 沈兼士（1887—1947），祖籍吴兴竹墩，语言文字学家、文献档案学家。曾任北京大学国文系教授、研究所国学门主任，与兄沈士远、沈尹默并称“北大三沈”。

83. 钱稻孙（1887—1966），字介眉，吴兴人。钱恂长子，钱玄同侄子。曾任清华大学外文系教授、伪北京大学校长。译有《近松门左卫门·井原西鹤选集》《万叶集选》等。

84. 沈翔云（1888—1913），字虬斋，吴兴人，同盟会会员。曾任沪军都督府参谋部外务科长。

85. 陈嵘（1888—1971），原名正嵘，字宗一，安吉人，林业学家、林业教育家。中华人民共和国成立后曾任林业部林业科学研究所所长、中国林学会代理理事长。

86. 钮介臣（1888—1972），名家连，湖州人，实业家。创立达昌绸厂、天昌炼染厂等企业，执苏、湖、杭三地丝绸界之牛耳。

87. 赵紫宸（1888—1979），德清新市人，基督教神学家、宗教教育家。曾任燕京大学宗教学院院长，世界基督教协进会成立大会六主席之一，中国基督教三自爱国运动发起人之一。

88. 许朋非（1889—1946），原名麟振，学名政，字福喜，号亮荪，吴兴人，同盟会会员，国民党元老。曾任国民党军事委员会少将参议兼阵亡将士公墓建设委员会总干事。

89. 陆庆誉（1889—1967），名煦咸，以号行，吴兴人。曾任湖州军政分府军法官、青岛特别市政府参事兼土地局长、财政局长等职。创办湖州最早的电话公司——吴兴电话股份有限公司。

90. 黄首民（1890—1976），原名黄墨林，菁山人。曾参加辛亥革命汉口保卫战，任黄兴的卫队长，因此而改名首民。曾任担任上海恒丰纱厂经理、溥益纱厂总经理等职。与钱新之等合股创设泰山砖瓦厂股份有限公司，创制的“泰山牌”面砖，获得菲律宾建材展览会及杭州西湖万国博览会奖状。

91. 邱寿铭（1890—1978），南浔人。辛亥革命时参加湖州学生军，在上海沪军都督府军饷协济会文牍科工作，1920 年在日本长崎市华商钱庄代理会计，之后在湖州当教员、律师、房产顾问。

92. 戴季陶（1891—1949），本名良弼，又名传贤，祖籍吴兴，同盟会会员。历任黄埔军校政治部主任，国民党中常委，宣传部部长、考试院院长等职。

93. 沈迈士（1891—1986），名祖德，号宽斋，又字曼硕、曼石，吴兴人，书画家。曾在北洋政府外交部和国民党浙江省政府任职，后辞职专注画业。中华人民共和国成立后任中国美术家协会会员、上海市书法家协会名誉理事、湖州书画院名誉院长等，著有《沈迈士画集》。

94. 宋春舫（1892—1938），吴兴人，戏剧家、藏书家。曾任清华大学、北京大学等校教授。其褐木庐藏书80%为戏剧作品和表演艺术专著而被誉为“世界三大戏剧藏书家”之一。

95. 陈果夫（1892—1951），原名祖焘，吴兴人，陈其业长子，陈英士侄子，同盟会会员。与其弟陈立夫联手组织国民党“中央俱乐部”，历任国民政府监察院副院长、国民党中央组织部部长、江苏省主席、中央政治学校教育长、导淮委员会副委员长等职。著有《果夫小说集》《歌曲集》《苏政回忆录》等。

96. 赵苕狂（1892—1953），名泽霖，字雨苍，湖州人，南社社员，鸳鸯蝴蝶派作家。曾任大东书局、世界书局总编。

97. 张禹九（1892—1957），字国襄，吴兴溇西人，名医、书画家。曾任吴兴县参议员、中医师公会理事长等职。1929年参加抗议国民党废止中医提案请愿团代表之一。著有《张禹九医案》《喉科经验集》等。

98. 宋汝桢（1892—1980），字鞠舫，以字行，吴兴人。参加保护中医请愿团，并主办吴兴医师公会，主编《吴兴医药》，开设施诊所等。著有《伤寒论简注》6卷、《湖州十家医案》等。

99. 李彦士（1893—1936），名憔恒，吴兴人。曾任江苏戚墅堰发电厂厂长，首创我国长距离送电技术。后任南京首都发电厂厂长，吴兴电气公司常务董事，主持建设湖州第一座公园——吴兴公园。

100. 朱家骅（1893—1963），字骝先、湘麐，吴兴人。历任中山大学校长、中央大学校长、国民政府交通部部长、教育部部长、国民党中央组织部部长、中统局长、中央研究院代理院长等职。

101. 方秉性（1893—1972），字彝忱、怡忱，孝丰报福镇人。曾任孝丰县城教育会会长、教育部督学等职。

102. 张乃燕（1894—1958），字君谋，南浔人，教育家。曾任浙江教育会会长兼任浙江省立工业专门学校化学教授、中央大学首任校长。

103. 陆志韦（1894—1970），原名保琦，南浔人，语言学家、心理学家、教育家。曾任燕京大学校长、中国心理学会会长。1955 年被聘为中国科学院哲学社会科学部委员。

104. 沈亦云（1894—1971），原名性真，又名景英，吴兴人。曾发起成立女子军事团，后任团长。与其夫黄郛创办莫干小学。著有《亦云回忆录》《黄膺白先生家传》。

105. 潘公展（1894—1975），原名有猷，字干卿，吴兴人，著名报人。曾任《中央日报》总主笔、《申报》董事长、国民党中央宣传部副部长。

106. 蔡声白（1894—1977），名雄，双林人，实业家，莫觞清女婿。曾任美亚织绸厂股份有限公司总经理、江浙丝绸业联合会理事长。

107. 金开藩（1895—1946），字潜庵，南浔人，金城长子，画家。1926 年在北京创立湖社画会，并创办中国第一份美术专业杂志《湖社月刊》。

108. 钱壮飞（1896—1935），原名钱壮秋，吴兴人。中共党员，“龙潭三杰”之一，曾受中共中央特科派遣，打入国民党中央组织部党务调查科。后奉命进入中央苏区，历任红一方面军保卫局长、中央革命军事委员会总参谋部第二局副局长、红军总政治部副秘书长。

109. 胡宗南（1896—1962），原名琴斋，字寿山，安吉人，国民党陆军一级上将。历任国民革命军第一军军长，第 34 集团军总司令，第八战区副司令长官，第一战区司令长官，西安绥靖公署主任，国民党中央监察委员、中央执行委员等职。

110. 潘澜江（1896—1963），德清人，名中医。擅长疡科，对外用药有研究，部分治验曾整理刊登于《浙江中医杂志》。

111. 邱丽英（1896—1972），吴兴人，湖郡女中校长。1917 年毕业于湖郡女中，留校任教。后进入南京金陵女子大学、美国田纳西州司加莱脱学校学习。回国后主持湖郡女中到 1951 年。

112. 慎微之（1896—1976），又名圣清，吴兴人，考古学家。1936 年撰写《湖州钱山漾石器之发现与中国文化之起源》，浙江省文管会根据其成果于 1956 年、1958 年两次对钱山漾进行考古发掘，认定钱山漾为新时器时代文化遗址和中国丝绸文化发源地。著有《吴兴县各区文物纪要》《吴兴县遗址遗存总汇》《考古随记》等。

113. 沈雁冰（1896—1981），小名燕昌，大名德鸿，笔名茅盾，字雁冰，乌镇（当时属吴兴县，现属桐乡市）人。著名作家、文学评论家、文化活动家、社会活动家。新文化运动的先驱者、中国革命文艺的奠基人之一。代表有小说《子夜》《春蚕》和文学评论《夜读偶记》。

114. 叶桔泉（1896—1989），原名王峰，字坤荣，双林人，中医中药学家，中国科学院生物学部委员。曾任江苏省中医院院长、南京中医学院副院长、南京药学院副院长、中国医学科学院江苏分院副院长。

115. 徐恩曾（1896—1985），字可均，吴兴人。曾任国民党中统副局长（主持工作）。

116. 沈百先（1896—1990），名在善，吴兴人，水利学家。曾任国立中央大学水利工程系教授、导淮委员会副委员长、中国水利工程学会会长。

117. 周子美（1896—1998），原名延年，南浔人，“八牛”之一周氏后人，著名版本目录学家，华东师范大学教授。著有《庄氏史案考》《洛阳伽蓝记校注》等。

118. 雷震（1897—1979），字儆寰，长兴人。曾任湖州中学校长、国民政府教育部总务司司长、制宪国大代表兼副秘书长等职。创办《自由中国》半月刊，鼓吹自由民主。

119. 姚醒吾（1897—1988），原名姚宝森，菱湖人，中共党员。曾任红

29 军供给部部长，是唯一一位走完长征全程的湖州人。中华人民共和国成立后任武汉军区后勤部部长，1955 年被授予少将军衔。

120. 胡定安（1898—1965），名赟，吴兴人。曾任国立江苏医学院院长、南京特别市卫生局长、行宪国大代表等职。著有《胡定安公众卫生论集》等。

121. 金鼎（1898—1998），字铸民，号振邦，吴兴人，武术家。参与创办浙江省国术馆，创办吴兴县国术馆，并任馆长。主编《吴兴县国术馆年刊》。

122. 李泉生（1899—1949），和孚长超人。1927 年 4 月加入中国共产党，先后担任中共袁家汇区委书记、湖州中心县委组织委员等职。抗战爆发后，创建长超人民抗日义勇军（简称“长超部队”），歼敌 400 余人。

123. 沈秀英（1900—1932），又名方中、茵，长兴人，中共党员。曾在江苏省委和党中央机关做秘密通信工作，后被捕，病逝狱中。

124. 杨光泩（1900—1942），菱湖人。曾任国民政府驻马尼拉总领事，是被日军枪杀于菲律宾的“外交九烈士”之一。

125. 潘春林（1900—1968），名宝华，德清曲溪湾人，名中医，对疡科外用药的炮制颇有研究。著有《潘春林医案》《湖州潘氏外科临证经验》。

126. 俞平伯（1900—1990），名铭衡，德清人，诗人、红学家。曾任北京大学中文系教授、中国科学院文学研究所古典文学研究室研究员。

127. 施建中（1900—1993），一名警钟，长兴人。曾任国民党浙江省委青年部部长、新四军苏浙军区三州中学校长、浙江省文史馆员等职。

128. 陈立夫（1900—2001），名祖燕，吴兴人，陈其业次子，陈英士侄子。美国匹兹堡大学煤矿工程系毕业，任黄埔军校校长办公厅机要秘书、国民党组织部调查科主任，与其兄陈果夫组织“中央俱乐部”，历任国民党中央党部秘书长、中央组织部部长、教育部部长等职。

129. 章荣初（1901—1972），又名增华，祖籍和孚荻港，实业家。创建上海纺织印染厂，建立起以上海为中心的纺织印染销售章氏商贸集团——荣丰集团，拟定“菱湖建设计划”，促进菱湖发展。

130. 张廷灏（1901—1980），南浔人。早年曾加入中共，第一次国共合作期间，在上海开展工作。1924 年，经毛泽东推荐，接任国民党上海执行部组织部秘书。1925 年，与恽代英等一起，筹备建立国民党上海市党部，并任青年部长。

131. 钟兆琳（1901—1990），德清新市人，电机工程专家、电机工程教育家。曾任上海交通大学和西安交通大学电机系主任，我国电机制造工业的拓荒者和奠基人。

132. 高敬基（1902—1982），字事恒，双林人。先后任美亚绸厂副总经理兼第八厂厂长、副总经理兼总管理处营业处主任。

133. 金开英（1902—1999），字公弢，南浔人，被海峡两岸的石油人士称为“中国炼油第一人”。曾任甘肃油矿局玉门炼油厂首任厂长。

134. 沈西苓（1904—1940），原名学诚，德清人，著名电影、戏剧艺术家。曾与鲁迅等人联名发起并组织成立中国左翼作家联盟。

135. 沈知白（1904—1968），原名登瀛、敦行，又名君闻，吴兴人。中国音乐理论家、教育家。曾任沪江大学、上海音乐专科学校教授等职。著有《沈知白音乐论文集》等。

136. 陆学善（1905—1981），字禹言，吴兴人，晶体物理学家，中国科学院数理化学部委员。曾任中国科学院应用物理研究所研究员兼副所长。

137. 谢庆斋（1905—1996），南浔千金镇人，中共党员，早期上海工人运动领导者之一。和陈云一起领导上海商务印书馆职工罢工斗争。曾任杭州市总工会工人纠察队总指挥、千金镇抗日民主政府镇长。

138. 包玉珂（1906—1977），吴兴人，翻译家。精通英语和俄语，译有《儿童教育》《苏联科学》《上海——冒险家的乐园》《物理哲学》《大众气象学》《佛教思想史》等。

139. 张荔英（1906—1993），祖籍南浔，张静江第四女，新加坡画家。

以静物画著称，曾执教于南洋美术专科学校（今南洋美术学院）。

140. 张善琨（1907—1957），南浔人。曾任上海大世界游乐场、共舞台总经理，创办新华影业公司。后在香港创办长城电影制片有限公司，恢复新华影业公司。

141. 赵九章（1907—1968），祖籍吴兴，气象学家、地球物理学家和空间物理学家，中国科学院生物学地学部委员，是中国人造卫星事业的倡导者和奠基人之一。

142. 潘德明（1908—1976），湖州人，全球第一位依靠人力环游世界的旅行家。

143. 房宇园（1908—1994），原名毓贤，字环璞，德清县城关镇人。1943 年任《东南日报》总编辑。1946 年任杭州高级中学校长，并当选国民党浙江省党部执行委员。1948 年创办浙江体育童子军专科学校，任校长。

144. 顾乾麟（1909—1998），原名怡康，南浔人。早年任英商怡和源打包厂经理等职，后任香港顾氏有限公司董事长，设立“顾乾麟奖学金”。

145. 丁舜年（1910—2004），长兴人，电机工程学家，中国科学院学部委员（院士）。曾任上海华生电器厂工程师、上海电机厂副厂长、总工程师，中国电机工程学会、中国电工技术学会副理事长等职。有《磁铁与电磁铁的设计》《交流发电机与电动机》等编译著作。

146. 郎玉麟（1911—2006），吴兴人，中共党员。1938 年创建湖州历史上第一支地方抗日武装——吴兴县抗日游击大队（人称“郎部”），1945 年曾任吴兴县抗日民主政府县长。

147. 刘旭沧（1913—1966），原名承东，刘承幹弟，南浔人，我国第一位荣获国际大奖的摄影家。曾获得过 54 个国际奖项，后任中国摄影学会常务理事。

148. 钱三强（1913—1992），原名钱秉穹，祖籍吴兴，核物理学家，中国科学院数理化学部委员（院士），中国原子能科学事业的创始人，“两弹一星”元勋。

149. 史之华（1914—1941），原名致华，长兴人，中共党员，抗日烈士。曾任浙江省战时合作工作队游击区直属分队队长、中共长兴县委书记。

150. 徐迟（1914—1996），原名商寿，南浔人，中共党员，诗人、散文家和评论家。20 世纪 30 年代初开始诗歌创作。1936 年同戴望舒、路易士创办《新诗》月刊。抗战爆发后开始创作报告文学。1943 年任《中原》杂志编辑。著有诗集《二十岁人》等。

151. 陆璀（1914—2015），吴兴人，中共党员。1935 年，参加一二・九运动，任清华大学学生救国委员会委员，被美国记者埃德加・斯诺誉为“中国贞德”，后任刘少奇秘书、中国人民对外友好协会副会长等职。

152. 张葱玉（1915—1963），又名珩，字希逸，南浔人，鉴定家、收藏家、书法家。不满 20 岁就被北平故宫博物院聘为鉴定委员，中华人民共和国成立后任国家文物局文物处副处长兼文物出版社副总编辑。

153. 黎莉莉（1915—2005），原名钱蓁蓁，钱壮飞之女，祖籍吴兴，著名电影演员。曾与王人美、胡蝶并称为“歌舞三杰”。

154. 张新华（1916—1941），南浔人，中共党员，抗日烈士。1938 年参加新四军，从事民运工作。1940 年初，调任中共太滆工委青工部长兼宜兴闸口区委书记。同年，被新四军军部授予“全军十大模范女战士”称号。

155. 赵延年（1924—2014），出生于湖州。木刻艺术大师、版画家。代表有《抢米》《想起了》《摊贩的悲哀》《弃婴》《江南三月》等。

156. 顾寿乔，生卒年不详，字勉父、勉甫，南浔人，实业家，“四象”之顾家代表人物。美商旗昌洋行、英商巴勒保险公司买办。

157. 温选臣，生卒年不详，吴兴人，盐商。曾任吴兴福音医院董事长、世界红十字会中华总会吴兴分会首任会长。

158. 梅履正（？—1948），字祉方、志方，南浔人。与兄履中共同经营南梅恒裕丝经行。1927 年梅家在美国纽约设立梅恒裕生丝公司，任总经理。

主要参考文献

一、史料类

（一）档案资料及档案汇编

《褒扬王震及逝世剪报》（1938—），中国第二历史档案馆藏，档案号Q787—1021。

《长兴煤矿公司办事处请准存煤运沪销售的文书》（1941.03—1941.04），中国第二历史档案馆藏，档案号Q4—28534。

《陈其美传记资料》，中国第二历史档案馆藏，档案号Q34—1565。

《第二十八军一八五团攻克德清县雷甸钟管等地战斗详报》（1942.05—），中国第二历史档案馆藏，档案号Q787—10515。

《第二十八军在浙江於潜临安孝丰等地游击及绥靖阵中日记》（1944.02—1944.11），中国第二历史档案馆藏，档案号Q787—13894。

《第六十二师及所属部队浙江吴兴德清崇德桐乡等地战斗详报》，中国第二历史档案馆藏，档案号Q787—12238。

《第六十二师京杭国道吴兴武康以西地区战斗详报》（1941.09—），中国第二历史档案馆藏，档案号Q787—12282。

《第六十二师所属各部在沪杭铁路沿线嘉兴海宁吴兴崇德等地战斗详报》（1939.05—），中国第二历史档案馆藏，档案号Q787—12117。

《第六十二师所属各部在吴兴县附近战斗详报》（1939.04—），中国第二历史档案馆藏，档案号Q787—12113。

《第六十二师一八六旅各团于沪杭铁路吴兴桐乡崇德长安镇一带战斗详报》（1939.04—1939.07），中国第二历史档案馆藏，档案号 Q787—12118。

《第六十二师一八四旅各团于沪杭铁路嘉兴海宁桐乡崇德吴兴枫泾战斗详报》（1939.04—1939.08），中国第二历史档案馆藏，档案号 Q787—12119。

《第六十二师浙江湖州一带游击阵中日记》（1940.03—），中国第二历史档案馆藏，档案号 Q787—13905。

《第六十二师在浙江武康吴兴桐乡等地战斗详报》（1941.08—），中国第二历史档案馆藏，档案号 Q787—12243。

《第六十二师浙江南浔建德等地游击阵中日记》（1938.11—1938.12），中国第二历史档案馆藏，档案号 Q787—13898。

《第六十二师浙江武康地区战斗详报》（1941.12—1942.01），中国第二历史档案馆藏，档案号 Q787—12279。

《第七军在浙江吴兴附近战役之战斗详报》（1938.01—），中国第二历史档案馆藏，档案号 Q787—7555。

《第七十九师及二三七旅四七三、四七四团在浙江余杭德清临安孝丰等地战斗详报》（1938.03—），中国第二历史档案馆藏，档案号 Q787—12274。

《第三十五军一〇八师在浙江桐庐武康等地阵中日记》（1945.09—），中国第二历史档案馆藏，档案号 Q787—13519。

《第三战区安徽安吉广德流洞桥战斗详报》（1941.01—1941.04），中国第二历史档案馆藏，档案号 Q787—12330。

《第三战区顾祝同等将领与军委会往来军事文电：吴兴附近战斗》（1938.02—1938.06），中国第二历史档案馆藏，档案号 Q787—4079。

《第三战区顾祝同、薛岳等将领与军委会往来军事文电：德清之游击战》（1938.03—1938.05），中国第二历史档案馆藏，档案号 Q787—4081。

《第三战区经济委员会关于长兴煤矿公司存煤运上海销售的文书》（1941.03—1941.04），中国第二历史档案馆藏，档案号 Q4—24682。

《第十九集团军总司令部秘书科杨幸之关于广德、孝丰、安吉三县战地视察的报告》（1938.05—），中国第二历史档案馆藏，档案号 Q772—577。

《第四十九军二十六师浙江淳安长兴吴兴江苏武进等地阵中日记》（1945.08—1945.12），中国第二历史档案馆藏，档案号 Q787—16644。

《第四十九军江西上饶浙江江山淳安吴兴等地作战机密日记》（1945.01—1945.09），中国第二历史档案馆藏，档案号 Q787—13640。

《第四十九军及一〇五师七十九师浙江吴兴嘉兴等地机密作战日记》（1945.07—1945.12），中国第二历史档案馆藏，档案号 Q787—16627。

《第四军五十九、六十师在孝丰宜兴溧阳一带战斗详报》（1938.02—1938.03），中国第二历史档案馆藏，档案号 Q787—12112。

《第五十二师浙江长兴泗安合溪水口夹浦香山一带战斗详报》（1941.01—1941.03），中国第二历史档案馆藏，档案号 Q787—12250。

《第五十九师孝丰安吉各役战斗详报》（1938.02—），中国第二历史档案馆藏，档案号 Q787—8397。

《第一〇八师在武康临安和安徽至德东流一带战斗详报》（1938.07—1938.10），中国第二历史档案馆藏，档案号 Q787—12277。

《第一〇五师江西上饶浙江淳安吴兴等地作战机密日记》（1945.01—1945.09），中国第二历史档案馆藏档案号 Q787—13637。

《第一〇五师浙江汾水吴兴长兴一带阵中日记》（1945.08—1945.12），中国第二历史档案馆藏，档案号 Q787—16642。

《第一九二师及江南挺进第一纵队在浙江武康吴兴间京杭国道以西袭击战斗详报》（1940.06—），中国第二历史档案馆藏，档案号 Q787—12281。

《第一九二师于浙江吴兴孝丰临安等地阵中日记》（1941.01—1941.04），中国第二历史档案馆藏，档案号 Q787—15845。

《第一九二师浙江武康安吉孝丰地区战斗详报》（1943.10—1943.11），中国第二历史档案馆藏，档案号 Q787—12253。

《第一九二师浙江吴兴连市以南地区战斗详报》（1940.09—），中国第二历史档案馆藏，档案号 Q787—12254。

《第一九二师浙江余杭黄湖古城及武康附近战斗详报》（1943.08—），中国第二历史档案馆藏，档案号 Q787—12280。

《第一游击区第二十八军浙江安吉孝丰战斗经过详报》（1940.10—），中国第二历史档案馆藏，档案号 Q787—12255。

《湖社社章案卷》，上海市档案馆藏，档案号 Q165—2—7。

《湖社救济灾款事项案卷》，上海市档案馆藏，档案号 Q165—4—22。

《湖州党史档案资料》，中共湖州市委党史研究室藏，档案号 A—4—39。

《蒋介石日记》（手稿本），美国斯坦福大学胡佛研究所档案馆藏。

《蒋介石致顾祝同电》（战史会档案，1938 年 8 月 21 日），中国第二历史档案馆藏，档案号 Q787—4197。

《江南挺进队第一纵队浙省武康吴兴长兴诸役战斗详报》（1939—1940），中国第二历史档案馆藏，档案号 Q787—9285。

《江浙战争发生苏督齐燮元等宣言进攻浙督卢永祥及各处报告战况通电》（1924.09—1924.10），中国第二历史档案馆藏，档案号 Q1001（2）—81。

《教育部有关设置国立湖州高级蚕丝职业学校的文件及该校员生名册经费报表和校务实施报告》（1946.12—1948.10），中国第二历史档案馆藏，档案号 Q5—9979。

《抗日期间驻外公使领事王景岐杨光泩莫介恩等褒扬传记资料》（1942.12—1947.06），中国第二历史档案馆藏，档案号 Q34—1809。

《菱湖建设协会案卷》，上海市档案馆藏，档案号 Q6—5—163。

《陆军第七十九师政治部浙西新登孝丰剿匪战役功过奖惩报告表、经费、物品官佐等移交清册及各级工作人员参加建国工作志愿调查表》（1944.09—1946.06），中国第二历史档案馆藏，档案号 Q772—4225。

《南浔研究》（1932 年手抄本），湖州市档案馆藏，档案号 Q313—7—20。

《内政部核议嘉奖浙江长兴县县长王文贵案》（1938.04—1938.09），中国第二历史档案馆藏，档案号 Q12（6）—6836。

《钱玄同先生传（抄件）》（1939.07—），中国第二历史档案馆藏，档案号 Q34—2353。

《三战区第一游击区总指挥部在浙江孝丰一带阵中日记》（1941.01—1941.06），中国第二历史档案馆藏，档案号 Q787—13888。

《三战区第一游击区总指挥部在浙江孝丰一带阵中日记》（1941.07—1941.09），中国第二历史档案馆藏，档案号 Q787—13889。

《三战区第一游击区总指挥部在浙江孝丰於潜阵中日记》（1941.10—1941.12），中国第二历史档案馆藏，档案号 Q787—13890。

《王毓芝、陆锦等为浙军进攻吴兴、长兴拟调兵援苏对策的电文》，中国第二历史档案馆藏，档案号 Q1003（2）—48。

《王震一亭褒扬传记资料》（1938.11—1941.06），中国第二历史档案馆藏，档案号 Q34—1705。

《乡土重建的一个实验——记实干中的菱湖建设》，湖州市档案馆藏，档案号 Q313—7—33。

俞鸿钧：《改革币制之准备工作及新币纲要》，中国第二历史档案馆藏，档案号 Q3（1）—4851。

《章荣初与菱湖建设协会》，上海市档案馆藏，档案号 Q193—3—93。

《浙江省武康县呈请裁撤莫干山区署的有关文书》（1944.05—1946.05），中国第二历史档案馆藏，档案号 Q12（6）—9897。

《浙江省政府为长兴县县长严北溟遗失密电本予以记大过事致内政部咨文》（1940.08—），中国第二历史档案馆藏，档案号 Q12（6）—6916。

《中国人民解放军华东军区湖州警备司令部、政治部布告》（第 1 号），湖州市档案馆藏，档案号 B—2—1。

《中国人民解放军华东军区湖州市军事管制委员会布告》（第 1 号），湖州市档案馆藏，档案号B—2—1。

（二）公报类

《国民政府公报》（第2869号，1947年7月），国民政府文官处印铸局1947年印。

《国民政府公报》（第2881号，1947年7月），国民政府文官处印铸局1947年印。

《浙江省政府公报》，浙江省政府秘书处1929年印。

《浙江省政府公报》，浙江省政府秘书处1930年印。

《总统府公报》（第80号，1948年8月），总统府第五局1948年印。

（三）调查统计类

冯和法：《中国农村经济资料》，黎明书局1935年版。

刘大钧：《吴兴农村经济》，上海文瑞印书局1939年印。

刘大钧：《中国工业调查报告》（下册），中国经济统计研究所1937年印。

《农情报告》（第11期），实业部中央农业实验所1934年印。

《实业统计》，实业部统计处1932年印。

吴德麟等：《无锡嘉兴蚕农经济与吴兴之比较》，中国经济统计研究所1939年印。

《浙江省农村调查》，商务印书馆1933年印。

《浙江省建设厅二十三年改良蚕桑事业汇报》（春期报告），浙江省建设厅1934年印。

《中华民国元年第一次农商统计表》（上卷），北京法轮印字局1914年印。

《中国农工银行杭州分行农民放款第二期营业报告》，浙江省图书馆藏，中国农工银行杭州分行1935年印。

周炳峰：《湖州市抗战时期人口伤亡和财产损失调研成果汇编》，中共党史出版社2010年版。

（四）文献资料及工具书

《安吉县水利志》，方志出版社 2005 年版。

《长兴文史资料》（第 1 辑），长兴县政协文史资料委员会 1986 年印。

《长兴文史资料》（第 2 辑），长兴县政协文史资料委员会 1987 年印。

《长兴县交通志》，中国书籍出版社 1994 年版。

陈根三：《安吉县军事志》，杭州日报报业集团盛元印务有限公司 2011 年印。

陈鹤锦：《中共江苏地方史》（第 1 卷），江苏人民出版社 1996 年版。

陈昭桐：《中国财政历史资料选编》（第 12 辑下册），中国财政经济出版社 1990 年版。

陈真：《中国近代工业史资料》（第 4 辑），生活·读书·新知三联书店 1957 年版。

戴鞍钢、黄苇：《中国地方志经济资料汇编》，汉语大词典出版社 1999 年版。

《德清文史资料》（第 1 辑），德清县政协委员会文史资料委员会 1987 年印。

《德清文史资料》（第 2 辑），德清县政协委员会文史资料委员会 1998 年印。

《德清文史资料》（第 4 辑），德清县政协委员会文史资料委员会 1993 年印。

《德清县水利志》，杭州大学出版社 1995 年版。

《德清县土地志》，浙江人民出版社 2002 年版。

《德清县志》，浙江人民出版社 1992 年版。

丁沧水：《湖州农业经济志》，黄山书社 1997 年版。

鄂尔泰编：《雍正朱批谕旨》（第 211 卷下册），北京图书馆出版社 2008 年版。

《法币、金圆券与黄金风潮》，文史资料出版社 1985 年版。

冯和法：《中国农村经济资料》，黎明书局 1935 年印。

顾进才：《南浔名人》，浙江人民出版社 2010 年版。

《国民党政府政治制度档案资料选编》（下册），安徽教育出版社 1994 年版。

韩锡曾：《湖州市体育志》，方志出版社 2002 年版。

韩信夫、姜克夫：《中华民国史大事记》，中华书局 2011 年版。

胡礼明：《长兴县教育志》，浙江省长兴县教育委员会 1995 年印。

胡绳：《中国共产党的七十年》，中央党史出版社 1991 年版。

胡学章：《湖州交通志》，黄山书社 1995 年版。

《湖州市邮电简志》，湖州市邮电局 1995 年印。

《湖州文史》（第 1 辑），湖州市政协文史资料委员会 1984 年印。

《湖州文史》（第 3 辑），湖州市政协文史资料委员会 1985 年印。

《湖州文史》（第 4 辑），湖州市政协文史资料委员会 1986 年印。

《湖州文史》（第 5 辑），湖州市政协文史资料委员会 1987 年印。

《湖州文史》（第 6 辑），湖州市政协文史资料委员会 1987 年印。

《湖州文史》（第 7 辑），湖州市政协文史资料委员会 1989 年印。

《湖州文史》（第 8 辑），湖州市政协文史资料委员会 1990 年印。

《湖州文史》（第 9 辑），湖州市政协文史资料委员会 1991 年印。

《湖州文史》（第 13 辑），湖州市政协文史资料委员会 1995 年印。

《湖州文史》（第 14 辑），湖州市政协文史资料委员会 1996 年印。

《湖州文史》（第 19 辑），湖州市政协文史资料委员会 1999 年印。

《湖州文史》（第 20 辑），湖州市政协文史资料委员会 2001 年印。

《湖州文史》（第 21 辑），湖州市政协文史资料委员会 2002 年印。

黄春安：《湖州市城乡建设志》，地质出版社 2001 年版。

黄逸：《湖州市教育志》，浙江教育出版社 1995 年版。

嵇发根：《湖州市志》（第 24 卷），方志出版社 2012 年版。

《纪念辛亥革命八十周年文史资料集》，浙江出版社 1985 年版。

贾憬理：《安吉县金融志》，安吉印刷厂 1991 年印。

《解放战争时期苏浙皖边区革命斗争史专辑》，中共镇江市委党史资料征集研究委员会 1989 年印。

《近代史资料》（总第 38 号），中华书局 1979 年版。

《抗日战争史料丛编》（第 2 辑），国家图书馆出版社 2015 年版。

来光和：《德清县志》，浙江人民出版社 1992 年版。

李惠民、姚志卫：《菱湖镇志》，昆仑出版社 2009 年版。

李堂：《湖州府志》（第 41 卷），清乾隆二十三年（1758）本。

《练市镇志》，金陵书社 1992 年版。

林吕建：《浙江民国人物大辞典》，浙江大学出版社 2013 年版。

刘蓟植：《安吉州志》（第 8 卷），清乾隆十五年（1750）本。

刘锦藻、刘承幹：《南浔刘氏支谱》（第 3 卷），复旦大学图书馆古籍部藏，索书号 4607。

陆菊良：《中共湖州党史》（第 1 卷），中共党史出版社 2002 年版。

陆松平等：《湖州丝绸志》，海南出版社 1998 年版。

骆鸿鑫：《武康镇志》，中华诗词出版社 2009 年版。

马家俊等：《湖州电影志》，黄山书社 1997 年版。

马齐彬、陈文斌等：《中国共产党创业三十年：1919—1949》，中共党史出版社 1991 年版。

《南浔镇志》，上海科学技术文献出版社 1995 年版。

潘德法：《安吉县土地志》，中华书局 2000 年版。

潘锡恩等：《大清一统志》（第 289 卷），清道光二十二年（1842）本。

彭泽益：《中国近代手工业史资料（1840—1949）》（第 2 卷、第 3 卷），生活·读书·新知三联书店 1957 年版。

彭泽益：《中国近代手工业史资料（1840—1949）》（第2卷、第3卷），中华书局1962年版。

《乾隆上谕条例》（第108册），清嘉庆元年（1796）本。

钦炳淼：《长兴县电力工业志（1914—2005）》，中华书局2010年版。

秦孝仪：《中华民国重要史料初编——对日抗战时期》，裕台公司中华印刷厂1981年印。

秦孝仪：《中华民国重要史料第二编——作战经过》，裕台公司中华印刷厂1981年印。

荣孟源：《中国国民党历次代表大会及中央全会资料》，光明日报出版社1984年版。

《上海党史资料通讯》（1989年第9期），中共上海市委党史资料征集委员会1989年印。

《上海解放前后物价资料汇编》，上海人民出版社1958年版。

沈赤然：《新市镇续志》（第6卷），清嘉庆十六年（1811）本。

沈宏宇等：《德清县教育志》，浙江古籍出版社2009年版。

沈文泉：《湖州名人志》，杭州出版社2009年版。

盛佩孚：《湖州市革命文化史料汇编》，团结出版社1993年版。

《双林镇志》，方志出版社2015年版。

孙毓堂：《中国近代工业史资料》，科学出版社1957年版。

童纯性：《安吉县教育志》，浙江大学出版社1993年版。

汪日祯：《南浔镇志》，清同治二年（1863）本。

万仁元、方庆秋：《中华民国史史料长编》（第70册），南京大学出版社1993年版。

王克文：《湖州市志》（上、下册），昆仑出版社1999年版。

王铁崖：《中外旧约章汇编》（第2册），生活·读书·新知三联书店1959年版。

王玉林:《湖州市工会志》,中国广播电视出版社 1993 年版。

王仲青:《湖州发电厂志(1912—1990)》,中国电力出版社 1995 年版。

王增清:《湖州师范学院志》,湖州忠诚印刷有限公司 2008 年印。

《文史资料选辑》(第 24 辑),中华书局 1962 年版。

《文史资料选辑》(第 49 辑),中华书局 1964 年版。

萧继宗:《革命文献:新生活运动史料》(第 68 辑),台北"中央"文物供应社 1975 年版。

谢文柏:《长兴县志》,上海人民出版社 1992 年版。

谢文柏:《新民主主义革命时期中共长兴党史简编》,浙江大学出版社 1991 年版。

徐文彬:《安吉县志》,浙江人民出版社 1994 年版。

延安时事问题研究会:《日本帝国主义在中国沦陷区》,上海人民出版社 1958 年版。

姚贤镐:《中国近代对外贸易史资料》(第 1 册),中华书局 1962 年版。

杨伟民:《湖州民国史料类纂与研究》(报刊史料第 1、2、3 辑、个人遗作——邱寿铭专辑),沈阳出版社 2016 年版。

张力等:《湖州市军事志》,湖州日报印务有限公司 2011 年印。

张宪文、吕晶:《南京大屠杀真相·日方史料》(中册),江苏人民出版社 2007 年版。

张宪文、王卫星:《南京大屠杀史料集·日军文献》(下册),江苏人民出版社 2010 年版。

张志良:《湖州市文化艺术志》,浙江古籍出版社 1994 年版。

赵定邦、周学浚:《长兴县志》(第 8 卷),清同治十二年(1873)本。

《浙江百年大事记》,浙江人民出版社 1986 年版。

《浙江民政年刊》,浙江省民政厅 1928 年印。

《浙西抗日根据地革命文化史料汇编》,湖州市文化局 1992 年印。

郑书玉:《长兴公安志》，中华书局 2000 年版。

郑永庚等:《浙江省科学技术志》，中华书局 1996 年版。

钟德培:《中共长兴秘密交通史》，当代中国出版社 1994 年版。

《中国共产党浙江省湖州市组织史资料（1927.4—1987.12)》，新华出版社 1993 年版。

《中国共产党浙江省嘉兴市组织史资料（1925—1987)》，新华出版社 1992 年版。

《中国经济志·浙江省·吴兴县》，正则印书馆 1935 年印。

《中国经济志·浙江省·长兴县》，正则印书馆 1935 年印。

《中国实业志·浙江省》，实业部国际贸易局 1933 年印。

《中国现代政治史资料汇编》（第 4 辑第 4 册），中科院历史研究所三所南京史料整理处 1960 年印。

《中华民国史档案资料汇编》（第 3 辑），江苏古籍出版社 1991 年版。

《中华民国史档案资料汇编》（第 5 辑），江苏古籍出版社 1999 年版。

《中国农业金融概要》，商务印书馆 1936 年印。

周庆云:《南浔镇志》（第 33 卷），上海书店出版社 1992 年版。

朱惠勇:《德清县交通志》，浙江大学出版社 1991 年版。

（五）报刊类

《档案春秋》2009 年 2 月。

《华中师范大学研究生学报》2010 年 12 月。

《湖州民国史》（内刊）2016 年 10 月。

《湖州月刊》1928 年至 1935 年。

《建设月刊》1930 年 10 月。

《金刚钻月刊》1935 年 5 月。

《基督教丛刊》1946 年。

《瞭望》1984 年 1 月。

《民国春秋》2000 年 5 月。

《社会科学杂志》1932 年 6 月。

《实业部月刊》1936 年。

《史学月刊》1992 年 11 月至 1997 年 11 月。

《新华文摘》2017 年 4 月。

《浙光》1936 年。

《浙江党务》1929 年 5—6 月。

《浙江方志》1988 年 6 月。

《浙江社会科学》2015 年。

《浙江学刊》1964 年。

《中国蚕业》2007 年。

《中农月刊》1946 年 2 月。

《北京日报》2014 年。

《晨报》1934 年。

《大公报》1948 年。

《东南日报》1938—1946 年。

《汇报》1906 年。

《民国日报》1916 年。

《民立报》1912 年。

《民族日报》1940 年。

《湖报》1949 年。

《湖州日报》1997 年。

《菱湖日报》1946—1947 年。

《南浔周报》1947 年。

《人民日报海外版》2002 年。

《申报》1909—1947 年。

《时报》1906 年。
《苏浙日报》1945 年。
《文汇报》1946—1947 年。
《新闻报》1929 年。
《浙江日报》1949 年。
《浙西日报》1940 年。
《中国档案报》2016 年 4 月。
《中央日报》1947—1949 年。

（六）回忆录及口述材料

《陈光甫先生言论集》，上海商业储蓄银行 1949 年印。
黄绍竑：《五十回忆》，广西人民出版社 1991 年版。
钱昌照：《钱昌照回忆录》，中国文史出版社 1998 年版。
王云五：《岫庐八十自述》（上册），江西教育出版社 2011 年版。
《辛亥革命回忆录》（第 4 册），中华书局 1963 年版。

（七）年谱、文集类

何仲萧：《陈英士先生年谱》，中国文化服务社 1936 年印。
《李伯钊文集》，解放军出版社 1989 年版。
《毛泽东选集》（第三卷、第四卷），人民出版社 1991 年版。
《瞿秋白选集》，人民出版社 1985 年版。
《孙中山选集》（上卷），人民出版社 1956 年版。
唐文权、桑兵：《戴季陶集》，华中师范大学出版社 1990 年版。
汪康年：《汪康年师友书札》（第 3 册），上海古籍出版社 1988 年版。
许景澄：《许文肃公遗稿》（函牍 3），辽海书社 1990 年版。
《周恩来选集》（上卷），人民出版社 1980 年版。

二、著作

陈国灿:《浙江城镇发展史》，杭州出版社 2008 年版。

陈国灿、奚建华:《浙江古代城镇史》，安徽大学出版社 2003 年版。

陈连根:《湖州教育史》，浙江古籍出版社 2011 年版。

陈连根:《跨越历史的拷问》，杭州出版社 2008 年版。

陈学文:《明清时期杭嘉湖市镇史研究》，群言出版社 1993 年版。

陈永昊、陶水木:《中国近代最大的丝商群体》，浙江人民出版社 2001 年版。

戴镜元:《深切怀念钱壮飞同志》，中共党史出版社 2011 年版。

丁国强、沈令行:《湖州医学史》，浙江古籍出版社 2017 年版。

董惠民等:《浙北历史与文化》，三秦出版社 2003 年版。

费孝通:《江村经济》，江苏人民出版社 1986 年版。

高勇年:《法学泰斗沈家本》，浙江人民出版社 2006 年版。

贺圣遂、陈麦青:《抗战实录之二：沦陷痛史》，复旦大学出版社 1999 年版。

黄笃初、黄晓帆:《江南旧影》，杭州出版社 2009 年版。

洪瑞坚:《浙江之二五减租》，正中书局 1935 年印。

《湖州地方志研究论文集》，中国文化出版社 2016 年版。

嵇发根:《湖州史话》，黄山书社 2007 年版。

金普森、袁成毅:《浙江通史·民国卷》（第 11 卷、第 12 卷），浙江人民出版社 2005 年版。

金以林:《国民党高层的派系政治》，社会科学文献出版社 2016 年版。

军事科学院军事历史研究部:《中国人民解放军战史》（第 3 卷），军事科学出版社 1987 年版。

《抗日战史》（第 4 册），台湾防务部门史政编译局 1985 年版。

李惠民:《章荣初》，浙江人民出版社 2006 年版。

李楷:《国民党 43 名头等战犯通缉令》，华文出版社 2011 年版。

李文海等:《近代中国灾荒纪年续编》，湖南教育出版社 1993 年版。

李学功、徐育雄:《辛亥风云民国岁月——湖州与近代中国》，中国社会科学出版社 2011 年版。

李忠杰:《抗日战争时期全国重大惨案》，中共党史出版社 2014 年版。

凌以安:《西塞烟云》，浙江省文史研究馆 2000 年印。

刘大钧:《吴兴县农村经济》，上海文瑞印书馆 1938 年印。

刘明波:《从苕溪到黄埔江——话说湖州上海两地之缘》，经济日报出版社 2007 年版。

楼子芳、包晓峰等:《浙江抗日战争史》，杭州大学出版社 1995 年版。

陆建伟:《湖州农业史》，浙江古籍出版社 2011 年版。

吕奇伟:《抗战在长兴》，中央文献出版社 2016 年版。

马登潮:《日军侵略浙江实录（1937—1945）》，中共党史出版社 1995 年版。

［美］费正清:《剑桥中华民国史》，上海人民出版社 1991 年版。

［美］李明珠:《近代中国蚕丝业及外销》，上海社会科学院出版社 1996 年版。

［美］小科布尔:《上海资本家与国民政府》，中国社会科学出版社 1988 年版。

潘国旗:《民国浙江财政研究》，中国社会科学出版社 2007 年版。

潘渭民:《钱壮飞》，中共党史出版社 2011 年版。

钱江:《怀念钱壮飞同志》，中共党史出版社 2011 年版。

钱志远:《湖州廉政史话》，浙江古籍出版社 2017 年版。

钱志远:《湖州文化探源：民国履痕》，上海书画出版社 2016 年版。

［日］片岗修身:《福山联队史》（中国篇），福山步兵第 41 联队纪念碑

建设世话人会 1978 年版。

单建明：《浙江工人运动史》，浙江人民出版社 1988 年版。

沈文泉：《湖州名人志》，杭州出版社 2009 年版。

沈文泉：《湖州新闻史》，浙江古籍出版社 2017 年版。

陶菊隐：《北洋军阀统治时期史话》（中册），生活 · 读书 · 新知三联书店 1983 年版。

王国平：《东吴大学简史》，苏州大学出版社 2009 年版。

王玉林等：《湖州工人运动史》，中国广播电视出版社 1992 年版。

王增清：《湖州文献考索》，社会科学文献出版社 2015 年版。

王梓良：《浙西抗战纪略》，台北文海出版社 1973 年版。

吴承涛：《莫干山别墅往事》，同济大学出版社 2017 年版。

《五四爱国运动》（上册），中国社会科学出版社 1979 年版。

徐望法：《浙江公路史 · 近代公路》（第 1 册），人民交通出版社 1988 年版。

徐新吾：《近代江南丝织工业史》，上海人民出版社 1991 年版。

徐祯基：《潜园遗事：藏书家陆心源生平及其他》，生活 · 读书 · 新知三联书店 1996 年版。

许涤新、吴承明：《中国资本主义发展史》（第 1 卷），人民出版社 2003 年版。

杨光辉等：《中国近代报刊发展概况》，新华出版社 1986 年版。

杨晓彤：《浙江解放》，浙江人民出版社 1989 年版。

杨仲揆：《中国现代化先驱：朱家骅传》，台北近代中国出版社 1984 年版。

余连祥：《乌程霜稻袭人香：湖州稻作文化研究》，杭州出版社 2008 年版。

余志和：《二战大事记》，世界知识出版社 2015 年版。

周东华：《民国浙江基督教教育研究》，中国社会科学出版社 2011 年版。

周淑舫：《湖州妇女运动史》，浙江古籍出版社 2017 年版。

周向阳：《湖州商业史》，浙江古籍出版社 2011 年版。

张秉均：《中国现代历次重要战役之研究——抗日战役述评》，台湾防务部门史政编译局 1978 年版。

章伯锋、李宗一：《北洋军阀》（第 5 册），武汉科技出版社 1989 年版。

张根福、岳钦韬：《抗战时期浙江省社会变迁研究》，上海人民出版社 2009 年版。

张建智：《张静江传》，湖北人民出版社 2004 年版。

张树军、包晓峰：《中国抗日战争全景录 · 浙江卷》，浙江人民出版社 2015 年版。

张宪文等：《中华民国史》（第 2 卷、第 3 卷），南京大学出版社 2013 年版。

张志超：《民国中央银行关金券、流通券、金圆券、银圆券图鉴》，湖南出版社 1993 年版。

浙江省党史研究室：《浙西抗日根据地》，浙江人民出版社 1992 年版。

《中华民国史资料丛稿：中国事变陆军作战史》（译稿），中华书局 1981 年版。

朱馥生、姚辉：《陈英士评传》，团结出版社 1989 年版。

朱新予：《浙江丝绸史》，浙江人民出版社 1985 年版。

朱宗震、陶文钊：《中华民国史》（第 12 卷），中华书局 2011 年版。

三、论文

戴建兵：《白银与近代中国经济（1890—1935）》，复旦大学博士学位论文，2003 年。

杜明军：《区域一体化进程中的“虹吸效应”分析》，《河南工业大学学报（社会科学版）》2012 年 9 月第 8 卷 3 期。

冯向辉:《浙江清末地方自治运动研究》，浙江大学硕士学位论文，2009年。

傅荣校:《南京国民政府前期（1928—1937年）行政机制与行政能力研究》，浙江大学博士学位论文，2004年。

郭小虎:《1929—1933年大萧条对中国缫丝业的影响》，南开大学硕士学位论文，2010年。

胡勇军:《水乡、山地与明清以来江南地区盗匪的活动空间研究——以长兴、吴兴两县为例》，《中国历史地理论丛》第32卷第2辑。

黄新华:《湖州城市近代化及其发展滞缓的原因探析（1840—1937)》，南京师范大学硕士学位论文，2002年。

黄云勇:《转型时期的民国土地统计》，复旦大学硕士学位论文,2006年。

蒋国宏:《江浙地区的蚕种改良研究》，华东师范大学博士学位论文，2008年。

吕婉菀:《民国时期浙江省公路建设研究（1916—1937)》，浙江大学硕士学位论文，2007年。

潘坚、何飞龙:《抗战初期日军侵犯湖州的战略意图及其暴行》，《湖州史志》2015年第3期。

潘中祥、周志永:《民国南浔商会研究（1921—1937年)》，《浙江档案》2016年第4期。

彭南生:《湖州早期现代化建设的一次尝试——以菱湖战后重建（1945—1949）为例》，《近代史学刊》2005年第2期。

汪波:《南浔社会的近代变迁（1840—1937)》，浙江大学博士学位论文，2005年。

吴连芬:《20世纪二三十年代浙江乡村教育运动的历史考察》，杭州师范大学硕士学位论文，2007年。

吴敏超:《全面抗战前期的浙西：从沦陷区到游击区》，《军事历史研究》

2016 年第 6 期。

羊颂平：《抗战时期浙西行署研究》，浙江师范大学硕士学位论文，2015 年。

杨勇：《近代江南典当业研究》，复旦大学博士学位论文，2005 年。

张程：《淞沪会战后至南京保卫战前中日两军华东战场作战史实考察》，华东师范大学硕士学位论文，2016 年。

张晓宇：《湖州海岛教案的历史还原与重新评价》，《浙江社会科学》2015 年第 3 期。

张秀莉：《金圆券改革决策内幕考》，《中国社会经济史研究》2016 年第 2 期。

周虹：《精英与桑梓：湖社对湖州的公益活动（1927—1937）》，东华大学硕士学位论文，2012 年。

后　记

斗转星移，中华人民共和国成立已七十个年头，民国的历史烟云早已消散殆尽。作为江南富庶之地的湖州，在中国近代史上，曾经涌现出一大批为推翻封建王朝、建立民主共和国家而浴血奋战的志士仁人，他们的奋斗、他们的牺牲，推动了历史车轮滚滚向前。而这群人中的一部分，由于历史及其本身的原因，转瞬又被历史淘汰，中华民国最终被她的人民推翻。

如何评介这段历史，如何评介这些人物，很长时间里是史学家所困惑的难题。要纂写好《湖州简史（1911—1949）》，工程量大，涉及面广，需要考虑的方面太多。因此，当市台办找到我的时候，我犹豫再三，还是婉言谢绝。只是碍于时任市委常委、统战部长崔凤军及诸多好友的诚邀，犹豫之中才接受这项工作。

虽然多年来本人对湖州历史文化有所涉猎，但老实说，对这段历史的了解只能说是浮光掠影，好在湖州有一帮趣味相投的文友，其中既有当地高校的教授，又有机关退休的领导。相邀之下，欣然答应。与编写组的同志一起，边搜集资料，边推敲编纂。近三年时间，召开了多次审稿会和讨论会。几经修改，终于成稿。

作为本书主编，我只是做了人员的组织、框架的设计、文字的统稿等。具体工作主要由各位作者和市台办的同志来完成。几个章节的主要撰稿人如下：第一章虞文清，第二章王增清、黄宝根、许心恒，第三章冯罗宗，第四章丁国强，第五章胡世明。本书的人物概览、大事记、图片、出版社对接等工作由陆佩佩、钱志远、徐美虹、许心恒、水浩森、汪文丽等人负责。张建智为本书目录起草了初稿，并提出许多宝贵意见。中国社科院杨天石教授百忙之中，抽出宝贵时间，为本书审稿。人民出版社编辑卓然女士等给予指导、修改。在此，真诚地感谢他们！

本书只是个阶段性的成果，仅仅是一项重大工程的开始。湖州近现代史需要研究的东西还太多，许多工作需要继续做下去。希望以这本书为起点，今后能够产生更多更好的成果。同时，更希望本书的出版，能为增进两岸同胞的历史认同，促进两岸关系和谐稳定、经济社会融合发展尽一份心，同时为湖州的经济发展与社会繁荣出一份力。

湖州市社科联主席　张西廷

2020 年 5 月

责任编辑：卓　然
版式设计：杜维伟
责任校对：吕　飞

图书在版编目（CIP）数据

湖州简史：1911—1949 ／湖州市民国史研究院 编著．—北京：人民出版社，2020.6
ISBN 978－7－01－022003－1

I. ①湖…　II. ①湖…　III. ①湖州－地方史－研究－1911－1949　IV. ① K295.53

中国版本图书馆 CIP 数据核字（2020）第 056765 号

湖州简史（1911—1949）
HUZHOU JIANSHI（1911—1949）

湖州市民国史研究院　编著

人民出版社 出版发行
（100706　北京市东城区隆福寺街 99 号）

北京盛通印刷股份有限公司印刷　新华书店经销

2020 年 6 月第 1 版　2020 年 6 月北京第 1 次印刷
开本：710 毫米 ×1000 毫米 1/16　印张：33
字数：453 千字

ISBN 978－7－01－022003－1　定价：99.00 元

邮购地址 100706　北京市东城区隆福寺街 99 号
人民东方图书销售中心　电话：（010）65250042　65289539